新説
土地価格の経済学

地代と地価との関係である $P_0 = \frac{r}{i}$ が不成立の解明

不動産鑑定士
山本一清

住宅新報社

本書を推薦する
―― 変化の過程にある地価を考えるのに必読 ――

本書は、高知市に住む不動産鑑定士が長年に亘る鑑定評価経験を通じて持つに至った知見と疑問について約20年分析、思索した結果、ようやく到達した土地価格についての実務者として納得できる経済理論を、体系的に著したものである。

著者の悩みの元は、古典派の経済理論以来、土地の価格は土地からの収益（地代）を資本還元した価に等しくなるとされているにもかかわらず、現実には市場で取引される価格が収益価格を上回るのみならず、時には大幅に上回ることが余りにも多いことにあった。

その答えとして本書で著者が用意したものが、「地価形成因子」と著者が名付けた６つの因子であり、私流に言えば、①特定の用途に基づく地代、②地代に反映されずに残っている収益、③特定の用途の外に現時点で選択できる用途、④近い将来実現できそうな用途、⑤地域のインフラの変化の予測、⑥投資資産としての土地にマクロ経済的な影響をもつ金融、経済の動向、並びに法規制、税制の変更の予測である。

現実の市場においては、これらがいずれも地価形成に影響するのであるから、地代と地価との関係は、②以下の因子の発動具合で色々変わることになる。

本書の特徴の１つは、これらの因子について事実に即して詳細に、また図形や式を用いて明快に説明している点である。

著者の考察がいかに広く、深くて分析が細やかであるかの一例を、②について示してみると、通常、これについて土地の賃貸借契約で生じうる借地の利用についての制約と、それに伴う減価（契約減価）が挙げられる程度でとどまるが、著者は我が国では住宅地についての「所有性向」（賃借よりも所有を選好）が強いために、土地のもつ効用が地代に反映されにくくなることによるとしている。また、契約減価も含め②による「収益の未実現部分」の大きさを、各種の土地の利用について推計することまでしている。

今１つの特徴は、都市化（都市の拡大とその機能の高度化）の進展に伴って地価形成因子による価格形成の態様が推移する様を、需要の変化に基づいて、克明に分析し、描いている点にある。この意味では、本書は都市化の過程にある土地についての地価の形成理論としてユニークであるといえよう。

ところで、このような土地は、農業本場純農地や一般の純農地、並びに高度商業地を除く大部分の土地がそうであるから、本書の考察や分析が適用される現実の土地の範囲は極めて広いといえる。

なお、都市化は、人口の増加や産業の発展とその機能の高度化によってもたらされるものであるが、残念ながら今ではその進行は多くの地域で止まっている。しかし、土地にはそのレガシーが残っているので、それについてどう扱えばよいか。また、地方によっては都市化の波が逆流して過疎化が進んでいる所もあるが、このような地域の地価の形成をどのように捉えればよいか。本書の分析の切り口は、そのための糸口となるのは疑いないと思われる。

以上から、変化の過程にある土地価格をどのように捉えればよいかと思案される向きには、本書は必読の書であるといえる。

神戸大学名誉教授　大野喜久之輔

contents

「新説・土地価格の経済学」

——地代と地価との関係である $P_0 = r / i$ が実際の市場では不成立の解明——

第１章

地価の概要

1　土地の価格と本書の概要

「地価とは、土地が有する交換価値を貨幣額をもって表示したものである。この地価は、土地が有する地価形成因子に地価影響要因が影響を与えることによって土地のあり方が決定され、これに基づき、土地市場において需要と供給とが働き合って決定される。」

本書の目的は、この考え方を基に実際の土地市場において地価がどのように形成され変動するのかを分析し、更に、土地経済学の定説となっている$P_0 = r / i$が成立するのか否かを明らかにすることである。

本書では、土地評価の専門家である不動産鑑定士の立場から実際の土地市場に着目して地価を分析するものとする。

分析する内容は、主として次の３点である。

第１点は、地価がどのような地価形成因子によって構成されているのかを明らかにすることである。

まず、第１章において、地価が実際の土地市場でどのように決定されているのかの概要を述べ、次に、第２章第１節において、実際に存する地域を用いて地価形成因子とは何かを分析し、更に、各土地の地価がどのような地価形成因子で構成されているのかを明らかにする。

なお、同章第２節以降においては、第１節で明らかになった「地代相当部分」、「収益の未実現部分」、「用途の選択肢部分」、「用途の移行性部分」、「効用変化予測部分」及び「非効用変化予測部分」の６つの因子を詳細に分析していくものとする。

第２点は、地価形成因子により構成された地価が、実際の土地市場ではどのように成立するのかを分析することである。

第３章第１節においては、近代経済学の基本的な考え方である「需要・供給の法則」に従って分析するものとし、土地の特性を考慮したうえで、どのようにして地価が成立しているのかを近代経済学の理論に基づいて明らかにする。

更に、同章第２節では、「需要・供給の法則」により成立するこの理論に基づいた地価の問題点を考慮しながら、実際の土地市場ではどのように成立するのかを、特定の地域における土地市場に沿って細かく分析する。

第３点は、$P_0 = r / i$が成立するのか否かの解明である。

一般的に地代と地価との関係は、$P_0 = r / i$が成立し、密接な関係があると考えられており、多くの書籍、論文等ではこの考え方に基づき理論上の分析はなされているが、実際の土地市場でも本当に成立しているのかを、地価形成因子を用いて分析するものとした。

第４章においては、宅地に係る地代と地価との関係を第２章で分析した地価形成因子を用いて、$P_0 = r / i$が成立するのか否かを分析する。

第５章では、農地に係る地代と地価との関係について、宅地の場合と同様に、第２章で分析した地価形成因子を用いて分析するものとする。

2　地価の成立の概要

地価は、「…土地が有する地価形成因子に地価影響要因が影響を与えることによって土地のあり方が決定され、これに基づき、土地市場において需要と供給とが働き合って決定される。」と１で述べたが、本項では、これらがどのような関係を保ちながら地価が成立するのかの概要を述べるものとする。

（1）土地の地価形成因子の概要

地価形成因子とは、土地が有する地価の形成に係る本質的な因子であり、大きく分けて収益性、用途性及び変化予測性の地価の三要素により形成される。

また、地価の三要素の区分として、収益性は「地代相当部分」及び「収益の未実現部分」に、用途性は「用途の選択肢部分」及び「用途の移行性部分」に、更に変化予測性は「効用変化予測部分」及び「非効用変化予測部分」に区分される。

これらについては第２章で詳しく述べるが、この関係を表したものが**図1**である。

図1

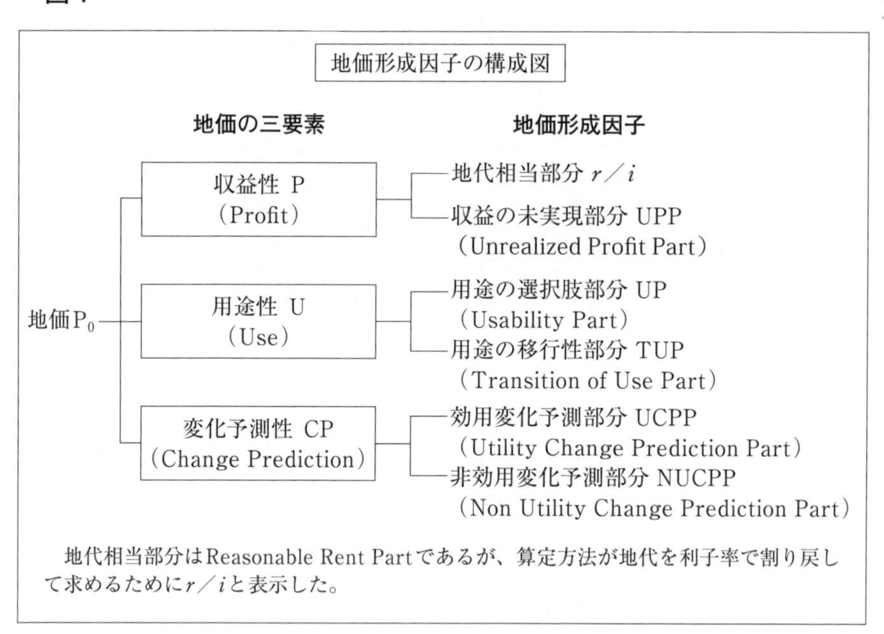

（2） 地価影響要因の意義

地価影響要因とは、土地が有する地価形成因子に対して影響を与える要因であり、地価は、地価形成因子が多数の地価影響要因の影響を受けることによって用途、機能等の土地のあり方が決定され、そのうえで土地市場において需要と供給とが働き合って決定されるものである。

なお、本書における地価影響要因とは、日本の不動産鑑定評価基準における価格形成要因と同じであり、同基準によると、一般的要因、地域要因及び個別的要因に区分されている。

参考：国土交通省「不動産鑑定評価基準」

第３章　不動産の価格を形成する要因

第１節　一般的要因

一般的要因とは、一般経済社会における不動産のあり方及びその価格の水準に影響を与える要因をいう。それは、自然的要因、社会的要因、経済的要因及び行政的要因に大別される。

一般的要因の主なものを例示すれば、次のとおりである。

Ⅰ 自然的要因

１．地質、地盤等の状態

２．土壌及び土層の状態

３．地勢の状態

４．地理的位置関係

５．気象の状態

…以下省略

第２節　地域要因

地域要因とは、一般的要因の相関結合によって規模、構成の内容、機能等にわたる各地域の特性を形成し、その地域に属する不動産の価格の形成に全般的な影響を与える要因をいう。

Ⅰ 宅地地域

１．住宅地域

住宅地域の地域要因の主なものを例示すれば、次のとおりである。

（１）日照、温度、湿度、風向等の気象の状態

（２）街路の幅員、構造等の状態

（３）都心との距離及び交通施設の状態

（４）商業施設の配置の状態

（５）上下水道、ガス等の供給・処理施設の状態

…以下省略

第３節　個別的要因

個別的要因とは、不動産に個別性を生じさせ、その価格を個別的に形成する要因をいう。個別的要因は、土地、建物等の区分に応じて次のように分けられる。

Ⅰ 土地に関する個別的要因

１．宅地

（１）住宅地

住宅地の個別的要因の主なものを例示すれば、次のとおりである。

① 地勢、地質、地盤等

② 日照、通風及び乾湿

③ 間口、奥行、地積、形状等

④ 高低、角地その他の接面街路との関係

⑤ 接面街路の幅員、構造等の状態

…以下省略

これらの地価影響要因は多岐にわたって存在し、地価形成因子に対して直接的又は間接的かつ複雑に影響を与えているが、その内容は不動産鑑定評価基準をはじめとする多くの書籍で述べられているため[1]、本書では、分析に必要な部分のみを述べるものとする。

（３）地価形成因子と地価影響要因との関係

地価形成因子と地価影響要因との関係を分析するに当たっては、地価形成因子に対して地価影響要因がどのような影響を与えるのかを、一般的要因、地域要因及び個別的要因の具体例を挙げて述べるものとする。

図２

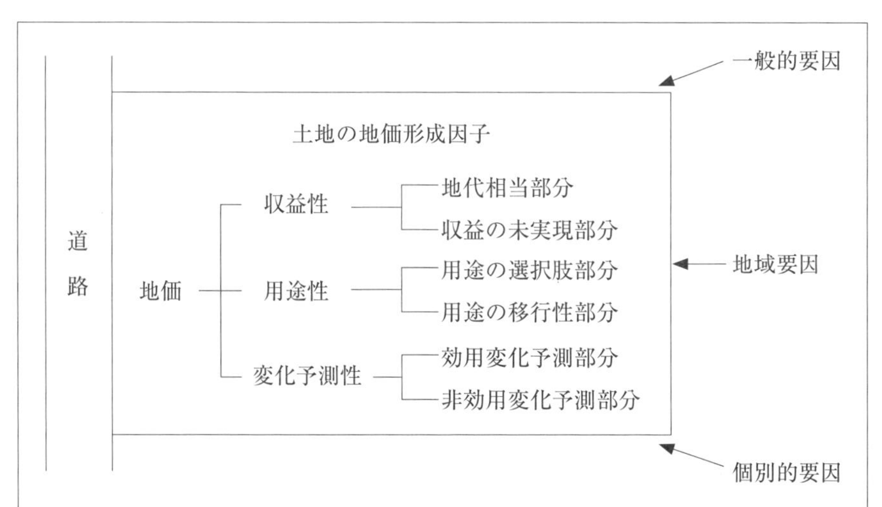

図で表しているように、土地の持つ地価形成因子に対して、一般的要因、地域要因及び個別的要因が影響を与えることによって地価形成因子が反応し、用途、機能等の土地のあり方が決定される。

1　拙著でも、『固定資産税宅地評価の理論と実務（上下巻）』（2006年 ㈲高知不動産鑑定事務所）、『公共用地の取得に係る土地評価の実務（上下巻）』（2007年 高知新聞企業出版）、『固定資産税 違法の可能性を有する土地評価 詳解』（2014年 ㈱ぎょうせい）等で詳細に分析している。

ア　一般的要因

一般的要因の一つである人口の状態に係る影響を例に挙げて見てみよう。

高知県東部に位置する室戸市では、人口の減少傾向が長期間にわたって続いていることから、近年では商業施設の減少、小中学校の統廃合等、全体的な市勢の衰退が見られ、地価は、室戸市全域にわたって長期的な下落傾向となっている。

これが地価形成因子にどのような影響を与えているのかを見てみよう。

まず、人口の減少に伴う商業施設、公共施設等の減少によって土地の利便性が低下し、その結果として「地代相当部分」が減少するという影響を与えている。

また、人口の減少によって、宅地では用途が商業地から住宅地へと移行し、農地では耕作者の減少によって農地が放棄され林地へ転換しているといったように、「用途の移行性部分」にも影響を与えている。

更に、これらに係る「効用変化予測部分」が発生することにより、将来の土地のあり方にも大きな影響を与えている。

このように、一般的要因の変化が地価形成因子に影響を与えることによって、土地のあり方が変化し、地価が下落している。

イ　地域要因

地域要因の一つである街路の幅員、構造等の状態を例に挙げて見てみよう。

例えば、近隣地域内に幹線道路が新設される場合は、生活の利便性が向上するため、「地代相当部分」が増加することとなる。

また、幹線道路の種類、幅員等によっては、「用途の選択肢部分」が発生するし、用途が住宅地から商業地へ移行する等「用途の移行性部分」に影響を与えることもある。

更に、これら地域要因の向上が大きい場合には、「効用変化予測部分」が発生することもある。

このように、地域要因の変化が地価形成因子に影響を与えることによって、土地のあり方に大きな影響を与えている。

ウ　個別的要因

個別的要因の一つである日照、通風等の環境に係る例を挙げて見てみよう。

例えば、低層専用住宅が標準的である住宅地域において近隣地域内に中層ビルが建築されたとすると、その北側に隣接する住宅地では、日照等が阻害されることにより居住環境が悪化するため、「地代相当部分」が減少する。

これに対して、このような住宅地域内に公園が設置された場合は、周辺の環境条件が向上することから、「地代相当部分」は増加する。

更に、これらの個別的要因の影響が大きい場合には、「効用変化予測部分」が発生することとなる。

以上のように、地価影響要因は、各土地が有する本質的な因子である地価形成因子に対して何らかの影響を与えており、これによって各土地のあり方が決定されることとなる。

（４）土地のあり方と価格形成条件

前述のように、地価形成因子に対して地価影響要因が影響を与えることによって土地のあり方が決定されることとなるが、この場合における土地のあり方とは、「土地がどのように構成され、どのように貢献している[2]」のかということである。

2　不動産鑑定評価基準による。

これは、土地がどのような用途性、機能性等を有しているか、各土地間における相対的な価値の開差がどの程度であるのかというようなものであり、この土地のあり方が土地市場における地価の決定の重要な要件となる。

この土地のあり方は、実際の土地市場では以下のような具体的な価格形成条件となって表れるが、これは各土地の有する街路条件、交通接近条件等をいうものであり、需要者及び供給者が実際の土地市場で行動する場合の前提条件となるものである。

なお、価格形成条件と地価影響要因とは本質的には同じであるが、地価影響要因は地価形成因子に対して影響を与える要因であるのに対し、価格形成条件はその結果として、その要因が市場に提供される条件となる。そして、この地価形成因子に対して新たな地価影響要因が影響を与えることによって価格形成条件が更に変化するという二面性を有するものである。

- 街 路 条 件…対象地が接面する道路幅員、舗装等に関する要因であり、用途、機能等を決定するための重要な条件である。
- 交通接近条件…交通施設、商業施設、公共施設等との距離がどの程度であるのか、その利便性は土地の用途、機能等にどのような影響を与えているのかという条件である。
- 環 境 条 件…日照、通風、温度、湿度等の自然的環境と嫌悪施設等の社会的環境とが、土地の機能にどのような影響を与えているのかという条件である。
- 画 地 条 件…土地の物理的な要因として奥行、現状等が土地の具体的な利用方法にどのように影響を与えているのかという条件である。
- 行 政 的 条 件…土地がどのような公法規制によって制約を受けているの

かという条件である。

- その　他…これら以外の条件が、どのように影響を与えているのかという条件である。

（5）地価の成立

地価とは、土地の有する客観的交換価値を貨幣額をもって表したものである。

この地価は、土地が有する地価形成因子に地価影響要因が影響を与えることによって土地のあり方が決定され、これに基づき、土地市場において需要と供給とが働き合って決定される。

この関係を図説すれば、次のとおりとなる。

ア　地価形成因子に地価影響要因が影響を与える

土地は、その性質として収益性、用途性及び変化予測性を有しているが、これが地価形成因子であり、本質的には全ての土地が共通して有しているものである。

図３の太線で囲まれた範囲が土地であり、その土地の地価形成因子である。

図３　地価形成因子と地価との関係図

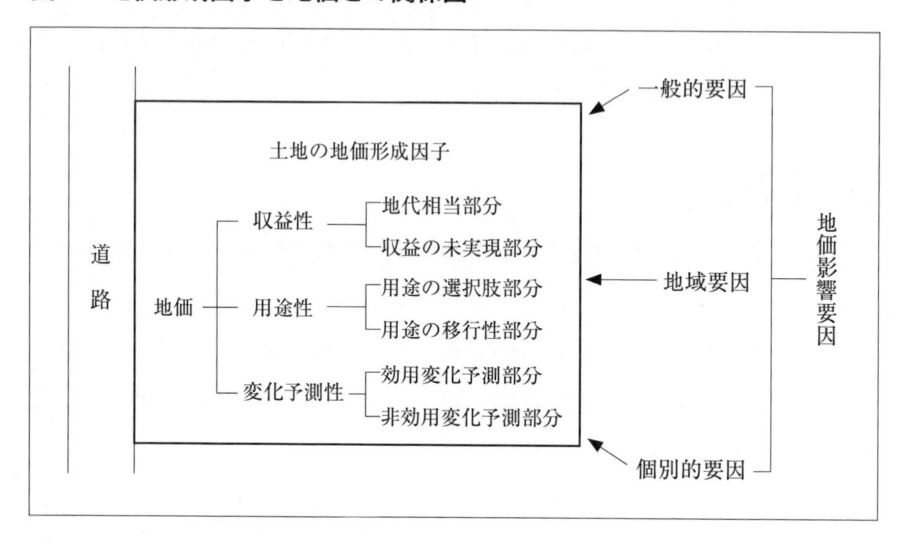

イ　土地のあり方が決定される

アの地価形成因子に対して、一般的要因、地域要因及び個別的要因の地価影響要因が影響を与えることによって、それぞれの土地の有する地価形成因子の全部又は一部が反応して土地のあり方が決定され、各土地の価格形成条件として表れることとなる。

図４は、この関係を表している。

図４

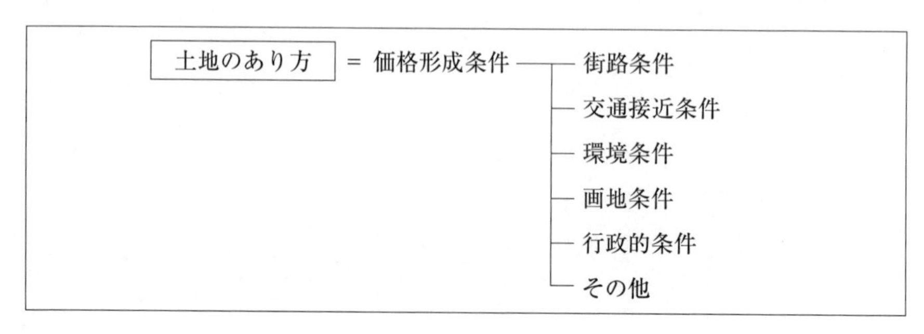

ウ　土地市場において地価が決定される

イにおいて決定された土地のあり方、つまり各土地の有する価格形成条件に基づき、第２章で述べる土地市場において需要と供給とが働き合うことによって、地価は決定されることとなる（**図５**参照）。

図５「需要・供給の法則」に基づく地価の決定例

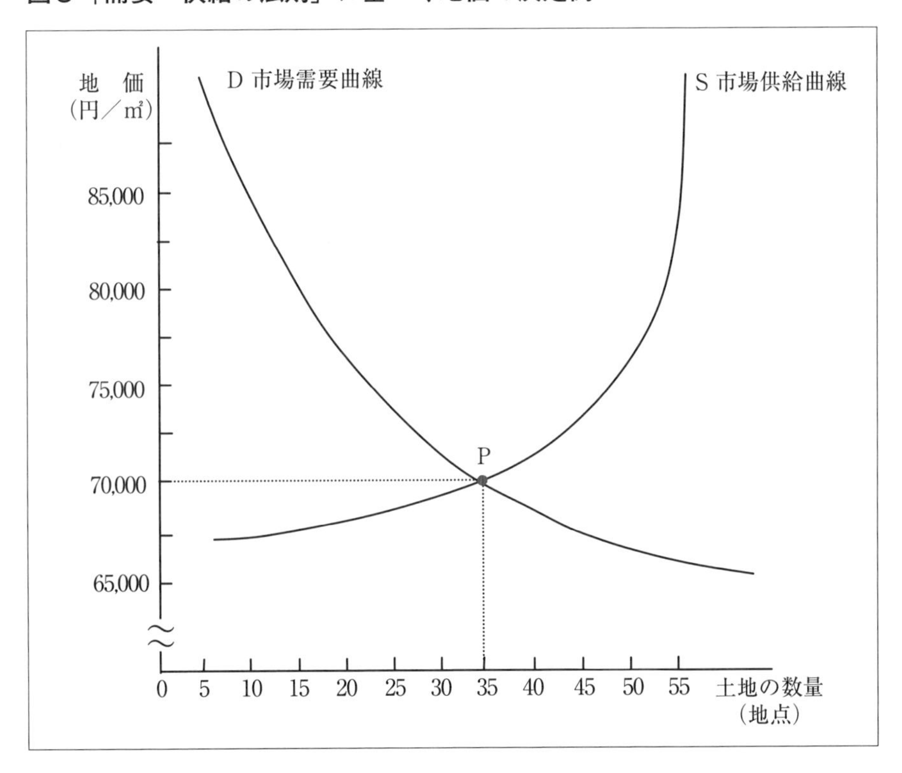

ここで成立した地価は、地価影響要因の変化がなければ変動することはない。しかし、地価影響要因が変化する場合には、土地のあり方が変化することとなり、それに伴い価格形成条件も変化し、地価は変動することとなる。

第2章

地価形成因子の分析

本章では、第１章で述べた地価の形成のために不可欠である地価形成因子について詳しく述べるものとする。

第１節　地価形成因子の概要

本節では、まず地価形成因子の概要を述べ、次に地価形成因子から形成される地価の特徴を述べるものとする。

1　地価形成に係る因子の意義

本項では、地価がどのような地価形成に係る因子によって形成されているのかを、実際の土地市場から分析するものとする。

分析に当たっては、まず地価を形成すると考えられる地価形成に係る因子についての概要を述べ、次にこれらが実際の土地市場においてどのように形成されているのかを述べるものとする。

(1)　地価形成に係る因子の概要

地価形成に係る因子の概要は、次のとおりである。

ア　効用

本書における土地の効用とは、それぞれの土地に係る特定の利用方法に基づく満足度である。

例えば、商業地を店舗用として賃貸借するのであれば土地から得られる地代という収益性、住宅地として利用するのであれば居住することによる居住性、快適性等である。

また、農地として利用するのであれば農作物の生産から得られる収益性であり、林地として利用するのであれば立木の生育から得られる収益性である。

イ　用途性

用途性とは、土地が有する大きな特徴の一つである用途の変化に係る要因であり、それぞれの時点における用途の選択肢と地域が移行又は転換することによる用途の変更の可能性とがある。

用途の選択肢を見ると、商業地であれば店舗、事務所等の利用方法があり、農地では米、野菜、果樹等の栽培方法の選択肢がある。

また、用途性を移行又は転換という観点から見ると、工業地域から住宅地域へ、農地地域から宅地地域へ等の用途の移行性又は転換性が多くの場合で発生している。

このように、地価は、アで述べた効用が前提となり、効用に係る用途の選択肢並びに効用の移行及び転換の可能性を反映して形成されることとなる。

ウ　変化の予測性

変化の予測性には、地域要因の変化に見られるように、効用及び用途性に対して直接的に影響を与える変化の予測性と、一部の一般的要因のように、効用及び用途性の変化の予測とは直接的には関係なく地価の変動そのものに影響を与える変化の予測性とがある。

例えば、効用及び用途性は、公共事業の進展、商業施設の建設等による地域要因の変化により影響を受けるが、地価も、これらの地域要因の実態的な変化の予測によって変動することとなる。

また、地価は、投資資産として代替性のある株式、債券等の変動の影響を受けるほか、経済成長、景気動向等の変化の予測によっても変動することとなる。

このため、地価は、現時点での利用方法に係る効用及び用途性のほか、これらに係る将来の変化又は変動の予測も含んで形成されることとなる。

（2） 実際の特定地域をモデルにした地価形成に係る因子の分析

全ての地価は、（1）で述べた地価形成に係る因子の全部又は一部を有したうえで形成されるが、本項では地価形成に係る因子がどのように形成されるのかについて、実際に存する地域をモデルに分析するものとする。

ア　時系列による地価形成に係る因子の分析

同一の近隣地域内の土地をモデルにして、時系列的に分析するものとする。

（ア） 地域の概要と効用の発生

図1は、1947年10月30日に発行された高知市御座地区の地図である。

図1

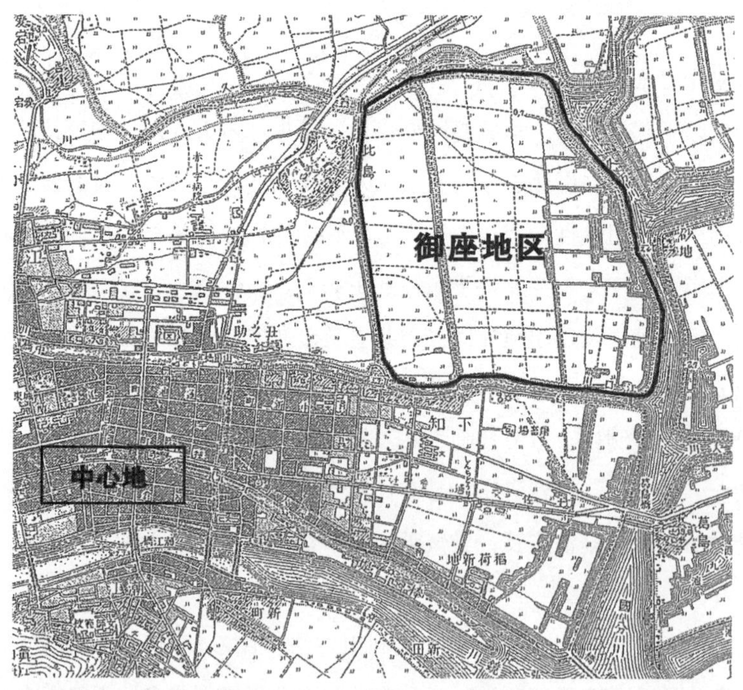

この時点では、御座地区のほとんどが田として利用されていることが地図から読み取れる。

御座地区では、農地として開墾された時代から1947年までの期間における土地の利用方法が農作物の生産のみに重点が置かれていたようであり、ほとんどの農地が田として利用されていた。これは、農作物の種類の中でも特に米の収益力が相対的に高かったことによるもので、地価は、田として利用することを前提に形成されていたと推定される。

このため、この時点までの地価形成に係る因子は、米を生産することに係る生産性、費用性等を反映した効用と、これらに係る変化の予測とによって構成されていたと推定される。

地図とは異なる地域であるが、高知県における代表的な純田地地域である。用途は、田として利用されることが標準的であることから、地域内における農地の地価は、そのほとんどが田としての収益性にその変化の予測を加味して形成されている。

（イ）　用途の選択肢の発生

図２は、1964年９月撮影の航空写真から作成された同地区の地図である。

図２

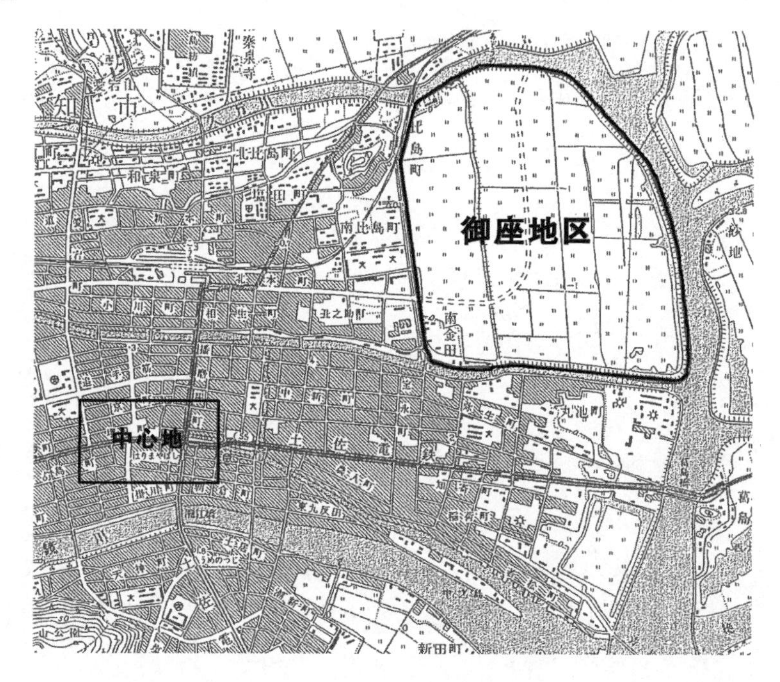

この頃の高知市の人口及び世帯数は増加中であり、御座地区における農地の利用方法も、地方都市近郊に位置するメリットを生かして、収益性が相対的に低下している田だけでなく、野菜類を栽培する畑地としての利用も多く見られるようになってきている[1]。

このため、この時点の農地の地価は、田として利用することによる効用

1　地図では、田の記号がほとんどであるが、実際には畑も多く見られる状況であった。

のほか、畑として利用することの用途の選択肢が地価形成に係る因子の中で発生し、これらに係る生産性、費用性等の変化の予測も含んで形成されていたと推定される。

（ウ）　用途の移行性の発生

図３は、1980年11月撮影の航空写真から作成された同地区の地図である。

図３

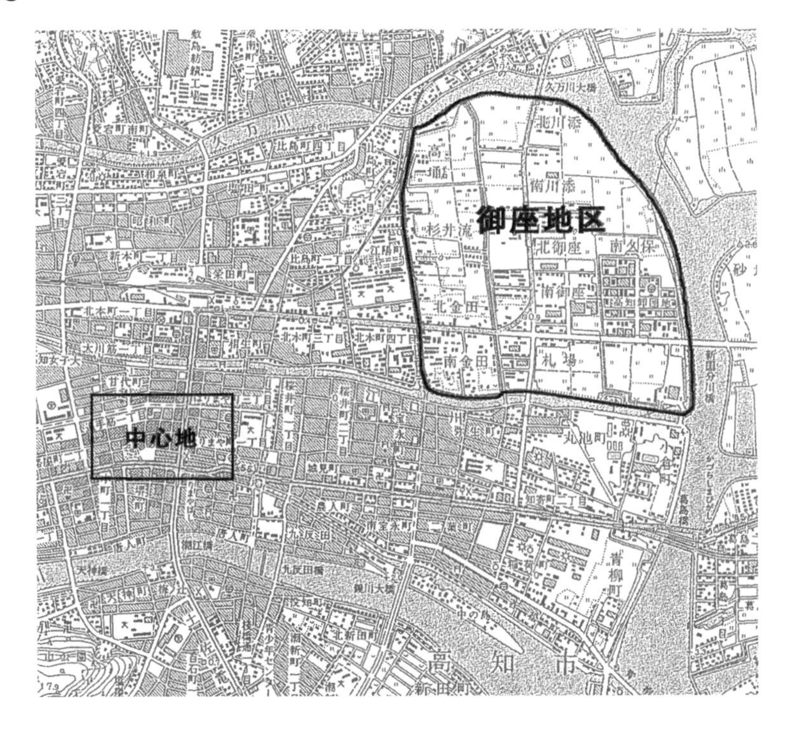

これまで農地としての効用を発揮していた土地は、この頃には高知市市街地の拡大に伴い、その効用が、農地としての要因から宅地としての要因へと転換が見られる状態となっている。

国道等の幹線道路沿いには、ガソリンスタンド、レストラン等の沿道サービス施設が見られるようになり、背後地域には、農地の他に戸建住宅、アパート等が点在してきている。

このため、この時点での農地の地価は、従来からの利用方法である田又は畑に係る農地としての収益性と、農地から宅地への用途の転換の可能性、更にこれらの因子に係る将来の変化の予測を反映して形成されていたと推定される。

（エ）　効用、用途性及び変化の予測による地価の形成

図４は、2008年２月１日に発行された同地区の地図である。

図４

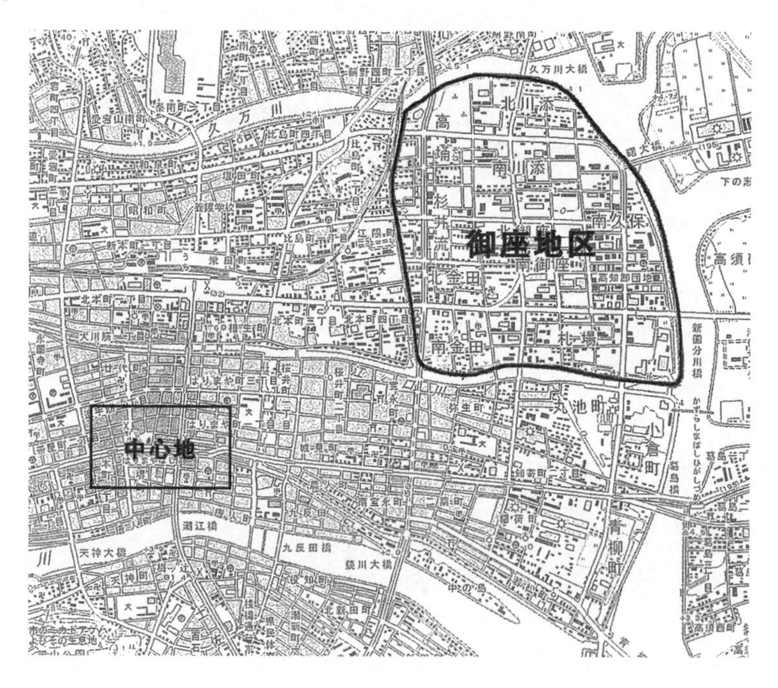

近年の御座地区の状況は、地価形成に係る因子が大きく変化し、従来から有していた農地としての効用は消滅し、国道等の幹線道路沿いの地域で

は商業地としての効用が、背後地域では住宅地としての効用が、地価形成に係る因子として占めるようになっている[2]。

このため、近年における御座地区の地価は、住宅地又は商業地としての効用に、宅地としての用途の選択肢と移行性、更にこれらの因子の将来における変化の予測によって形成されている。

2015年1月30日時点の御座地区である。主要幹線道路には量販店、自動車販売店、コンビニエンスストア等が建ち、背後地域には戸建住宅、分譲マンションが多く存しており、農地も若干ではあるが見られる状況となっている。

以上を総合的に分析すれば、土地の用途、利用方法等が時の経過とともに変化したとしても、地価は、効用、用途性及び変化の予測性という地価形成に係る因子の全部又は一部によって構成されることが理解できる。

2　地価水準が宅地並みに上昇したことから、地価の中で農地としての効用（収益性）の占める割合が相対的に小さくなり、土地市場では、農地としての効用が考慮されなくなっている。

イ　現時点における地価形成に係る因子の分析

前項では、同一の近隣地域の地価形成に係る因子を時系列的に分析したが、本項では、現時点における各地域の地価形成に係る因子を比較し分析するものとする。

（ア）　効用に重点が置かれて地価が成立する地域

図５は、2008年２月１日に発行された地図である。

図５

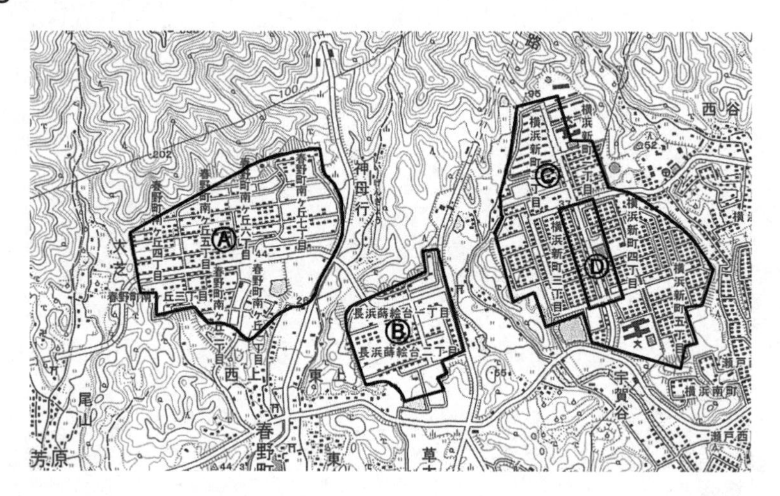

Ⓐ～Ⓒ地域は、高知市の人口の増加に伴い大規模に開発された郊外に存する低層専用住宅地域であり、付近には２階建程度の戸建専用住宅が建ち並んでおり、地域要因の良好な住宅地域となっている。

この地域は、都市計画法、建築基準法等の公法規制により建ぺい率、容積率、用途等が厳しく制限され、戸建住宅以外の建築は困難であることから、用途の純化した低層専用住宅地域となっている。このため、用途の選択肢及び移行性はいずれも発生していない。

また、地域要因の変化の予測性についても、主要道路、バス停等が整備されている熟成した住宅地域のために、変化の兆しは見られない。

このため、Ⓐ～Ⓒ地域の地価は、いずれも住宅地としての効用である居住性、快適性等に着目したうえで形成されている。

なお、同じⒸ地域内であっても、Ⓓ地域では地価形成に係る因子の割合が異なることに留意すべきである。

Ⓓ地域は、商業地として利用することに重点を置いて整備されたため道路が広く作られ、位置的にも地域の中央部に配置されていることから用途の選択肢を有しているうえに、公法上は近隣商業地域に指定されていることから、地価は、住宅地の要因のほか商業地としての用途性も含んで形成されている。

このように、Ⓐ～Ⓒ地域及びⒹ地域は、同様の自然的条件にある住宅地域であるにもかかわらず、地価形成に係る因子の割合は異なるが、いずれも、効用、用途性及び変化の予測性の全部又は一部によって形成されていることが理解できよう。

（イ）　効用及び変化の予測性に重点が置かれて地域が成立する地域

図６は、2008年２月１日に発行された地図である。

図6

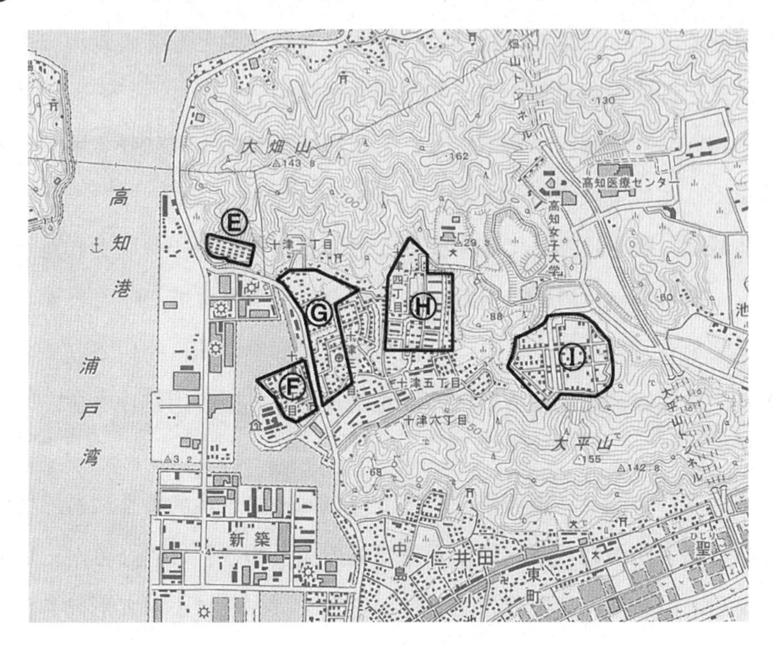

高知市では、近い将来発生すると予測される南海トラフ巨大地震による大津波が予測され、低地では甚大な被害がもたらされることが想定されることから、これらが地価の形成に大きな影響を与えている。

Ⓔ、Ⓗ及びⒾ地域は、高台に位置するため津波の影響を全く受けないと予測されている。このため、地価は、前記イ（ア）のⒶ～Ⓒ地域と同様に、住宅地としての効用のみによって価格が形成されている。

これに対し、Ⓕ及びⒼ地域は、同じ地区に存する住宅地域にもかかわらず低地帯であることから、大津波による被害の予測の影響を受け、地価は、ここ数年間にわたって下落し続けている。これは、この地域における地価形成に係る因子が、従来はⒶ～Ⓒ地域と同様に住宅としての効用のみであったが、大津波の予測によって変化の予測性が加味されてきたことによるものである。

このように、同じように住宅地として造成されているにもかかわらず、低地又は高台という位置的な自然的条件が異なることによって、Ⓔ、Ⓗ及びⒾ地域とⒻ及びⒼ地域との地価形成に係る因子が異なっているが、いずれも効用及び変化の予測性の一部から形成されていることが理解できよう。

（ウ）　効用、用途性及び変化の予測性の全ての因子で成立する地域

図７は、2008年２月１日に発行された地図である。

図７

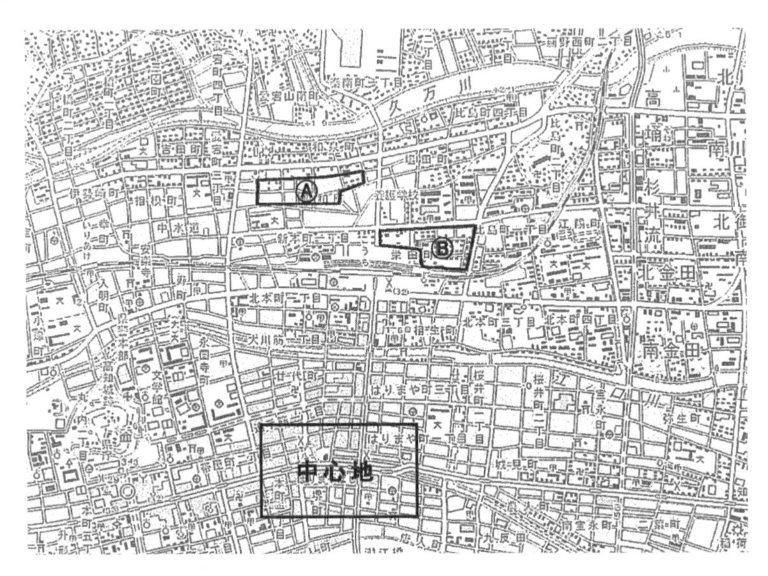

図７のⒶ及びⒷ地域は、高知市中心部に近接する既成市街地であり、従来から戸建住宅、アパート等が存する住宅地域であったが、土地区画整理事業の施行によって、地域要因が大幅に変化した地域である。

現在のⒶ地域は、小規模マンションも若干見られるが、区画整然とした街路沿いに低層専用住宅が主に立地する比較的閑静な住宅地域であり、効

用としては、住宅地としての居住性、快適性等に重点が置かれている。

用途性については、公法規制もあり用途の選択肢が他の地域と比較するとやや少なく、用途の移行性も、熟成した住宅地域のため存しない。また、地域要因は、土地区画整理事業が実質的に完了してかなりの年数が経過したことから安定しており、変化の予測はあまり考慮されない。

以上、Ⓐ地域における地価形成に係る因子は、住宅地としての効用を中心に若干の用途の選択肢を加味して構成されているものと判断される。

これに対して、Ⓑ地域は、区画整然とした街路沿いにマンション、公共施設、商業施設、戸建住宅等が混在する商住混在地域で、現在建築中の建物も存しているが、標準的な効用としては、それぞれの土地の利用方法によって異なっているものの、店舗、賃貸用マンション等の収益性に重点が置かれている。

用途性は、現況にも見られるように多くの選択肢があり、将来における用途の移行性についても、高知駅に近接するという地理的条件が反映され、建物は３～８階程度のテナント兼マンションの建築が増加するものと考えられる。

これらに係る変化の予測は、土地区画整理事業が実質的に完了して間もないことや、道路条件、交通接近条件等が良好で公共施設も多く存することから、発展的に推移するものと推定されるが、一方では、地価形成に係る因子に影響を与えている総合病院の移転計画もあり、複雑となっている。

以上、Ⓑ地域では、効用、用途性及び変化の予測性の地価形成に係る因子の全てが、地価の形成に強く影響を与えているものと判断される。

このように、Ⓐ及びⒷ地域は、近接する地域であるにもかかわらず地価形成に係る因子はそれぞれ異なるが、いずれも、効用、用途性及び変化の予測性の全部又は一部によって形成されていることが理解できよう。

２　６つに区分した地価形成因子の概要

前項の分析の結果を基に、経済学上の観点から整理すると、地価は、大きく分けて収益性、用途性及び変化予測性に係る各因子から形成される。

本項以降においては、経済学上の観点から、地価形成に係る因子は「地価の三要素」に、効用については収益性に名称を変えて述べるものとし、住宅地の居住性、工業地の生産性等も収益性に含むものとする。

また、地価の三要素の区分として、収益性は「地代相当部分」及び「収益の未実現部分」に、用途性は「用途の選択肢部分」及び「用途の移行性部分」に、更に変化予測性は「効用変化予測部分」及び「非効用変化予測部分」という６つの地価形成因子に区分するものとする。

これらの関係を表したものが**図８**である。

図８

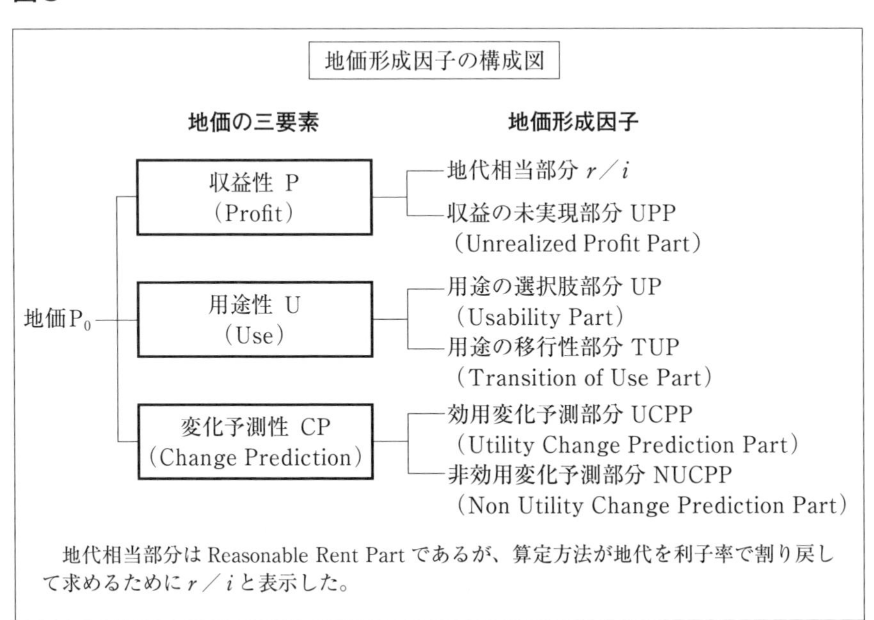

地代相当部分は Reasonable Rent Part であるが、算定方法が地代を利子率で割り戻して求めるために $r／i$ と表示した。

以下では、**図8**に基づき、６つに区分した地価形成因子の概要を述べるものとする。

なお、各地価形成因子は、本章第２節以下でそれぞれ各節ごとに詳細に述べるものとする。

（1） 収益性

収益性とは、土地の収益力に係る要素をいい、「地代相当部分」と「収益の未実現部分」とに区分される。

ア 「地代相当部分」

「地代相当部分」とは、土地を実際に賃貸借することによって得られる「土地に帰属する純収益」を永久還元した場合の価格（鑑定評価上の収益価格）をいう。

テナントビル、ホテル等が建ち並ぶ商業地域である。このような地域では、地価は主として土地から得られる「地代相当部分」に着目して形成される。

「地代相当部分」の求め方には、次の２つの算定方法がある。

１つは、定期借地権、賃借権等の設定により、土地そのものを直接的に賃貸することによって得られる地代から算定する方法であり、もう１つは、賃貸用マンション、テナントビル等のように土地に建物を建築し、当該建物を賃貸することによって得られる賃料から算定する方法である。

イ　「収益の未実現部分」

「収益の未実現部分」とは、土地が本来有している収益性と「地代相当部分」との開差をいう。

土地の利用方法を権利関係から見ると、所有権に係る使用収益と借地、賃貸借等に供した場合の賃借権に係る使用収益とがあるが、いずれも基本的な使用収益の方法は同じであり、理論的には、収益性の全てが「地代相当部分」で形成されるはずである。

しかし、賃借権に係る使用収益では、契約による制約、不安定性等のマイナス要因によって、土地が本来有している収益性の全てを「地代相当部分」で形成できない場合が多く、このため、この開差が「収益の未実現部分」として発生することとなる。

また、所有権に係る使用収益であっても、日本の住宅地では、所有性向の存在により、「収益の未実現部分」が多くの場合で発生している。

このように、「収益の未実現部分」とは、土地が本来有している収益性の全てが「地代相当部分」で形成されないことによって発生する当該収益性との開差をいうものであり、本章第３節で述べるように、賃貸借の形態、各土地の存する地域要因等によって大きく異なる。

（２）　用途性

用途性とは、土地の用途の変化に係る要素であり、「用途の選択肢部分」と「用途の移行性部分」とに区分される。

ア 「用途の選択肢部分」

土地の収益性は、土地を特定の用途に利用することによって発生するが、地価は、その収益性のみならず、その土地を他の用途にも利用できるという用途の選択肢も反映して形成される。

例えば、ある特定の農地で米の生産しかできない田と、同様に米を生産しているがネギ、ショウガ等の生産が可能な田とが存するものとし、現時点での米の生産量、品質等の条件が同じであるとすると、田の地価は、前者と比べて後者の方が必ず高くなる。

これは、現況での利用方法によって得られる収益力が同じであっても、用途の選択肢を有する農地には、収益性に加えて用途の選択肢に係る地価形成因子が存するためである。この加わる部分の地価形成因子が「用途の選択肢部分」である。

「用途の選択肢部分」は、用途の選択肢を有する土地であれば多くの場合に発生する要因であることから、潜在的にはほとんどの土地に存している[3]。

しかし、「用途の選択肢部分」は、各土地の存する地域の特性の制約下における用途の選択肢であることから、選択可能な数としては少ないこととなる。

用途の選択肢を具体的に挙げると、住宅地であれば、戸建住宅、マンション、駐車場等が、用途の混在する商業地域であれば、事務所、店舗等の用途の選択肢がある[4]。

---

3 用途の多様性と用途の選択肢とは類似する用語である。用途の多様性とは、『不動産鑑定評価基準』によると「用途の多様性（用途の競合、転換及び併存の可能性）」と述べられ、また『新・要説不動産鑑定評価基準』では、「同じ土地が商業地としても使用できるし、住宅地としても利用し得る」と述べられている。

これに対し、本書で述べている用途の選択肢は、それぞれの近隣地域の地域的特性の制約下における合理的な利用方法の中での選択肢をいうものであることから、「用途の選択肢部分」として用語を用いることとした。

また、農地のうち畑地であれば、コーン、大豆等の生産に係る用途の選択肢がある。

戸建住宅、マンション、事務所等の見られる混在住宅地域であるが、このような地域では用途の選択肢が比較的多くあり、地価の中に「用途の選択肢部分」の占める割合は、他の住宅地域と比べれば大きくなっている。

イ 「用途の移行性部分」

「用途の移行性部分」とは、用途的地域が住宅地域から商業地域へ、工業地域から住宅地域へ等と移行しつつある状態や、農地地域から宅地地域へ、林地地域から宅地地域へ等と転換しつつある状態、そしてこれらに係る移行又は転換の可能性を潜在的に含んでいる場合に発生する地価形成因

4　一般的に、低層専用住宅地域では環境条件が重視されるが、用途の選択肢を有することによって環境条件が低下する場合があり、このような場合には、用途の選択肢が存することによる減価が発生することもある。

子をいう。

地価の中で「用途の移行性部分」の占める割合は、それぞれの土地の存する用途的地域によって大きく異なる。

例えば、用途が住宅地域から商業地域へと移行している商業移行地地域や、農地地域、林地地域等から宅地地域へと転換している宅地見込地地域においては、地価の中で「用途の移行性部分」が占める割合は大きく、実際の市場では、地価に大きな影響を与えている。

これに対して、地域の用途性が純化した低層専用住宅地域、高度商業地域等では、移行性がほとんど発生しないため、地価の中で「用途の移行性部分」の占める割合は極めて小さい。

現況では農地が多く見られるが、手前及び遠方には宅地も多く見られ、順次市街化が進んでいる。このため、この地域では、宅地化の影響を強く受けることによる用途の転換性が発生し、地価の中で「用途の移行性部分」が占める割合は大きくなっている。

(3)　変化予測性

変化予測性とは、収益性及び用途性の将来における変化の予測並びにこれらから形成される地価自体の将来における変動の予測を要素として捉えたものである。

実際の土地市場では、この変化予測性が需要と供給とに影響を与えることによって、地価が上昇又は下落することが多い。

変化予測性は、「効用変化予測部分」と「非効用変化予測部分」とに区分される[5]。

ア　「効用変化予測部分」

「効用変化予測部分」とは、個別的要因、地域要因及び一部の一般的要因の変化の予測に基づき、土地の収益性及び用途性が実態的に変化すると予測される場合に発生する地価形成因子をいう。

プラスの「効用変化予測部分」としては、国道の改良、地下鉄の開通等による地域要因の向上に係る予測要因があり、マイナスの「効用変化予測部分」としては、嫌悪施設の建設、災害発生の危険性等による地域要因の低下に係る予測要因がある。

「効用変化予測部分」は、実際の土地市場では収益性の変化の予測として多くの場合に表れるが、期間の経過によって「地代相当部分」及び「収益の未実現部分」である収益性の上昇又は下落という現象に転化されることから、期間の経過によって消滅することの多い地価形成因子である。

イ　「非効用変化予測部分」

「非効用変化予測部分」とは、土地が有する収益性及び用途性の変化の予測とは直接的には関係のない要因にもかかわらず、地価の変動に影響を与える地価形成因子をいう。

5　変化予測性は、性質に応じて２つに区分したが、景気の変動、公法規制の変更時等に見られるように、両者が相互に関連し合うような複合的な変化予測性も存する。

具体例としては、株式、債券等の投資対象に係る価格変動の影響を受け地価が変動する場合、金利の低下が住宅地の需要を増加させ地価を上昇させる場合等の変化の予測によって地価が影響を受ける場合が挙げられる。

「非効用変化予測部分」は、経済成長期又は衰退期において地価に対する大きな影響力を有しており、地価の中に占める割合は大きいが、現在の日本のような経済の安定期においては、「非効用変化予測部分」が発生することは比較的少ない。

3　各地域における地価の特徴

本項では、地価を形成している地価形成因子に応じて地域との関係を分析する。この分析は、第３章及び第４章で分析する $P_0 = r / i$ の成否の判定に当たって重要なものとなる。

（1）　地価と地価形成因子との関係

これまでをまとめると、地価は、**図９**の地価の構造図に表示されるＡＧ間の地価形成因子の全部又は一部を有したうえで形成されることが理解できよう。

地価は、「地代相当部分」、「収益の未実現部分」、「用途の選択肢部分」、「用途の移行性部分」、「効用変化予測部分」及び「非効用変化予測部分」の地価形成因子によって形成されるが、全ての地価形成因子が地価に対して影響を与えるのではなく、宅地、農地、林地等の種別によってそれぞれ異なる。

また、宅地を細分化した種別の一つである住宅地、商業地等でも地価形成因子が異なるほか、定期借地権、駐車場等の利用方法の相違によっても「地代相当部分」及び「収益の未実現部分」への影響は異なってくる。

本項では、**図９**の地価の構造図に基づき、地価がどのような地価形成因

図９　地価の構造図

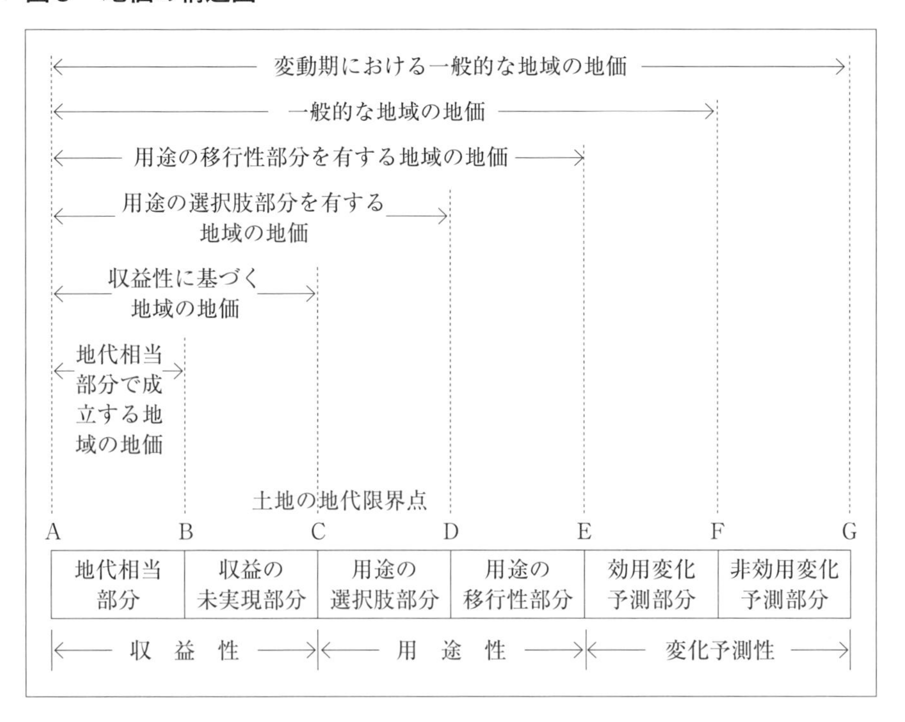

子によって形成されるのかを分析するものとするが、以下は代表的な例を示したものであり、これ以外の組合せによる地価も当然に存している。

（2）「地代相当部分」で成立する地域の地価

図９の地価の構造図のＡＢ間で成立する地価は、「地代相当部分」の地価形成因子のみで形成される。これは、鑑定評価上の収益価格に相当する。

「地代相当部分」のみで成立する地価は、理論的には、正常実質賃料のみを原資として地価が成立し、「収益の未実現部分」等が全く発生しない地域の地価であるが、現実的には、ほぼ「地代相当部分」で成立する地域内に存する各土地も含まれる[6]。

具体的な用途的地域としては、「地代相当部分」に着目して土地取引の行われる都心部の高度商業地域、東北、北海道等の農業本場純農地地域、四国の林業本場純林地地域等が挙げられる[7]。

大阪の高度商業地域である。このような地域の地価形成因子は土地の収益性のみに着目されるため、「地代相当部分」から形成されている。

6　実際の用途的地域を分析すれば、地価が完全に地代のみで成立することはほとんどなく、大小はあっても、他の地価形成因子が存している。

したがって、他の地価形成因子が存していても、地価の構成例で表しているように、地価が概ね「地代相当部分」で成立する場合は、「地代相当部分」で成立する地域の地価とする。

7　拙著『近代農地の価格形成理論と評価』における農業本場純農地地域をいい、宅地化要因部分（本書では「用途の移行性部分」）等をほとんど含まない農地地域をいう。

北海道の農業本場純農地地域である。地価形成因子は、上記の都市とは異なるが、農作物の収益性に係る「地代相当部分」から形成されている。

地価の構成例を図式化すれば、次のとおりである。

図10　地価の構成例

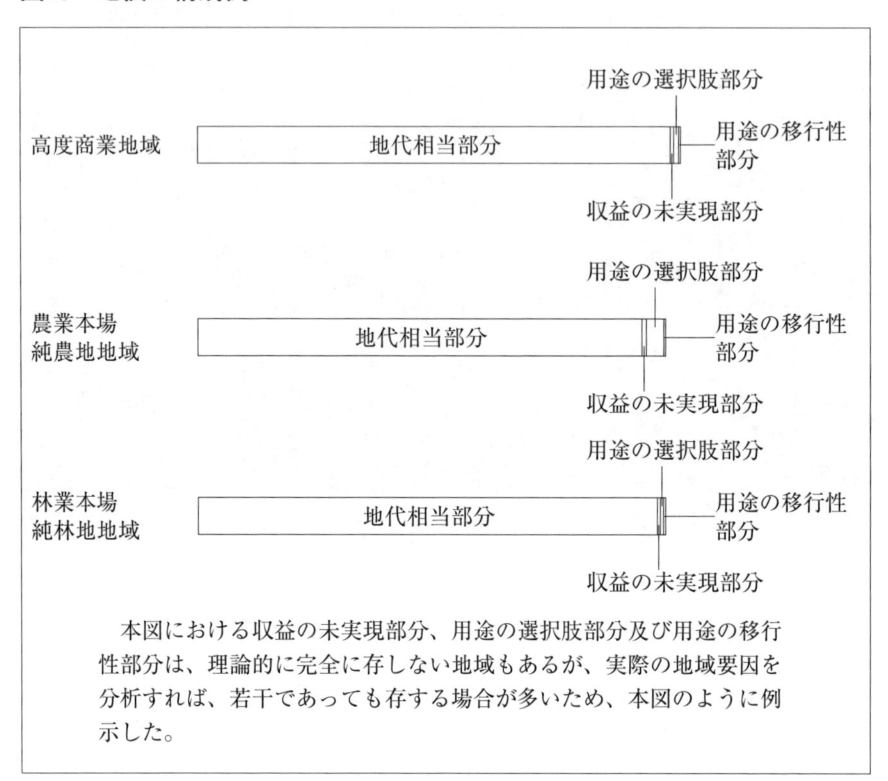

本図における収益の未実現部分、用途の選択肢部分及び用途の移行性部分は、理論的に完全に存しない地域もあるが、実際の地域要因を分析すれば、若干であっても存する場合が多いため、本図のように例示した。

地代は、一般的に市場利子率と密接な関係を有しているため、「地代相当部分」で成立する地価は、他の投資対象である株式、債券等と比較され、これらと代替性を有しながら収益性、流動性、税負担、リスク等を反映したうえで形成されることとなる。

このため、後述するように、土地経済学で一般的に述べられている地代と地価との相関関係が認められ、次式が成立することとなる。

$$P_0 (\text{地価}) = \frac{r(\text{地　代})}{i(\text{利子率})}$$

なお、地価の変動期においては、この地価に変化予測性が加味されることとなり、次式が成立することとなる。

$P_0 = \ r／i \times$ UCPP（「効用変化予測部分」）[8]

$P_0 = \ r／i \ \times$ NUCPP（「非効用変化予測部分」）

又は

$P_0 = \ r／i \ \times$ UCPP × NUCPP

この地価形成因子によって形成される地価を、本書では「地代相当部分」で成立する地域の地価と定義するものとする。

（３）　収益性に基づく地域の地価

図９の地価の構造図のＡＣ間で成立する地価は、「地代相当部分」と「収益の未実現部分」とから形成される。

このような地価形成因子を有する地域は、用途性が純化することによって用途が単一化し、所有性向等に基づく「収益の未実現部分」が大きくなる。

実際の市場で該当する地域としては、最有効使用が戸建住宅敷地で「用途の選択肢部分」及び「用途の移行性部分」をほとんど含まない閑静な低層専用住宅地域等が挙げられる[9]。

8　２（３）アで述べた理由により一時的には本式となるが、期間を経ることによりUCPPは地代に転化され、結果的には$P_0 = r／i$となる。以下（３）～（７）も同様である。

閑静な低層専用住宅地域であり、用途性は単一化し、移行性も見られないことから、地価は、「地代相当部分」と「収益の未実現部分」から形成されている。

地価の構成例を図式化すれば、次のとおりである。

図11　地価の構成例

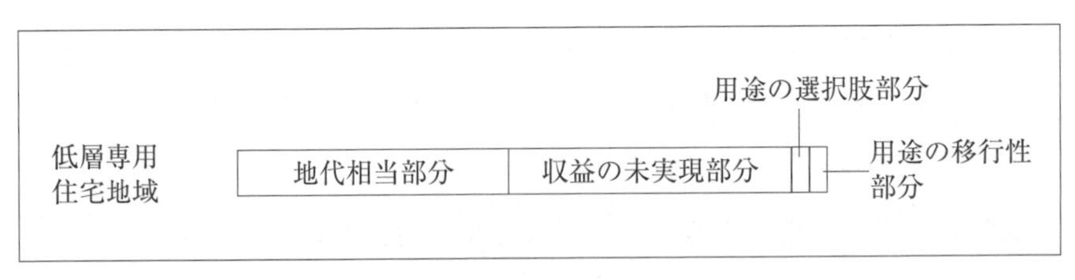

ＡＣ間は、先に述べた所有権に係る使用収益の元本価値であり、理論的

9　閑静な低層専用住宅地域における地代の地価に対する利回りは、商業地域と比較すれば低いが、これは、収益性の中で所有性向等に係る「収益の未実現部分」が大きく占めていることに起因している。

な収益性の限界を反映した地価といえよう。

この場合における地価は、次式が成立することとなる。

P_0 ＝ $r／i$ ＋ UPP（「収益の未実現部分」）

なお、地価の変動期においては、この地価に変化予測性が加えられることとなり、次式が成立することとなる。

P_0 ＝（ $r／i$ ＋ UPP ）× UCPP

P_0 ＝（ $r／i$ ＋ UPP ）× NUCPP

又は

P_0 ＝（ $r／i$ ＋ UPP ）× UCPP × NUCPP

この地価形成因子によって形成される地価を、本書では収益性に基づく地域の地価と定義するものとする。

（4）「用途の選択肢部分」を有する地域の地価

図９の地価の構造図ＡＤ間で成立する地価は、「地代相当部分」、「収益の未実現部分」及び「用途の選択肢部分」から形成される。

この地価は、それぞれの土地の存する地域の特性の制約下において用途の選択肢を有しており、宅地地域では混在商業地域や混在住宅地域、農地地域では純農地地域といった多くの地域が挙げられる[10]。

10　拙著『近代農地の価格形成理論と評価』における純農地地域をいい、収益の未達成部分（本書では「用途の選択肢部分」）を有する農地をいう。

郊外型の路線商業地域であり、地価は、収益性と「用途の選択肢部分」から形成されている。

（3）で述べたＡＣ間で形成される地価と異なる点は、用途が単一ではなく選択肢が存するということであり、収益性の他に「用途の選択肢部分」が地価に反映されることが挙げられる。

地価の構成例を図式化すれば、次のとおりである。

図12　地価の構成例

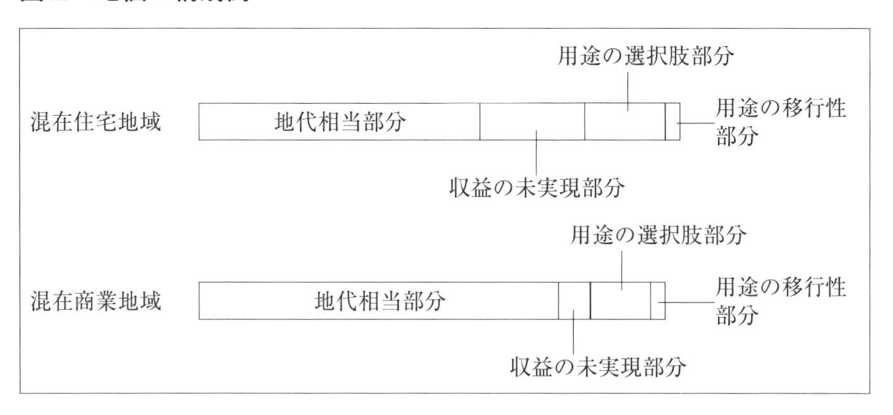

この場合における地価は、次式が成立することとなる。

$P_0 = r / i + UPP + UP$（「用途の選択肢部分」）

なお、地価の変動期においては、この地価に変化予測性が加味されることとなり、次式が成立することとなる。

$P_0 = (r / i + UPP + UP) \times UCPP$
$P_0 = (r / i + UPP + UP) \times NUCPP$
又は
$P_0 = (r / i + UPP + UP) \times UCPP \times NUCPP$

この地価形成因子によって形成される地価を、本書では「用途の選択肢部分」を有する地域の地価と定義するものとする。

（5）「用途の移行性部分」を有する地域の地価

図９の地価の構造図ＡＥ間で成立する地価は、「地代相当部分」、「収益

の未実現部分」、「用途の選択肢部分」及び「用途の移行性部分」が相互に関連して形成される。

（4）で述べた用途の選択肢を有する地域の地価と異なる点は、地価形成因子に「用途の移行性部分」が存することが挙げられる。

日本における多くの土地は、宅地では工業地域から住宅地域への移行、農地では宅地への転換という「用途の移行性部分」を含んで地価が形成されている。

日本の土地の中では、面的に見ると比較的多く存する地域の地価といえよう。

地価の構成例を図式化すれば、次のとおりである。

図13　地価の構成例

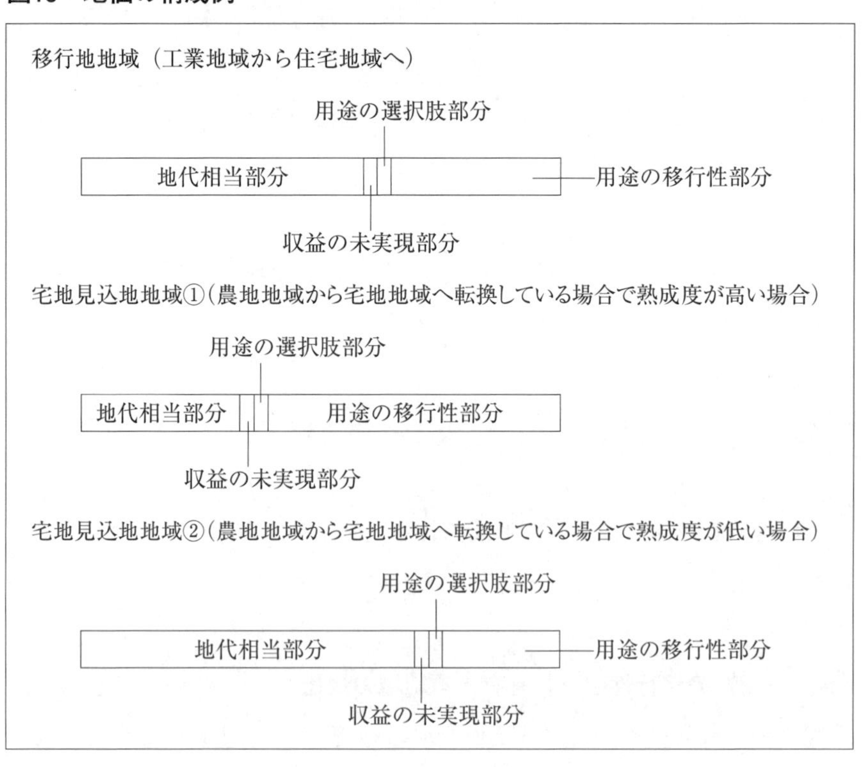

この場合における地価は、次式が成立することとなる。

$$P_0 = r/i + UPP + UP + TUP$$（「用途の移行性部分」）

この地価形成因子によって形成される地価を、本書では「用途の移行性部分」を有する地域の地価と定義するものとする。

なお、用途の選択肢を有することなく地域要因が移行している場合も理論的には存するが、例としては少ないことから、本書では述べないこととした。

（６）　一般的な地域の地価

図９の地価の構造図ＡＦ間で成立する地価は、「地代相当部分」、「収益の未実現部分」、「用途の選択肢部分」、「用途の移行性部分」及び「効用変化予測部分」が相互に関連して形成される。

日本の土地の中では、最も多く存する地域の地価であり、現在のような比較的経済動向の安定した状態において成立する地価といえよう。

地価の変動は、ＡＦ間の地価形成因子の全部又は一部が変化することにより上昇又は下落することとなるが、いずれも道路改良による地域要因の向上、嫌悪施設の建設による地域要因の下落等のような実体のある変化の予測によって変動するものである。

地価の構成例を図式化すれば、次のとおりである。

図14

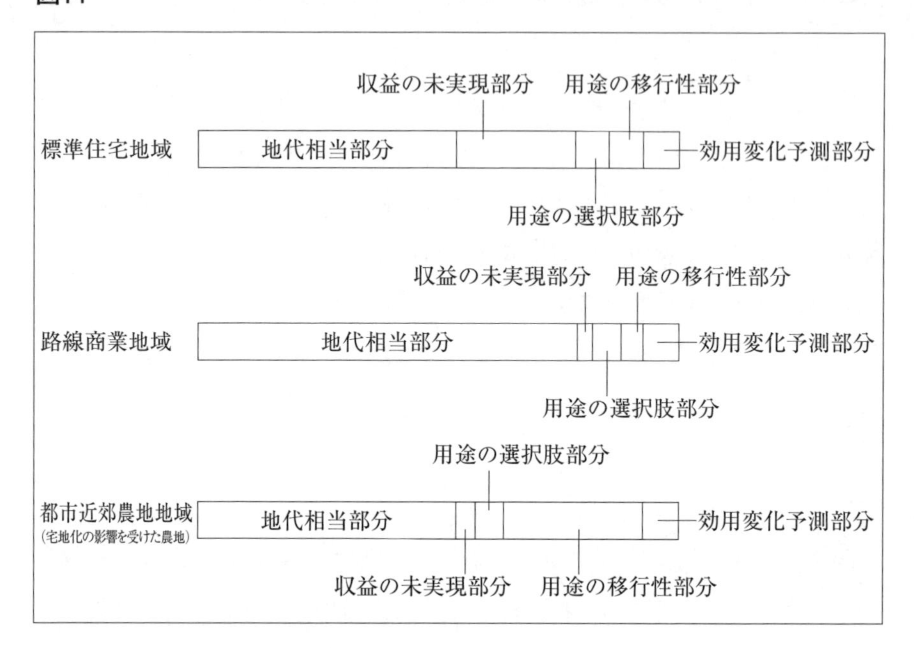

一般的な地価は、次式で成立することとなる。

$$P_0 = (r / i + UPP + UP + TUP) \times UCPP$$

この地価形成因子によって形成される地価を、本書では一般的な地域の地価と定義するものとする。

(7) 変動期における一般的な地域の地価

図9の地価の構造図AG間で成立する地価は、全ての地価形成因子で形成される。

FG間である「非効用変化予測部分」は、2(3)イで述べたように、AE間の地価形成因子とは直接的には関係のない変化の予測によって形成されるものである。

経済成長の著しい発展途上国では、地価の中に「非効用変化予測部分」の占める割合が大きくなるため地価の変動が大きくなるが、日本、イギリス等のような先進国、経済成長の安定している国等においては、「非効用変化予測部分」が発生することが少なく、また発生しても地域が限定的でありその影響は小さいことから、通常では「非効用変化予測部分」に係る大きな地価の上昇又は下落が発生することは少ない。

この場合における地価は、次式が成立することとなる。

$$P_0 = (r/i + UPP + UP + TUP) \times UCPP \times NUCCP$$

この地価形成因子によって形成される地価を、本書では変動期における一般的な地域の地価と定義するものとする。

第２節　「地代相当部分」

本節では、地価形成因子の一つである「地代相当部分」について、詳細に分析するものとする。

１　「地代相当部分」の意義

本項では、「地代相当部分」とは何かを述べ、次にその求め方を述べるものとする。

（1）「地代相当部分」の意義

ア　「地代相当部分」の概要

第１章で述べたように、地価は、土地が有する地価形成因子に地価影響要因が影響を与えることによって土地のあり方が決定され、これに基づき、土地市場において需要と供給とが働き合って決定される。

この場合における地価形成因子の一つである「地代相当部分」とは、**図1**において、地価の収益性であるＡＣ間のうちの一部であるＡＢ間の部分を表すものである。

図１

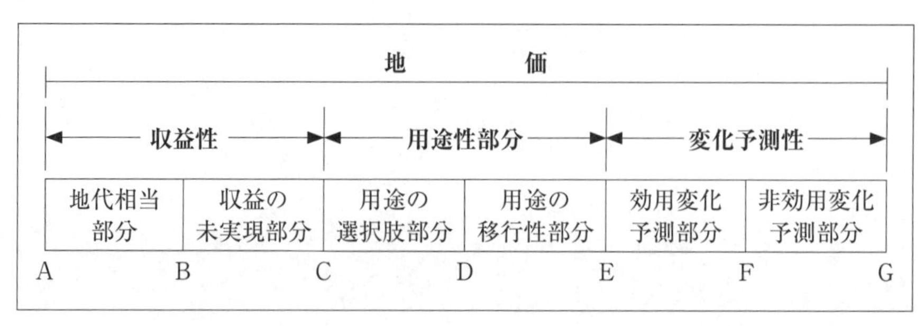

これを経済学的に見ると、「地代相当部分」とは、土地又は複合不動産を賃貸に供することによって期間ごとに発生する「土地に帰属する純収益」を、永久還元した場合における元本価値である。

この「土地に帰属する純収益」を算定する具体的な方法としては、宅地、農地、林地等の土地の種別によってそれぞれ異なる。

宅地の場合は、定期借地権に係る地代から算定する方法、駐車場、資材置場等の地代収入から算定する方法[1]、土地及び建物の複合不動産を賃貸借することにより得られる賃料から算定する方法等がある。

農地の場合は、耕作を前提とする農業収益から算定する方法及び農地の賃貸借に係る地代から算定する方法がある。

また、林地の場合は、林業収益から算定する方法及び林地の賃貸借に係る地代から算定する方法がある。

ただし、いずれの算定方法にも一長一短があり、実務上では市街化調整区域内宅地、農家住宅敷地等において適用できないケースも存している。

この「土地に帰属する純収益」とは、土地を賃貸借する場合では地代等の総収益から必要諸経費等を除いた残余の部分をいうものであるが、一般的に経済学で述べられている地代には、これらを得るための維持管理費、固定資産税等の必要諸経費等が含まれていることが多い。

また、土地及び建物からなる複合不動産では、賃料収入から得られる総収益の中に、これらを得るための必要諸経費、建物に帰属する純収益等が含まれている。

更に、同趣旨の用語であっても、経済学上、不動産鑑定評価上等では表現方法が異なっていることがある。

このため、「地代相当部分」の分析に当たっては、まず本書で用いる用

1　本章第３節で述べるように、「収益の未実現部分」を考慮すれば、合理的な利用方法である。

語を整理する必要性があるため、次項のように定義するものとした。

イ　本書で用いる地代等の用語の定義

（ア）「地代相当部分」

「地代相当部分」とは、既に述べたように土地の地価形成因子の一つであり、各期間ごとに発生する「土地に帰属する純収益」を永久還元した場合における元本価値をいい、具体的な算定方法は鑑定評価上での収益価格とほぼ同じである。

ただし、鑑定評価上（土地残余法）での収益価格は、対象不動産の最有効使用を前提に把握される「土地に帰属する純収益」に対応した元本価値であるのに対し、「地代相当部分」は、特定の用途及び利用方法に基づく「土地に帰属する純収益」に対応した元本価値であるため、この点において収益価格とは異なっている。

例えば「地代相当部分」は、同一の土地であっても定期借地権、駐車場等の賃貸借の方法によって異なるし、マンション、テナントビル等の複合不動産としての利用方法によっても異なる。

（イ）「土地に帰属する純収益」

「土地に帰属する純収益」とは、各期間ごとに発生する土地又は複合不動産の賃貸借に係る賃貸収入から必要諸経費等を差し引いた残余部分をいうものとする。

「土地に帰属する純収益」とは、鑑定評価上の収益還元法の適用に当たって用いられる用語であり、（ウ）の地代と同意語であるが、本書では、不動産の鑑定評価に係る場合の用語は「土地に帰属する純収益」として用いるものとする。

（ウ）「地代」

「地代」とは、「土地に帰属する純収益」と同意語であるが、経済学上では「土地に帰属する純収益」という定義のなじみが薄いこと及び経済学上での地代と地価との関係に「土地に帰属する純収益」という用語が一般的に用いられていないことを考慮して、本書においては、経済学に関わる場合には、「土地に帰属する純収益」のことを「地代」として用いることとする。

（エ）「実際の地代」

「実際の地代」とは、定期借地権等のように土地のみを賃貸借する場合において実質的に支払われている全ての経済的対価をいう。その内訳は、実際支払賃料及び敷金運用益、保証金等の運用益、権利金等の運用益及び償却額から構成され、借地権に係る鑑定評価上の実質賃料と同意語である。

また、駐車場、資材置場等の賃料収入から得られる場合も「実際の地代」に含むものとする。

この関係を図で表せば、次のとおりである。

図２　「実際の地代」の構造図

	「実際の地代」		
大区分	地代 （「土地に帰属する純収益」）	必要諸経費等	
小区分	地代 （「土地に帰属する純収益」）	管理費	固定資産税等

（オ）「賃料」

本書で述べる「賃料」とは、オフィス、マンション等の複合不動産に係る賃貸借により発生する賃料等をいい、これらに係る全ての経済的利益をいう。

賃料の内訳は、「実際の地代」と同様に土地及び建物の賃貸借に対する全ての経済的利益であるから、期間ごとに支払われる家賃である実際支払賃料及び敷金運用益、保証金等の運用益、権利金等の運用益及び償却額により構成される。

この関係を図で表せば、次のとおりである。

図３　「賃料」の構造図

	「賃　料」				
大区分	地代 (「土地に帰属する純収益」)	必要諸経費等			建物に帰属する 純収益
小区分	地代 (「土地に帰属する純収益」)	維持費	管理費	固定資産税等	建物に帰属する 純収益

（2）「地代相当部分」の求め方

「地代相当部分」は、土地又は土地及び建物の複合不動産を賃貸借に供することによって発生する「土地に帰属する純収益」から形成されるが、この「地代相当部分」を算定する方法としては、不動産鑑定評価に用いられる評価方法の一つである収益還元法がある。

不動産鑑定評価基準によると、「収益還元法は、対象不動産が将来生み出すであろうと期待される純収益の現在価値の総和を求めることにより対象不動産の試算価格を求める方法である…（以下省略）」と定められている。

この手法により求められた価格を収益価格というが、この価格を求める具体的な方法の一つとして、直接還元法がある。

…中略

直接還元法は、還元対象となる一期間の純収益を求め、この純収益に対応した還元利回り[2]によって当該純収益を還元することにより対象不動産の収益価格を求める方法である。

収益還元法は、対象不動産が将来生み出すであろうと期待される純収益の現在価値の総和とされており、次の式で表すことができる。

$$収益価格=\frac{a_1}{(1+Y)^1}+\frac{a_2}{(1+Y)^2}+\frac{a_3}{(1+Y)^3}+\cdots\cdots+\frac{a_n}{(1+Y)^n}$$

ここで、$a_1 \cdots a_n$：毎期の純収益、Y：割引率

期間 n については、有期の場合と無期の場合がある。

この式について、純収益（a_k）を一定値 a とした場合は、次式となる。

$$収益価格=a\times\frac{(1+Y)^n-1}{Y(1+Y)^n}$$

このとき、n を無期とする場合、次式となる。

$$収益価格=\frac{a}{Y}$$

この式は、割引率（Y）を還元利回り（R）とした直接還元法の式と一致する。

…以下省略

『要説不動産鑑定評価基準と価格等調査ガイドライン』
公益社団法人日本不動産鑑定士協会連合会　監修
公益社団法人日本不動産鑑定士協会連合会鑑定評価基準委員会　編著
(2015年　㈱住宅新報社)

2　収益還元法を適用し、元本価値を求める場合の利回りを還元利回りというが、還元利回りは、最も一般的と思われる投資の利回りを標準とし、投資対象となる資産としての安全性、流動性、安定性等を考慮して決定される。

宅地の「地代相当部分」をその収益性に着目して求める場合には、将来において得られると期待される毎期の純収益を合計し、全体の純収益を把握する必要がある。

これらの純収益は、その収益が得られる時点がそれぞれ異なるため、価格時点における現在価値に割り引いて合計しなければならない。

すなわち、複数の期間にわたって純収益を生み出す宅地の収益性を反映した部分は、これらの時点の異なる各期の純収益を現在価値に割り引いたものの総和ということになる。

本節で分析する「地代相当部分」は、宅地、農地、林地等に係る全てをこの収益還元法により算定するものとする。

なお、不動産鑑定評価基準に定められる土地残余法に基づく収益価格は、対象不動産の最有効使用を前提として把握される価格であるのに対し、「地代相当部分」は、駐車場、資材置場等の利用方法も含む特定の利用方法に基づき把握される価格であることに留意すべきである。

2　宅地の「地代相当部分」

宅地の「地代相当部分」は、定期借地権、駐車場等の賃貸借、マンション、テナント等の複合不動産の賃貸借等、それぞれの場合により収益性の中に占める割合が大きく異なるが、実際の土地市場では、本章第３節で述べる「収益の未実現部分」と密接な関連をもって収益性が形成されることとなる。

本項では、これらの利用方法に係る「地代相当部分」の算定方法を、具体的かつ詳細に述べるものとする。

（1）　定期借地権に基づく地代から算定する方法

借地権には、定期借地権と普通借地権とがあるが、本項では、「地代相当部分」の算定が客観的かつ分析の容易な定期借地権に基づく地代から分析を行う。

ア　定期借地権の意義

定期借地権は、1992年８月に施行された「借地借家法」第22条、第23条及び第24条により規定される借地権であり、従来からの借地権（以下「普通借地権」という）とは異なり、契約時に定められた期間で借地関係が終了し、その後の更新は行われない制度である。

この制度により、土地の供給者（所有者）は、従来に比べて安心して土地を貸すことができ、需要者（借主）は、従来より少ない負担で良質な住宅及び店舗等を持つことができるようになった。このため、土地の賃借が円滑に行われることが期待でき、住宅及び宅地政策上も有効な制度となっている。

定期借地権の形態を用途等に応じて挙げれば、次のとおりである。

<table>
<tr><td>一般定期借地権</td><td>借地期間を50年以上とすることを条件として、
ａ．契約の更新をしない
ｂ．建物再築による期間の延長をしない
ｃ．期間満了による建物の買取請求をしない
という３つの特約を公正証書などの書面で契約をすることで成立する。
…以下省略</td></tr>
<tr><td>建物譲渡特約付借地権</td><td>借地権設定後30年以上経過した日に、地主が借地人から借地上の建物を買い取ることを約束した借地権である。借地権を設定する際に、借地権を消滅させるため、30年以上経過した日に相当の対価で借地上の建物を地主に譲渡する旨の特約を結ぶことで、この借地権が設定される。
…以下省略</td></tr>
</table>

事業用定期借地権	もっぱら事業の用に供する建物（居住用を除く）の所有を目的に、存続期間を10年以上50年未満として契約する場合には、一般定期借地権と同様に、契約の更新、建物再築による期間の延長、期間満了における建物買取請求権が適用されないとするものである。 …以下省略

国土交通省ホームページ参照

定期借地権に係る価格の特徴を要約すると、次のとおりである。

供給者側から見れば、定期借地権の契約期間満了後は更地で返還されることが確約されているため、供給者の借地権の設定に対する抵抗感が小さく、土地を賃貸に供する選択が容易となっている。これに伴って、市場では多くの土地が定期借地権の対象として供給されるようになっている。

需要者側から見ると、事業用定期借地権については、事業の目的等に照らし合わせれば所有権に基づく利用方法と比べても期間満了時以外では実質的な用途、利用方法等の制限が小さく、土地を取得するよりも定期借地権による利用が有利な場合も見られるようになった。

このことから、土地市場のうち本章第３節で述べる所有性向等の少ない路線商業地域では、定期借地権による利用が多くなり、そこで成立する地代は、他の投資利回りとの均衡を持ちつつ、地代と地価との関係を十分に反映した適正な地代となってきている。

(ア)　総収益

「地代相当部分」を算定するためには、定期借地権によって得られる総収益を求めることが必要である。この場合における総収益とは、「実際の地代」のことをいう。

戸建住宅地に係る定期借地権付分譲住宅地の事例である。

① 月額支払賃料

借地契約開始時においては、第4章第1節で述べるように、地価に対する地代の利回り、他の投資利回り、付近の定期借地権に係る地代等に着目して地代が形成されるため、比較的合理性のある土地市場を反映した適正な地代水準となることが通常である。

しかし、定期借地権契約後に相当期間が経過しても地代が大きく変更されることがほとんどないため、地価の上昇期には地代の地価に対する利回りが低くなり、地価の下落時には逆に高くなることが通常である。

したがって、「地代相当部分」の算定に当たっては、新規の契約に係る定期借地権の設定事例を参考として査定することが必要である。

月額支払地代を120,000円とすると、年間支払地代は次のとおりとなる。

月額支払地代		12ヶ月		年間支払地代
120,000円	×	12	=	1,440,000円

② 保証金等の運用益

定期借地権の契約に当たっては、保証金等が支払われる場合がある。その内容は、契約期間満了をもって借地人に返還すべき預り金的な性格を有する一時金であり、借地期間中は長期間にわたって資金運用が可能である。このため国債、株式、銀行等への投資が可能であり、これらの運用益等が総収益に計上される。

保証金を月額支払地代の20ヶ月分とすると、敷金運用益は次のとおりとなる。なお、この場合の運用利回りは２％とする。

月額支払地代		20ヶ月		運用利回り		運用益
120,000円	×	20	×	0.02	=	48,000円

③ 権利金

権利金とは、保証金等と同様に契約時に支払われるものであるが、契約期間満了後に返還する必要性のない一時金である。実質的には賃料の前払金的性格を有し、地代の一部を形成しているものである。

この場合は、借地期間における権利金の運用益と権利金自体の各会計年度における償却額とが総収益に計上されることとなる。

なお、現時点の日本の定期借地権制度においては、支払慣行が少ないため、本例では計上しないこととする。

④ 総収益

①～③をふまえ、総収益を計算すると次のとおりとなる。

①年間支払地代	1,440,000円
②保証金等の運用益	48,000円
合　計	1,488,000円

（イ）　総費用

総費用は、定期借地契約を維持するために必要とされる費用であり、公租公課、維持管理費等が挙げられる。

①　公租公課

公租公課には、固定資産税、都市計画税等があるが、これらは土地の所有者が負担すべき費用である。

対象地の課税標準額が30,000,000円、税率が1.4％であるとすると、固定資産税は次のとおりとなる。

課税標準額		利率		固定資産税
30,000,000円	×	0.014	＝	420,000円

②　維持管理費

維持管理費は、土地の維持管理のために要する費用である。契約内容にもよるが、土地の擁壁の維持管理費等が挙げられる。また、借地人からの賃料回収のための諸費用も含まれる。

月額支払地代の５％を維持管理費と査定すると、年間維持管理費は次のとおりとなる。

月額支払地代		12ヶ月		管理費		年間維持管理費
120,000円	×	12	×	0.05	＝	72,000円

③　貸倒れ準備費

貸倒れ準備費とは、定期借地権契約の継続期間に発生する可能性のある貸倒れに対する準備費であり、あらかじめ計上することによって総収益の安全性が確保される。契約によって保証金等が十分に確保されている場合は、考慮する必要はない。

本例では十分に確保されているとしたため、計上しないものとした。

④　総費用

したがって、総費用は次のとおりとなる。

①公租公課	420,000円
②維持管理費	72,000円
合　計	492,000円

（ウ）　土地に帰属する純収益

（ア）総収益から（イ）総費用を控除することによって、「土地に帰属する純収益」が求められることとなる。

総収益		総費用		「土地に帰属する純収益」
1,488,000円	−	492,000円	＝	996,000円

（エ）「地代相当部分」の算定

「地代相当部分」は、「土地に帰属する純収益」を還元利回りで還元することにより求めることができる。

「土地に帰属する純収益」		還元利回り[3]		「地代相当部分」の価格
996,000円	÷	0.04	＝	24,900,000円

定期借地権に係る地代から算定される「地代相当部分」は、他の利用方法である駐車場、資材置場等と比較すると、最も大きくなる利用方法といえよう。

定期借地権に係る「地代相当部分」と「収益の未実現部分」との関係を図式化すれば、次のとおりである。

図４

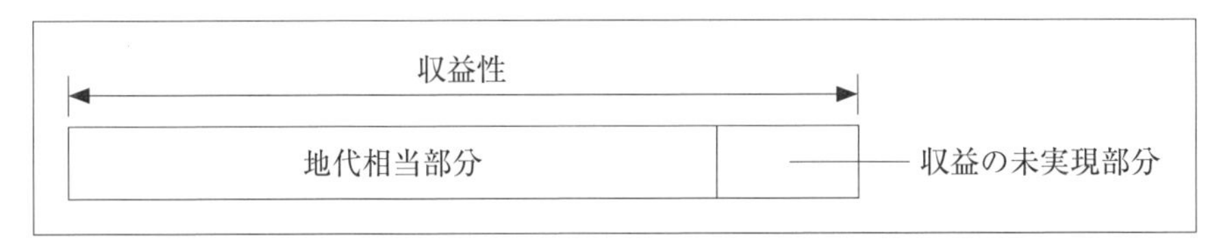

（２）　普通借地権に基づき算定する方法

旧借地法に基づく一般借地権のように、戦前からの借地が多く、借地期間も長期であることが多い。戦後の地価の上昇と比べると、地代の上昇が相対的に小さいため、借地人に帰属する利益が大きく、地代は相対的に低い場合が多い。

また、近年では、普通借地権に基づく借地契約は、一部の地域又は特殊な場合を除いて新規に締結されることが極めて少ない。

従来から、地価バブルの分析のために普通借地権に基づく地代の変動を採用している例が多く見られるが、このような理由により、本書では採用しないこととする。

3　還元利回りは、事業用定期借地権の鑑定評価で一般的に採用されている４％を採用した。

(3) 駐車場の収入から算定する場合

日本における不動産鑑定評価の理論上では、駐車場等の利用形態は、土地の経済価値に即応した賃料が得られていないことが多く最有効使用ではないと判断され、駐車場等の利用方法を前提とした収益還元法の適用が行われることは極めて少ない。

しかし、実際の土地市場では、土地の用途が定着していない移行地地域、用途が多様な混在商業地域等において、多くの土地が駐車場等として利用されている。また、このような地域以外でも将来的に土地を売却しようとする場合等では、中短期的に収益を得る方法として、同じように多くの土地が駐車場等として利用されている。

これらの利用方法は、定期借地権、テナントビル等の利用方法と比較すると「土地に帰属する純収益」が少ないことが通常であるが、賃貸借が比較的短期間のうえ契約の解除が容易であることから、売却等の処分時において更地への復帰が容易である。

このため、このような利用方法は、地代の地価に対する利回りが小さくても、本項で述べる「収益の未実現部分」を考慮することによって、多くの場合で経済的合理性が認められることとなる。

駐車場等の利用形態は、立体駐車場のほかに建築物の建築を伴わない時間制又は月極駐車場等（以下、「青空駐車場」という）が挙げられる。

ア　立体駐車場として利用する場合

近隣商業地域、普通商業地域等の比較的地価水準の高い商業地域では、地上に３～10階程度の立体駐車場を建設し、時間制、月極等により賃貸しているケースが多く見られる。この場合、土地と建物との利用形態がほぼ最有効使用の状態のものもあり、収益性は、定期借地権、テナントビル等のように土地の経済価値に即応した適切な場合も見られる。

「土地に帰属する純収益」は、駐車場として利用する場合の中では最も高く契約の解除も容易であるが、地上建物が存することにより売却等の処分時における更地への復帰が制約されるというデメリットがある。

「土地に帰属する純収益」の算定方法については、建物及び工作物が存することから（6）で述べるマンション、オフィスビル等の算定方法と類似するため、本項では具体例を挙げないこととする。

一般的に、地価に対する地代の利回りは、定期借地権と比較するとやや低いが、立体駐車場として中期的に利用することで合理性を有している場合が多い。

立体駐車場用の建築物を建築して、コインパーキングとして利用している例である。

立体駐車場に係る「地代相当部分」と「収益の未実現部分」との関係を図式化すれば、次のとおりである。

定期借地権の場合と比べると、「地代相当部分」はやや小さくなり、逆に「収益の未実現部分」が大きくなる。

図５

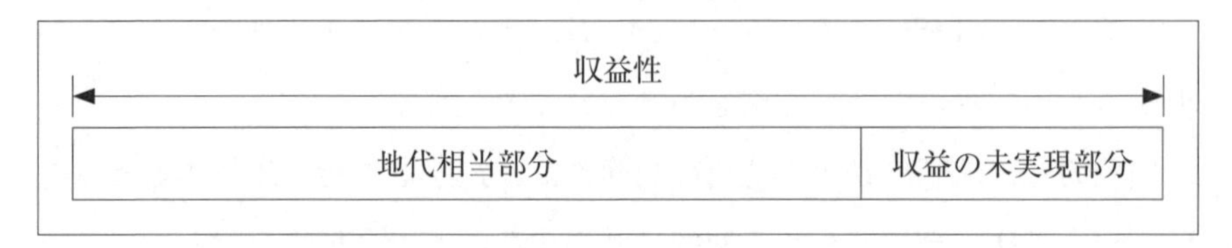

イ　青空駐車場として賃貸に供する場合

青空駐車場は、立体駐車場と同様に契約期間が時間制又は月極単位の場合が多く見られ、契約の解除が容易であり、立体駐車場と比較しても地上に建物及び工作物[4]が存しないため、維持管理も容易である。

しかし、「地代相当部分」は、定期借地権と比較すれば小さくなり、また、前記の立体駐車場として比較しても更に小さいが、更地への復帰が極めて容易であることから、「収益の未実現部分」を考慮すれば合理性のある利用方法であり、全国的にも最も多く見られる利用方法である。

一般的に、地価に対する地代の利回りは低く、1.5～2.5％程度となっている。

4　時間制の無人駐車場では、工作物は存する。

コインパーキングの設備を整えたうえで、駐車場として利用している例である。

青空駐車場に係る「地代相当部分」と「収益の未実現部分」との関係を図式化すれば、次のとおりである。

図６

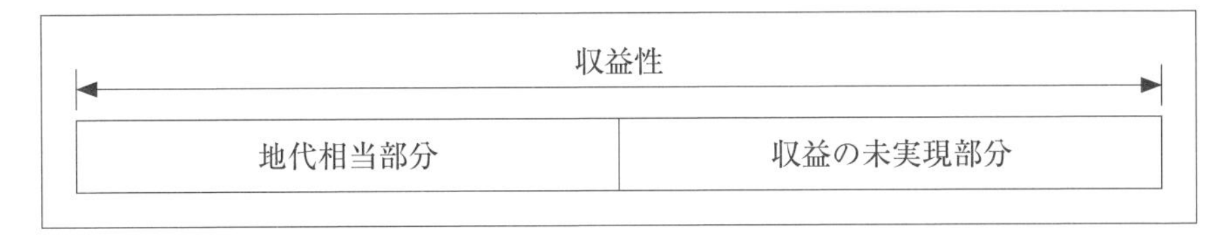

（4） 資材置場等として一体的に貸与する場合

地方都市の郊外では、企業等が資材置場、一括貸しの駐車場等として賃貸し利用されていることがあり、いずれも契約者が単独であり一体的に利用されている。

これは、所有者から見れば更地への復帰が極めて容易であること、また、賃借人から見れば賃料が相対的に低い場合が多いことから、合理性のある利用方法であるといえる。

図7

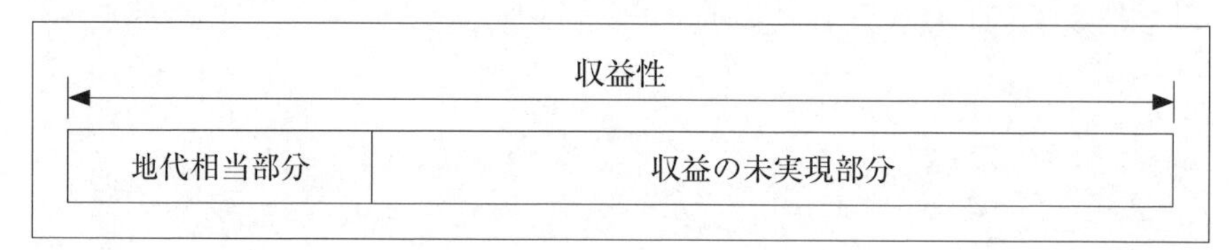

(5) 利用方法に基づく「地代相当部分」の比較

定期借地権の場合は、地価の中で「地代相当部分」が占める割合は大きくなるが、権利関係が長期化するため、土地の処分時、必要時等において更地に戻すことが困難となる。

これに対して、有料駐車場等の場合は、「地代相当部分」は小さくなるが、契約期間が短期であり、必要時等において更地に戻すことが容易である。

したがって、将来売却の予定がある場合等では、収益力が小さい利用方法であっても、駐車場、資材置場等のような利用方法が合理的な場合がある。

普通商業地域における「地代相当部分」の収益性の中に占める割合を整理すれば、**図8**のとおりである。

図８

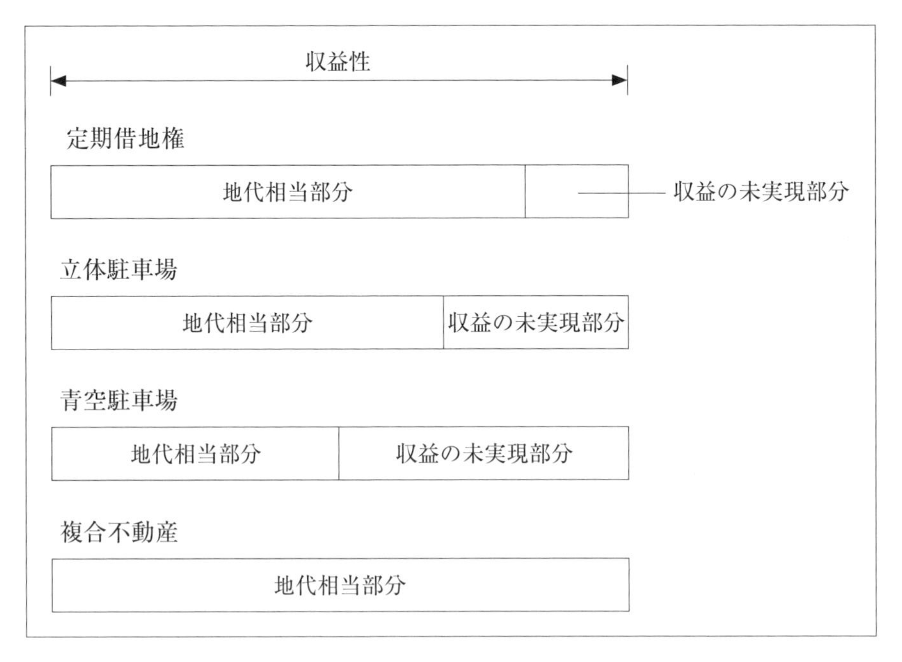

(６)　複合不動産に係る収益から算定する方法

複合不動産に係る賃料等から「地代相当部分」を算定する方法は、鑑定評価の手法の一つである収益還元法（土地残余法）によって算定される。

ア　収益還元法（土地残余法）の意義

土地残余法については、『要説不動産鑑定評価基準と価格等調査ガイドライン』（2015年　㈱住宅新報社）に次のように述べられている。

…中略

不動産鑑定評価基準

(イ)　対象不動産が更地である場合において、当該土地に最有効使用の賃貸用建物等の建築を想定する場合

　対象不動産に最有効使用の賃貸用建物等の建築を想定し、当該

複合不動産が生み出すであろう総収益を適切に求めるものとする。

運用上の留意事項

① 直接還元法の適用について

イ 土地残余法

対象不動産が更地である場合において、当該土地に最有効使用の賃貸用建物等の建築を想定し、収益還元法以外の手法によって想定建物等の価格を求めることができるときは、当該想定建物及びその敷地に基づく純収益から想定建物等に帰属する純収益を控除した残余の純収益を還元利回りで還元する手法（土地残余法という。）を適用することができる。

また、不動産が敷地と建物等との結合によって構成されている場合において、収益還元法以外の手法によって建物等の価格を求めることができるときは、土地残余法を適用することができるが、建物等が古い場合には複合不動産の生み出す純収益から土地に帰属する純収益が的確に求められないことが多いので、建物等は新築か築後間もないものでなければならない。

土地残余法は、土地と建物等から構成される複合不動産が生み出す純収益を土地及び建物等に適正に配分することができる場合に有効である。

土地残余法を適用して土地の収益価格を求める場合は、基本的に次の式により表される。

$$P_L = \frac{a - B \times R_B}{R_L}$$

P_L：土地の収益価格

a　：建物等及びその敷地の償却前の純収益

B　：建物等の価格

R_B：償却前の純収益に対応する建物等の還元利回り

R_L：土地の還元利回り

なお、土地残余法の適用に当たっては、賃貸事業におけるライフサイクルの観点を踏まえて、複合不動産が生み出す純収益及び土地に帰属する純収益を適切に求める必要がある。

…以下省略

『要説不動産鑑定評価基準と価格等調査ガイドライン』
公益社団法人日本不動産鑑定士協会連合会　監修
公益社団法人日本不動産鑑定士協会連合会鑑定評価基準委員会　編著
（2015年　㈱住宅新報社）

具体的には、宅地であれば、対象地自体について最有効使用の状態である賃貸建物（マンション、テナントビル等）が建築されたものと想定して、収益価格を求める手法である。

多くの建物がテナントビルとして利用されているが、これらに係る賃料収入から「地代相当部分」を算定する方法が収益還元法である。

イ　土地に帰属する純収益の算定例

収益還元法により「地代相当部分」を算定する方法は、基本的には（1）で述べた方法と同じであり、宅地に係る更地の収益価格を求める方法の具体例を挙げれば、次のとおりである。

収益還元法の具体例

収益還元法は、次に例示した方法によって適用することが一般的であり、第4章以降の解説では、この例を用いることとなる。

表１－①　収益価格算定表

(3)-3　想定建物の状況

①用途	②建築面積(㎡)	③構造・階層	④延床面積(㎡)
店舗・事務所	163.00	ＳＲＣ５Ｆ	815.00

⑤公法上の規制等

用途地域等	基準建ぺい率	指定容積率	基準容積率	地積	間口	奥行	前面道路、幅員等
商業地域	80 %	500 %	500 %	204 ㎡	12.0 m	17.0 m	前面道路：12 m 特定道路までの距離 m

⑥想定建物の概要		⑦有効率の理由	90.0%	階段、廊下等の共有部分有り

(3)-4　総収益算出内訳

階層	①用途	②床面積(㎡)	③有効率(%)	④有効面積(㎡)	⑤１㎡当たり月額支払賃料(円)	⑥月額支払賃料(円)	⑦保証金等権利金等(月数)	⑧保証金等(円)	⑨権利金等(円)
1 ～ 1		163.00	90.0%	146.70	2,835	415,895	4.0	1,663,580	0
2 ～ 2		163.00	90.0%	146.70	1,753	257,165	3.0	771,495	0
3 ～ 3		163.00	90.0%	146.70	1,753	257,165	3.0	771,495	0
4 ～ 4		163.00	90.0%	146.70	1,753	257,165	3.0	771,495	0
5 ～ 5		163.00	90.0%	146.70	1,753	257,165	3.0	771,495	0
計		815.00	90.0%	733.50		1,444,555		4,749,560	0

⑩年額支払賃料	1,444,555 × 12カ月 ＝ 17,334,660 円
⑪a共益費(管理費)	円／㎡× 734 ㎡×12ヶ月＝ 0 円
⑪b共益費(管理費)の算出根拠	共益費の授受が標準的となっていないため非計上。
⑫その他の収入(駐車場使用料等)	円／台× 台×12ヶ月＋ ＝ 0 円
⑬貸倒れ損失(算出根拠、金額)	敷金によって担保されているため非計上。 0 円
⑭空室等による損失相当額 (⑩＋⑪a)×空室率Ａ(%)＋(⑫×空室率Ｂ(%))	17,334,660 円× 4.0 % ＋ 0 円× %＝ 693,386 円
⑮以上計　⑩＋⑪a＋⑫－⑬－⑭	16,641,274 円
⑯保証金等の運用益(空室損失考慮後)	4,749,560 円× 5.0 %× 96.0 %＝ 227,979 円
⑰権利金等の運用益及び償却額(空室損失考慮後)	償却年数(年)　運用利回り (5.0%) 0 × 0 × 96.00 % ＝ 0 円
⑱その他の収入に係る保証金等の運用益(空室損失考慮後)	0 円× 0.0 %× 100.0 %＝ 0 円
⑲総収益　⑮＋⑯＋⑰＋⑱	16,869,252 円 (82,692 円/㎡)

(3)-5　１㎡当たりの月額支払賃料の算出根拠　(　)内は支払賃料

NO	①事例番号	②事例の実際実質賃料(円/㎡)	③事情補正	④時点修正	⑤標準化補正	⑥建物格差修正	⑦地域要因の比較	⑧基準階格差修正	⑨査定実質賃料(円／㎡)	⑩標準地基準階の賃料(円/㎡)
a	1	1,890 (1,861)	100/100.0	100.0/100	100/95.0	100/95.0	100/123.0	100/101.0	1,686 (1,660)	対象基準階の月額実質賃料 1,780
b	2	2,150 (2,117)	100/115.0	100.0/100	100/100.0	100/100.0	100/95.0	100/105.0	1,874 (1,845)	対象基準階の月額支払賃料 1,753
c		0 (0)	100/100.0	100.0/100	100/100.0	100/100.0	100/100.0	100/100.0	0 (0)	基準階 ２Ｆ　Ｂ

表１－②

(3)-6総費用算出内訳		
項　目	実額相当額	算 出 根 拠
①修繕費	978,000 円	163,000,000 円 × 0.6 %
②維持管理費	520,040 円	17,334,660 円 × 3.0 %
③公租公課	土地 166,600 円	固定資産税、都市計画税の査定額
	建物 1,222,500 円	163,000,000 円 × 評価割合 0.5 ×税率 1.5 %
④損害保険料	163,000 円	163,000,000 円 × 0.10 %
⑤建物等の取壊費用の積立金	163,000 円	163,000,000 円 × 0.10 %
⑥その他費用	0 円	
⑦総費用(①～⑥)	3,213,140 円	(15,751 円/㎡) (経費率 19.0%)

(3)-7基本利率等			
①r：基本利率	5.5%	⑥g：賃料の変動率	0.4%
②a：躯体割合(躯体価格÷建物等価格)	40%	⑦na：躯体の経済的耐用年数	50 年
③b：仕上割合(仕上価格÷建物等価格)	30%	⑧nb：仕上の経済的耐用年数	30 年
④c：設備割合(設備価格÷建物等価格)	30%	⑨nc：設備の経済的耐用年数	15 年
⑤m：未収入期間	1.5 年	⑩α：未収入期間を考慮した修正率	92.2300%

(3)-8建物等に帰属する純収益		
項　目	査 定 額	算 出 根 拠
①建物等の初期投資額	163,000,000 円	1㎡当たりの初期投資額 190,000 円/㎡× 延床面積 815.00 ㎡×(100%+ 設計監理料率 5.00%)
②元利逓増償還率	7.12%	躯体部分 5.57% × 40% + 仕上部分 6.59% × 30% + 設備部分 9.72% × 30%
③建物等に帰属する純収益(①×②)	11,605,600 円 56,890 円/㎡	

(3)-9土地に帰属する純収益	
①総収益	16,869,252 円
②総費用	3,213,140 円
③純収益(①－②)	13,656,113 円
④建物等に帰属する純収益	11,605,600 円
⑤土地に帰属する純収益(③－④)	2,050,513 円
⑥未収入期間を考慮した土地に帰属する純収益(⑤×α)	1,891,188 円 (9,271 円／㎡)

(3)-10土地の収益価格	還元利回り(r-g) 5.1%
	37,082,117 円 (182,000 円／㎡)

※（3）－９⑥未収入期間を考慮した土地に帰属する純収益が、本項における「土地に帰属する純収益」に該当する。

ウ　地価に対する「地代相当部分」の割合

複合不動産に係る「地代相当部分」は、各用途的地域によって異なっている。

複合不動産に係る収益還元法[5]を適用した場合の収益価格の地価（鑑定評価額）に対する割合を例示すれば、次のとおりである。

表２

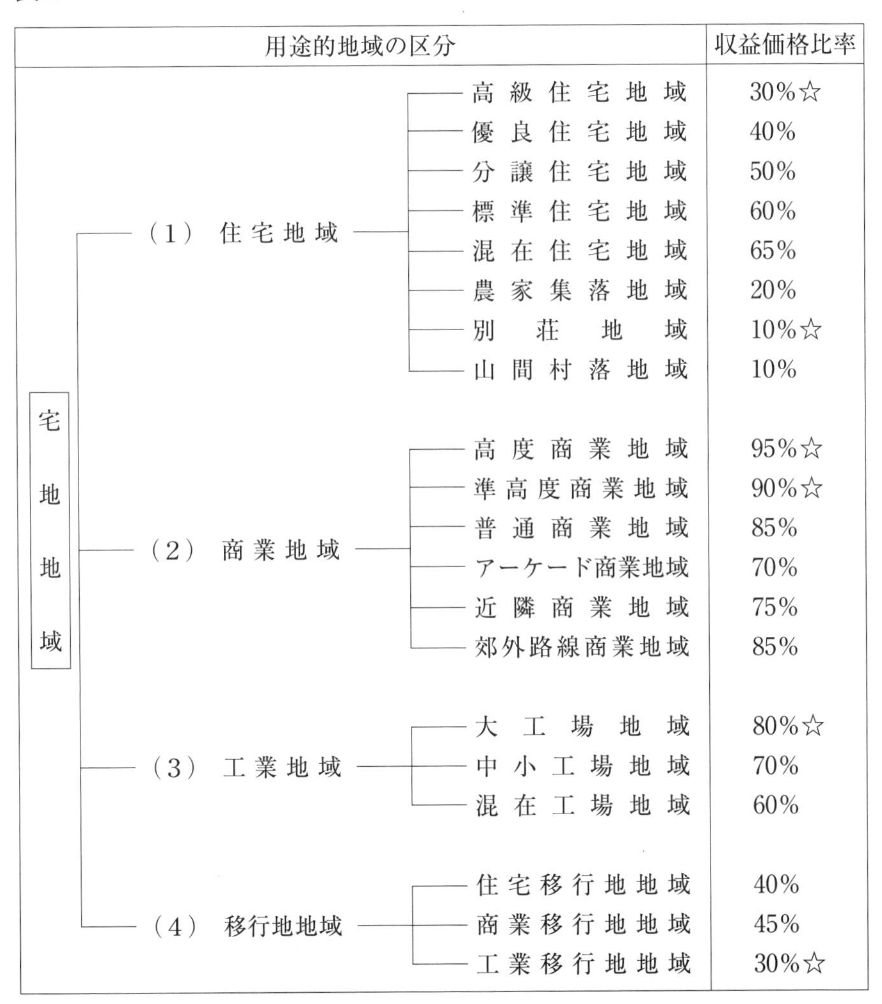

用途的地域の区分			収益価格比率
宅地地域	（１）住宅地域	高級住宅地域	30%☆
		優良住宅地域	40%
		分譲住宅地域	50%
		標準住宅地域	60%
		混在住宅地域	65%
		農家集落地域	20%
		別荘地域	10%☆
		山間村落地域	10%
	（２）商業地域	高度商業地域	95%☆
		準高度商業地域	90%☆
		普通商業地域	85%
		アーケード商業地域	70%
		近隣商業地域	75%
		郊外路線商業地域	85%
	（３）工業地域	大工場地域	80%☆
		中小工場地域	70%
		混在工場地域	60%
	（４）移行地地域	住宅移行地地域	40%
		商業移行地地域	45%
		工業移行地地域	30%☆

これらの割合は、筆者がこれまで35年間にわたって鑑定評価を行った事例に基づいて査定したものであり、鑑定評価額に対する各収益価格比率には、それぞれ開差は認められるが、概ね各地域における標準的な割合であるといえよう。

なお、☆印は、高知県下において地域そのものが存しないため求めることができなかったが、本章第３節で述べる地価公示例、他の不動産鑑定士の意見等を総合的に分析したうえで推定した。

3　農地の「地代相当部分」

農地の「地代相当部分」は、農地を田又は畑として利用することにより生ずる「土地に帰属する純収益」の元本価値であり、宅地の場合と同様に、収益還元法の適用によって求められる。

農地の収益還元法は、農作物の生産に係る純収益から算定する方法と農地を賃貸借することによって得られる地代から算定する方法とがあり、それぞれの方法による農地の「土地に帰属する純収益」を求め、これを還元利回りで還元することで、「地代相当部分」である収益価格が求められることとなる。

（1）　農作物の生産に係る収益還元法

ア　年間の純収益の算定

農地の「地代相当部分」を求めるに当たっては、第５章第２節で述べる「現況農地の地価構造図」のＧ[4]地点における標準的農地について、ナスの施設園芸栽培を想定して収益還元法を適用するものとする。

5　複合不動産の場合は、第３章で述べるように、地価の全てが「地代相当部分」で表されることとなる。

図９　現況農地の地価構造図

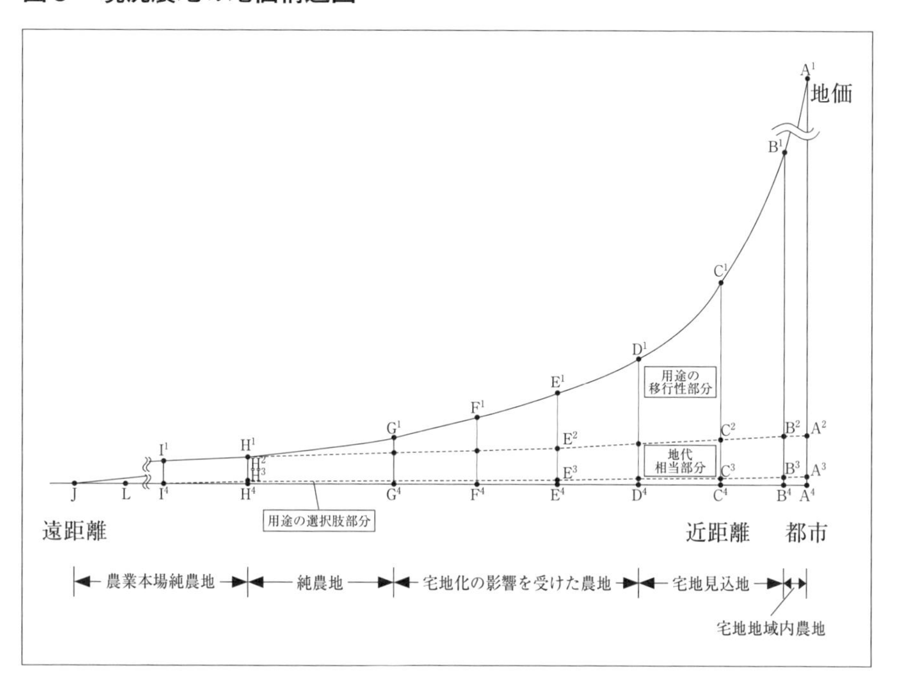

ビニールハウス等の施設園芸栽培を前提に農業収支を算定すれば、次のとおりである。

表３　農業収支調査票（25アール当たり）

<table>
<tr><th colspan="5">総　収　益</th><th colspan="4">総　費　用</th></tr>
<tr><th colspan="2">種　別</th><th>数量（kg）</th><th>単価（円）</th><th>金額（円）</th><th>種　別</th><th>内訳</th><th>金額（円）</th><th>摘　要</th></tr>
<tr><td rowspan="6">主産物</td><td rowspan="5">ナス</td><td rowspan="5">37,500</td><td rowspan="5">228</td><td rowspan="5">8,550,000</td><td>種稲費</td><td></td><td>462,000</td><td></td></tr>
<tr><td>肥料費</td><td></td><td>542,000</td><td></td></tr>
<tr><td>農業薬剤費</td><td></td><td>447,000</td><td></td></tr>
<tr><td>光熱動力費</td><td></td><td>884,000</td><td></td></tr>
<tr><td>雇用費</td><td></td><td>169,000</td><td></td></tr>
<tr><td colspan="3">計</td><td>8,550,000</td><td>修繕費</td><td></td><td>138,000</td><td></td></tr>
<tr><td rowspan="5">副産物</td><td rowspan="4"></td><td rowspan="4"></td><td rowspan="4"></td><td rowspan="4"></td><td>諸材料費</td><td></td><td>1,186,000</td><td></td></tr>
<tr><td>その他資材費</td><td></td><td>0</td><td></td></tr>
<tr><td>その他</td><td></td><td>101,000</td><td></td></tr>
<tr><td>土地改良及び水利費</td><td></td><td>5,000</td><td></td></tr>
<tr><td colspan="3">計</td><td></td><td rowspan="2">償却費</td><td>施設</td><td>1,037,000</td><td></td></tr>
<tr><td rowspan="3">備考</td><td colspan="4" rowspan="3"></td><td>機械，装置</td><td>727,000</td><td></td></tr>
<tr><td>自家労働費</td><td></td><td>2,707,000</td><td></td></tr>
<tr><td>計</td><td></td><td>8,405,000</td><td></td></tr>
</table>

G[4]地点における標準的農地について年間純収益を求めれば、次のとおりである。

（ア）　総収益　　　　　　855万円

（イ）　総費用　　　　840万5,000円

（ウ）　差引純収益　　　145,000円

なお、総収益は、生産する作物により異なる。総費用には、農業経営規模、対象となる農地の自然的条件、周辺の地域要因等により大幅に変動する可能性があるため一様ではないが、本節では、この農業収支調査票に基づく数値を標準として採用するものとする。

イ　「地代相当部分」の算定

農地を永久に所有し、農作物による純収益を無限に得るとすれば、次の式が成立する。

$P_0 = r / i$

P_0 = 農地の純収益の現在価値の総和（収益価格）
r = １年間の農作物による純収益
i = 農地として本来得られるべき収益率

仮に、農地として本来得られる還元利回り[6]を４％と仮定すれば、純収益の現在価値の総和は次のとおりとなり、これが本書における農作物の生産に係る「収益価格」となる[7]。

145,000円÷0.04＝3,625,000円／25アール
＝1,450,000円／10アール

（2）　農地の地代に係る収益還元法

ア　年間総収益の算定

日本の農業においては自作農が農業経営の基本となっていることから、農地の賃貸借が行われるケースは比較的少なく、このため地代水準も一定ではない。しかし、近年における施設園芸栽培、連作が困難であるショウガ栽培等では農地の賃貸借契約が見られるため、これらを前提に収益還元

6　農地の還元利回りは、生産する農産物により異なるほか、災害の危険性、価格の安定性等によっても異なるが、本書では、この数値を採用するものとする。
7　施設園芸栽培は、日本の農地の利用方法の中では収益力は高いが、他の耕作方法である稲作の収益力は、300,000～600,000円／10アール程度と低くなっている。

法を適用して収益価格を求めるものとする。

イ　年間総費用の算定

日本における農地の地代は、宅地建物の賃料とは異なり、賃貸借が一般的ではないことや契約当事者の個別的事情に大きく左右されることから一定ではない。このため、農地法第52条第１項では、「…（中略）…農地の保有及び利用の状況、借賃等の動向その他の農地に関する情報の収集、整理、分析及び提供を行うものとする。」と定められている。したがって、本例の地代収入の査定に当たっては、農業委員会が提供している農地の「賃借料情報」を基本に、対象となる**図９**の現況農地の地価構造図のＧ４地点付近における地代を調査したうえで、地代の標準的な数値を決定することとした。

高知県における農地の地代は、収益性の高いトマト、ナス、キュウリ等の施設園芸栽培に係る地代が10アール当たり45,000～75,000円程度であること[8]、また実際の地代も同程度に推移していることから、農地の地代に係る年間総収益を中庸値に当たる10アール当たり60,000円と査定した。

なお、管理費、貸倒れ準備費、固定資産税等の総費用は、賃貸収入の10％と査定した。

60,000円×0.1＝6,000円／10アール

ウ　差引純収益

60,000円 － 6,000円 ＝ 54,000円／10アール

8　近年における水稲は、米価格の低迷により収益性が低いことから農地の最有効使用の状態とは言い難いため、水稲に係る収益還元法の適用はしなかった。

還元利回りは、管理の困難性、収益の安定性等が農作物の生産に係る収益性と比較して優ると判断されるため、農作物の生産に係る収益還元法で適用した還元利回りよりも低い3.5％と査定した[9]。以上に基づき、農地の地代に係る収益価格を求めれば、次のとおりである。

54,000円÷0.035＝1,542,857円／10アール
≒1,550,000円／10アール

（3）　農地の「地代相当部分」の査定

農地における「地代相当部分」の価格は、10アール当たり145万円及び155万円とした。いずれも一長一短があるため、G[4]地点における「地代相当部分」の価格を、ほぼ中庸値に当たる10アール当たり150万円と査定した。

9　借地借家法に規定されている定期借地権に係る実際の賃貸利回りも、近年では3.0～4.5％程度が標準的となっている。

第３節　「収益の未実現部分」

本節では、地価形成因子の一つである「収益の未実現部分」について、詳細に分析するものとする。

1　「収益の未実現部分」の意義

日本における土地の使用収益の方法は、賃借権よりも所有権の取得による傾向が相対的に強い。

特に低層専用住宅地域においてはその傾向が強く、賃借による利用は、土地を取得する経済的能力のない需要者による方法、所有権を取得するまでの一時的な方法等と認識されていることが多い。

しかし、郊外型商業地域、路線商業地域等では、パチンコ店、量販店、コンビニエンスストア等に見られるように、近年では土地の所有権を取得するよりも、定期借地権の設定により使用収益することが多くなってきている。

このような傾向が、近年の日本の地価の変動及び地代と地価との関係の変化に影響を与えているが、本節で述べる「収益の未実現部分」とは、地価形成因子から見ると、土地が本来有している収益性と本章第２節で述べた「地代相当部分」との開差の部分をいう（**図１**）。

地価は、本質的にはその土地を使用することによって得られる地代から形成されるものとされ、土地の有する収益性は本章第２節で述べた「地代相当部分」のみによって構成されると考えられており、これが従来からの土地経済学の一般的学説となっている。

例えば、本章第２節で述べたように権利関係から見ると、土地の使用収益の方法には所有権に係るものと借地等に供した場合の賃借権に係るものとがあるが、いずれも基本的な方法は同じであり、理論的には、収益性の全てが「地代相当部分」で形成されるはずである。

しかし、賃借権に係る使用収益では、契約による制約、不安定性等のマイナス要因によって、土地が本来有している収益性の全てを「地代相当部分」で形成できない場合が多く、このため、この開差が「収益の未実現部分」として発生することとなる。

このように、収益性は土地を所有する場合と賃貸借による場合とによって異なり、この開差があることによって、「収益の未実現部分」が「地価形成因子を構成する各部分」の一つとして発生することとなる。

以上の関係を表せば、**図１**のとおりとなる。

図１

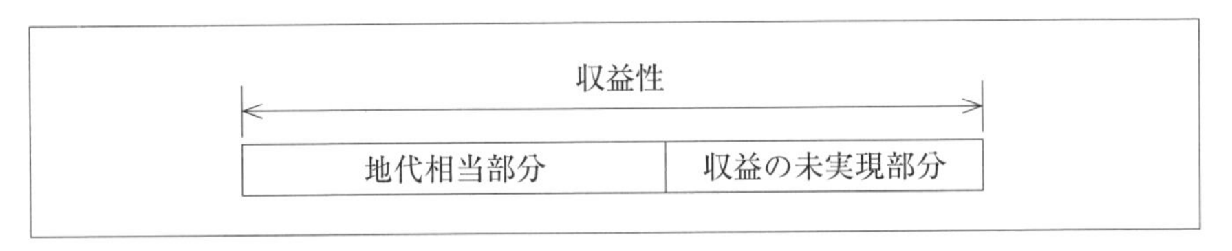

なお、他の「地価形成因子を構成する各部分」がそれぞれの有する特性によって形成されるのに対して、「収益の未実現部分」は、収益性の全てが「地代相当部分」によって形成されない場合におけるその残余の部分を指し、これを別の観点から見ると、主として「地代相当部分」を制約する阻害要因的なものであるといえよう。

2　「収益の未実現部分」が発生する要因の分析

「収益の未実現部分」は、所有性向、賃貸借の制約に係る使用収益の開差、地域の名声等を要因として、多くの用途の土地で発生しているが、本項では、「収益の未実現部分」を各要因ごとに区分して、詳細に分析するものとする。

本項では、更地を対象として分析するものとする。なお、建付地の場合は、更地とは異なり、建物が存する間は「収益の未実現部分」が消滅することとなるが、これは第４章で詳細に述べることとする。

（1）「所有性向」の存在

所有性向とは、土地を使用収益する場合において、賃貸借するよりも所有権を取得して行おうとする傾向のことである。

例えば、商業地、工業地等では、自らがその土地を使用し収益を得る方法、他人に土地を賃貸し地代としての収益を得る方法等の選択肢がある。

また、住宅地では、商業地、工業地等と同様に、自ら所有する土地にマンション等を建築したうえで賃貸し収益を得る方法、他人に土地を賃貸し地代としての収益を得る方法等の他に、自らの生活の場として利用するという方法がある。

これらの利用方法を選択する場合に、賃借するよりも所有しようとする傾向のことを所有性向という。

特に、戸建専用住宅地に係る土地市場では重視され、商業地、工業地等と比べると、現時点における日本の住宅地においては、この所有性向が極めて強く、「収益の未実現部分」が存する要因の一つとなっている。

実際に日本の土地市場では、この所有性向の存在によって住宅地における定期借地権の需要は低く、商業地と比べて地代が低くなる大きな原因の一つとなっている。

図２は、国土交通省が調査した「平成27年度　土地問題に関する国民の意識調査　（平成28年６月）」のうち、戸建住宅に対する持ち家志向か借家志向かを分析したものである。

図2　持ち家志向か借家志向か

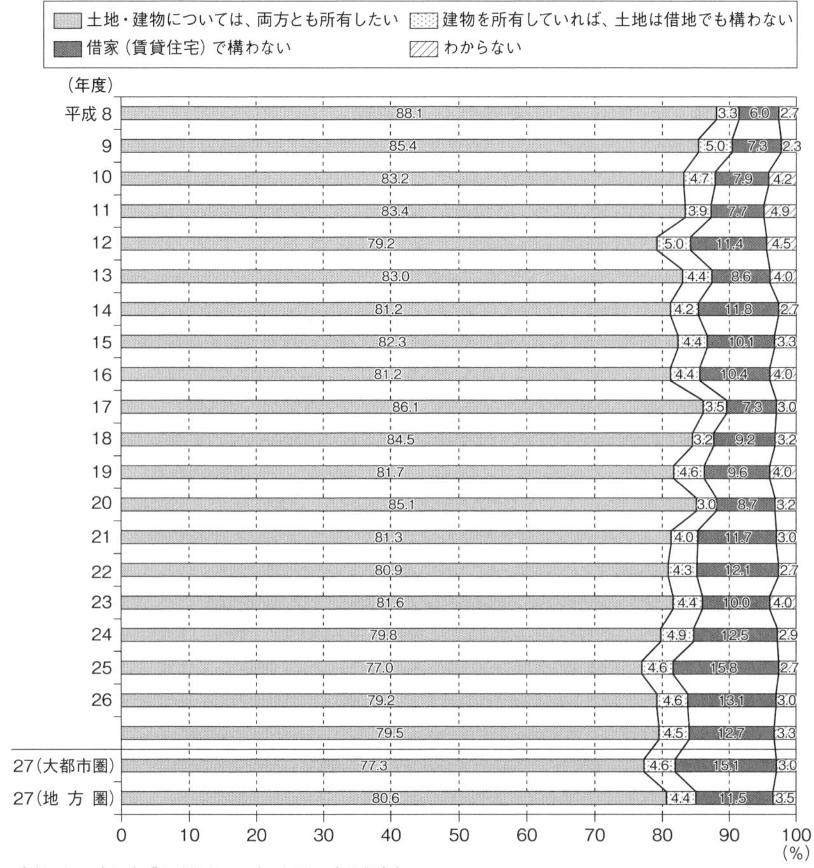

資料：国土交通省「土地問題に関する国民の意識調査」
注：圏域区分は図表1-6-4に同じ

「平成27年度　土地問題に関する国民の意識調査（平成28年6月）」 国土交通省

これによると、持ち家志向は、各年において若干の変動があるものの概ね80%台で推移しており、住宅地の所有性向が強いことが理解できる。

これに対して、借家又は借地による住宅への志向は15%程度と極めて少ない。

この原因としては、（2）で述べる要因も含まれていると考えられるが、日本の住宅では所有性向そのものが強いことが大きな要因となっているといえる。

（2） 賃貸借の制約に係る使用収益の開差

土地の所有権に基づく使用収益と賃借権に基づく使用収益とでは、実際に得ることのできる収益力（効用）に開差が発生することが多い。

本項では、土地を所有し何らかの制約もなく使用する場合で、土地が有する最有効使用を前提とした収益力を最高度に発揮し得る状態を「所有権に基づく使用収益」とし、土地を賃借し使用収益する場合で、合理性のある制約を前提とした収益力を最高度に発揮し得る状態を「賃借権に基づく使用収益」としたうえで、その相違に基づいて、更地に係る「収益の未実現部分」を分析するものとする。

本章第２節で述べたように、土地を賃借して建築物の建築を行う方法は、現時点では定期借地権が主であり、普通借地権は一部の地域を除きほとんど見られない。このため、本項では定期借地権を前提に分析するものとする。

なお、これらの関係は、更地の収益性の構成に係る地価形成因子の分析であり、第４章第２節で詳しく述べるように、例えば定期借地権が設定されると、建付地の場合と同様に長期間にわたって他の用途への利用方法等が制約されることから、「収益の未実現部分」は、長期間にわたって消滅することとなる。

ア 用途に係る制限

「収益の未実現部分」が「所有権に基づく使用収益」と「賃借権に基づく使用収益」との開差によって発生する要因には、土地の利用に係る制約があり、前者では用途に係る制約はないが、後者では制約が発生する。

例えば、借地借家法第23条の事業用定期借地権では、用途、利用方法等の制限があり、工場、店舗等といったように「専ら事業の用に供する建物」の建築しか認められず、建物の改造等により住宅として利用することはできない。このため、「所有権に基づく使用収益」と比較すると、このような制約に係る「収益の未実現部分」が発生する。

イ　期間に係る制限

借地期間に係る制約については、事業用定期借地権と一般定期借地権とでは若干異なる。

事業用定期借地権は、借地借家法で認められた借地期間が10年以上50年未満であり、一般定期借地権（50年以上）と比べると短いが、商業地域においては、収益性、用途性等の変化により地域要因そのものの変化が比較的早いことから、借地期間と商業施設の経済的存在期間とが類似し、期間に係る制約が発生することは少ない。

また、事業用定期借地権は、需要者が事業を新たに行う場合等における初期投資額を抑制する効果、経営上の税制面の優利性等があり、商業地では「所有権に基づく使用収益」と比べると、これらがプラス要因となることから、期間という点で見れば「収益の未実現部分」が減少する要因となっている。

しかし、いったん契約を行うと期間が限定されるため、更新には新たな契約が必要となり、中途解約する場合にも違約金の問題が発生する。

これに対して、住宅地の場合は一般定期借地権となり、契約期間が50年以上と長期間となるため、地域要因の変化等により地上建物の利用方法が非合理的となり契約期間中の契約の解除が必要になる場合がある。この場合には、中途解約となるため違約金等が発生することがあり、これらが阻害要因となり、「収益の未実現部分」として発生することとなる。

ウ　契約期間満了後に係る制約

定期借地権は契約の更新がなく、契約期間満了後は、地上建物を撤去して更地としたうえで返還しなければならない。仮に期間満了後に利用しようと希望する場合は、新たに定期借地権の契約を結ぶ必要がある。

このため、特に住宅地では、契約期間満了後の不安定性が借地人に強く発生し、住宅目的の一般定期借地権の需要が事業用目的と比べて少ない要因の一つとなっている。

また、契約期間満了時においては、建築物を取り壊し更地とすることが必要であるから、契約期間中に建替えが生じた場合であっても残存契約期間が20年以下になると期間満了に係る制約が発生するため、実質的に建替えが制限されることとなり、これらの要因も「収益の未実現部分」として発生する。

現在の日本のように、路線商業地域等を除き借地権による使用収益の慣行が成熟していない場合では、需要者の賃貸借そのものに対する不安定性に係る心理的要因も認められ、これも「収益の未実現部分」が発生する一つの要因となっている。

これらに係る要因が反映され、定期借地権のような現在の土地市場のニーズに適応した借地契約であっても、「収益の未実現部分」が発生し、特に住宅地の場合は更に大きくなっている。

このことは、実際の土地市場における地代の地価に対する利回りにも表れており、一般的に事業用定期借地権の利回りが更地価格に対して３～５％に推移しているのに対し、住宅地では1.5～2.5％とかなり低くなっているが[1]、この原因の一つとして賃借権の期間満了に係る心理的な要因も影響を与えているものと考えられる。

1　利回りの開差の要因は、主として固定資産税の開差が影響を与えている。

（3）　地域の名声等

用途的地域の中でも特に住宅地域は、それぞれの土地の存する地域の名声によって地価が影響を受けることが多い。

例えば、地方都市の名声の高い高級住宅地の場合は、「○○町に土地を所有している」、「○○区に土地建物を所有している」等による所有に係る満足感が価格形成条件の中に存しており、これが反映されて地価が形成されることが多い。

この要因は、土地又は複合不動産[2]の賃貸借では表れにくいが、所有権に係る場合では強く表れる。本書に沿って述べれば、「賃貸借に基づく使用収益」では表れないが[3]、「所有権に基づく使用収益」で表れる要因である。

また、この要因は、土地又は複合不動産だけでなくマンション等でも同様に発生しており、分譲マンションでは地名による価格（地価）の格差の大きな要因となるが、賃貸マンションでは賃料の格差が発生することが少なく、仮に発生する場合においてもその格差は小さいことが一般的である。

この要因を地価形成因子から見ると、収益性としては存するが「地代相当部分」には表れないため、結果的に「収益の未実現部分」として存することとなる。

例を挙げて、この関係を見てみよう。

Ａ地区とＢ地区とはそれぞれ地名が異なり、更地の地価は、Ａ地区では㎡当たり120,000円、Ｂ地区では110,000円とする。なお、この地価の開差は、地域の名声のみの地価影響要因で発生するものとし、他の地価影響要因は同じと仮定する。

2　地方都市における中小規模の共同住宅を想定しており、都心の高級住宅地やアベノハルカス、六本木ヒルズ等の高層ビルに係る例ではこの要因が発生しないことが多い。
3　賃貸借でも若干は表れる場合があるが、所有権ほどは表れない。

図3

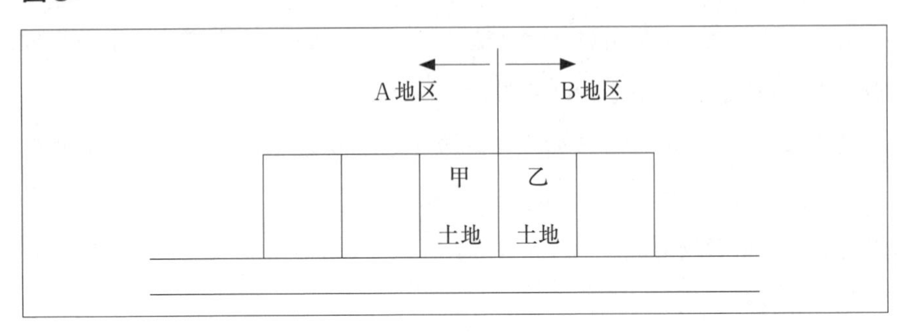

仮に、A地区の甲土地とB地区の乙土地とにそれぞれ同一の戸建住宅を建築したとする。この場合の土地及び建物に係る複合不動産の価格の開差は、不動産市場では地価の格差を反映して決定される。

しかし、A地区の甲土地とB地区の乙土地とに同一の賃貸マンションを建築した場合を想定してみよう。実際の賃貸マンション市場では、この場合の賃料の開差は発生しない場合が多く、また発生する場合でも土地価格の開差と比べて小さいことが一般的となっている。

これに対して、分譲マンションを建築し不動産市場に提供した場合は、戸建住宅を建築した場合と同じように、地名による価格の格差が地価を反映して決定されることが多い。

これらの要因を地域の種別から見ると、住宅地の中でも知名度の高い高級住宅地では、その傾向が更に強く表れる。

また、都心における一部の高度商業地でも同様の傾向は表れるが、工業地、普通商業地、農地[4]、林地等ではほとんど表れない。

なお、本例では地名により地価が高くなる場合を想定したが、逆に地名

4　農地及び林地の場合は、地名によって農産物の価格差が発生することがあるが、これらは「地代相当部分」に反映されることによって結果的には地価に反映されるため、「収益の未実現部分」として発生することは極めて少ない。

により地価が低くなる場合も同様に形成されることとなる。

図４　土地の利用の制限に係る開差による「収益の未実現部分」と収益性との関係

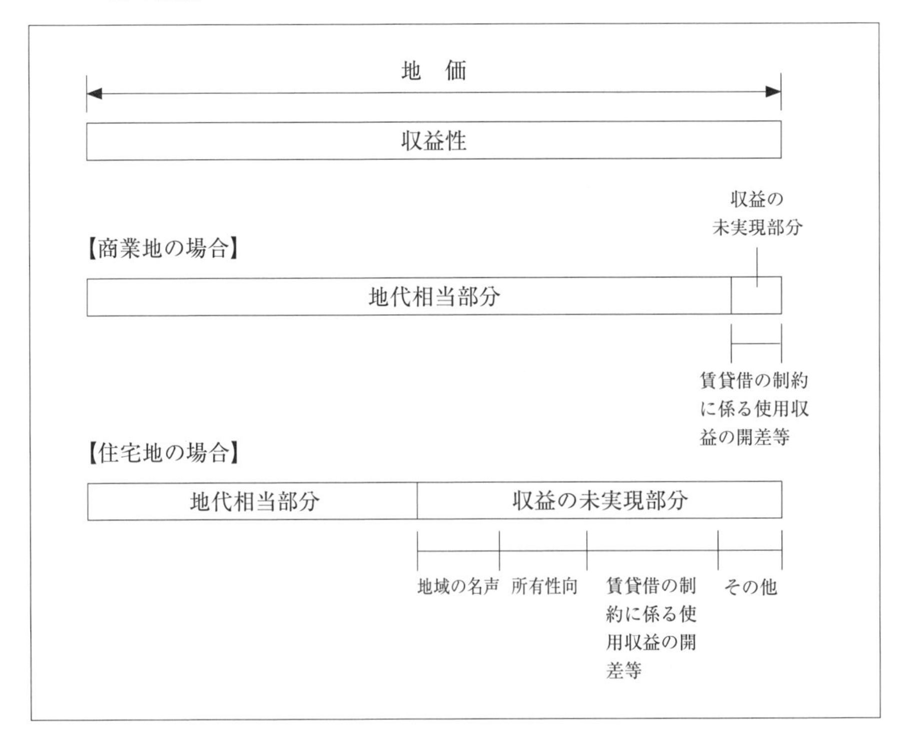

（４）　駐車場等の利用方法に基づく開差

（１）～（３）では、建物敷地として利用することを前提に「収益の未実現部分」を述べたが、本項では、駐車場等として利用することを前提とした方法に基づき分析するものとする。

これに係る「収益の未実現部分」は、立体駐車場、青空駐車場等の利用方法の選択によっても変化するが、この要因は主として更地への復帰の可能性に係る要因が影響を与えている。

ア　立体駐車場

立体駐車場は、本章第2節2（3）アで述べたように、地上に建物等を建築又は構築物等を設置することによって立体的な駐車場として利用するケースである。

立体駐車場等は、売却時等における更地への復帰が比較的容易であるが、この要因に係る「収益の未実現部分」が発生することとなる。

更地への復帰の可能性を、取壊しと契約解除の観点から見てみよう。

まず、取壊しの観点から見ると、地上建物等の存在によって、後述するマンション、テナントビル等の複合不動産に係る場合と同様に、更地とする際に取壊し等に係る制約が発生するが、建物等の構造が簡易な場合が多いことから、比較的取壊しが容易であり、更地への復帰が容易である。

次に、契約の解除の視点から見ると、賃貸借の契約内容が時間制、月極め等であることが多く、更地とする際の賃貸借契約の解除が容易であることから、権利関係から見た場合も、更地としての復帰は容易である。

これを収益性から見ると、他の「収益の未実現部分」が「地代相当部分」とは直接的に関係がなく発生するのに対し、立体駐車場、青空駐車場等の場合は、更地への復帰の可能性を確保することによって、「地代相当部分」が減少するという直接的な相関関係を有している。

したがって、定期借地権と比較すると、「地代相当部分」は小さく、逆に「収益の未実現部分」は大きくなる。

この関係を図で表すと、次のとおりとなる。

なお、本例の**図5**のBは、立体駐車場として利用された場合における「地代相当部分」の変化を表したものであり、本質的な収益性の構成は、更地の場合の**図5**のAと同じである。

図５　立体駐車場による「収益の未実現部分」と収益性との関係

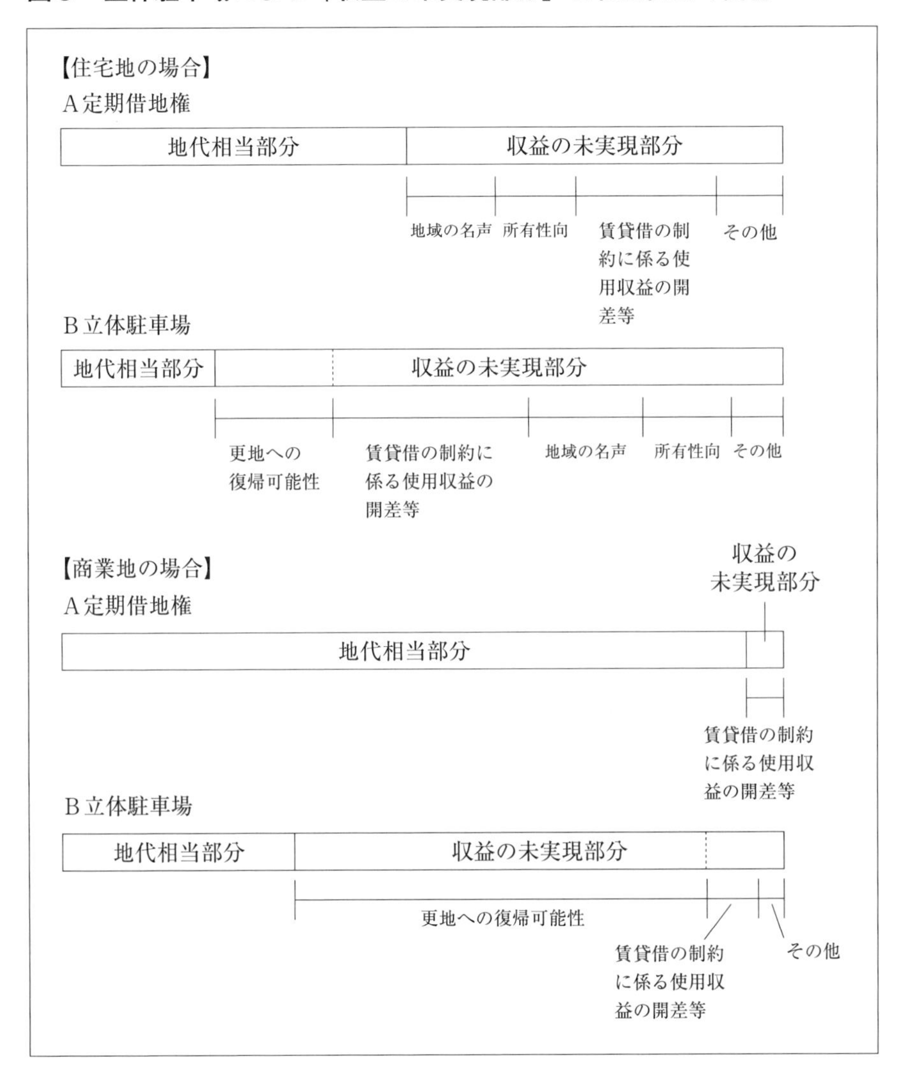

イ　青空駐車場

青空駐車場は、供給者側から見れば、更地への復帰が極めて容易であるため、賃料収入が定期借地権、立体駐車場等と比べて低くても経済合理性は認められることとなる。

一方、需要者側から見れば、賃借料が定期借地権と比べて低いために駐車場としての利用が容易であり、仮に契約の解除がある場合でも、代替駐車場を探すことが比較的容易である。

このため、青空駐車場の利用方法は、「地代相当部分」が小さく「収益の未実現部分」が大きくても合理的な利用方法と考えられ、実際の土地市場においては、青空駐車場の利用方法が多く見られる。

この関係を図で表せば、**図6**のとおりとなる。

なお、本例の**図6**のBは、青空駐車場として利用された場合における「地代相当部分」の変化を表したものであり、本質的な収益性の構成は、更地の場合の**図6**のAと同じである。

図６　青空駐車場による「収益の未実現部分」と収益性との関係

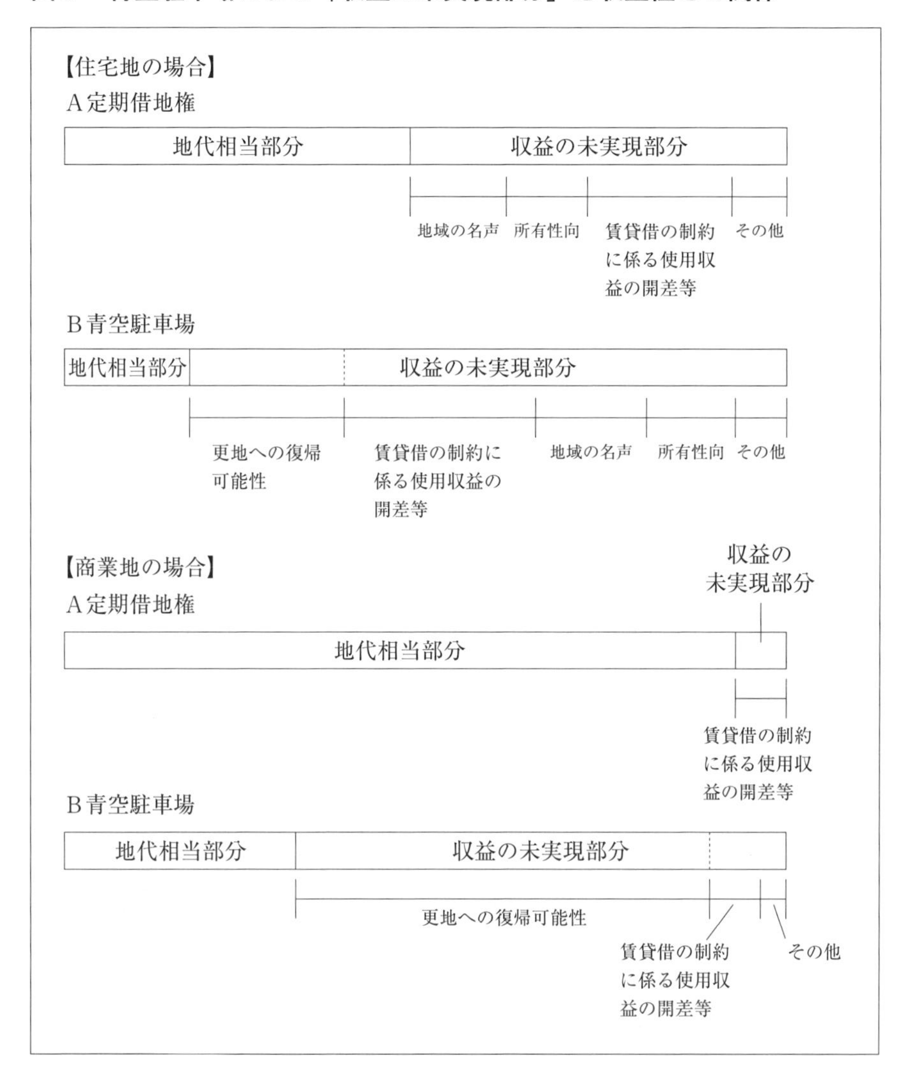

ウ　資材置場（一括賃貸の場合　短期的）

資材置場は、駐車場等と異なり、賃借人が単独であり一括して賃貸に供することがほとんどであるが、用途性から見れば、駐車場等と同様に契約に定められた用途として利用することとなる。

供給者側から見れば、処分時、用途変更時において賃借人が単独であることから、資材置場から更地とすることがイの青空駐車場等と比べて更に容易であることから、「収益の未実現部分」が大きく発生しても合理性を有している。

需要者側から見れば、賃料が低いため収益性の発生しにくい資材置場等であっても利用が容易である。

このため、「収益の未実現部分」は、駐車場等と比べて更に大きくなる。

（5） その他

一般的に、住宅地、商業地、工業地等の場合は、単独の画地でそれぞれ居住、商業、工業生産等の利用に供せられることに基づき、「地代相当部分」が形成されている。

しかし、農家住宅地、農業用施設用地等では、これを単独で利用することによって「地代相当部分」が形成されることは少なく、周辺に存する農地と一体として利用されることによって収益力を発揮し、「地代相当部分」を形成していることが通常である。

このため、農家住宅地等は、単独で賃貸市場に提供しても需要者はほとんど存せず、賃料は極めて小さくなる。

この場合に発生する要因も、「地代相当部分」が小さくなる要因であるから「収益の未実現部分」の一つといえよう。

3 地価公示価格からの「収益の未実現部分」の検証

本項では、「収益の未実現部分」がどの程度発生しているのかを地価公示価格を分析することによって客観的に検証するものとする。

なお、本項での分析の対象は、複合不動産の最有効使用に基づく収益還元法（土地残余法）が前提となる。

（1）「収益の未実現部分」の求め方

収益性は、「地代相当部分」と「収益の未実現部分」とによって構成されるのであるから、**図７**のように「収益性のみで成立する地域の地価」であれば、地価から「地代相当部分」を控除することによって「収益の未実現部分」の具体的な数値を求めることが可能である。

ここでいう「収益性のみで成立する地域」には、高度商業地、低層専用住宅地等が挙げられ、これらの地域の地価は、収益性の全部又はほぼ収益性から形成されている。

図７

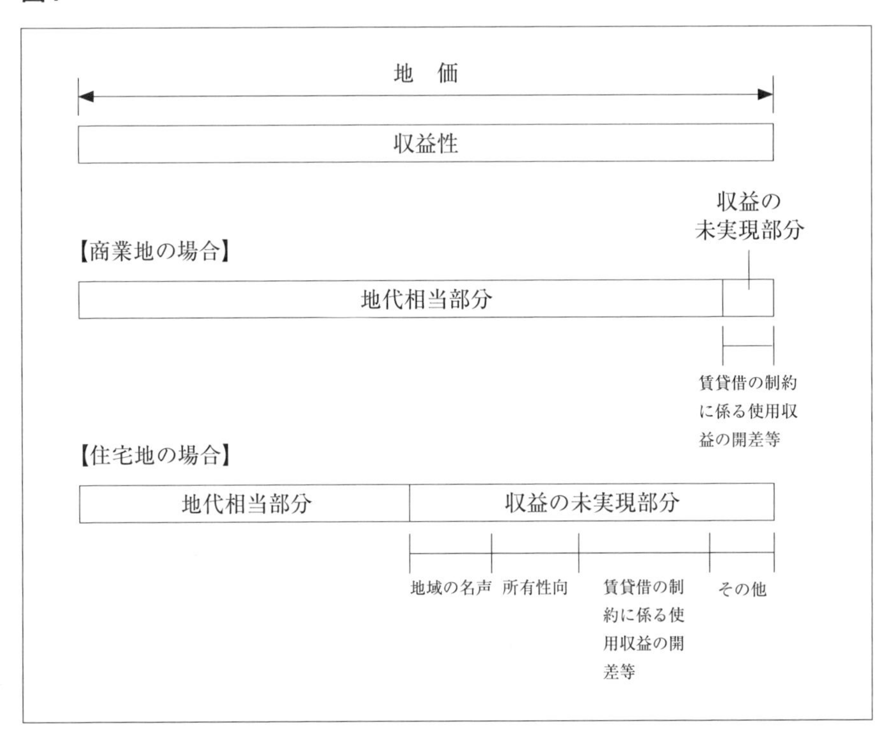

また、「収益の未実現部分」の存在を客観的に実証する方法としては、国土交通省が発表している地価公示価格[5]から導き出す方法を挙げることができる。

例は、地価公示に係る鑑定評価書の写しであるが、ここで算定された鑑定評価額と収益価格とから「収益の未実現部分」を算定することが可能となる。

5　日本における地価公示制度は、都市及びその周辺の都市計画区域において標準地を選定し、一定の基準日（1月1日）における正常な地価の鑑定を2名の不動産鑑定士に求め、その結果を審査し必要な調整を行って正常な価格を制定し、毎年1回公示する（地価公示法第2条第1項）制度である。この制度は、一般の土地の取引価格に対し指標を与え、また公示価格を公共用地の補償金額の算定等に資することによって適正な地価の形成に寄与することを目的とするものである。

例　地価公示に係る鑑定評価書

別記様式第一

鑑定評価書（平成27年地価公示）

平成27年 1月16日　提出
渋谷 5-5 宅地-1

標準地番号	渋谷 5-5	都道府県	東京都	所属分科会名	区部第３	氏名	不動産鑑定士　京野　賀典　印

鑑定評価額	5,810,000,000 円	１㎡当たりの価格	7,450,000 円／㎡

1　基本的事項

(1) 価格時点	平成27年 1月 1日	(4) 鑑定評価日	平成27年 1月 5日	(6) 路線価	［平成26年 1月］路線価又は倍率	5,280,000 円／㎡
(2) 実地調査日	平成26年12月10日	(5) 価格の種類	正常価格		倍率種別	
(3) 鑑定評価の条件	更地としての鑑定評価					

2　鑑定評価額の決定の理由の要旨

(1) 標準地	①所在及び地番並びに「住居表示」等	渋谷区渋谷１丁目１４番１０ 「渋谷１－１４－１６」				②地積（㎡）	780 （　　）	⑨法令上の規制等
	③形状	④敷地の利用の現況	⑤周辺の土地の利用の状況	⑥接面道路の状況	⑦供給処理施設状況	⑧主要な交通施設との接近の状況		商業 (80, 800) 防火 （その他） 地区計画等 駐車場整備地区 (100, 800)
	1:3	店舗兼事務所 ＳＲＣ9F1B	高層の店舗、事務所ビルが建ち並ぶ商業地域	西30m都道、三方路	水道、ガス、下水	渋谷 200m		

(2) 近隣地域	①範囲	東　60ｍ、西　50ｍ、南　50ｍ、北　80ｍ	②標準的使用	高層店舗付事務所地
	③標準的画地の形状等	間口　約　20ｍ、奥行　約　35ｍ、規模　700㎡程度、形状　長方形		
	④地域的特性	特記事項：特にない 街路：３０ｍ都道 交通施設：渋谷駅　北東方 200m 法令規制：商業 (100, 800) 防火 地区計画等 駐車場整備地区		
	⑤地域要因の将来予測	渋谷駅東口近くの明治通り沿いに中高層～高層店舗兼事務所ビル等が建ち並ぶ高度商業地域であり、渋谷駅周辺の大規模再開発事業の進展に伴い、繁華性等の増大が期待される。		

(3) 最有効使用の判定	高層店舗付事務所地		(4) 対象標準地の個別的要因	三方路　+5.0 間口・奥行の関係　-5.0
(5) 鑑定評価方式等の適用	取引事例比較法	比準価格　8,000,000 円／㎡		
	収益還元法	収益価格　6,810,000 円／㎡		
	原価法	積算価格　／　円／㎡		
	開発法	開発法による価格　／　円／㎡		

(6) 市場の特性	同一需給圏の範囲は、東京都２３区内の南西部、渋谷駅周辺に位置し、渋谷、道玄坂、宇田川町等を中心とする都心部の高度商業地域である。需要者は、高層店舗兼事務所ビル等を目的とした国内外の大手企業、不動産会社、不動産投資信託（Ｊ－ＲＥＩＴ）、私募ファンド等の投資家が中心である。市場での価格帯は、規模により異なるが、グローバル市場を反映して、大規模画地化の傾向にあり、土地建物一体で８０億円を超える市場となっている。
(7) 試算価格の調整・検証及び鑑定評価額の決定の理由	本件は、渋谷駅近くの幹線通り沿いの高度商業地であり、商業地は基本的には収益性を重視するが、地価の上昇局面ではキャピタルゲインを重視する傾向にある。本件の場合、賃料水準が低いため収益価格がやや低位に求められているが、東京オリンピック会場にも近く、今後漸次賃料も上昇していくものと思料される。従って、比準価格にやや重きを置き、収益価格を関連づけ、代表標準地との検討を踏まえ、更地価格並びに鑑定評価額を上記の通り決定した。

(8) 前年公示価格等からの検討

①■代表標準地　□標準地 標準地番号 ［ 渋谷 5-12 ］	②時点修正	③標準化補正	④地域要因の比較	⑤個別的要因の比較	⑥対象標準地の規準価格（円／㎡）
［前年代表標準地等の価格］ 8,220,000 円／㎡	［105.0］／100	100／［100.0］	100／［115.6］	［99.8］／100	7,450,000

⑧-1対象標準地の検討
■継続　□新規
前年標準地の価格
7,000,000 円／㎡

⑧-2標準地が共通地点（指定基準地と同一地点）である場合の検討
□指定基準地　□基準地
指定基準地等番号
［　　］
前年指定基準地等の価格（半年間）
円／㎡

⑨変動率	年間	半年間（指定基準地等）
	+6.4 %	%

⑩価格形成要因の変動状況

［一般的要因］	平成２４年の政権交代による経済政策の変更、一昨年９月の東京オリンピックの決定等を反映して地価は回復傾向にある。
［地域要因］	宮益坂下交差点近くの明治通り沿いにあって、証券化等にも適した高度商業地であり、地価は強含み傾向にある。
［個別的要因］	個別的要因に変動はない。

⑦内訳

標準化補正	
街路	0.0
交通・接近	0.0
環境	0.0
画地	0.0
行政	0.0
その他	0.0

地域要因の比較	
街路	-5.0
交通・接近	-2.0
環境	+38.0
行政	-10.0
その他	0.0

国土交通省ホームページ・国土交通省地価公示・都道府県地価調査

別記様式第一に記載されている鑑定評価額及び1㎡当たりの価格は、鑑定評価上の正常価格であり、本書における地価とほぼ同意語である。

次に、同2（5）で記載されている収益価格は、本書における「地代相当部分」の一つである対象地の最有効使用を前提とした場合の価格であるから、「地代相当部分」の限界値を表している。

したがって、「収益の未実現部分」は、対象地が高度商業地、低層専用住宅地等の地価が収益性のみで成立する地域であれば、次式のように、鑑定評価額から収益価格を控除することによって求められることとなる。

「収益の未実現部分」 ＝ 鑑定評価額 － 収益価格

（2） 用途における「収益の未実現部分」の割合

地価公示地の中で、東京23区内、大阪市及び名古屋市における高度商業地域、地方都市における普通商業地域及び日本における低層専用住宅地域について、鑑定評価書をランダムに抽出したうえで分析する。なお、採用する鑑定評価書は、2016年1月における地価公示に係るものとする。

ア 高度商業地域

高度商業地域の分析結果は、次のとおりである。

鑑定評価書のうち、日本の大都市（東京23区、大阪市及び名古屋市）において、鑑定評価額が200万円／㎡以上の中から84事例を採用し、分析を行った。

この結果、鑑定評価額に対する収益価格の割合は66.92～99.15％で推移しており、平均すると89.25％となっている。

よって、高度商業地域では、「収益の未実現部分」の占める割合は10％程度と極めて小さいことがわかる。

イ　普通商業地域

地方都市における普通商業地域の分析結果は、次のとおりである。

鑑定評価書のうち、日本の地方都市（政令指定都市を除く）において、鑑定評価額が200,000～500,000円／㎡の中から96事例を採用し、分析を行った。

この結果、鑑定評価額に対する収益価格の割合は20.06～84.70％で推移しており、平均すると65.00％となっている。

よって、普通商業地域では「収益の未実現部分」の占める割合は、やや大きくなっている。

ウ　低層専用住宅地域

地方都市における低層住宅専用地域の分析結果は、次のとおりである。

鑑定評価書のうち、日本全国の都市（政令指定都市も含む）において、鑑定評価額が50,000～120,000円／㎡の中から510事例を採用し、更に収益価格[6]を採用している242事例の分析を行った。

この結果、鑑定評価額に対する収益価格の割合は22.59～79.79％で推移しており、平均すると57.50％となっている。

よって、「収益の未実現部分」の占める割合が大きくなっているが、この原因としては、住宅地特有の所有性向が大きな影響を与えていると考えられる。

6　担当する不動産鑑定士によっては、鑑定評価額と収益価格との開差が大きいこと等の問題により、収益還元法を適用していないケースが多い。

第４節　「用途の選択肢部分」

土地は、その特性として多くの用途性を有するが、これらに係る地価形成因子が、本節の「用途の選択肢部分」と本章第５節の「用途の移行性部分」である。

「用途の選択肢部分」は、本質的には用途から発生する土地の収益性を反映した地価形成因子と考えるべきであるが、土地の収益性である「地代相当部分」及び「収益の未実現部分」からは論理的に解明することが困難であるため、土地の「用途の選択肢部分」として区分し、分析するものとする。

この要因は、ほとんどの土地について発生するが、農業本場純農地地域、林業本場純林地地域等においては特に重視され、地価の中で占める割合が相対的に高くなる。

１　「用途の選択肢部分」の意義

「用途の選択肢部分」とは、土地の特性である用途の選択肢によって、「地代相当部分」等を超えた[1]収益性を潜在的に有する場合における地価形成因子の元本価値である。

この要因は、土地のみが有するものではなく、機械等他の資産でも汎用性がある場合には、同様に表れることがある。

理解を容易にするため、まず機械を例に挙げて説明してみよう。

1　一般的に、「用途の選択肢部分」が存する場合には、「地代相当部分」のみによって形成される地価よりも高くなるが、住宅地域等によっては、「用途の選択肢部分」が存することによる環境条件の低下に伴って「地代相当部分」が減少し、「地代相当部分」のみで成立する地価と比較すると低くなる場合がある。

（1）　機械の場合

仮に、甲製品、乙製品、丙製品のいずれも生産できるＡ機械があり、この機械の市場価格は1,000万円であったとする。

これに対し、甲製品のみを生産できるＢ機械があり、この機械は甲製品の単品しか製作できないため、市場価格は800万円であったとする。

このＡ及びＢ機械を合理的市場において、リースするものと仮定し、リース料を元本に対する４％としたうえで算出すれば、次のとおりである。

Ａ機械　　10,000,000円　×　0.04％　＝　400,000円

Ｂ機械　　8,000,000円　×　0.04％　＝　320,000円

仮に、甲製品のみを製作するため賃貸市場へ供給する場合には、賃貸市場では、リース料の安いＢ機械がリースされるが、Ａ機械はリース料が高いためＢ機械との対比においてリースされず、リース料を下げざるを得ない。

このため、Ａ機械は、市場価値が1,000万円であり、元本に対応する適正なリース料が400,000円であるにもかかわらず、賃貸市場では20％を値引きし、Ｂ機械と同じリース料にしなければならなくなる。

しかし、工作機械の市場価値から見れば、Ａ機械は汎用性が高いことから、元本価値であるＡ機械1,000万円とＢ機械800万円とは合理的市場においては均衡することとなる。この差額部分が「用途の選択肢部分」である。

つまり、リースでは、特定の用途に対応するリース料の元本価値のみによって価値が形成されるのに対し、所有目的では用途の多様性があるため、特定の用途に対応する元本価値と他の用途に利用できる元本価値とによって価値が形成される。これを言い換えれば、用途の選択肢が存する場合は、

所有権の価値に対するリース料が100％達成されないということとなる。

この例におけるＡ機械の価格と特定の利用価値及び用途の選択肢との関係は、次のとおりとなる。

Ａ機械の価格		特定の利用価値		「用途の選択肢部分」
10,000,000円	＝	8,000,000円	＋	2,000,000円

（2） 土地の場合

土地に係る用途の選択肢を、地域要因と個別的要因との例を挙げて分析してみよう。

ア　地域要因に係る「用途の選択肢部分」

具体例を挙げてみよう。

図１におけるＡ地域とＢ地域とは、代替性を有する商業地域とする。

Ａ地域は、東西に延びる幹線道路沿いであることから、ガソリンスタンド、コンビニエンスストア等の路線商業施設しか用途性がないものとする。

一方、Ｂ地域は、Ａ地域と同様に路線商業施設としての用途性のほか近隣商業性を有することから、用途は、これらの他にオフィス、レストラン等の選択肢があるものと仮定する。

図１

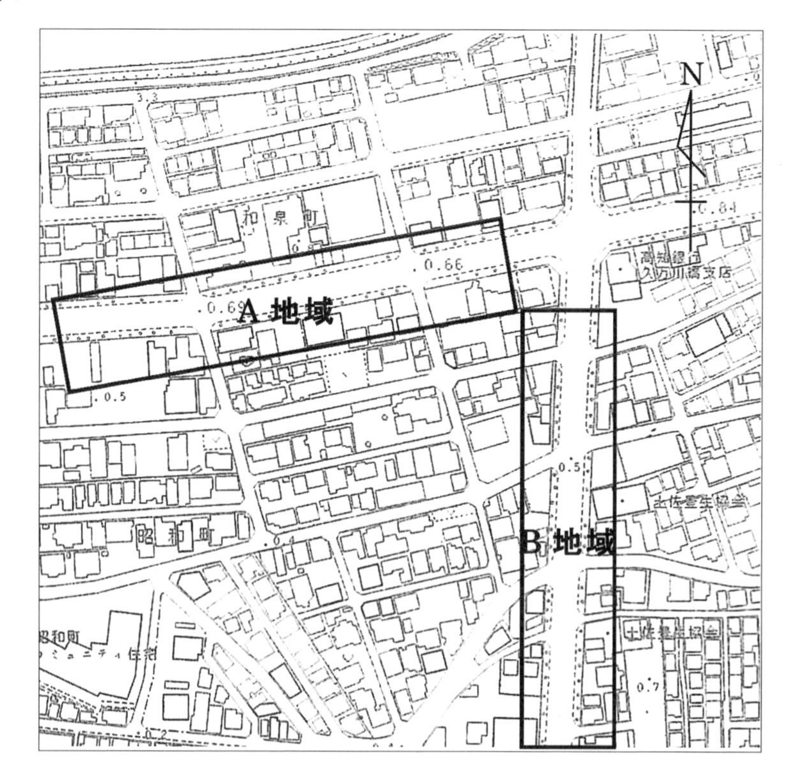

このため、地価水準は、Ａ地域が100,000円／㎡であるのに対し、Ｂ地域は用途の選択肢が多いため120,000円／㎡であるものと仮定する。

本例において、Ａ地域の土地をガソリンスタンド敷地として定期借地権に基づき賃貸借するものとし、地価に対する地代利回りを４％とすると、その地代は次のとおりとなる。

地価 100,000円／㎡ × 地代利回り ４％ ＝ 地代 4,000円／㎡

次に、Ｂ地域の土地についても同様に、ガソリンスタンド敷地として賃貸借する場合を考えてみよう。なお、ガソリンスタンド敷地としての収益性は、Ａ地域と同程度であると仮定する。

この場合、Ａ地域と同様に、地価に対する地代利回りを４％とすると、地代は次のとおり求められることとなる。

地価 120,000円／㎡ × 地代利回り ４％ ＝ 地代 4,800円／㎡

しかし、この地代ではＡ地域の地代と比べて高くなるため、Ａ地域と同等に下げざるを得ない。

すなわち、本来、Ｂ地域における地価に対応したあるべき地代は4,800円／㎡であるにもかかわらず、4,000円／㎡しか得ることができないこととなる。つまり、差額の800円／㎡は、元本である土地の価格には反映されても、地代には反映されることがない。

このように、用途の選択肢を有する地域では、元本に対応する本来得られるべき適正な地代が得られなくなる。

この元本に対応すべき地代と実際の地代との開差に係る部分が用途の選択肢に係る価値であり、地価形成因子の「用途の選択肢部分」ということとなる。

これらの関係を図式化すれば、次のとおりである。

図２　Ａ地域の地価水準及び地価形成因子

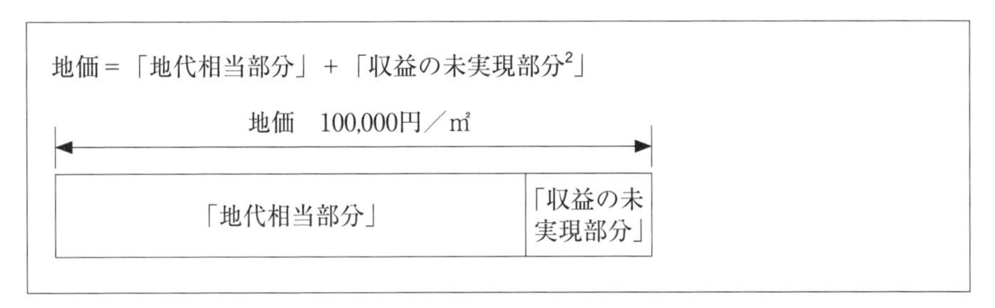

図３　Ｂ地域の地価水準及び地価形成因子

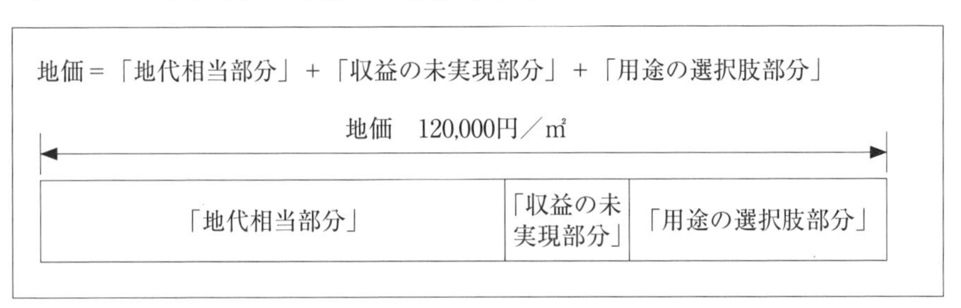

なお、潜在的にはほとんどの土地が「用途の選択肢部分」を有していることから、「用途の選択肢部分」とは、用途が単一か否かで考慮すべきではなく、用途性の多少として考えるべきである。

イ　個別的要因に係る「用途の選択肢部分」

本項では、住宅地の個別的要因に基づいた「用途の選択肢部分」について分析してみよう。

次の例は、比較的地価水準が高く、交通接近条件、環境条件等が良好な地域における面大地[3]であり、隣接地との併合使用による路線商業施設、分譲マンション等の用途性が認められる場合である。このような地域内における面大地については、個別的な用途の選択肢が存在している。

2　「収益の未実現部分」が若干存するものと仮定した。
3　地積の大きい画地。

図4

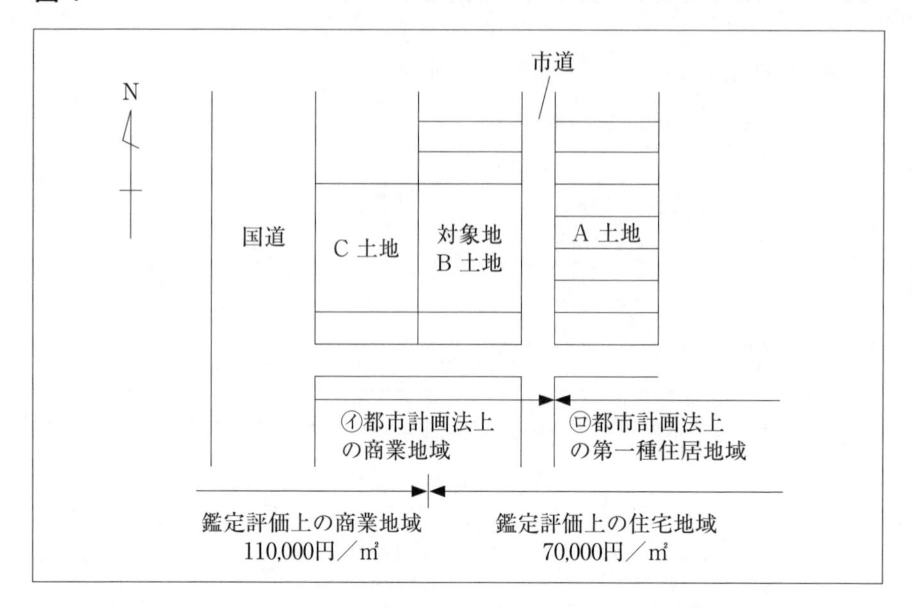

図4におけるC土地の存する地域の地価水準は、道路の広い国道沿いの商業地域であることから㎡当たり110,000円、A及びB土地の存する地域の地価水準は、道路の狭い市道沿いの住宅地域であることから㎡当たり70,000円となっているものとする[4]。

また、地代水準については、C土地の存する近隣地域が㎡当たり4,400円、A及びB土地の存する地域が㎡当たり2,800円となっているものとする。

本例のようなケースにおいて、実際の土地市場では、A土地と比べてB土地の方が高く取引されることが多く、この理由は、C土地の所有者がB土地を買収することによって量販店やマンション等の用途として一体的に利用することが可能なためである。

4　A土地及びB土地においては、住宅地域であることから方位による価格差が発生し、A土地よりもB土地の方が若干高いが、解説を容易にするために、方位による価格差はないものと仮定する。

つまり、B土地は、C土地との併合利用という用途の選択肢を有するため、地価がC土地の存する地域からの影響を受けることとなり、B土地の方が高くなる。

これを図式化すると、次のようになる。

図5　A土地の地価水準及び地価形成因子

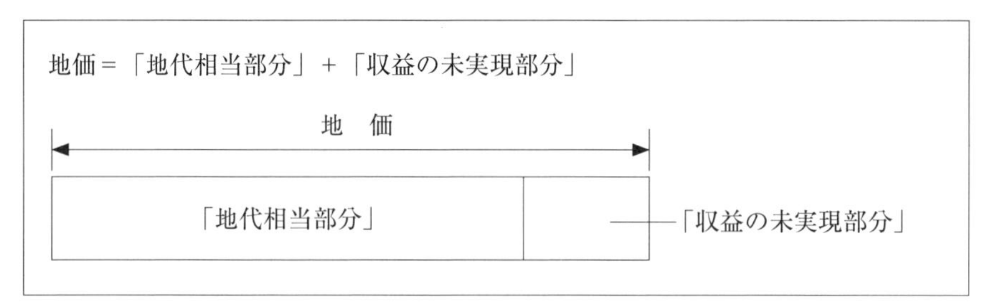

図6　B土地の地価水準及び地価形成因子

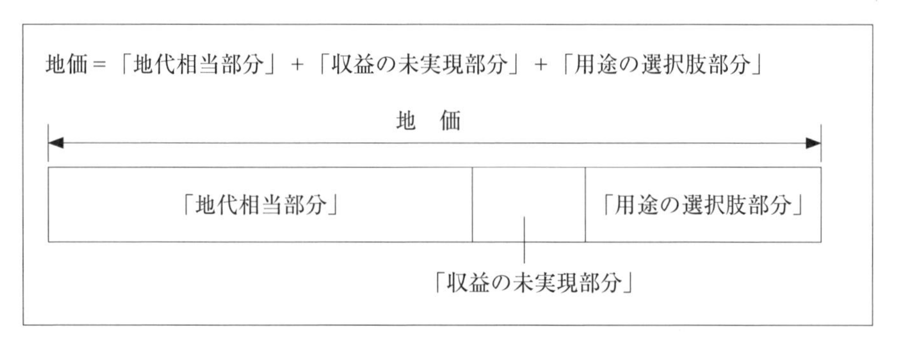

この図から見てもわかるように、A及びB土地の現在の利用目的は同じであるため、賃料水準は同程度となり、「地代相当部分」及び「収益の未実現部分」は同じであるが、B土地は、A土地と比べ、「用途の選択肢部分」を有することから、地価は、A土地よりもB土地の方が高く取引されることとなる。

2　宅地の「用途の選択肢部分」

地価形成因子の一つである「用途の選択肢部分」は、土地の用途の選択肢から発生する要因であるから、用途の選択肢の少ない高度商業地域、公法規制により戸建住宅の建築しか認められない低層専用住宅地域等では、発生することが少なく、また発生する場合であっても、地価に占める割合は極めて小さい。

これに対し、戸建住宅、マンション、オフィス等の混在する混在住宅地域、普通商業地域、移行地地域等では、多くの場合で発生することとなる。

以下、各用途地域ごとに分析してみよう。

（1）　住宅地域における「用途の選択肢部分」

大規模開発された住宅団地等では、都市計画法に定められる用途地域の規制、建築基準法に定められる建築協定等により戸建住宅以外の建築が困難であることから、「用途の選択肢部分」が発生することはない。

これに対し、標準的な住宅地域では、概ね戸建住宅を標準として利用されるが、都市計画法、建築基準法等の公法規制の制限の範囲内において、３階建程度の共同住宅、貸駐車場等の利用に供することが可能である。

したがって、用途が同じ住宅地域であっても地域要因の相違によって、「用途の選択肢部分」が発生する場合としない場合とがある。

（2）　商業地域における「用途の選択肢部分」

高度商業地域は、オフィスビル、テナントビル等の用地としての利用が前提となり、用途の選択肢が少ないことから、「用途の選択肢部分」が発生することは比較的少ない。

普通商業地域は、店舗、事務所、テナントビル、中古分譲マンション等が多く見られることから、「用途の選択肢部分」が多くの地域で発生する。

近隣商業地域では、付近に存する住民を対象とした小規模店舗が主となり、他の用途性を有することが少ないことから、「用途の選択肢部分」が発生することは少ない。

（3） 工業地域における「用途の選択肢部分」

工業地域において「用途の選択肢部分」が発生する割合は、公法規制の程度によって大きく異なる。

例えば、**図７**のような臨港区域に指定されているうえに都市計画法に定められる工業専用地域では、それぞれの規制により用途が単一に定められ、用途の選択肢がほとんどないことから、「用途の選択肢部分」は発生しない。

図７

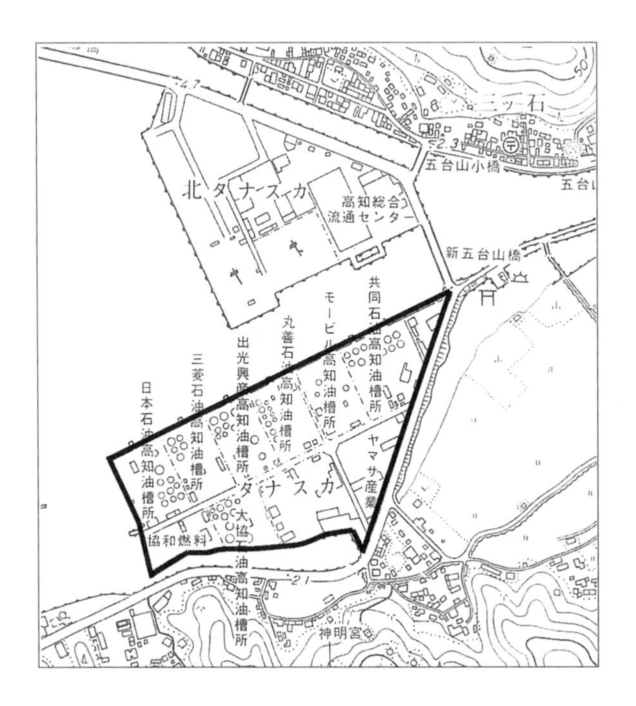

これに対し、**図8**のように用途が単一であっても都市計画法に定められる工業地域では、公法規制により住宅地等の他の用途が混在的に可能な場合は、「用途の選択肢部分」が発生する。

図8

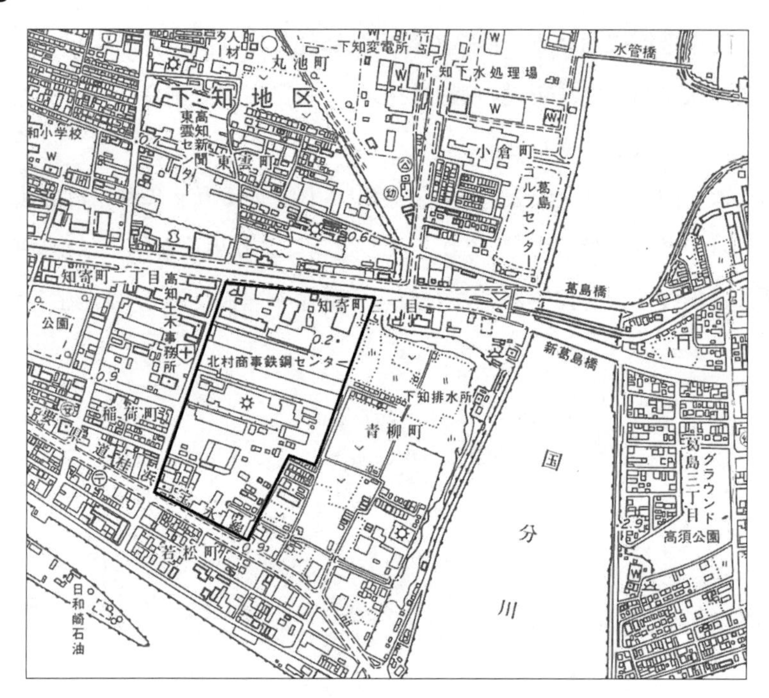

（4） 移行地地域における「用途の選択肢部分」

移行地地域には、工場地域から住宅地域等への移行と、農地地域から宅地地域への転換等がある。工業地域から住宅地域へ移行している場合で、その移行の程度が弱い場合は、従来の利用目的である工業地域としての用途の選択肢が存し、強い場合は、工業地域としての選択肢の他に住宅地域としての用途の選択肢が発生する。また、農地地域から宅地地域の転換の場合も、その転換の程度によって同様となる。

いずれの場合も用途の選択肢を有するのであるから､｢用途の選択肢部分」は発生することとなる。

3　農地の「用途の選択肢部分」

農地の「用途の選択肢部分」を、農作物の種類の観点から分析してみよう。

(1)　農地の「用途の選択肢部分」の意義

一般的に、農業生産者は各土地の最有効使用に沿って農作物の栽培を行うが、この場合において、いくつかの選択肢がある。

例えば、田地について見てみれば、次のような選択肢が考えられる。

- 稲作を行う。
- 土地を改良してレンコン畑として利用する。
- かんがい設備を休止したうえで、野菜畑として利用する。
- 同様に柿、ミカン等の果樹園として利用する。
- ナス、トマト、キュウリ、メロン等の施設園芸栽培を行う。

農業生産者は、これらの選択肢の中で個別にそれぞれの売上高、生産量及び価格の安定性、栽培の困難性、収益の継続性等を分析したうえで、最も収益性が高いと判断される作物を栽培することとなる。

ここで得られた純収益は、農地の価格と密接な関係を有し、後述する$P_0 = r / i$のように、「地代相当部分」のみで成立する農地であれば、収益性のみを反映して価格が決定されるはずである。しかし、実際の農地市場では、農地の収益性を反映した元本価格である「地代相当部分」を上回る価格で取引されることが通常となっている。

この原因については明確ではなく、様々な要因が考えられるが、農地が有する用途の選択肢が一つの大きな要因であるといえる。

例えば、現在は特定された農作物を栽培しているが、将来的にはそれ以上の収益性が期待される農作物への変更の可能性、何らかの要因により現在栽培している農作物の価格が下落することによる他の農作物への代替の可能性等などが挙げられる。実際の農地市場では、これらの期待性、代替性等を含んで農地が取引されるため、農地市場での取引価格が「地代相当部分」を上回ると考えられる。

このことを例を挙げて見てみよう。

図9

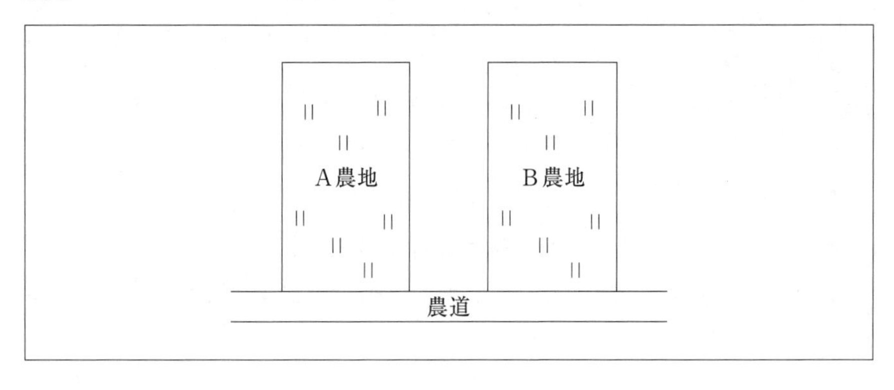

図9のように、水稲の栽培には適するがその他の作物は栽培できないA農地と、水稲の栽培に適する他にショウガ、ホウレンソウ等の栽培も可能であるB農地とが近接しているものと仮定する。

この場合において、A及びB農地共に現在は水稲を栽培しているとすると、農地の「地代相当部分」を反映した収益価格は同額である。しかし、農地を合理的な市場で購入しようとする者は、地価が同額であればB農地を必ず選択すると考えられることから、市場での取引価格は、A農地よりもＢ農地の方が必ず高くなる。

これは、農地の「地代相当部分」を算定する場合の収益価格が、その特定された農作物の収益性に基づいて算定されるため[5]、一般的にはＢ農地の用途の選択肢は収益価格に加味されないはずであるが、実際の農地市場においては、この部分が加味されて取引が行われるからである。このため、農地市場における農地の取引価格と特定の農作物の収益性に基づく農地の「地代相当部分」との間に開差が生じることとなるのである。

（２）「用途の選択肢部分」の発生する農地

東北地方等に存する一部の農業本場純農地では、地域全体の用途が現時点では米作であり、他の用途が農業経営の観点から合理的に行えないと判断されるケースが見られる。

このような地域では、米を栽培することによる収益性のみに着目して取引が行われ、市場価格も米作を前提とした「地代相当部分」のみを反映して決定されている。

しかし、農地を全体的に見れば、農業本場純農地の一部を除き、用途が単一というケースは極めて少なく、用途の選択肢が認められるケースがほとんどとなっており、地価形成因子として「用途の選択肢部分」が多くの場合で発生することとなる。

なお、宅地の場合と同様に、「用途の選択肢部分」とは、用途が単一か否かではなく用途性の多少として考えるべきである。

5　後述するように、農地の実際の地代も、特定された農作物の収益性に着目して決定されている。

4　林地の「用途の選択肢部分」

林地の「用途の選択肢部分」については、農地と同様となり、更地であれば立木の種類に係る選択肢が存し、杉、檜、クヌギ等の選択をすることによって、「用途の選択肢部分」が発生する。

このため、林地の地価は、「地代相当部分」と「用途の選択肢部分」とによって構成されることとなる。

しかし、立木が植栽されてから成育するための期間として、杉では35～40年、檜では50～60年程度が必要であることから、生育期間中に用途の変更を行うことは困難である。

このため、立木が植栽されると建付地と同様に「用途の選択肢部分」は消滅し、伐採期が近い場合又は地上の立木が雑木等の最有効使用でない場合に発生することとなる。

第５節　「用途の移行性部分」

本節では、地価形成因子の一つである「用途の移行性部分」について、詳細に分析するものとする。

1　「用途の移行性部分」の意義

土地は、通常では特定の用途に供されているが、同一の土地であっても、潜在的には他の異なる用途へ移行していることがある。

例えば、都市近郊の農地地域であれば、農地本来の利用方法である耕作のみではなく、宅地として利用することの用途性を潜在的に有しているし、現時点での用途的地域が住宅地域であっても、国道等の幹線道路沿いでは商業地域へ移行している場合もある。

これを、特定の地点及び時点で見れば、用途の移行性が強い場合、弱い場合のほか、進行している場合、後退している場合もある。

このように、用途の移行性については、それぞれの地域によって様々であるが、本節で述べる「用途の移行性部分」とは、現時点の用途から他の用途に移行又は転換している場合に係る地価形成因子をいう。

「用途の選択肢部分」も、土地の用途性に由来するものであるから、「用途の移行性部分」と類似する。

しかし、「用途の移行性部分」が、地域そのものが移行し用途性が変化しつつあることに係る地価形成因子であるのに対し、「用途の選択肢部分」は、それぞれの地域における利用方法の選択肢であることから、性格は類似しているが本質的には異なるものである。

鑑定評価上では、宅地地域内において住宅地域から商業地域へ、工業地域から住宅地域へというように細分化された他の地域の用途が変更しつつある状態を移行といい、農地地域から宅地地域へ、林地地域から宅地地域へというような種別の異なる地域間で用途性が変更しつつある状態を転換というが、地価形成因子としては同質であるため、本書では、両者を含めて「用途の移行性部分」として述べるものとする。

なお、移行と転換との関係の例を挙げれば、**図1**のとおりであり、中区分間及び小区分間における用途的地域の変化が移行であり、大区分の用途的地域間における変化を転換という。

図1　用途的地域の区分例

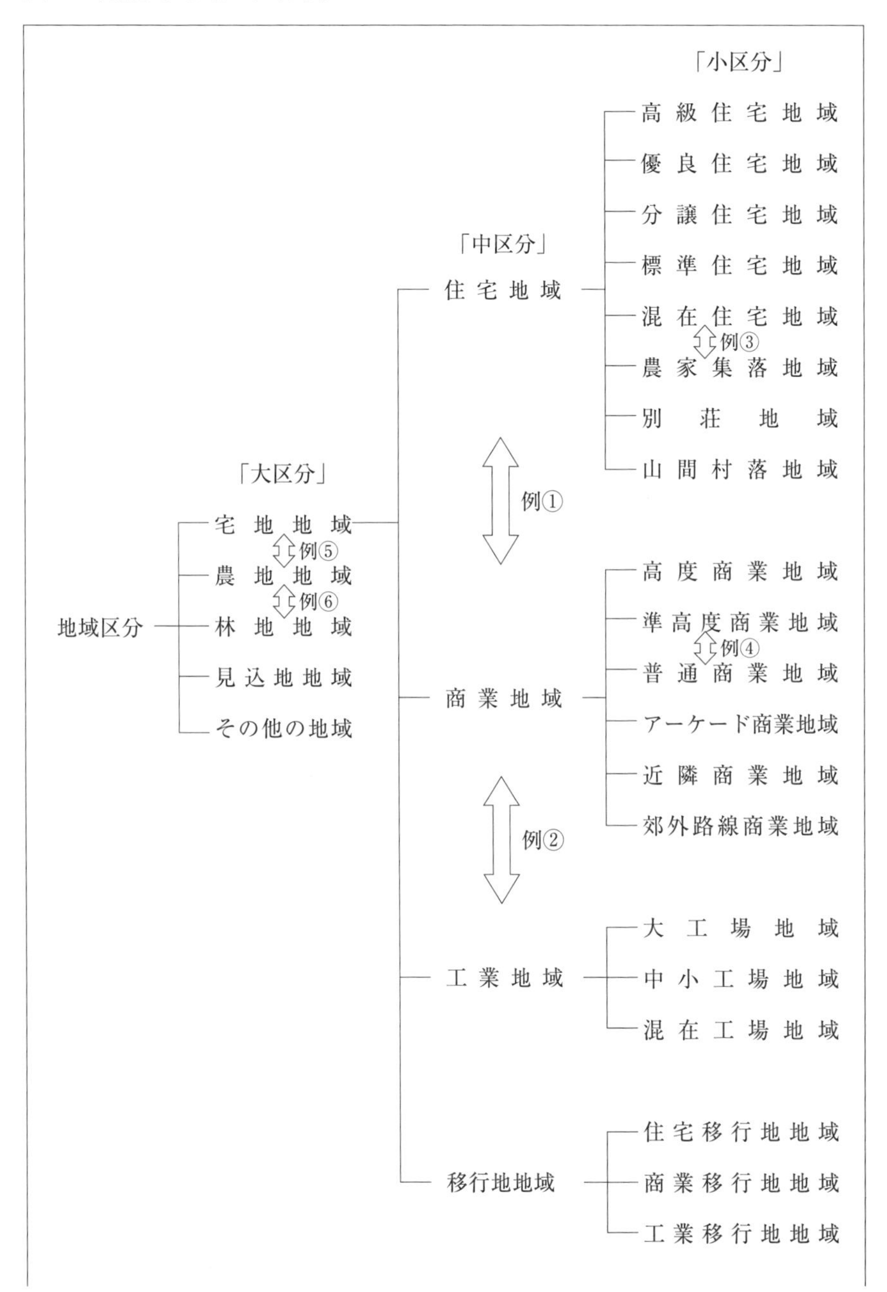

「用途の移行性部分」	移行 …	例①～④のように、宅地地域において住宅地域から商業地域等へ細分化された地域の変化をいう。
	転換 …	例⑤及び⑥のように宅地地域、農地地域等の種類の異なる地域への変化をいう。

「用途の移行性部分」の分析に当たっては、まず小区分間における標準住宅地域から混在住宅地域への移行性を分析し、次に中区分間における工業地域から住宅地域を、更に、大区分間における農地地域から宅地地域を分析するものとする。

2　小区分の用途的地域間に係る「用途の移行性部分」

本項では、宅地地域内の小区分である標準住宅地域から商業性を若干有する混在住宅地域へ移行しつつある用途的地域の例を挙げて、「用途の移行性部分」を分析するものとする。

(1)　移行性を有する地域の概要

住宅地に係る移行性は、多くの地域で発生しており、その程度は地域によって異なっている。

例えば、近隣地域内に幹線道路が開通することによって用途性が変化し、住宅地域から混在住宅地域へ移行している例や、日本の地方都市の商業地域で多く見られるように、地域の衰退、人口の減少、商業地域の郊外への移転等に伴い、商業地域から住宅地域へ移行している例などが挙げられる。

図2は、高知市の市街地に存する住宅地域であり、A～D地域は、土地区画整理事業によって形成された既存の住宅地域である。

当地域は、良好な住宅地域を作るために土地区画整理事業が行われたことから、付近には戸建住宅を中心としてマンション等の共同住宅も見られ、地域要因が類似する住宅地域がそれぞれ形成されている。

図２

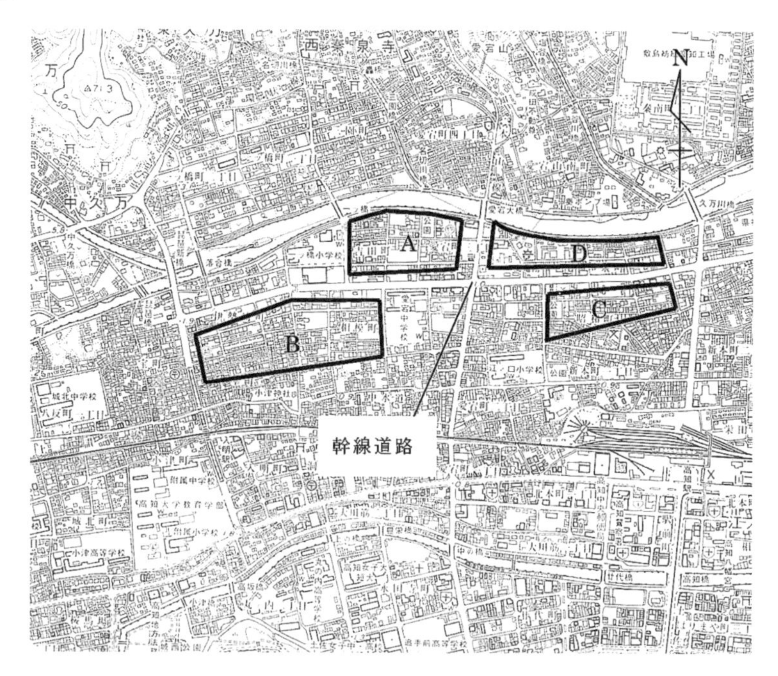

（２）　地価水準と賃料との関係からの分析

「用途の移行性部分」の分析を、地価水準と賃料との関係から分析するものとするが、当地域では、定期借地権の契約事例が極めて少ないことから地代の把握が困難であるため、マンション等に係る賃料から推定するものとする。

マンション等の賃料は、Ａ～Ｄ地域における同程度の建物では、ほぼ近似した水準となっている。このため、鑑定評価の手法である収益還元法を適用した場合、Ａ～Ｄ地域の土地に帰属する純収益は同程度となり、「地代相当部分」は同じとなる。

一方で地価水準は、従来からA地域が最も高く、B～D地域はこれより約10%程度低めに推移している。その理由としては、B～D地域が住宅地域として純化している用途的地域であるのに対して、A地域は長期間にわたって徐々に混在住宅地域へ移行している用途的地域であり、実際の利用方法も、B～D地域と比べると戸建住宅から事業所併用居宅、マンション等の用途へと移行してきているからである。

この原因としては、A地域が高知市を南北に通過する幹線道路に隣接することや、付近に中型量販店、小中学校等が存するためと考えられる。

(3) 地価形成因子からの分析

これらの関係を地価形成因子から分析すれば、次のとおりとなる。

B～D地域では、用途的地域が戸建住宅地域であることから、地価は、**図3**のように「地代相当部分」、「収益の未実現部分」及び若干の「用途の選択肢部分」から形成される。

図3　B～D地域の地価水準及び地価形成因子

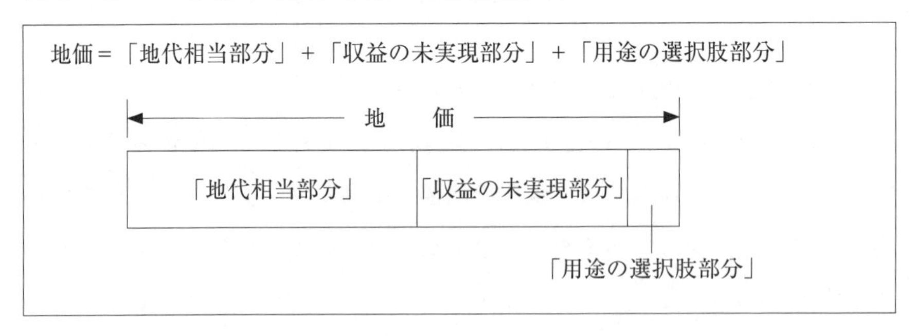

これに対して、A地域では、地価形成因子が「地代相当部分」、「収益の未実現部分」及び若干の「用途の選択肢部分」のほか、「用途の移行性部

分」が存するため、**図4**のようになる。

図4　A地域の地価水準及び地価形成因子

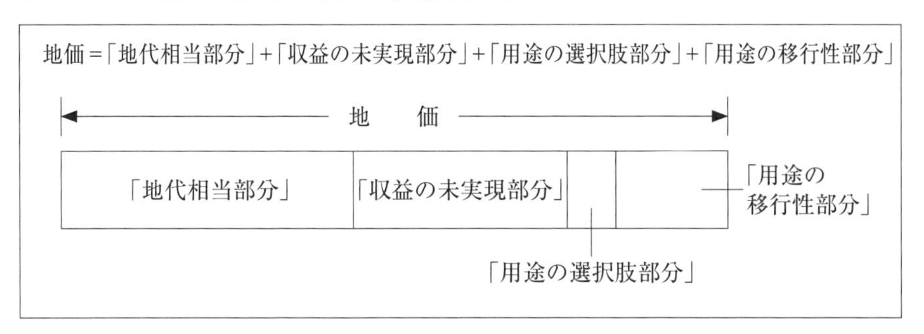

このように、現時点での一般的な土地の利用方法が同一であることで「地代相当部分」、「収益の未実現部分」及び「用途の選択肢部分」が同様であっても、「用途の移行性部分」が存することによって、地価には開差が発生することとなる。

3　中区分の用途的地域間に係る「用途の移行性部分」

本項では、中区分の用途的地域間に係る「用途の移行性部分」について、宅地地域内における工業地域から住宅地域へ移行している例を挙げて分析するものとする。

（1）　移行性を有する地域の概要

図５

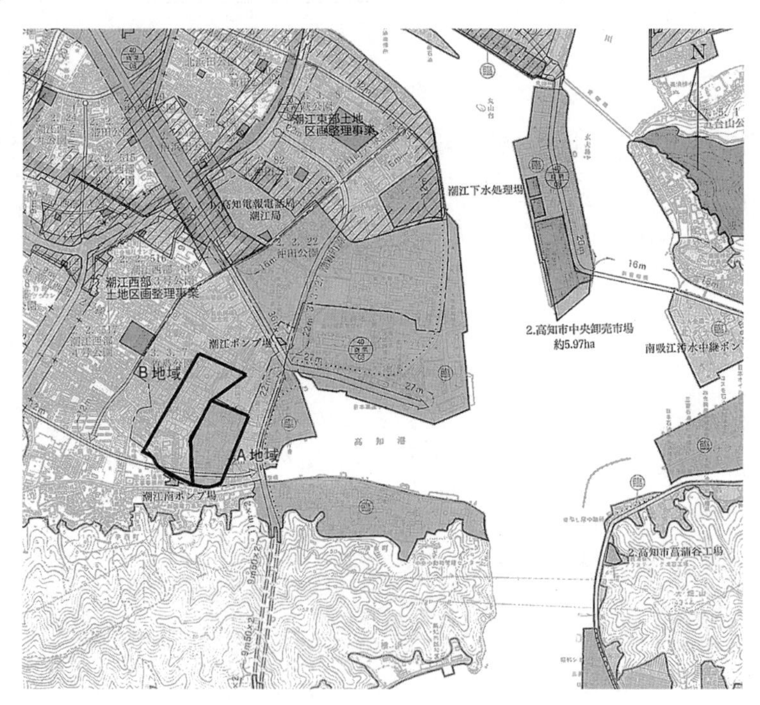

図５におけるＡ及びＢ地域は、いずれも既存の工業地域で、同一の用途的地域であるが、都市計画法上は、Ａ地域が工業専用地域、Ｂ地域が工業地域にそれぞれ指定されている。

これらの地域は、いずれも既成市街地に存することから、比較的規模の小さい軽工業が多く見られるが、工場敷地としての利用を前提に公法規制の観点から見れば同程度の用途制限となっており、実際の利用方法も、中小工場敷地としての類似する用途に利用されている。

しかし、他の用途に変更する可能性について分析すると、Ａ地域は、都市計画法において工業専用地域に指定されているため、工場以外の目的である一般住宅等の建築は許可されず、用途変更の可能性をほとんど有していない。

これに対して、Ｂ地域は、地域要因から見るとＡ地域と同様に現時点では住宅地として不向きであるが、都市計画法において工業地域に指定されていることから、理論的には一般住宅等の建築が許可されるほか、Ｂ地域の西側に近接する地域では、既に住宅地域として熟成していることから住宅地域化の影響を受けており、潜在的には一般住宅等の建築の可能性を有している。また、実際の利用方法も、件数としては少ないが、Ｂ地域には住居系の建築物も見られるようになってきており、地価形成因子に「用途の移行性部分」が認められる状況となっている。

（２）　実際の地価水準及び地代水準

実際の土地市場における地価水準は、Ａ地域が都市計画法の規制により工場等の用途でしか利用できないことから30,000円／㎡程度であるのに対して、Ｂ地域は工場敷地としての利用方法とは別に住宅地等の用途の移行性が潜在的に認められることから、40,000円／㎡程度と、Ａ地域より高くなっている。

しかし、実際の借地権に係る地代については、実際の用途が工場であることから開差はほとんどなく、いずれも年間で800円／㎡程度と推定される。

地代に開差がない理由は、現時点におけるA及びB地域の土地の用途が工場等の敷地であり、製品を生産するという目的のみに利用されていることから、収益性には格差がないためである。

仮に、B地域の地代を元本価値である地価に対する利回りを考慮してA地域よりも高くすると、理論的にはA地域のみが選択されることとなる。このため、地代はいずれもA地域の工場を利用とした場合における地代と同程度とならざるを得ない。

(3) 地価形成因子からの分析

本例における「用途の移行性部分」を地価形成因子から述べると、次のとおりである。

仮に、工業地域の地価形成因子に「用途の選択肢部分」、「効用変化予測部分」及び「非効用変化予測部分」が全く存しないものとすれば、A及びB地域における地価の構造は、**図6**及び**7**のようになる。

図6　A地域の地価形成因子

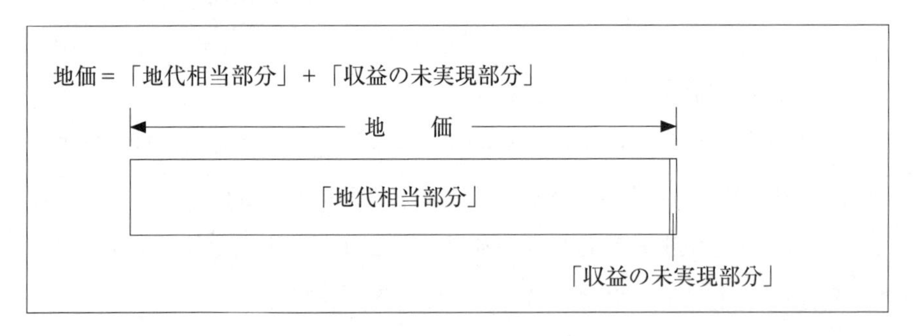

図７　Ｂ地域の地価形成因子

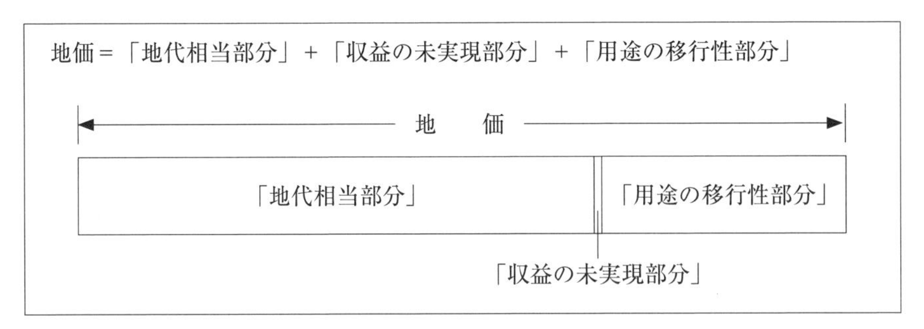

Ａ地域とＢ地域との使用収益の方法は、工場敷地として同じ利用方法であるため、収益性は同程度と判断されるから、「地代相当部分」及び「収益の未実現部分」の関係は同じである。

しかし、Ｂ地域は、将来における住宅地としての利用可能性を潜在的に有し、「用途の移行性部分」を含んで地価が形成されていることから、地価は、Ａ地域よりもＢ地域の方が高くなる。

この場合における地価の差額部分が、Ｂ地域における「用途の移行性部分」ということとなる。

4　大区分の用途的地域間に係る「用途の移行性部分」

本項では、大区分間の地域に係る「用途の移行性部分」について、日本で最も多く見られる都市に近接する農地地域の例を挙げて分析するものとする。

（1）大区分間における転換性の意義

地方都市の郊外における大規模な農地地域が宅地地域に転換する場合には、人口の増加、市街地の拡大等に伴う地域要因の大きな変化が必要である。この地域要因が変化するためには、幹線道路の整備、学校及び公園の公共施設の整備、バス停及び鉄道の交通施設の新設、住宅及び店舗として利用するための宅地開発等が行われることが更に必要である。

このような施設の整備は、短期的に行われることは少なく、ほとんどの場合で相当の期間を必要とすることから、転換する期間も長期的となる。

このため、転換性の分析については、地方都市の形成の経過を時系列的に分析することが必要となる。

ア　1955年頃の状況

図８

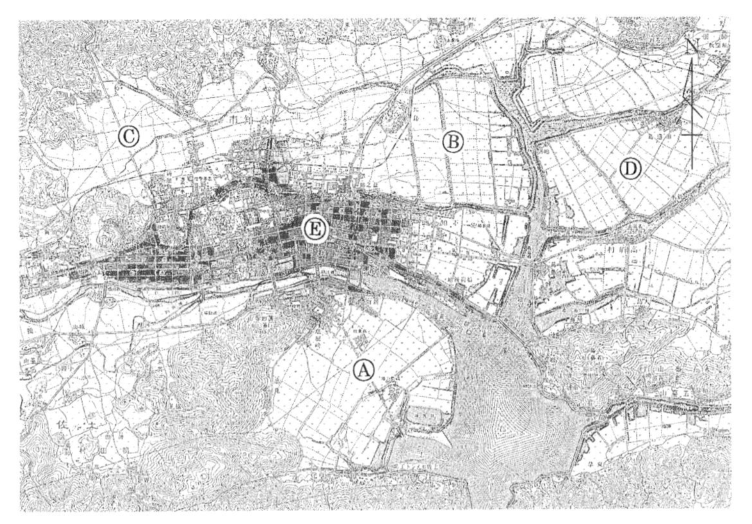

1955年４月に撮影した航空写真から作成された地図である。

例を挙げて説明すれば、次のとおりである。

図８は、1955年頃の高知市周辺の地図である。

市街地は、Ⓔ高知城を中心とする旧城下町付近に存するのみで、周辺のほとんどの土地は、稲作を中心とする田が多く見られる状況である。現在では市街化しているⒶ栈橋地区、Ⓑ御座地区、Ⓒ万々地区及びⒹ布師田地区においても、街路が整備されていないうえに学校等の公共施設も存しないため、宅地そのものが存せず、ほとんどが農地となっている。

イ　1965年頃の状況

図９

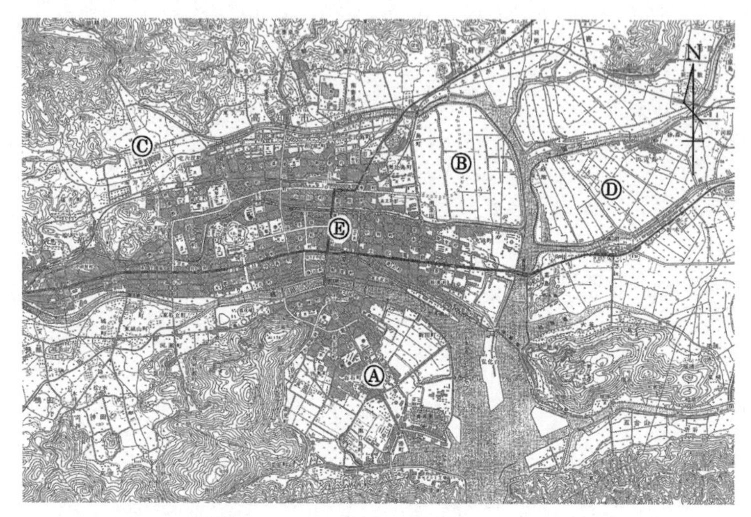

1965年に撮影した航空写真から作成された地図である。

図９は、1965年頃の同じ地域の地図である。

図８と比べ、市街化に隣接するⒶ桟橋地区及びⒸ万々地区では宅地化がかなり進み、特にⒺ中心部に近い部分から順に市街化が外延的に進んでいることがわかる。

また、街路の状態についても徐々に整備されているほか、公共施設も点在するようになっている。

これに対し、Ⓑ御座地区は、Ⓔ中心部に隣接するにもかかわらず、Ⓐ桟橋地区と比較すると宅地化が遅れていることがわかる。これは、道路整備が行われていないこと、公共施設が存しないこと等の総合的な要因によるものである。

ウ　1976年頃の状況

図10

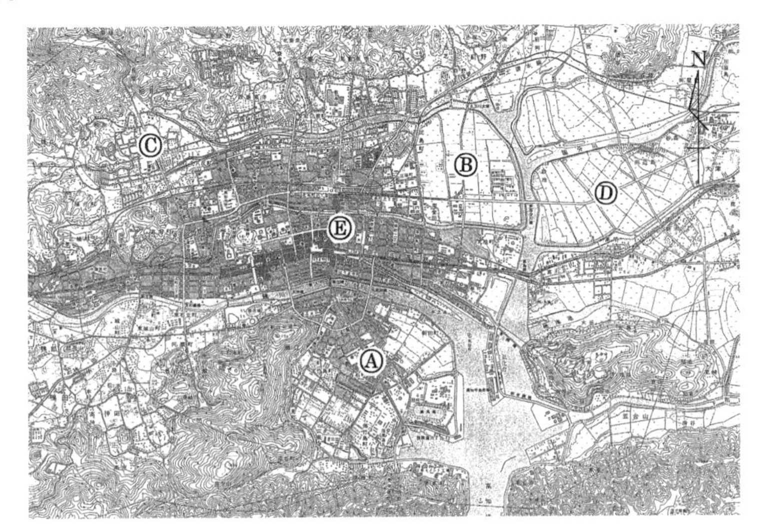

1976年に撮影した航空写真から作成された地図である。

図10は、1976年頃の同じ地域の地図である。

図９と比べ、Ⓐ栈橋地区及びⒸ万々地区のほとんどの区域にわたって宅地が多く見られるようになり、Ⓑ御座地区においても、道路の整備が行われたことから宅地が点在する様子がわかる。しかし、Ⓓ布師田地区では、東西に幹線道路が通過したもののⒺ中心部からやや遠距離にあるため、開発が遅れている。

エ　2007年頃の状況

図11

2007年に撮影した航空写真から作成された地図である。

図11は、近年における同じ地域の地図である。

図10と比べると、Ⓐ桟橋地区及びⒸ万々地区では市街化が進み、現況農地を見ることはほとんどない。また、Ⓑ御座地区でも東西南北に道路が付設され市街化が進んでいる様子がわかるほか、Ⓓ布師田地区においても徐々に宅地化が進んでいるのがわかる。

このように、地方都市は、幹線道路の整備等に係る街路条件、公共公益施設の整備等に係る交通接近条件、宅地開発や住宅の建築等に係る環境条件等の諸要因が複雑に関連しながら、期間をかけて概ね中心部に近い地域から除々に市街化することとなる。

したがって、地方都市が発達する過程においては、それぞれの時期及び中心部からの距離によって、現況農地が受ける宅地化の影響の強弱は異なることとなる。

なお、ここでは市街地が拡大する場合を仮定して解説したが、市街地の進行が停止している場合、また、人口の減少等により逆に市街地が衰退する場合もある。しかし、いずれの場合においても、市街地に近い場所では転換性の影響を強く受け、離れるに従って弱くなっていることは事実である。

転換性の価格形成条件については、**図12**の現況農地の地価構造図で表されている宅地見込地であれば、公共公益施設の整備、宅地開発等が少しは見られることが通常であるから、現在の地域の状況から分析することはある程度可能であるが、現況農地がほとんどである宅地化の影響を受けた農地では、転換性が現況での利用状況に具体的に表れることが少ないため価格形成条件が不明確であり、現況のみで地域分析を行うことは困難な場合が多い。

しかし、この具体的に表れていない転換性の価格形成条件を解明することは、その農地地域が宅地地域に転換した場合に想定される価格形成条件と、既に類似する過程を経て転換した宅地地域の価格形成条件とを比較し、更に転換した過程を期間を遡りながら分析することにより可能となる。

このため、現況農地に係る転換性を分析するためには、まず転換後に想定される宅地地域の価格形成条件を分析することが必要となる。

図12　現況農地の地価構造図

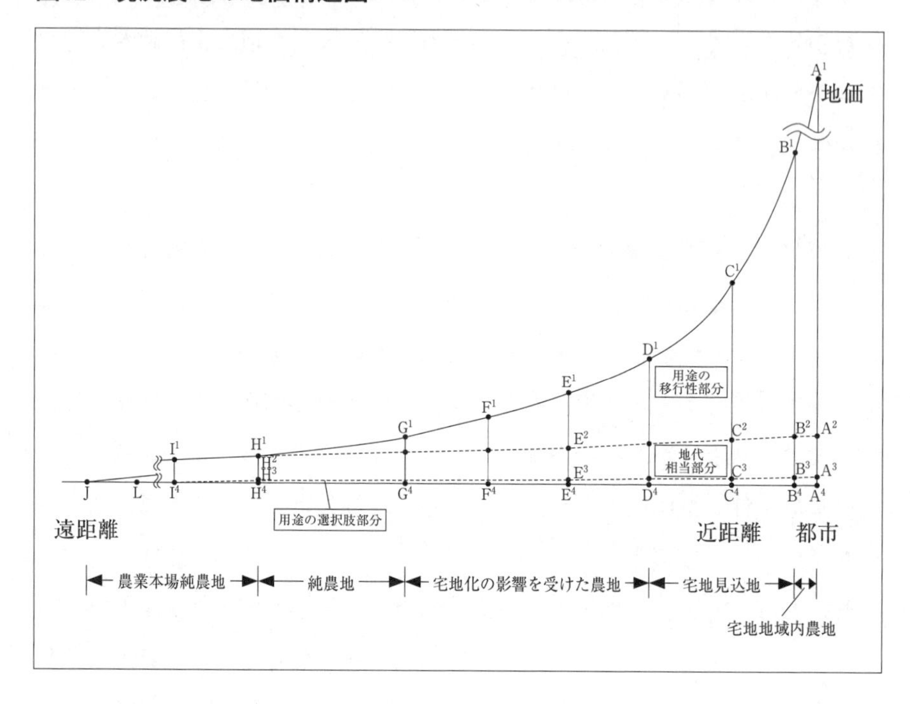

（2）　宅地地域の価格形成条件

不動産鑑定評価上の宅地とは、建物等の敷地の用に供することが自然的、社会的、経済的及び行政的な観点から分析し合理的と判断される地域内に存する土地をいうものである。

宅地の価格形成条件は、宅地の細区分である住宅地、商業地、工業地等によってそれぞれ異なり、住宅地であれば居住環境の快適性、生活の利便性等の条件から、商業地であれば収益性、費用性等の条件から形成されている。

住宅地の例を挙げて分析すれば、次のとおりである。

この価格形成条件の中で、街路条件は対象となる土地に接面する道路に関する条件を、交通接近条件は生活を行うに当たって必要となる公共施設等への距離、交通施設の状態等に関する条件を、環境条件はそこで生活を営むための自然的、社会的な環境に関する条件を、画地条件は対象となる土地に係る個別の物理的な条件を、行政的条件は都市計画法、建築基準法等の公法規制の状態等に係る条件をいうものである。

表１　標準住宅地の価格形成条件

	項　目	細項目
A	街路条件	系統及び連続性
		幅員
		舗装
		歩道
		側溝
		行き止まり
		一方通行
		勾配
		構造
		電柱等の障害物
		その他
B	交通・接近条件	最寄駅（バス停）への接近性
		商店街等への接近性
		公共施設への接近性
		中心地への接近性
		その他
C	環境条件	日照・温度・通風・乾湿等
		地質・地盤等
		隣接地の利用状況
		上・下水道、都市ガス等
		危険施設等
		高圧線下地
		悪臭、騒音、振動
		浸水の危険性
		その他
D	画地条件	地積過大、過小
		間口狭小、広大
		奥行逓減
		奥行短小
		奥行長大
		形状
		画地内段差
		方位
		高低
		角地、準角地
		二方路、三方路、四方路
		袋地
		無道路地
		私道減価
		傾斜地
		法地
		画地内介在水路
		宅地介在水路
		私道価値率
		その他
E	行政的条件	用途地域等
		都市計画予定地
		建ぺい率
		容積率
		その他
F	その他	市場性
		商業性
		その他

（３）　転換性に係る価格形成条件

本項における転換性とは、宅地地域に転換する前の現況農地が有する素地的な要素をいい、宅地造成という付加価値を加える以前に現況農地が有する耕作に係る農地としての収益性を除く部分である。

これを解説すれば、次のとおりである。

図13は、**図12**の現況農地の地価構造図から「用途の移行性部分」のみを抜粋して作成した図であるが、Ａ地点における現況農地と転換後の宅地としての地価及び価格形成条件の関係には、次式が成立する。

転換後の宅地の地価　＝　現況農地の「用途の移行性部分」に係る地価　＋　宅地転用のための開発費等

現況農地の「用途の移行性部分」に係る地価　＝　転換後の宅地の地価（転換後の宅地の価格形成条件）　－　宅地転用のための開発費等

図13

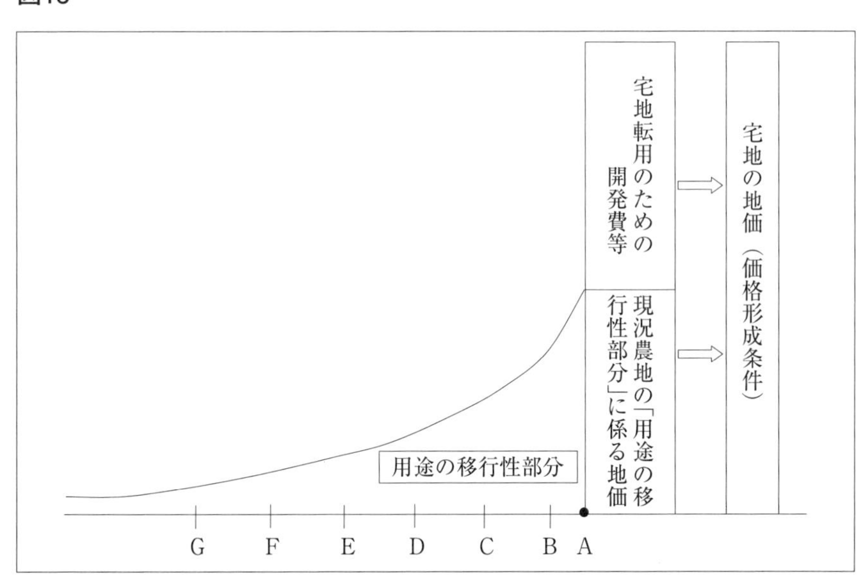

この関係に基づき、宅地の価格形成条件から宅地造成という付加価値を加える以前において現況農地が有する条件を選択し、前述の標準住宅地の価格形成条件に沿って個別に分析すれば、現況農地が有する転換性に係る価格形成条件は、概ね次のとおりである。

街路条件…対象地に進入するために必要である幹線道路の幅員、系統及び連続性等の状態をいう。

交通接近条件…学校、公園等の公共施設及びバス停等の交通施設への接近性をいう。

環境条件…宅地地域に転換した場合に影響を与える日照の状態等の自然的な環境、周辺地域における社会的な環境の良否等に係る条件をいう。

画地条件…対象地に係る物理的な要因から発生する価格形成条件の中で最も個別性を有する条件である。

行政的条件…都市計画法、建築基準法、農地法等の規制に係る条件をいう。例えば、市街化区域であれば、建ぺい率、容積率等の対象地に係る公法規制をいう。

その他…上記の要因に該当しない宅地としての用途の多様性等の特殊な条件をいう。

このように、現況農地が有する転換性に係る価格形成条件は、現況農地が宅地開発等により宅地となった場合に有する価格形成条件のうちで、宅地造成という付加価値により加えられた価格形成条件全てを除いた部分をいうものである。

（４）　農地の転換性に係る距離性向

転換性は、宅地化の影響を強く受けている農地には、街路条件、交通・接近条件、環境条件等の各細項目の転換性に係る価格形成条件として具体的に表れるが、宅地化の影響が弱い場合には、単に宅地地域に近いといった交通接近条件、宅地化の蓋然性に係る環境条件等が漠然として表れるのみで、価格形成条件の細項目として具体的に表れることは少ない。

この関係を距離ごとに区分し、Ａ～Ｆ地点で表せば、**図14**のとおりとなる。

図14　現況農地の転換性に係る価格形成条件

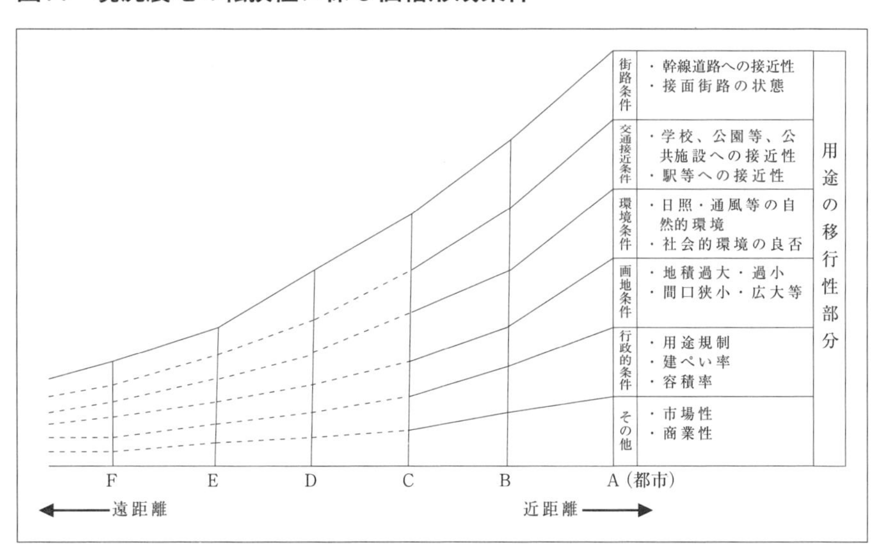

（注）　Ｃ地点から左部分は転換性が明確に区分して表れないため、点線で表示した。

転換性は、Ａ地点では転換性の構成要素である街路条件、交通・接近条件、環境条件、行政的条件等が細項目まで表れ、各項目の価格形成条件が明確である。

しかし、都市であるＡ地点からＢ地点、Ｃ地点と離れるに従って転換性が全体的に小さくなり、街路条件、交通接近条件、環境条件等の価格形成条件の細項目として表れることが少なくなるため、具体的には表れにくくなる。C地点から更に離れれば、転換性に係る価格形成条件が更に小さくなることから、より漠然としたものとなる。また、F地点ではこの傾向がより強く見られることとなり、転換性は、集落に近い、国道に隣接している等という程度のますます漠然とした形となり、単に宅地化の影響の強弱として表される程度となる。

以上で述べた転換性が、大区分間の地域に係る「用途の移行性部分」である。

なお、本項では現況農地について分析したが、林地についても同様であるといえよう。

第６節 「効用変化予測部分」

本節では、まず「変化予測性」の概要を述べ、次に「効用変化予測部分」について詳しく述べるものとする。

１ 「変化予測性」の概要

（1） 「変化予測性」の意義

本来、地価は、土地の収益性を反映する「地代相当部分」及び「収益の未実現部分」並びに用途性を反映する「用途の選択肢部分」及び「用途の移行性部分」に係る地価形成因子の全部又は一部を有したうえで、土地市場において需要と供給とが働き合って決定されるものである。

しかし、実際の土地市場では、このような収益性及び用途性に係る地価形成因子の他に、これらに直接的な影響を与える要因の変化の予測と、これらとは直接的には関係がない要因の変化の予測とが反映されて地価が決定されていることが多い。

本節における「変化予測性」とは、一般的要因、地域要因等の地価影響要因に係る変化の予測によって、地価が変動する場合に発生する地価形成因子のことをいう。

（2） 「変化予測性」とキャピタル・ゲインとの関係

キャピタル・ゲインとは、一般的には、土地、有価証券等の保有資産に係る価格の上昇に伴い発生する利益のことをいう。

この場合における価格の上昇とは、土地、有価証券等に係る評価額の上昇を意味することもあれば、それらの売却により発生する利益を意味することもある。このキャピタル・ゲインを目的とする経済行動の代表的な例としては、株式、債券等の売買が挙げられる。

株、債券等の投資用資産の保有において得られる利子所得、配当所得等をインカム・ゲインといい、取得時の価格より高く売却した場合に発生する売却益をキャピタル・ゲイン、逆に取得時の価格より低く売却した場合に発生する売却損のことをキャピタル・ロスという。

これを不動産に当てはめると、オフィスビル、マンション等の賃貸用不動産に直接投資した場合の賃料収入等から得られる純利益がインカム・ゲイン、不動産購入時より高い価格で売却した場合の売却益から得られる純利益がキャピタル・ゲイン、購入時より低く売却した場合に発生する純損失がキャピタル・ロスとなる。

本書では、これらキャピタル・ゲイン及びキャピタル・ロスの発生の主たる原因となる変化の予測に係る地価形成因子を「変化予測性」とする。

後述するように、「変化予測性」は、他の地価形成因子である「地代相当部分」、「収益の未実現部分」、「用途の選択肢部分」及び「用途の移行性部分」の実態のある変化の予測に係る部分と、これらの変化の予測とは直接的には関係がなく、株式、債券等の他の投資資産との関係、法規制、税制等による変化の予測に係る部分とがある。本書では、前者を本節で述べる「効用変化予測部分」、後者を本章第7節で述べる「非効用変化予測部分」と定義する。

日本では、1980年代のバブル時代において、「変化予測性」が地価の上昇に大きな影響を与え、その結果、巨大なキャピタル・ゲインが発生したが、景気後退期の経済状況下や現在の地方における市町村のような人口の減少に伴う地域要因の低下が認められる地域では、「変化予測性」に係るキャピタル・ロスが発生することが多い。

世界的に見ると、現在の発展途上国の地価の上昇は、この「変化予測性」の影響を受け、その結果としてキャピタル・ゲインが発生している。

キャピタル・ゲインと「変化予測性」の関係を図式化すれば、次のとおりである。

図１

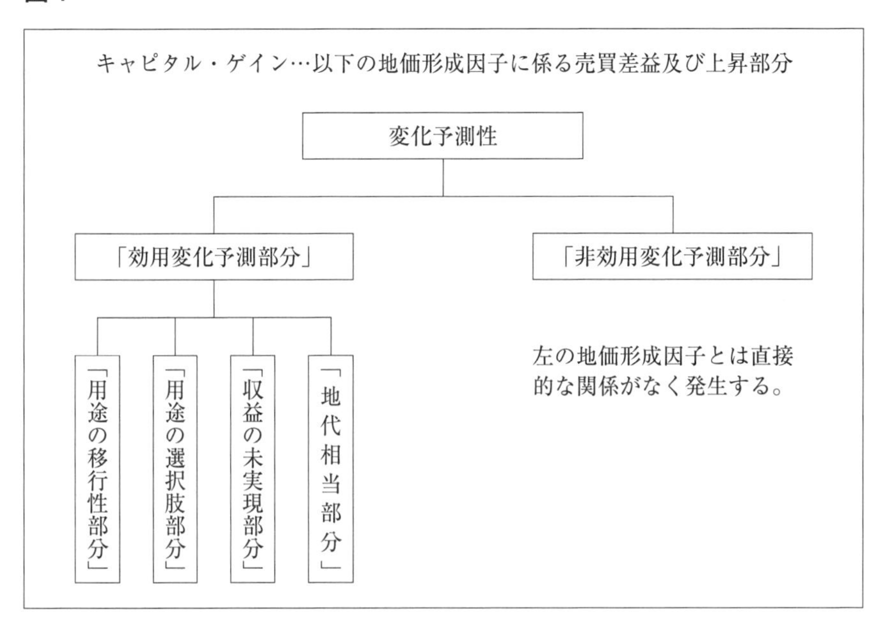

（3）「変化予測性」の具体例に基づく分析

「変化予測性」と「効用変化予測部分」及び「非効用変化予測部分」との概要は、**（2）**で述べたとおりであるが、より理解を容易にするため、「効用変化予測部分」及び「非効用変化予測部分」が発生する過程を、地価形成因子が「地代相当部分」及び「収益の未実現部分」で構成される戸建専用住宅地域に係る具体例を挙げて分析してみよう。

図２のように、Ａ地域は、中心市街地であるＢ地域と河川によって分断されていることにより、従来から市街地は形成されていなかった。しかし、近年このＡ地域とＢ地域との間の河川下を通過する地下鉄の計画が公

表されたことにより、A地域の地価が1年間で35%上昇するものと仮定する。

図2

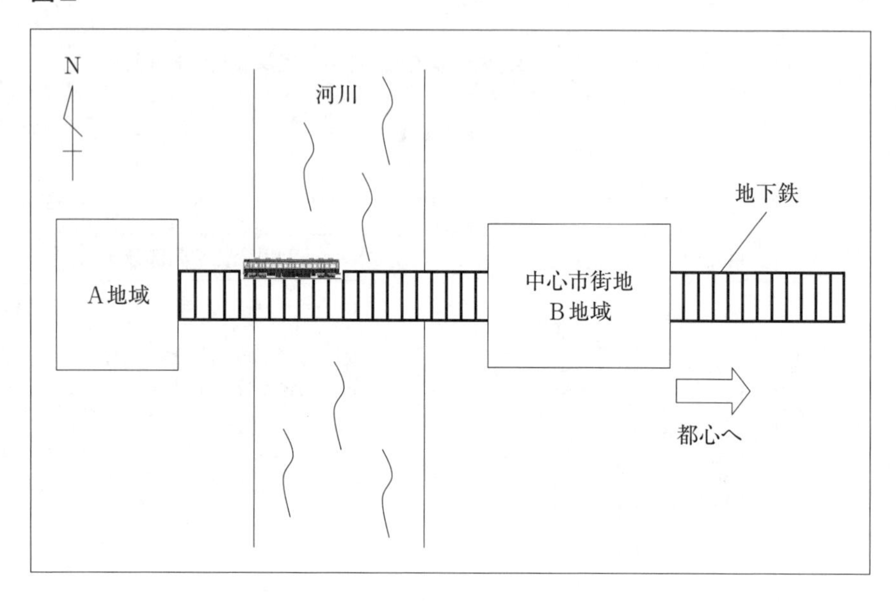

上昇率の内訳としては、まず、日本全体が景気上昇期にあると仮定し、これらの地域を含む全国各地の地価が影響を受け、土地が投資対象として注目されることによって地価が5%上昇しているものとする。

次に、A地域では、地下鉄の開通により交通接近条件、環境条件等の地域要因が向上することが予測され、この上昇分が30%とする。

この30%の上昇率は、環境条件、交通接近条件等の地域要因の向上により「地代相当部分」及び「収益の未実現部分」が増加するという予測によるものであり、実質的な収益性（効用）の増加の予測に基づく地価上昇である。

この場合における30%の地価の上昇部分が、本書における「効用変化予測部分」である。

これに対して、先に述べた５％の上昇率は、当地域の実態的な収益性の向上とは直接的に関係なく上昇が予測されることとなり、この部分が、本書における「非効用変化予測部分」である。

なお、本例のように、「効用変化予測部分」と「非効用変化予測部分」とは、それぞれが独立して発生する場合もあるが、土地市場全体から見ると、必ずしもそれぞれが独立しているものではなく、相互に関係しながら地価に影響を与えている場合が多い。

2　「効用変化予測部分」の意義

「効用変化予測部分」は、多くの場合において個々の土地が存する近隣地域の地域要因の変化の予測によって発生するが、一般的要因及び個別的要因の変化の予測によって発生する場合も見られる。

具体例を挙げて、これらの発生を見てみよう。

（1）　地域要因の変化に伴う場合

「効用変化予測部分」が、地域要因の変化によって発生する場合には、近隣地域内部の変化の予測に係る場合、近隣地域及びその周辺部の変化の予測に係る場合、近隣地域周辺部を含む大規模な地域要因の変化の予測に係る場合等がある。いずれの場合も近隣地域内の地域要因の変化が予測され、各土地に「効用変化予測部分」が発生することから、地価もこれに伴って変動することとなる。

近隣地域内部の変化の予測に係る例としては、前記１（３）図２のような近隣地域内に地下鉄が建設される場合、近隣地域内に量販店が開店することによって利便性が向上する場合等があり、近隣地域内における地域要因の変化の予測に直接影響を与える場合が挙げられる。

また、近隣地域及びその周辺部の変化の予測に係る場合とは、近隣地域に隣接又は近接する地域で、**図３**のように県道が建設されることにより交通体系が大幅に変更される場合、小中学校が建設される場合等が挙げられる。

図３

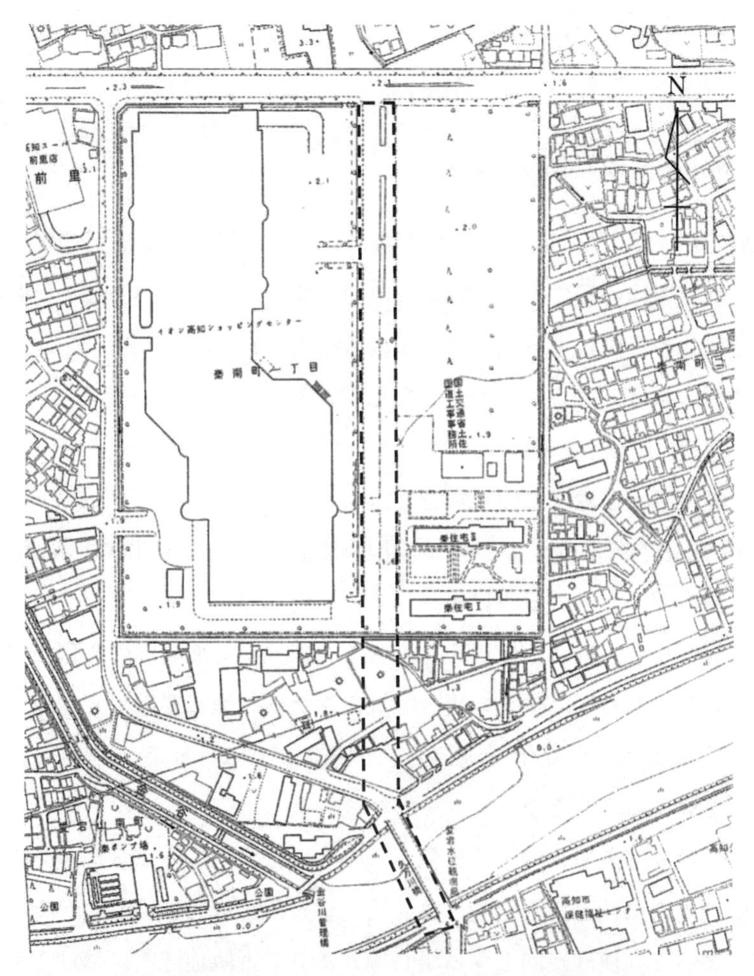

南北に道路の新設が予定されているが、周辺地域では地域要因の向上に伴う「効用変化予測部分」が発生し、地価は、上昇傾向を示している。

いずれの場合も、地価影響要因の変化によって近隣地域の地域要因の向上が予測されることから、プラスの「効用変化予測部分」が発生するが、これとは逆に、量販店の閉店、小中学校の廃校等に伴い地域要因の衰退が予測される場合は、マイナスの「効用変化予測部分」が発生することとなる。

（2） 一般的要因の変化に伴う場合

「効用変化予測部分」が一般的要因の変化の予測によって発生する場合には、広範囲における土地に対して影響を与えることが多く、その内容によっては、直接的又は間接的に影響を与えることとなる。

例を挙げて分析してみよう。

ア　直接的要因

2011年３月11日に発生した東日本大震災では、２つの形態による災害が、日本国内における多くの土地に係る地価の形成に大きな影響を与えた。

１つは、津波の影響であり、津波による被害のあった地域では、地価が大幅に下落し、逆に被害のなかった地域では、同一の市町村であっても地価の大幅な上昇が見られた。

これらの傾向は、津波の発生直後から被害のあった地域のみならず全国に影響を与え、近い将来に大地震及びこれに伴う津波の発生が予測される沿岸部では、津波被害に係る「効用変化予測部分」が大きく発生し、地価の大幅な下落が発生した。

図4

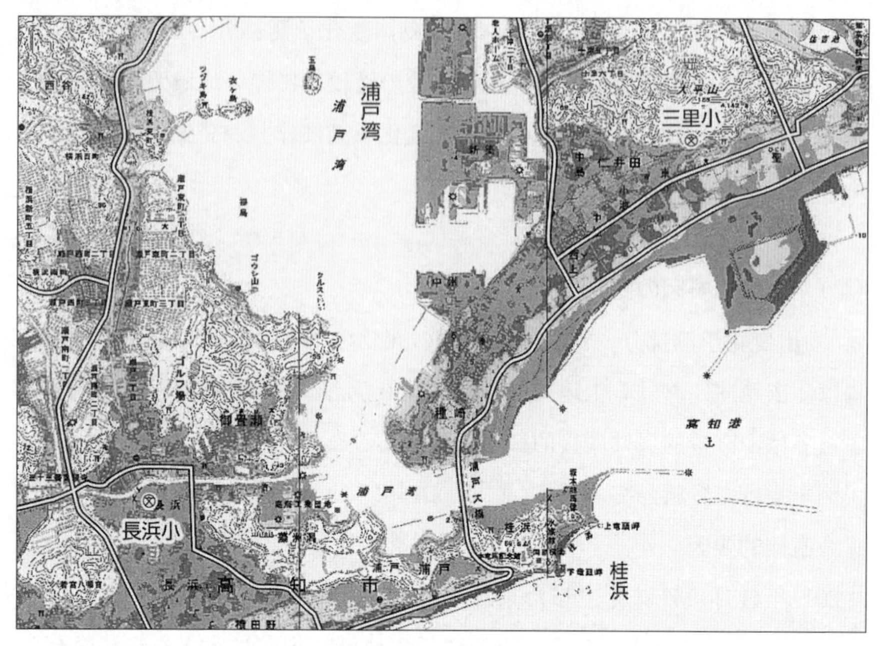

高知市における津波想定図である。標高が低く海に近い地域（色が濃い部分）ほど津波が高いと予測される。（「高知地震新聞・拡大保存版」高知新聞2012年12月21日朝刊）

著者の居住する高知県下では、この津波災害の予測による地価への影響が顕著に表れ、特に高知市、須崎市、室戸市、宿毛市等における沿岸地域では、津波災害の予測が大きなマイナスの「効用変化予測部分」として発生した。これらの沿岸地域では、その後３年間で地価が20～40％下落し、逆にこれらの影響のない高台に位置する香美市土佐山田町、高知市及びその周辺における高台に位置する住宅団地等では、５～10％程度の上昇が見られた。

また、東日本大震災におけるもう１つの影響として、土地の液状化現象が挙げられる。千葉県浦安市では、地震に伴う液状化現象によって家屋が大きな被害を受けたが、こういった情報が日本中の軟弱地盤に係る土地の地価に影響を与えることとなり、液状化現象が想定される地域の土地市場ではマイナスの「効用変化予測部分」が発生し、地価が下落する傾向が多く見られた。

このように、東日本大震災によって、今後大地震が発生する可能性のある多くの地域の土地で「効用変化予測部分」が発生し、地価の形成に直接的に大きな影響を与えている。

イ　間接的要因

生活様式の変化は、各用途に係る土地の地価形成因子に大きな影響を与え、地価もこれらの変化の予測によって変動している。

例えば、近年の日本の大都市近郊、地方都市等における住宅地域では、戸建住宅から分譲マンションへの居住形態の移行が多く見られるようになってきているが、これらの生活様式の変化は、地価形成因子に影響を与えており、一般的には地積過大等に係る減価要因が認められる土地であっても、マンション用地としての大規模画地の需要が増加することが予測されることによって、その減価率が小さくなっているだけでなく、マンション等の需要が高い地域では、逆に増価要因となっている場合もある。

また、農地については、食生活の様式が従来からの米を主食とする和食からパンを主食とする洋食へ変化したことによる米の消費量の減少、減反政策等に伴う田の需要の減少等により、日本中の田の地価が下落し続けている。

（3） 個別的要因の変化に伴う場合

「効用変化予測部分」が、個別的要因の変化の予測によって発生する場合としては、隣接地にマンション、嫌悪施設等の建築が予定されることによって、環境条件の低下が予測される場合等が挙げられる。

例えば、戸建住宅を中心とした小規模マンション等も見られる標準住宅地域において、次の写真のように隣接又は近接する土地に中層マンション[1]の建築が予定される場合は、日照等の環境条件が低下することが予測されるため、北側に存する土地にはマイナスの「効用変化予測部分」が発生し、地価は大幅に下落することとなる。

写真の左側（南側）に15階建の中層マンションが存するが、建築予定が発表された時点から、右側（北側）の地価は大幅に下落している。

1　通常では、都市計画法による制限があるため例としては少ないが、隣接する地域が近隣商業地域等の場合には、このようなケースが見られることがある。

また、商業地域等に従来から存している大型量販店、大規模な公共施設等の廃止又は地域外への移転が予測される場合には、周辺の顧客が減少するため、これらの施設に隣接又は近接する各事業所の収益性に影響を与えることが多い。この場合も、マイナスの「効用変化予測部分」が個別的に発生し、隣接又は近接する土地の地価は下落することとなる。

（4）　各用途的地域の「効用変化予測部分」

「効用変化予測部分」は、ほとんどの地域で発生するが、それぞれの用途的地域の特性によって具体的な発生内容が異なる。

例を挙げれば次のとおりであるが、いずれも「地代相当部分」、「収益の未実現部分」、「用途の選択肢部分」及び「用途の移行性部分」の全部又は一部に係るものである。

ア　宅地地域

既に述べたように、宅地地域は、住宅地域であれば生活環境の向上又は低下、商業地域であれば企業収益の増加又は減少等が見込まれる場合にプラス又はマイナスの「効用変化予測部分」が発生し、地価が変動する。

例えば、住宅地域であれば、小中学校等の公共施設の廃止、量販店の撤退に伴う商業地域の衰退等の地価影響要因の変化に伴って、住宅地としての効用減に伴う「地代相当部分」の縮小が予測される場合にはマイナスの「効用変化予測部分」が発生し、地価が下落する。

また、商業地域では、周辺地域の居住者の増加、集客施設の建設等によって「地代相当部分」の増加が予測される場合にはプラスの「効用変化予測部分」が発生し、地価が上昇する。

このように、宅地地域では、住宅地、商業地、工業地等のそれぞれの有する地域的特性に係る「地代相当部分」、「収益の未実現部分」、「用途の選択肢部分」及び「用途の移行性部分」の構成部分に応じた変化の予測によって「効用変化予測部分」が発生し、地価が上昇又は下落する。

イ　農地地域

農地地域では、主として次の２つの「効用変化予測部分」の発生が考えられる。

まず、農業本場純農地地域等における農作物の収益性に係る「効用変化予測部分」である。具体的には、農作物の生産量の変化、農作物市場における価格の変動等による「地代相当部分」の変化の予測に係る場合が挙げられる。また、農作物市場における農作物の種類に係る需要の変化の予測も挙げられる。

次に、近隣地域及び周辺地域の宅地化が進む農地地域では、「用途の移行性部分」の変化の予測によって「効用変化予測部分」が発生する場合等が挙げられる。

いずれも、収益性及び用途性の実体のある変化に対する客観的な予測に基づいて「効用変化予測部分」が発生し、地価が変動する。

ウ　林地地域

林地地域では、次の２つの「効用変化予測部分」の発生が考えられる。

まず、林業本場純林地地域等においては、木材価格の変動に伴う収益性の増減による「地代相当部分」の変化が予測される場合が挙げられる。

例えば、現在の日本では、住宅の建築様式の変化等に伴い木材需要量が大幅に減少しているが、こういった変化の予測によって林地地域に係る「地代相当部分」が影響を受け、マイナスの「効用変化予測部分」が発生している。

次に、農地地域と同様に、宅地化が進行している林地地域では、周辺地域の宅地化が進むことによる「用途の移行性部分」の変化の予測によってプラスの「効用変化予測部分」が発生する場合が挙げられる。

いずれも、収益性及び用途性の実体のある変化に対する客観的な予測に基づいて、地価が変化する。

このように、「効用変化予測部分」は、土地が何らかの地価影響要因からの影響を受けることによって、地価形成因子が実態的に変化すると予測される場合に発生することとなる。

3 「効用変化予測部分」の転化及び消滅

「効用変化予測部分」は、通常では期間の経過に伴い「地代相当部分」、「用途の移行性部分」等に転化されることにより消滅する性質となっている。これに対して、後述する「非効用変化予測部分」は、これらの他の地価形成因子に転化されることがないため、同じ「変化予測性」に係る因子であっても、その性質は大きく異なることとなる。

なお、「効用変化予測部分」が正常な状態として発生する場合には、期間の経過によって**図５**及び**７**のように転化されるが、その要因が過大な期待や、正常でない状態に基づき発生する場合には、「地代相当部分」、「用途の移行性部分」等に転化されないまま、期間の経過により消滅することとなる。

（1） 「効用変化予測部分」の発生と転化

「効用変化予測部分」が、他の地価形成因子である「地代相当部分」、「収益の未実現部分」、「用途の選択肢部分」及び「用途の移行性部分」に転化される関係は、**図５**のとおりである。

図5

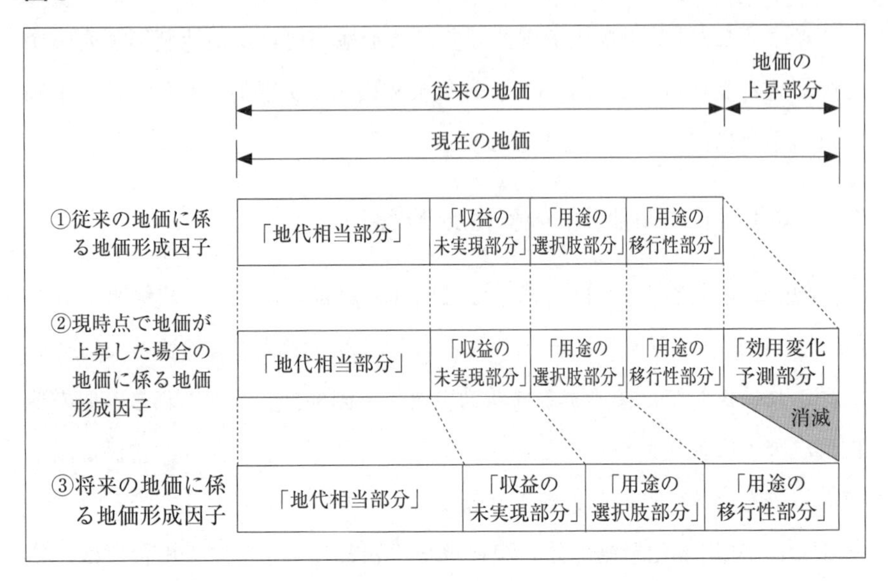

まず、従来の地価が、**図5**の①のように「地代相当部分」、「収益の未実現部分」、「用途の選択肢部分」及び「用途の移行性部分」により形成されているものとする。

次に、公共施設の建設計画が公表されることにより**図5**の②のように「効用変化予測部分」が発生し、地価が上昇するものとする。この時点では、「地代相当部分」、「収益の未実現部分」、「用途の選択肢部分」及び「用途の移行性部分」が大きく変化することがないため[2]、これらの地価形成因子は①とほぼ同様であるが、「効用変化予測部分」が発生することによって、地価が上昇することとなる。

更に、「効用変化予測部分」は、期間の経過に伴って予測が実現される

2　地価が上昇しても、すぐに公共施設の建設計画に係る影響が表れるわけでなく、「地代相当部分」等は増加していないことが一般的である。

ため、**図5**の③のように「地代相当部分」、「収益の未実現部分」、「用途の選択肢部分」及び「用途の移行性部分」の全部又はその一部に転化され[3]、それぞれの地価形成因子が変化することにより消滅することとなる。

なお、本例では、「効用変化予測部分」の全てが他の地価形成因子に転化されると想定しているため、地価形成因子は**図5**の②から③のように変化することとなる。

(2)「効用変化予測部分」の転化の過程の分析

本項では、**図5**の②から③に変化する関係を**図7**において時系列化し、1（3）で分析した地下鉄の例を用いて、地価の上昇に係る「効用変化予測部分」の転化及び消滅の過程を分析するものとする。

ア「効用変化予測部分」の発生

本例では、解説を容易にするために、**図6**のように地価は収益性のみで構成されるものとする。

地価は、プラスの地価影響要因を受けると、始めは大幅に上昇し、その後は穏やかに上昇していく傾向が強い。これを**図7**で見ると、まずA^1からB^1へと急上昇し、その後はB^1からD^1へと緩やかに上昇することとなる[4]。

3　本例では、全ての地価形成因子に転化されるとしたが、用途的地域によっては、その一部のみに転化される。

4　地価の上昇する過程を実際の土地市場で見ると、ほとんどのケースで、まず急に上昇し、その後は一定の割合で緩やかに上昇している。

図6　Aの時点での地価の構成

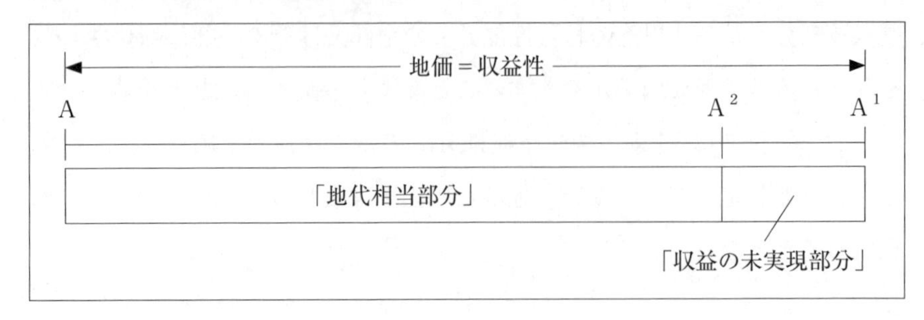

図7　地価及び地代の変動過程図

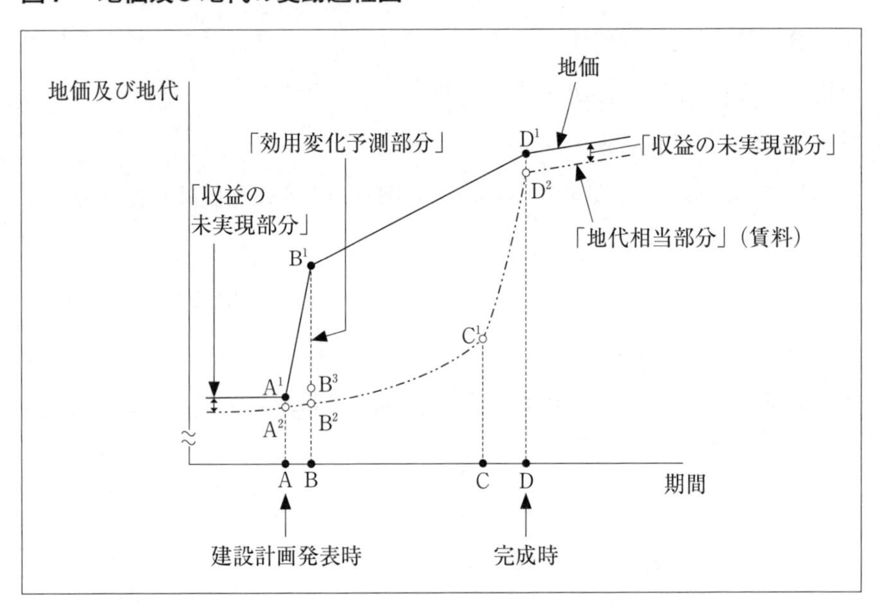

しかし、地価の上昇に対して、土地の収益性が増加し「地代相当部分」及び「収益の未実現部分」として反映されるまでには、ある程度の期間が必要であることから、B^1の地価とBB^2間の「地代相当部分」及びB^2B^3間の「収益の未実現部分」との開差であるB^1B^3間が、「効用変化予測部分」

として発生することとなる。

イ　「効用変化予測部分」の「地代相当部分」への転化及び消滅

「効用変化予測部分」は、地下鉄本体の工事、これらに伴う周辺道路の整備、建築物の建築等が実際に進行することによる地域要因の向上に伴って、「地代相当部分」及び「収益の未実現部分」に転化されることとなる。

これを**図７**で見ると、「効用変化予測部分」は B^2D^2 間の点線で示されたように変化し、Ｄの完成時点において消滅することとなる。この理由は、次のとおりである。

Ａ～Ｃの期間では、民間の設備投資、公共投資による社会資本の整備等による地域要因の変化が顕在化しないことから、このため「効用変化予測部分」が「地代相当部分」等に転化されず、これらは、乖離したままで緩やかなカーブを描いて上昇することとなる。

しかし、完成の近づくＣ時点付近からＤ時点にかけては、これらの地域要因の変化が顕在化することから、「効用変化予測部分」は、急激に「地代相当部分」等に転化されることとなり、ＣＤの期間では、C^1D^2 間のように急カーブを描いて上昇する。

そして、Ｄの完成時点において、「効用変化予測部分」の全てが「地代相当部分」等に転化されることによって、「効用変化予測部分」は消滅することとなる。

第７節　「非効用変化予測部分」

本節では、「非効用変化予測部分」について、詳細に分析するものとする。

１　「非効用変化予測部分」の意義

「効用変化予測部分」は、本章第６節で述べたように、「地代相当部分」、「収益の未実現部分」、「用途の選択肢部分」及び「用途の移行性部分」に係る実体の伴う変化の予測によって地価に影響を与える地価形成因子である。

これに対し、本節で述べる「非効用変化予測部分」は、他の地価形成因子の変化の予測とは直接的な関係がないにもかかわらず、地価に対して影響を与える地価形成因子である。

「非効用変化予測部分」の発生及び変化に係る地価影響要因を実際の土地市場において具体的に挙げると、他の投資資産との相対的関係、金融市場の動向、景気の動向の予測等による投資対象としての要因のほか、国土利用計画法等の法規制、固定資産税、所得税等の税制等がある。本節では、これらを区分したうえで分析するものとする。

なお、「非効用変化予測部分」は、地価形成因子の一つであることから間接的には他の地価形成因子と何らかの関係を有しており、また一部の地価影響要因には、「効用変化予測部分」にも影響を与えるものもある。

したがって、本節における「直接的な関係がない」とは、「地代相当部分」、「用途の移行性部分」等の地価形成因子に対して積極的及び直接的に影響を与えないことをいうものである。

本来「非効用変化予測部分」は、「地代相当部分」、「用途の移行性部分」

等の実態のある地価形成因子に直接的に影響を与えるものではないため、地価の本来あるべき姿から見れば合理性を有するか否かは意見の分かれるところである。

しかし、第３章で述べる土地市場では、これらの「非効用変化予測部分」が土地の地価形成因子の一部として発生し取引されていることから、本書では「非効用変化予測部分」も土地の地価形成因子の一つとして分析するものとする。

「非効用変化予測部分」は、「効用変化予測部分」と比べると収益性及び用途性に直接的には関係のない実態の伴わない因子であり、いわゆる高度成長期における地価バブルは、この「非効用変化予測部分」が大きな原因となっている。

2　投資対象としての「非効用変化予測部分」

「非効用変化予測部分」は、実際の土地市場では投資対象に係る要因の予測によって発生することが多いため、本項では、これらに係る「非効用変化予測部分」について詳細に分析するものとする。

投資対象には、一般的に銀行預金、債券、株式等が挙げられ、これらに投資することによって発生する収益は、元本の変化に伴う差益（キャピタル・ゲイン[1]）と果実である配当利息等（インカム・ゲイン）との２つから構成される。

(1)　投資対象と均衡

本項における投資とは、消費に対する貯蓄を意味し、経済学の観点から見れば、消費の先送りの手段である。

1　差損が発生する場合は、キャピタル・ロスとなる。

投資には、企業等の行う設備投資と貯蓄、株式投資等の金融投資とがあるが、本項では、後者のみを前提とする。

一般的な投資の対象としては、銀行預金、株式、債券、投資信託、不動産等が挙げられるが、これらは投資市場において代替性を有することから、投資資産として密接に関係しながら価格が成立している。

これらの投資資産における特性としては、収益性、リスク、流動性、税負担等が挙げられ、実際の投資市場では、これらを反映しながら相互に均衡している。概要を述べると、次のとおりである。

ア　預貯金

預貯金の中で、投資対象となるものとして定期預金が挙げられるが、これは他の投資対象と比べると安全性が最も優れている。

日本の銀行では、2005年よりペイオフ（預金保護）解禁となったため元本が1,000万円とその利息までは法律によって補償されているし、また、通常の経済状況下では銀行が倒産することも少ない。このため、投資の中では最も安定性があり、投資資金を現金化するための流動性が極めて高いこともあり、銀行預金は低金利であっても投資対象として多く利用されている。

しかし、元本の上昇がなく[2]、また、債権、株式等と比べて利回りも低いため、収益性としては投資対象の中では最も低い。

イ　債券

債券とは、企業、国等が資金を借入れするための手段であり、あらかじめ10年、20年等の期間を定め、期間満了時に一定の金額を返済することを約束する債務である[3]。

2　為替相場の変化によって相対的な価格の変動はあるが、本項における変動とは、株式、土地等のように元本価格が実態的に変化する場合をいうものとする。

3　各期間ごとに利息が支払われる場合もある。

債券は、預貯金と比べて期間が長期であることから流動性が低い。

しかし、収益性が預貯金と比べて高いほか、預貯金とは異なり、市場利子率によって元本が変動するという性格を有するため、投資対象として多く利用されている。

ウ　株式

不動産（土地及び複合不動産）の代替投資として、性格的に最も類似するのが株式である。現在の日本の投資市場では、株価の上昇に伴って地価も上昇し、地価の下落に伴って株価も下落することが通常となっており、収益は、元本価値である株価と果実である配当とに区分される。

企業は、経済活動を行って収益を上げるが、そのためには多くの経費を必要とする。労働者には賃金を、資本に対しては利子を、土地には地代を支払った残余の部分から株主に収益の一部が支払われる。この支払部分が配当である。これを元本である株価で割ることによって配当利回りが求められる。

株式における投資家は、配当に加えて将来株価の上昇が期待できる株を選び、一定期間後に売却して利益を得ることができる。

株式は、前述した預貯金及び債券と比べて元本価格が大幅に変動するという特徴があり、倒産等によって無価値となることもあるが、インデックスファンド[4]を利用することによって、個別の倒産等のリスクを軽減することが可能である。

エ　投資信託

投資信託とは、投資家が共同出資した資金を用いて、投資信託会社が多数の資産を運用する方法であり、大量に資金を集めることによって流動性が高くなるという特徴が挙げられる。

4　インデックスファンドとは、日経平均株価、TOPIX 等の株価指数のような市場平均と同様の動きをする運用を目指すファンドである。

投資信託では、株式、債券、預金、土地及び複合不動産等に対して幅広く投資を行うことによってリスクを避けることが可能である半面、収益性は低下する。

オ　不動産

不動産投資には、大きく分けて次の２つの方法がある。

(ア)　土地又は複合不動産の売買

土地又は複合不動産の売買は、従来から多く行われている不動産投資の形態であり、土地又は複合不動産の転売によって利益を得ようとする方法である。

短期的な投資では、果実たる地代の収益性が考慮されることは少なく、元本たる土地の転売利益のみに着目して取引される。極端な例では、一両日中に転売するケースも見られる。

これに対し、中長期的な投資では、将来における転売利益の他に駐車場、定期借地権等の利用によって収益を得ることにも着目して取引される。

(イ)　土地及び建物に係る複合不動産の賃貸

土地に建物を建築し、マンション、オフィス等として利用することによって収益を得る方法であり、土地を購入して賃貸用建物を建築する場合、複合不動産を購入する場合等がある。

土地及び建物の利用方法が最有効使用である場合には、地価に対する利回りは駐車場等の利用方法と比べると高い。また、現況に基づく転売が考慮されるほか、将来的には取壊し後に更地として転売する選択肢もあるため、投資対象としては多く利用されている。

流動性は、都市の規模、複合不動産の存する用途的地域等の状況によって異なるほか、複合不動産の規模等の個別性によっても異なる。

(2)　投資の選択肢と特徴の対比

現時点での日本の投資市場における投資対象を、期待収益、リスク、税制上の利点及び流動性の観点から分析した結果を対比すれば、次のとおりとなる。

表１

投資の種類	期待収益	リスク	税制上の利点	流動性
普通預金	極めて低い	極めて低い	なし	極めて高い
定期預金	低いが普通預金と比較すればやや高い	極めて低い	なし	高い
不動産	高い	高い	譲渡所得税が高い 固定資産税	低い
国債	やや高い	極めて低い	有（一定の条件）	やや高い
社債	やや高い	普通	なし	やや高い
株式	高い	やや高い	なし	主要証券取引所に上場されている銘柄は流動性が高い。その他の銘柄は流動性が低い可能性がある
投資信託	ファンドが投資する資産に依存するが、比較的高い場合が多い	ファンドが投資する資産に依存するが、比較的低い	なし	高い

日本を含む多くの国の現在の投資市場では、このような投資資産が相互に影響し、それぞれの価値を形成して均衡している。

1985年頃までの日本における不動産投資は、他の投資資産と比べ情報が乏しく、個別性が強いため不明確な部分が多く見られたほか、流動性、リスク等において性格が異なることから、株式、債券等とは別の種類の投資対象と考えられていた。しかし、1985年頃を境にして同質の投資対象として考えられるようになり、一方（株式）の変化によって他方（不動産）も変化するという密接な関係になってきた。

また、近年における投資ファンドが不動産投資の組み入れを多くのケースで行っていることから、今後は更に密接な関係になるものと考えられている。

なお、株式、債券等は、ほとんどが投資目的であるが、不動産は投資目的以外に実際に利用するという目的があり、同じ投資対象であっても、この点によって市場の構造が異なっている。

（3）「非効用変化予測部分」の発生

本項では、投資対象としての地価と株価とを例に挙げて、これらがどのように成立し均衡するのかを見てみよう。

ア　実際の投資市場での相対的な関係

近年における不動産は、投資対象としての元本と果実との関係が株式と相関関係が強いことから、元本である株価が上昇すると地価も同様に上昇し、反対に株価が下落する時には地価も下落するなど、地価と株価とは密接に関係し、同じ傾向で変動することが多い。また、果実である地代と配当との関係においても、同様の傾向が認められる。

しかし、既に述べたように、株式と不動産とは流動性等において大きく異なるほか、日本では不動産よりも株式の方が税制面で有利となっている等から相違点が多い。

株式と不動産とは、こういった相違する要因があるものの、投資対象としては相互に代替、競争、補完等を繰り返しながら均衡した関係となっている。

実際の地価と株価との変動を見てみると、日本の1985～2000年にかけてのバブル期及びその崩壊期においては、株価の変動と地価の変動とが時間差はあるものの、ほぼ連動したうえで変化しており、また、現在の新興国でも、日本のバブル期及びその崩壊期と同様に、株価と地価とがほぼ連動しながら変化している。

ここで、実際の投資市場におけるこれらの相対的な関係を、例を挙げて分析してみよう。

なお、この場合において現時点における地価と株価とは均衡しているものとする。

図1

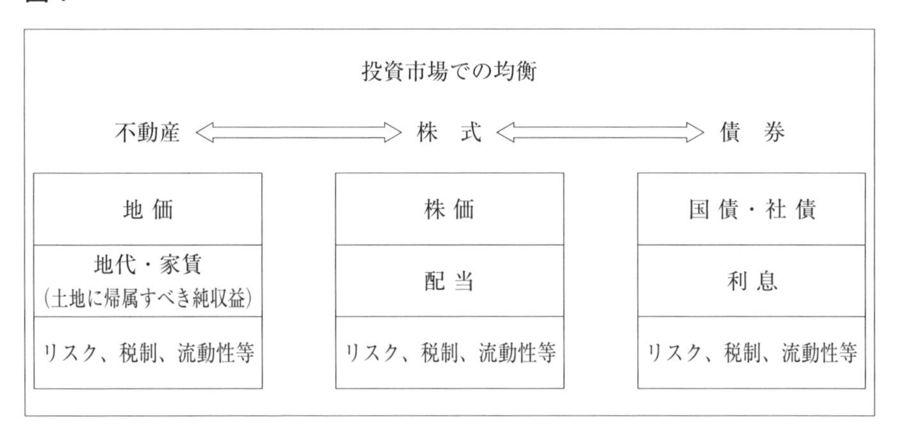

仮に、金融緩和等により貨幣の供給量が市場で増加することによって株式に投資される金額が増加し、株価が上昇するものと予測される場合は、それまで均衡していた不動産の相対的価値は下落すると予測されることとなる。このため、不動産に対する投資が増加し、地価は、株価と同様に上昇すると予測されることとなる。

これとは逆に、株価が下落すると予測される場合には、土地の相対的価値が上昇すると予測されることから、土地に対する投資が減少し、地価は下落すると予測されることとなる。この場合に発生する地価の上昇又は下落に係る予測が、プラス又はマイナスの「非効用変化予測部分」である。

実際の日本の投資市場において、金融緩和等による変化は、まず株価、債券等の金融資産に影響を与え、ある一定の水準まで変化した頃から地価へ影響を与えることが多い。

なお、本例では地価と株価との関係のみについて述べたが、**図1**のように株式は国債、社債等の債券と極めて強い代替関係を有することから、地価と債券とも相互の牽連性を有することとなる。

イ　経済学上からの分析

アでは、実際の投資市場における株価と地価との関係の概要を述べたが、本項では、経済学上の観点から金融資産と土地との関係を更に詳しく分析するものとする。

なお、対象となる土地については、本章第２節で述べた「地代相当部分」のみで地価が成立する高度商業地域を想定するものとする。

現時点での地価をP_0、１期後の地価をP_1、期首から期末までの利子率をi、期首から期末までの地代をrとすると、次式が成立することとなる。

$$i = \frac{r + (P_1 - P_0)}{P_0}$$

この場合における左辺は、金融資産として運用した場合における利子率であり、右辺は、土地資産として運用した地代収入と土地の値上がり益とによる収益率である。

土地市場が合理的であると仮定した場合、左辺における株式市場での収益率が、右辺における不動産市場での収益率より大きければ、投資家は土地よりも金融資産に投資することになる。これに対して、右辺の土地が左辺の株式よりも収益率が高いと判断されれば、投資家は土地を購入することとなる。このため、地価には、投資対象としての変化の予測によって「非効用変化予測部分」が発生することとなる。

この前式が、前述した株価を含む金融資産と地価の均衡状態であり、一般的にiは、金融資産である定期預金を、国債等は、期待収益、リスク、税制上の利点及び流動性を考慮したうえで投資市場で均衡することとなる。

3　その他の「非効用変化予測部分」

「非効用変化予測部分」は、主に２で述べた投資対象としての変化の予測によって発生するが、実際の市場では、その他に次のような要因の変化の予測によっても発生する。

本項の分析に当たっては、過去の日本における「非効用変化予測部分」の発生によって地価が変動した例を挙げて分析する。

（1）　税制

土地に係る税制は地価に影響を与えることが多いが、近年では、2014年４月の消費税率の上昇が、地価に大きな影響を与えた。

2013年10月１日に消費税率が５％から８％に増税することが閣議決定されると[5]、住宅取得価格が上昇することを懸念した需要者によるかけ込み需要が増税前の2014年３月末を目途として急増した。

消費税の課税対象は建物であり、土地は対象とならないことから地価には影響が少ないと考えられていたが、土地を所有していない住宅の需要者

5　土地市場では閣議決定される以前よりその可能性を反映して上昇し始めていたが、決定以降は、顕著に上昇傾向が表れた。

を中心として住宅地、分譲マンション等の需要が大幅に増大し、その結果、住宅地の地価に大きな影響を与え、都市部周辺の住宅地では、地価が概ね５％程度上昇した。

全国的に見ると、2003年頃から特に地方都市を中心として住宅地の地価は下落傾向にあり、年間１～５％程度の下落が続いていたが、消費税率の上昇の影響により、結果として地価が上昇した地域が見られたほか、これら以外の地域でも下落率の減少が見られた。

また、土地に関する税制の中でも譲渡所得税は、「非効用変化予測部分」に大きな影響を与える。

例えば、2016年時点における不動産の譲渡所得の税率は、長期で20％、短期では39％と極めて高い[6]。また、固定資産税も、課税標準額[7]に対して毎年1.4～1.6％の税率で課税されることから、10年間保有すると、その課税標準額の15％程度を税金として支払う計算となる[8]。このため、短期投資目的の不動産取引は、税制上ではデメリットが多く、投資対象としてはやや不利となっている。

しかし、これらに係る税率の変更が予測される場合は、「非効用変化予測部分」が発生し、土地の取引に大きな影響を与えることによって、地価の変動にも影響を与えることとなる。実際に、1991年の税制改革に伴う土地譲渡益課税の強化によってマイナスの「非効用変化予測部分」が発生し、上昇期にあった地価は、かなり抑制されることとなった。

6　2016年１月１日時点での譲渡所得率は、次のとおりとなっている。

	譲渡所得税額適用税率		
譲渡所得の区分	譲渡所得税率	住民税率	合　計
課税長期譲渡所得金額	15%	5%	20%
課税短期譲渡所得金額	30%	9%	39%

7　一般的に、各画地の正常価格に対して70％を乗じ、更に負担調整を行い決定しているが、用途によっても異なっている。

8　駐車場等の利用によって、固定資産税に必要な部分の利益を上げることは可能である。

（2）　人口の状態

人口及び世帯数の増加は、住宅地等の需要を総体的に増加させるため、地価の上昇に影響を与えるが、これとは逆に、人口及び世帯数の減少は、需要量を減少させ供給量を増加させることから、地価の下落に大きな影響を与える。このため、人口及び世帯数の変動は、地価の「非効用変化予測部分」を発生させることとなる。

例えば、人口が増加中であった1990年頃までの地方都市の地価は、景気変動等に伴う短中期的な不規則な変動はあるものの、長期的に見ると上昇傾向となっていた。これは、人口増加に伴う宅地需要の増加を見込んだ予測によるところが大きかったもので、いわゆる「土地神話」に見られるように、地価の上昇に係る「非効用変化予測部分」が長期的に発生していたと考えられる。

これに対して、1990年代以降においては、人口の減少傾向が強い市町村を中心として、人口減少に伴う住宅地需要の減少、不要（空家）となった住宅地の供給の大幅な増加等に伴い地価が下落し続けている。

実際にこの間の地価は、全国的に10～30％程度下落し、地域によっては、最高価格時に比べて70～90％程度下落している場所も見られる。ただ、その一方で、都市部周辺、地方都市周辺等の人口の増加傾向が認められる地域では、全国的な地価の下落にかかわらず横ばい又は上昇している地域もある。

このように、人口及び世帯数の変化は、「非効用変化予測部分」を発生させ、直接的な効用の変化ではないにもかかわらず土地の需要と供給とに大きな影響を与え、地価の変動に影響を与えることとなる。

（3）　国土利用計画法に係る地価の規制

日本における土地の取引は、国土利用計画法によって一定の要件を満たす土地の取引に関して許可制（実際の適用は行われていない）又は届出制が定められている。

これらの規制によって、指導される地価以上の取引を行うと何らかの制約を受け、これに反する場合は、一定の処分が行われることとなる。

このため、実際の土地市場では、この制約によって取引件数が減少するほか、地価水準も下落することとなった。

日本における1985年頃以降のバブル期における地価は、この法律の適用によって大きな影響を受けることとなり、適用範囲が徐々に拡大され、対象となる土地が増加するにしたがって取引量は減少し、1990年以降の地価の下落に影響を与え、地価は沈静化することとなった[9]。

現時点においても、この法律の実施の如何によっては、マイナスの「非効用変化予測部分」が発生することとなる。

（4） 風評予測

風評予測とは、地価の上昇又は下落が著しい場合に発生する予測要因であり、上昇又は下落するという十分な根拠がないにもかかわらず、単に上昇又は下落するだろうという風評のことをいう。

主な媒体としては、新聞、テレビ、雑誌等のマスメディアの影響が大きく作用し、あたかも上昇又は下落することが当然のような錯覚を起こして行動することがある。

1985～1990年頃にかけてのバブル期には、これらの風評予測も大きく作用した。

9　当初は規制区域及び監視区域のみであったが、注視区域が加えられたほか、対象となる地積も変更されることによって適用範囲が広がり、該当する土地が増加した。

4　地域による相違

「非効用変化予測部分」の発生及びその程度は、時期、地域の種類等によってそれぞれ異なる。

（1）　宅地

ア　住宅地

戦後からバブル崩壊期までの間における日本の地価は、1972年のオイルショック等の一時期を除き、上昇傾向が長期間にわたって続いてきた。特に住宅の場合は、将来の値上がりを期待する傾向が強かったことから、いわゆる「土地神話」という言葉に表されるように、地価は下落しないと考えられていた。

また、この頃はまだ人口の増加が見込まれ、住宅地の需要は増加すると予測されたことから、特に都市部周辺においては潜在的に「非効用変化予測部分」が発生し、地価を形成していた。

一方で、継続的な公共事業の施行に伴うインフラの整備により、常に「効用変化予測部分」も発生した。

これらのことが土地の取得傾向に拍車をかけ、現在でも都市周辺部では長期的には横ばい又は上昇するものと期待される地域がかなり認められるが、これは、「効用変化予測部分」とプラスの「非効用変化予測部分」とが一体となって影響が認められるからである。

これに対し、近年の人口減少傾向を受け過疎化が進む地方の市町村では、地域要因の衰退が予測されることから、マイナスの「非効用変化予測部分」が発生している。

また、世界的には、2016年４月時点で地価の上昇が認められるブラジル、インド、インドネシア等の経済発展が著しい国において、「効用変化予測部分」とプラスの「非効用変化予測部分」とが相互に関係しながら発生しており、これらによって構成される「変化予測性」が地価の中で大きな割合を占めている。

イ　商業地

1980～1990年代にかけて見られるように、商業地への投資が進み、地価水準は、**図2**のとおり大幅に上昇した。

不動産投資の対象として最も利用された土地が商業地であり、「非効用変化予測部分」が大きく発生したが、バブル期が過ぎた頃から、その「非効用変化予測部分」が大幅なマイナスに転じた。

このため、「効用変化予測部分」に大きな変化はなかったが、結果として「変化予測性」は大幅にマイナスに転じ、地価は下落した。

現在の日本における商業地の取引の中では都心の一部の地域を除き、この要因はほとんど見られないが、諸外国では2016年時点でも多く見られる状況となっている。

図２　1985年３月～2016年３月における全国市街地価格指数の推移表（一般財団法人日本不動産研究所）

1　全国 [Nationwide]

平成12年3月末 (End of Mar. 2000) = 100

月末 End of Month		商業地 Commercial			住宅地 Residential			工業地 Industrial			全用途平均 Average of Three Categories			最高価格地 The Highest Price Lot		
			前期比 (%) *1	前年同期比 (%) *2		前期比 (%) *1	前年同期比 (%) *2		前期比 (%) *1	前年同期比 (%) *2		前期比 (%) *1	前年同期比 (%) *2		前期比 (%) *1	前年同期比 (%) *2
昭和60. 3	Mar. 1985	108. 1	1. 5	3. 1	83. 5	1. 3	2. 7	80. 8	1. 1	2. 4	91. 5	1. 3	2. 8	121. 3	2. 1	4. 0
平成02. 3	Mar. 1990	175. 4	9. 2	15. 9	114. 9	7. 7	12. 8	111. 6	7. 9	13. 4	133. 9	8. 3	14. 1	226. 1	10. 6	18. 8
07. 3	Mar. 1995	152. 8	-3. 6	-6. 8	111. 8	-0. 7	-1. 5	113. 3	-1. 0	-1. 8	126. 1	-1. 9	-3. 7	185. 9	-5. 6	-10. 2
12. 3	Mar. 2000	100. 0	-4. 8	-9. 2	100. 0	-1. 9	-3. 5	100. 0	-2. 1	-3. 9	100. 0	-3. 1	-5. 8	100. 0	-6. 5	-12. 3
23. 9	Sep. 2011	46. 1	-2. 0	-4. 4	63. 1	-1. 5	-3. 2	54. 3	-1. 9	-4. 1	54. 1	-1. 8	-3. 8	41. 3	-2. 2	-4. 8
24. 3	Mar. 2012	45. 3	-1. 8	-3. 8	62. 2	-1. 4	-2. 9	53. 2	-1. 9	-3. 7	53. 2	-1. 7	-3. 4	40. 5	-1. 9	-4. 1
24. 9	Sep. 2012	44. 6	-1. 6	-3. 4	61. 4	-1. 2	-2. 6	52. 3	-1. 7	-3. 5	52. 4	-1. 5	-3. 1	39. 8	-1. 7	-3. 6
25. 3	Mar. 2013	44. 0	-1. 4	-2. 9	60. 8	-1. 0	-2. 2	51. 6	-1. 5	-3. 1	51. 8	-1. 2	-2. 7	39. 3	-1. 3	-3. 0
25. 9	Sep. 2013	43. 5	-1. 0	-2. 3	60. 4	-0. 7	-1. 7	51. 0	-1. 2	-2. 6	51. 3	-0. 9	-2. 1	38. 9	-0. 9	-2. 2
26. 3	Mar. 2014	43. 2	-0. 7	-1. 7	60. 1	-0. 5	-1. 2	50. 5	-1. 0	-2. 1	50. 9	-0. 7	-1. 6	38. 7	-0. 5	-1. 4
26. 9	Sep. 2014	43. 0	-0. 6	-1. 3	59. 9	-0. 3	-0. 8	50. 1	-0. 8	-1. 8	50. 7	-0. 5	-1. 2	38. 6	-0. 3	-0. 8
27. 3	Mar. 2015	42. 8	-0. 4	-1. 0	59. 7	-0. 3	-0. 6	49. 8	-0. 6	-1. 4	50. 5	-0. 4	-0. 9	38. 5	-0. 2	-0. 5
27. 9	Sep. 2015	42. 6	-0. 3	-0. 8	59. 6	-0. 2	-0. 5	49. 5	-0. 5	-1. 1	50. 3	-0. 3	-0. 7	38. 6	0. 1	-0. 1
28. 3	Mar. 2016	42. 6	-0. 1	-0. 4	59. 5	-0. 1	-0. 4	49. 4	-0. 3	-0. 8	50. 2	-0. 2	-0. 5	38. 7	0. 4	0. 4

*1　percent change from previous half-year　　　*2　percent change from previous year

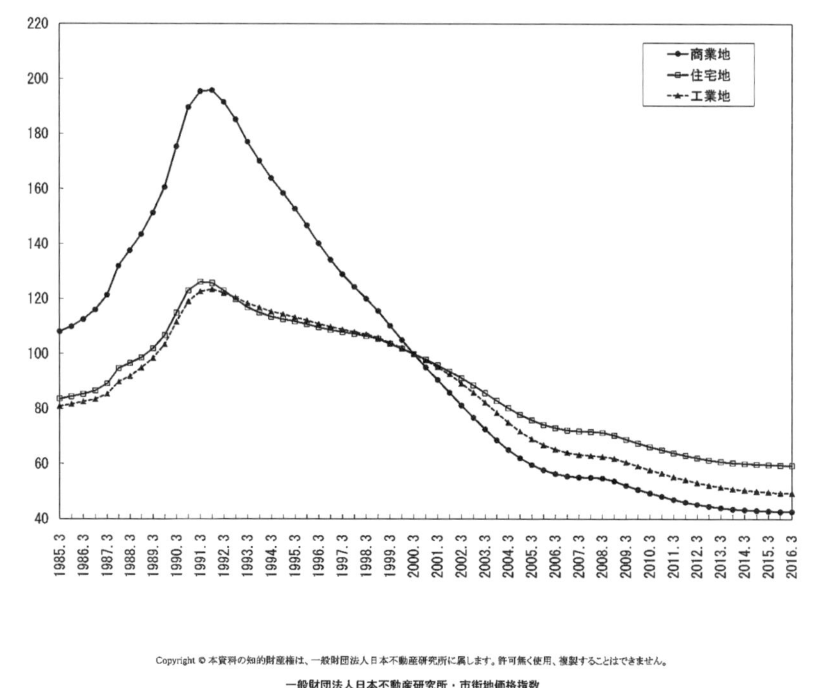

ウ　工業地

近年における工業専用地域では、「非効用変化予測部分」はほとんど見られないが、戦後の高度成長期には工業地の需要が高く、多く発生していた。近年においては、工業の衰退に伴い、下落に係る「効用変化予測部分」が発生している。

(2)　農地

日本における農地の所有については、農地法の適用によって制約を受けるため、「非効用変化予測部分」を要因とした地価の変動は少ない。特に、市街化調整区域、農用地区域等では宅地の転用が大幅に制限されるため、発生はほとんど見られない。

しかし、都市部の市街化区域内農地では宅地への転用が容易であることから、取引は活発に行われ、過去には「非効用変化予測部分」が発生し、バブル期においては宅地と同様に、農地についても地価の上昇が認められたが、これは本章第５節で述べたように、むしろ農地の地価影響要因が「地代相当部分」よりも「用途の移行性部分」に影響を与えたことが大きい。

世界的に見ると様々であるが、アメリカ、ブラジル等における農業地帯では、農作物のうち小麦、トウモロコシ等が市場での投資対象となっていることから、「非効用変化予測部分」が発生した例も見られる。

今後の経済動向によっては、変化が見られるものと推察されるが、各国の農地法等の規制の程度によって「非効用変化予測部分」の発生が大きく異なるものと考えられる。

(3)　林地

林地の場合における「非効用変化予測部分」についても農地と同様であ

り、特に都市近郊の林地では発生する。

5　「非効用変化予測部分」の把握の方法

本項では、「非効用変化予測部分」が地価形成因子として具体的にどのように構成され変化するのかを、地価と賃料との変動を分析することによって明らかにする。

(1)「非効用変化予測部分」とバブルの関係

一般的にバブルとは、実体経済から乖離して資産価格が一時的に大幅に高騰し、その後、急激に資産価格の下落が起こる様子が、中身のない泡が膨れて弾ける様子に似て見えることから呼称されているが、その実体については明らかでない。

不動産バブルについても同様であるが、これを本書における地価形成因子から見ると、**図３**のように、「非効用変化予測部分」の全部又は一部が正常とはいえない場合に発生し、形成されるものと考えられる。

図３

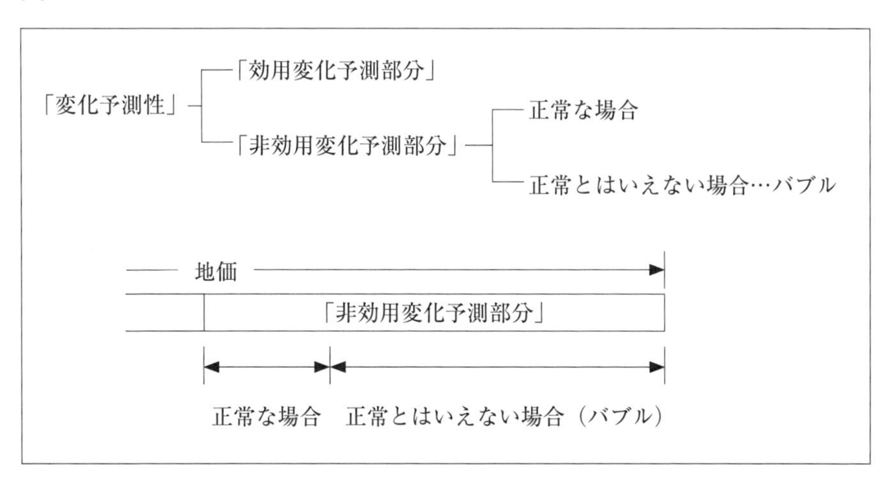

既に述べたように、「変化予測性」のうち「効用変化予測部分」は、その発生によってすぐに地価の変動に影響を与えるが、期間の経過により「地代相当部分」、「用途の移行性部分」等に転化されることによって消滅するものであり、実体の伴った地価形成因子である。このため、この要因によって変動する地価は、それが大きい場合であってもバブルとは無関係なものであるといえよう[10]。

これに対して、「非効用変化予測部分」は、他の地価形成因子に直接的に影響を与えるものではなく投資対象、税制等の予測によって発生するものであり、正常な状態で発生する場合と正常とはいえない状態で発生する場合とがある。

例えば、1985年頃から発生した日本における不動産バブルは、本節２で述べた投資対象としての「非効用変化予測部分」が増大したことが主な原因であり、正常とはいえない状態で発生したものであったと考えられる。

これに対して、2014～2015年の日本における消費税増税に係る「非効用変化予測部分」の発生は、その規模、期間等を分析すると、正常な状態で発生したものと判断される。

しかし、「非効用変化予測部分」の実際の分析に当たっては、どの部分が正常であり、どの部分が正常とはいえない状態であるか不透明な場合が多く、過去を分析した結果、正常とはいえない部分が発生したか否かが明らかになる程度であり、客観的な分析を行いバブルに係る数値を求めることは困難となっている。

したがって、本項では、「非効用変化予測部分」の全部又は一部であるバブルそのものについては分析を行わず、バブル部分を含む「非効用変化

---

10 「効用変化予測部分」が土地市場で過大に評価されることによって実態と離れた地価で取引される場合があるが、これはバブルというよりも鑑定評価上の「買い進み」と解すべきである。

予測部分」について分析するものとする。

なお、投資対象としての地価の変動が景気変動の要因の一つとして世界経済に大きな影響を与えているが、その要因の多くが「非効用変化予測部分」によって発生していることから、地価の変動の観点から見ると、「非効用変化予測部分」は地価形成因子の中でも最も重要な因子であるといえよう。

（２）「非効用変化予測部分」の算定方法

「非効用変化予測部分」は、理論的には地価から「地代相当部分」等の他の地価形成因子を控除することによって求められる。

例を挙げて見てみよう。

対象とする土地は、分析が容易な高度商業地域等の「地代相当部分」のみで成立する地域であるものとし、プラスの「非効用変化予測部分」が発生し、地価が上昇する場合を想定する。

なお、解説を容易にするために、地価の中で「収益の未実現部分」、「用途の選択肢部分」及び「用途の移行性部分」の占める割合が極めて小さく、地価形成因子がほぼ「地代相当部分」のみによって形成される地域を想定するものとする。

ア　「非効用変化予測部分」のみが発生する場合

例えば、**図４**のように、地価が１年間で250,000円／㎡から300,000円／㎡に上昇したものとし、その原因は、消費税が増税されることによる住宅のかけ込み需要に係る「非効用変化予測部分」の発生によるものとする。

図４　地価の変動と地価形成因子との変化

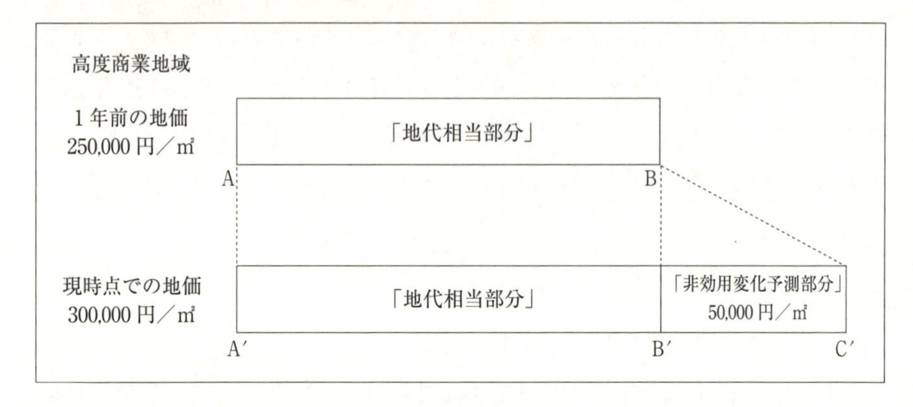

したがって、「非効用変化予測部分」は、次のとおり求められる。

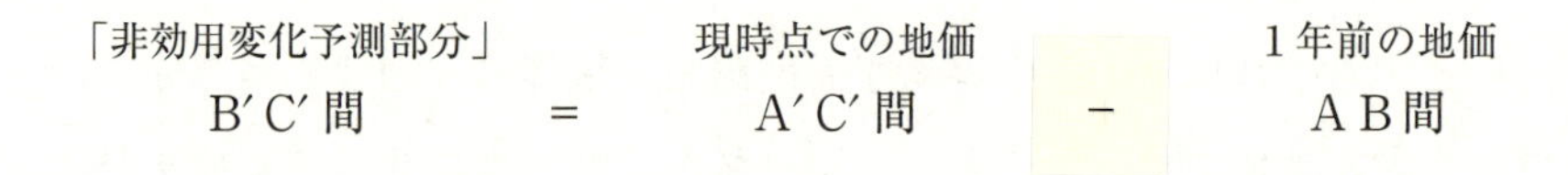

イ　「効用変化予測部分」及び「非効用変化予測部分」が同時に発生する場合

「効用変化予測部分」及び「非効用変化予測部分」が同時に発生した場合を想定し、「非効用変化予測部分」を求めるものとする。

実際の土地市場では、これらが同時に発生する場合が多く、特に近年におけるインド、東南アジア等のほか、2000〜2010年にかけての中国の地価上昇は、「効用変化予測部分」及び「非効用変化予測部分」が同時に発生することによって起きたものである[11]。

図４と同様に、地価が１年間で250,000円／㎡から300,000円／㎡に上昇したものとし、その原因は、近隣地域内への大型量販店の出店により地域要因が向上することに伴う「効用変化予測部分」と景気の上昇による投資

11　2016年時点における中国の地価は、マイナスの「非効用変化予測部分」が発生しており、一部の地域を除き、地価は下落している。

増加に伴う「非効用変化予測部分」とが同時に発生したことによるものとする。

「効用変化予測部分」は、**図５**で表されているように、いったんは①から②のように地価を構成することとなるが、１年という期間の経過に伴い③のように「地代相当部分」に転化されることによって「効用変化予測部分」は消滅する[12]。

図５

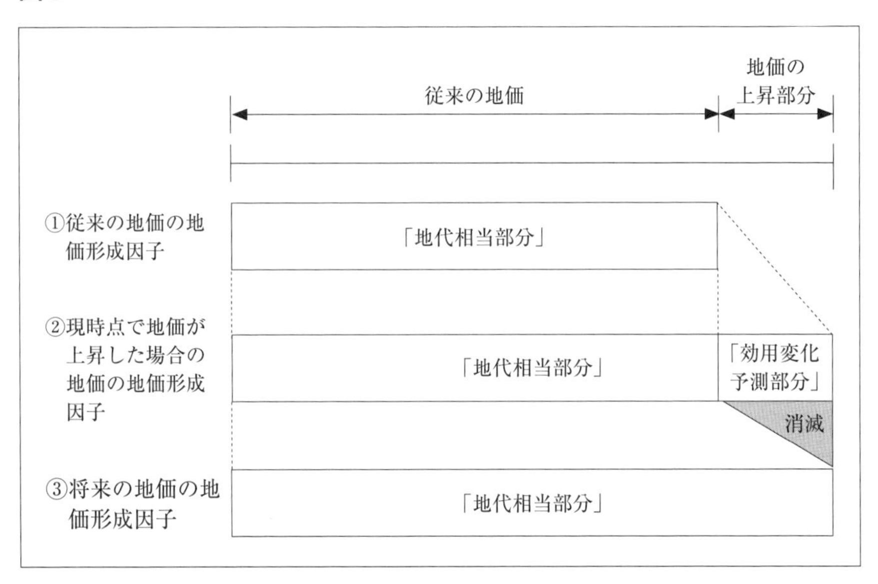

したがって、「地代相当部分」は、**図６**のようにABからA′C′へと増加することとなる。

12　一般的に、小・中規模の量販店は計画から出店までの期間が１年以内であり、本例でも解説を容易にするため、「効用変化予測部分」の発生と地価への転化が１年で行われるものとする。

図6　地価の変動と地価形成因子との変化

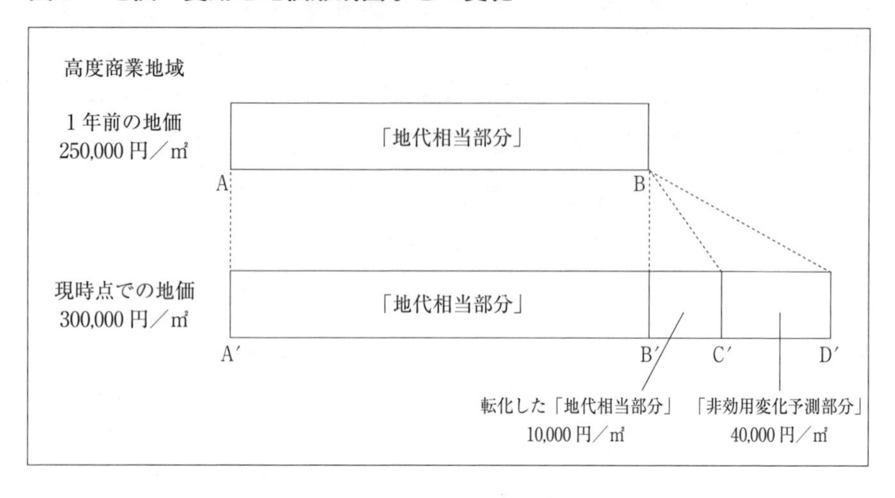

したがって、「非効用変化予測部分」は、次のとおり求められることとなる。

「非効用変化予測部分」		現時点での地価		1年前の地価		転化した「地代相当部分」
C′D′間	=	A′D′間	−	AB間	−	B′C′間

このように、「効用変化予測部分」及び「非効用変化予測部分」が同時に発生している場合は、地価から「地代相当部分」及び転化した「地代相当部分」を控除することによって、「非効用変化予測部分」を求めることが可能である。

（3）「非効用変化予測部分指数」

ア　「非効用変化予測部分指数」の意義

（2）で得られた「非効用変化予測部分」を変動後の地価で除することによって、地価の中で「非効用変化予測部分」がどの程度存しているのかを分析することが可能であるが、ここで求められた比率を、「非効用変化予測部分指数」というものとする。

この「非効用変化予測部分指数」は、特定の時点の地価における「非効用変化予測部分」の占める割合であるが、既に述べたように、「非効用変化予測部分」自体が実体を伴わない性質であり、他の地価形成因子と比べると変化が大きくなるため、この部分が大きいほど、地価は不安定になる。

これを（1）で述べたバブルとの関係で見ると、一般的にバブルとして判断されるものの全部又は一部若しくはその可能性のある部分の限界値の指数であるといえよう。

なお、本例では「用途の選択肢部分」、「収益の未実現部分」等が存しない場合で分析するが、これらが存する場合において、「効用変化予測部分」が「地代相当部分」だけでなく「用途の移行性部分」等への変化に影響を与える場合は、異なった結果になることがあることに留意すべきである。

イ　「非効用変化予測部分指数」の算定方式

「非効用変化予測部分指数」を算式化すると、次式のとおりとなる。

$$\text{「非効用変化予測部分指数」NUCPP index} = \frac{\varDelta \mathrm{NUCPP}}{\mathrm{P}_0}$$

$$= \frac{\mathrm{P}_0 - \mathrm{P}_{-1} - \varDelta_{r/i}}{\mathrm{P}_0}$$

NUCPP：現時点での「非効用変化予測部分」

P_{-1}　：１年前の地価

P_0　：現時点での地価

$\varDelta_{r/i}$　：期間中に増加した「地代相当部分」

ウ　実際の分析に当たって必要となる資料

実際に「非効用変化予測部分指数」を分析するに当たっては、実際の土地市場において地価がどのように変動しているのかを客観的に示す次のような資料が必要である。

（ア）　地価及びその変動率

一般的な地価及びその変動率は、国土交通省の発表する地価公示価格、各都道府県が発表する地価調査基準地価格、日本不動産研究所発表の市街地価格指数等が存する。

いずれも実際の土地市場における地価及びその変動率を表しており、地価の変動の実体を適切に表す資料である。

（イ）「地代相当部分」の算定資料

「地代相当部分」は、本章第２節で述べたように、借地権における地代、オフィスの賃料等から「土地に帰属する純収益」を算定することによって求めることとなるが、どのような賃貸借契約に係る賃料等を採用するかによって精度が大きく異なることとなる。

特に、「効用変化予測部分」の「地代相当部分」への転化は一定の期間を要することが通常であるほか、賃貸借契約が継続している場合は地代又は賃料の改定に係る期間が必要であることから、「効用変化予測部分」が「地代相当部分」に転化され、更に地代又は賃料の改定期間が少ない状態で把握される賃料が必要である。

この要件の有無を、地代、賃料等の賃貸借の種別に沿って分析すると、次のとおりである。

①　普通借地権に係る地代

従来からの日本における地代と地価との関係の分析には、普通借地権に係る地代を採用し、この変動率によって分析するケースが多く見られた。

しかし、普通借地権に係る地代は、前回の改定時点をベースにその後の地価影響要因の変化を反映させて決定していることが通常であることから、従来からの継続性が反映されることによって新規の適正な地代を表していることが少ない。また、地代の改定には、当事者間の交渉が必要となるため、地価の変動と賃料の変動には、ほとんどの場合でタイムラグが認められる[13]。このため、「効用変化予測部分」の「地代相当部分」への転化が適切に反映されることは少なく、客観性に欠けている。

したがって、普通借地権に係る地代は、「地代相当部分」の変化の分析の資料としては採用できない。

② 定期借地権に係る地代

定期借地権に係る地代は、契約時点における地代がその後の期間の経過によって変更されることがないため[14]、市場における適正な賃料水準が反映されるのは契約時点のみとなる。

したがって、契約時点における地代だけは分析が可能であるが、現時点の日本における定期借地権の契約件数が、路線商業地域等を除き少ないことから、適切な賃料の把握はやや困難である。

③ 駐車場に係る賃料

駐車場に係る賃料は、都市部では多く見られ、各駐車場間における賃料も比較的バランスが取れているが、本章第３節で述べた「収益の未実現部分」が多くの場合存することから、「地代相当部分」の変化を十分に把握することができないため、分析の資料としては採用できない。

④ オフィスビル、マンション等に係る賃料

都市部では、オフィスビル、マンション等の賃貸物件が多く見られることから、これらに係る各賃料は均衡していることが多い。

13　地価の変動に伴う賃料の変化は、その賃貸借の内容によってタイムラグの時期が異なっていることが多い。
14　契約に当たっては、自動改定特約を入れることがある。

また、賃料水準の変化は、継続賃料においては、「効用変化予測部分」が「地代相当部分」に転化されるまでに一定の期間を要するが、新たな賃貸物件においては、「効用変化予測部分」のタイムラグが極めて少ない状態で賃料に反映される。

このため、同一ビル内の賃貸物件において、継続して賃貸に供されている部分の賃料と新規に賃貸に供される部分の賃料とを比較することによって、賃料の変動の把握が容易である。

したがって、地価の変動の分析に当たっては、オフィスビル、マンション等に係る賃料を採用して分析することが合理的であると判断される。

賃貸借に係る資料としては、インターネット等で多く公開されているが、例えば、三幸エステート株式会社の発行する「オフィスマーケットレポート」では、日本の主要都市における実際の賃料を適切に反映した資料が、次のように詳しく表示されている。

Office Market

2016年10月号　名古屋市

http://www.sanko-e.co.jp/

2016年9月末現在および各年12月31日時点　チーフアナリスト　今関 豊和

オフィスマーケット　（図表1,2,3,4,5,6）

規模別空室率 全ての規模でほぼ横ばい　（図表1）

全ての規模で動きが少なく、「大規模」「中型」は横ばい、「大型」はプラス0.1ポイントとなった。「大規模」の4%台は16ヶ月連続に達している。

主要エリア空室率 主要3エリアで小幅な動き　（図表2）

「名駅」マイナス0.1ポイント、「伏見」マイナス0.2ポイントの一方、「栄」はプラス0.1ポイントとなった。大口需要の動きが鈍く、全てのエリアで小幅な動きが続いている。

空室率 テナントの動きは小口需要が中心　（図表3,5）

空室率は横ばい傾向が続いている。「名駅」ではテナントニーズを満たすビルが少なく、移転意欲に反して大口需要の動きは鈍い。移転候補に「栄」「伏見」を挙げるケースは増加傾向にあるが、全面移転には至らず、100坪前後の館内増床や分室開設が中心となっている。年内は主要なオフィスビルの供給が無いため、空室率は当面、小幅な変動に止まる可能性が高い。

募集賃料 5ヶ月連続で統計開始以来の最安値更新　（図表4,6）

「大規模」「大型」などの競争力が高いビルでは明確な賃料上昇傾向が確認されるものの、マーケット全体には波及していない。募集賃料は5ヶ月連続で統計開始以来の最安値を更新した。

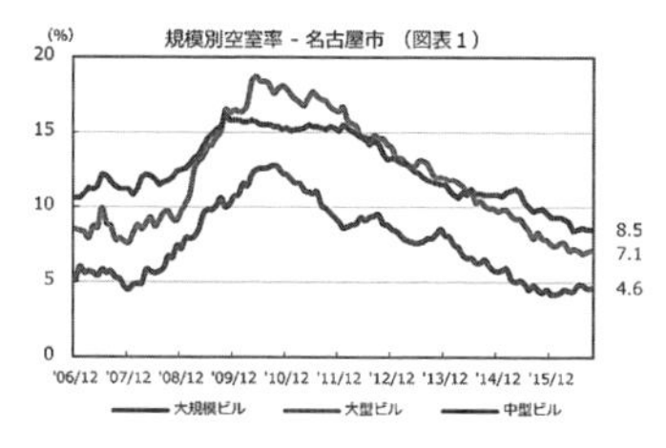

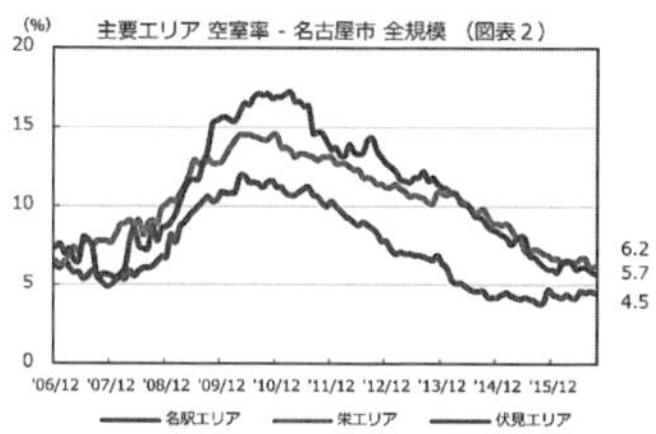

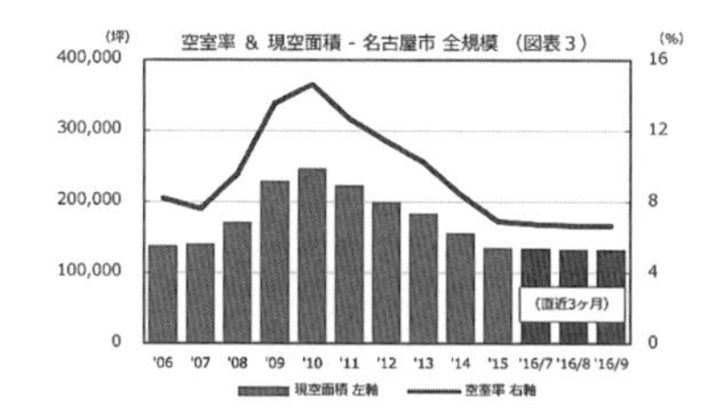

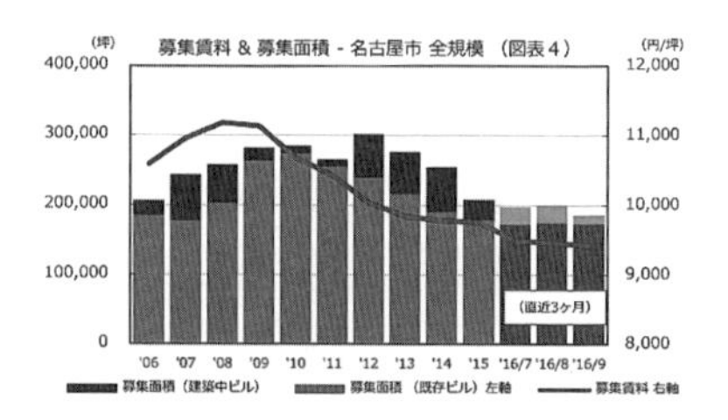

空室率＆現空面積 ＜全規模＞ （図表５）

	2016年5月	2016年6月	2016年7月	2016年8月	2016年9月
空室率	6.68%	6.79%	6.74%	6.66%	6.67%
（矢印：対前月比較）	↘	↗	→	→	→
現空面積	133,262坪	135,743坪	134,992坪	134,104坪	133,423坪

募集賃料（共益費込）＆募集面積 ＜全規模＞ （図表６）

	2016年5月	2016年6月	2016年7月	2016年8月	2016年9月
募集賃料	9,647円/坪	9,576円/坪	9,493円/坪	9,462円/坪	9,425円/坪
（矢印：対前月比較）	↘	↘	↘	→	→
募集面積	203,779坪	204,961坪	198,326坪	199,899坪	186,167坪

募集面積：各統計日において公開されているテナント募集中面積の合計
現空面積：現在テナントが入居しておらず、契約後すぐに入居ができる面積

名古屋市	大規模	大型	中型	小型
名駅	18,619	13,861	12,190	9,877
名古屋駅西	12,650	11,800	10,892	9,850
栄	14,528	11,871	10,082	10,170
伏見	13,044	10,519	9,978	8,560
中区周辺	9,400	8,954	7,710	7,947
千種	11,750	9,589	9,044	7,888
募集棟数	119	132	220	332
募集面積（坪）	40,048	22,164	21,005	15,901

東海・北陸・長野	大規模	大型	中型	小型
豊橋	-	9,000	9,020	6,339
静岡	15,077	10,342	9,847	6,333
浜松	13,000	9,404	8,808	-
津・四日市	12,704	10,956	8,572	8,573
岐阜	9,280	9,423	9,768	7,566
福井	10,807	9,333	9,067	7,884
金沢	12,283	10,986	10,096	9,305
富山	14,250	10,244	10,075	-
長野	13,950	12,800	7,960	7,951
松本	9,167	10,302	10,368	13,264
募集棟数	68	150	150	105
募集面積（坪）	20,288	26,237	15,569	6,029

※規模（ワンフロア面積）大規模（200坪以上）・大型（100坪以上200坪未満）中型（50坪以上100坪未満）・小型（20坪以上50坪未満）
※ - は調査時点においてテナント募集を行ったビルが少なかったため、適正データが算出できなかったエリアです。
※外税表示
※統計開始日：1994年1月1日

SANKO ESTATE

三幸エステート株式会社 名古屋支店　名古屋市中区錦3-4-6 桜通大津第一生命ビルディング TEL：052-953-5521 http://www.sanko-e.co.jp/

Office Market

2016年10月号　6大都市 マーケットデータ

2016年9月末現在および各年12月31日時点　募集賃料(共益費込)(単位:円/坪)

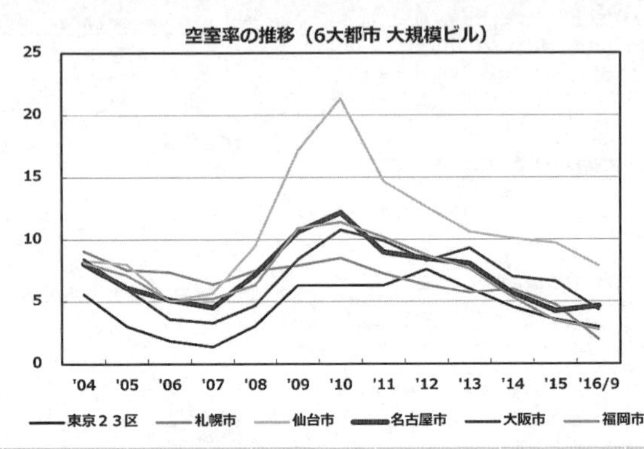

空室率	東京２３区	札幌市	仙台市	名古屋市	大阪市	福岡市
2016/9/30	3.0%	2.0%	7.9%	4.6%	4.3%	2.8%

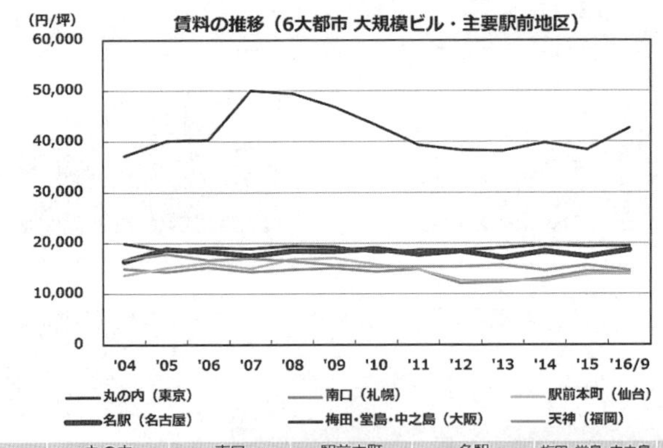

賃料	丸の内 (東京)	南口 (札幌)	駅前本町 (仙台)	名駅 (名古屋)	梅田·堂島·中之島 (大阪)	天神 (福岡)
2016/9/30	42,667円/坪	14,145円/坪	13,917円/坪	18,619円/坪	19,444円/坪	14,642円/坪

※当レポートは情報提供を目的とし、情報の正確性に十分配慮して作成されておりますが、その内容を保証するものではありません。
使用にあたっては貴社の責任と判断にて、お願い致します。

三幸エステート株式会社 名古屋支店 名古屋市中区錦3-4-6 桜通大津第一生命ビルディング TEL： 052-953-5521

SANKO ESTATE

したがって、本項では、「地代相当部分」の算定資料として採用できる数量が多く、また、転化される「地代相当部分」の把握が最も容易と判断されるオフィスビル、マンション等の賃料を採用し分析するものとする。

エ　$\Delta_{r/i}$の求め方

本例では、賃料が上昇する場合を想定し、$\Delta_{r/i}$の求め方を説明することとする。

賃料は、本章第２節「地代相当部分」で述べたように、土地に帰属する純収益、必要諸経費、建物に帰属する純収益で構成されるため、賃料の上昇部分の全てが土地に帰属する純収益に反映されるものではない。

なぜなら、**図７**のように、賃料の上昇に伴い維持管理費、貸倒れ準備費等の必要諸経費も増加するためである[15]。

図７　賃料の内訳

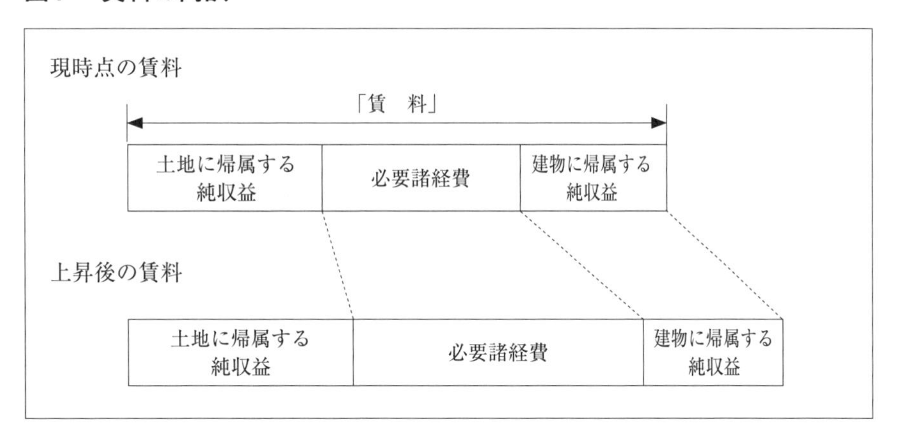

15　従来からの地価上昇、バブル等の分析に当たっては、地価の変動に対比する賃料の変動を、多くの場合においてこれらを含んだものと比較しているが、誤りであるといえよう。

したがって、賃料の上昇に対してどの程度土地に帰属する純収益が増加するのかを分析することが必要である。

$\varDelta_{r/i}$の具体的な求め方は、２つの方法があるが、いずれも収益還元法を適用して求めることとなる。

１つは、本章第２節で述べた収益還元法を直接適用して算定する方法であり、上昇前の収益価格と上昇後の賃料から適宜に求めた収益価格との開差から算定する方法である。これは、単一の地域の分析で用いることとなる。

もう１つの方法は、賃料の上昇部分に係る「土地に帰属する純収益」の一般的な割合から求める方法である。

具体的には、分析に必要な用途別、都市別等の収益事例を多数収集し、前者と同様にそれぞれ収益還元法を適用することによって、賃料の増加部分に対する「土地に帰属する純収益」の増加割合を求め、これらを総合的に分析することによって賃料の上昇に対する「土地に帰属する純収益」の平均的な増加割合を求める方法である。

この方法は、都市別、全国用途別等によって「非効用変化予測部分指数」を求める場合に有効であり、特に高度商業地域等においてバブルが発生した場合には重要な役割を果たすものであるといえよう。

（４）「非効用変化予測部分指数」の算定例

本項では、「非効用変化予測部分指数」がどの程度発生しているのかを、**図８**の例を用いて分析する。地域は、前例と同様に「地代相当部分」で形成される高度商業地域とする。

図８　実際の地価の変動と価格形成因子との変化

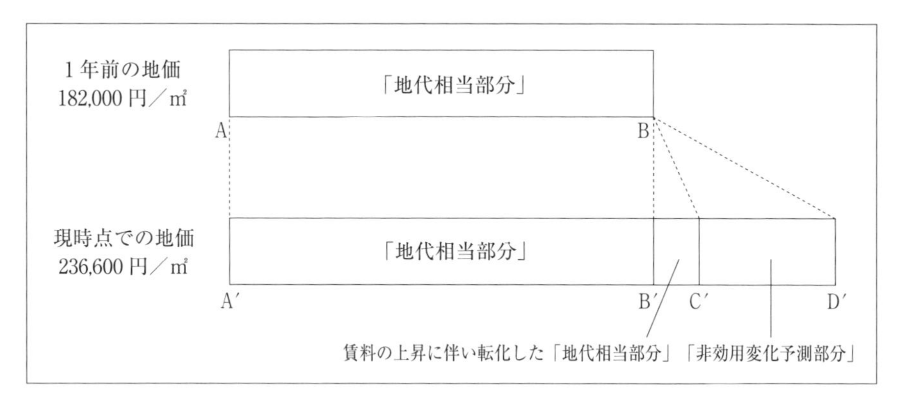

ア　地価の上昇

地価は、期首が182,000円／㎡であり、期末では30％上昇し236,600円／㎡であるものとする。

2016年１月 ～ 2016年12月　上昇率30％

182,000円／㎡ → 236,600円／㎡

地価上昇部分 54,600円／㎡

イ　オフィスの賃料

オフィスの賃料は、期首に対して期末では２％上昇したものとする。

2016年１月 ～ 2016年12月　上昇率２％

1,780円／㎡ → 1,815円／㎡

賃料上昇部分 35円／㎡

ウ　賃料の増加に伴う「地代相当部分」の増加部分

次に、「地代相当部分」の増加分を求めるものする。

まず、収益還元法の適用によって、１年前に対応する収益価格を求める。次に、現時点の収益還元法の適用によって、オフィスの賃料の増加分（２％上昇分）を加味した収益還元法に基づく収益価格を求めるものとする。

表２　前年度における収益還元法

(3)-3　想定建物の状況

①用途	②建築面積(㎡)	③構造・階層	④延床面積(㎡)
店舗・事務所	163.00	ＳＲＣ５Ｆ	815.00

⑤公法上の規制等

用途地域等	基準建ぺい率	指定容積率	基準容積率	地積	間口	奥行	前面道路、幅員等
商業地域	80　%	500　%	500　%	204　㎡	12.0　m	17.0　m	前面道路：　12　m 特定道路までの距離　m

⑥想定建物の概要		⑦有効率の理由　90.0%	階段、廊下等の共有部分有り

(3)-4　総収益算出内訳

階層	①用途	②床面積(㎡)	③有効率(%)	④有効面積(㎡)	⑤１㎡当たり月額支払賃料(円)	⑥月額支払賃料(円)	⑦保証金等権利金等(月数)	⑧保証金等(円)	⑨権利金等(円)
1 ～ 1		163.00	90.0%	146.70	2,835	415,895	4.0	1,663,580	0
2 ～ 2		163.00	90.0%	146.70	1,753	257,165	3.0	771,495	0
3 ～ 3		163.00	90.0%	146.70	1,753	257,165	3.0	771,495	0
4 ～ 4		163.00	90.0%	146.70	1,753	257,165	3.0	771,495	0
5 ～ 5		163.00	90.0%	146.70	1,753	257,165	3.0	771,495	0
計		815.00	90.0%	733.50		1,444,555		4,749,560	0

⑩年額支払賃料	1,444,555　×　12カ月　＝　17,334,660　円
⑪a共益費(管理費)	円／㎡×　734　㎡×12ヶ月＝　0　円
⑪b共益費(管理費)の算出根拠	共益費の授受が標準的となっていないため非計上。
⑫その他の収入(駐車場使用料等)	円／台×　台×12ヶ月＋　＝　0　円
⑬貸倒れ損失(算出根拠、金額)	敷金によって担保されているため非計上。　0　円
⑭空室等による損失相当額 (⑩＋⑪a)×空室率Ａ(%)＋(⑫×空室率Ｂ(%))	17,334,660　円×　4.0　% ＋　0　円×　%＝　693,386　円
⑮以上計　⑩＋⑪a＋⑫－⑬－⑭	16,641,274　円
⑯保証金等の運用益(空室損失考慮後)	4,749,560　円×　5.0　%×　96.0　%＝　227,979　円
⑰権利金等の運用益及び償却額(空室損失考慮後)	償却年数(　年)　運用利回り　(　5.0%) 0　×　0　×　96.00　%　＝　0　円
⑱その他の収入に係る保証金等の運用益(空室損失考慮後)	0　円×　0.0　%×　100.0　%＝　0　円
⑲総収益　⑮＋⑯＋⑰＋⑱	16,869,252　円　(　82,692　円/㎡)

(3)-5　１㎡当たりの月額支払賃料の算出根拠　(　)内は支払賃料

NO	①事例番号	②事例の実際実質賃料(円/㎡)	③事情補正	④時点修正	⑤標準化補正	⑥建物格差修正	⑦地域要因の比較	⑧基準階格差修正	⑨査定実質賃料(円／㎡)	⑩標準地基準階の賃料(円/㎡)
a	1	1,890 (1,861)	100/100.0	100.0/100	100/95.0	100/95.0	100/123.0	100/101.0	1,686 (1,660)	対象基準階の月額実質賃料 1,780
b	2	2,150 (2,117)	100/115.0	100.0/100	100/100.0	100/100.0	100/95.0	100/105.0	1,874 (1,845)	対象基準階の月額支払賃料 1,753
c		0 (0)	100/100.0	100.0/100	100/100.0	100/100.0	100/100.0	100/100.0	0 (0)	基準階 ２Ｆ　Ｂ

(3)-6総費用算出内訳			
項　目		実額相当額	算 出 根 拠
①修繕費		978,000 円	163,000,000 円 × 0.6 %
②維持管理費		520,040 円	17,334,660 円 × 3.0 %
③公租公課	土地	166,600 円	固定資産税、都市計画税の査定額
	建物	1,222,500 円	163,000,000 円 × 評価割合 0.5 ×税率 1.5 %
④損害保険料		163,000 円	163,000,000 円 × 0.10 %
⑤建物等の取壊費用の積立金		163,000 円	163,000,000 円 × 0.10 %
⑥その他費用		0 円	
⑦総費用(①～⑥)		3,213,140 円	(15,751 円/㎡) (経費率 19.0%)

(3)-7基本利率等			
①r：基本利率	5.5%	⑥g：賃料の変動率	0.4%
②a：躯体割合(躯体価格÷建物等価格)	40%	⑦na：躯体の経済的耐用年数	50 年
③b：仕上割合(仕上価格÷建物等価格)	30%	⑧nb：仕上の経済的耐用年数	30 年
④c：設備割合(設備価格÷建物等価格)	30%	⑨nc：設備の経済的耐用年数	15 年
⑤m：未収入期間	1.5 年	⑩α：未収入期間を考慮した修正率	92.2300%

(3)-8建物等に帰属する純収益		
項　目	査 定 額	算 出 根 拠
①建物等の初期投資額	163,000,000 円	1㎡当たりの初期投資額 延床面積 設計監理料率 190,000 円/㎡× 815.00 ㎡×(100%+ 5.00%)
②元利逓増償還率	7.12%	躯体部分 仕上部分 設備部分 5.57% × 40% + 6.59% × 30% + 9.72% × 30%
③建物等に帰属する純収益(①×②)	11,605,600 円 56,890 円/㎡	

(3)-9土地に帰属する純収益	
①総収益	16,869,252 円
②総費用	3,213,140 円
③純収益(①－②)	13,656,113 円
④建物等に帰属する純収益	11,605,600 円
⑤土地に帰属する純収益(③－④)	2,050,513 円
⑥未収入期間を考慮した土地に帰属する純収益(⑤×α)	1,891,188 円 (9,271 円／㎡)

(3)-10土地の収益価格	還元利回り(r-g) 5.1%
	37,082,117 円 (182,000 円／㎡)

表３　当年度における収益還元法（２％上昇）

(3)-3　想定建物の状況

①用途	②建築面積（㎡）	③構造・階層	④延床面積（㎡）
店舗・事務所	163.00	ＳＲＣ５Ｆ	815.00

⑤公法上の規制等

用途地域等	基準建ぺい率	指定容積率	基準容積率	地積	間口	奥行	前面道路、幅員等
商業地域	80　%	500　%	500　%	204　㎡	12.0　m	17.0　m	前面道路：　12　m 特定道路までの距離　m

⑥想定建物の概要		⑦有効率の理由　90.0%	階段、廊下等の共有部分有り

(3)-4　総収益算出内訳

階層	①用途	②床面積（㎡）	③有効率（%）	④有効面積（㎡）	⑤１㎡当たり月額支払賃料（円）	⑥月額支払賃料（円）	⑦保証金等権利金等（月数）	⑧保証金等（円）	⑨権利金等（円）
1　～　1		163.00	90.0%	146.70	2,891	424,110	4.0	1,696,440	0
2　～　2		163.00	90.0%	146.70	1,786	262,006	3.0	786,018	0
3　～　3		163.00	90.0%	146.70	1,786	262,006	3.0	786,018	0
4　～　4		163.00	90.0%	146.70	1,786	262,006	3.0	786,018	0
5　～　5		163.00	90.0%	146.70	1,786	262,006	3.0	786,018	0
計		815.00	90.0%	733.50		1,472,134		4,840,512	0

⑩年額支払賃料	1,472,134　×　12カ月　＝　17,665,608　円
⑪a共益費（管理費）	円／㎡×　734　㎡×12ヶ月＝　0　円
⑪b共益費（管理費）の算出根拠	共益費の授受が標準的となっていないため非計上。
⑫その他の収入（駐車場使用料等）	円／台×　台×12ヶ月＋　＝　0　円
⑬貸倒れ損失（算出根拠、金額）	敷金によって担保されているため非計上。　0　円
⑭空室等による損失相当額 （⑩＋⑪a）×空室率Ａ（%）＋（⑫×空室率Ｂ（%））	17,665,608　円×　4.0　% ＋　0　円×　%＝　706,624　円
⑮以上計　⑩＋⑪a＋⑫－⑬－⑭	16,958,984　円
⑯保証金等の運用益（空室損失考慮後）	4,840,512　円×　5.0　%×　96.0　%＝　232,345　円
⑰権利金等の運用益及び償却額（空室損失考慮後）	償却年数（　年）　運用利回り　（　5.0%　） 0　×　0　×　96.00　%　＝　0　円
⑱その他の収入に係る保証金等の運用益（空室損失考慮後）	0　円×　0.0　%×　100.0　%＝　0　円
⑲総収益　⑮＋⑯＋⑰＋⑱	17,191,328　円　（　84,271　円/㎡）

(3)-5　１㎡当たりの月額支払賃料の算出根拠　（　）内は支払賃料

NO	①事例番号	②事例の実際実質賃料（円/㎡）	③事情補正	④時点修正	⑤標準化補正	⑥建物格差修正	⑦地域要因の比較	⑧基準階格差修正	⑨査定実質賃料（円／㎡）	⑩標準地基準階の賃料（円/㎡）
a	1	1,890 〔　1,861〕	100/100.0	100.0/100	100/95.0	100/95.0	100/121.0	100/101.0	1,714 〔　1,687〕	対象基準階の月額実質賃料 1,815
b	2	2,150 〔　2,117〕	100/115.0	100.0/100	100/100.0	100/100.0	100/93.0	100/105.0	1,915 〔　1,885〕	対象基準階の月額支払賃料 1,786
c		0 〔　0〕	100/100.0	100.0/100	100/100.0	100/100.0	100/100.0	100/100.0	0 〔　0〕	基準階 ２Ｆ　Ｂ

(3)-6総費用算出内訳

項　目	実額相当額		算 出 根 拠
①修繕費		978,000 円	163,000,000 円 × 0.6 %
②維持管理費		529,968 円	17,665,608 円 × 3.0 %
③公租公課	土地	166,600 円	固定資産税、都市計画税の査定額
	建物	1,222,500 円	163,000,000 円 × 評価割合 0.5 ×税率 1.5 %
④損害保険料		163,000 円	163,000,000 円 × 0.10 %
⑤建物等の取壊費用の積立金		163,000 円	163,000,000 円 × 0.10 %
⑥その他費用		0 円	
⑦総費用(①~⑥)		3,223,068 円	(15,799 円/㎡) (経費率 18.7%)

(3)-7基本利率等

①r：基本利率	5.5%	⑥g：賃料の変動率	0.4%
②a：躯体割合(躯体価格÷建物等価格)	40%	⑦na：躯体の経済的耐用年数	50 年
③b：仕上割合(仕上価格÷建物等価格)	30%	⑧nb：仕上の経済的耐用年数	30 年
④c：設備割合(設備価格÷建物等価格)	30%	⑨nc：設備の経済的耐用年数	15 年
⑤m：未収入期間	1.5 年	⑩α：未収入期間を考慮した修正率	92.2300%

(3)-8建物等に帰属する純収益

項　目	査 定 額	算 出 根 拠
①建物等の初期投資額	163,000,000 円	1㎡当たりの初期投資額 延床面積 設計監理料率 190,000 円/㎡× 815.00 ㎡×(100%+ 5.00%)
②元利逓増償還率	7.12%	躯体部分 仕上部分 設備部分 5.57% × 40% + 6.59% × 30% + 9.72% × 30%
③建物等に帰属する純収益(①×②)	11,605,600 円 56,890 円/㎡	

(3)-9土地に帰属する純収益

①総収益	17,191,328 円
②総費用	3,223,068 円
③純収益(①−②)	13,968,260 円
④建物等に帰属する純収益	11,605,600 円
⑤土地に帰属する純収益(③−④)	2,362,660 円
⑥未収入期間を考慮した土地に帰属する純収益(⑤×α)	2,179,081 円 (10,682 円/㎡)

(3)-10土地の収益価格　還元利回り(r-g)　5.1%

42,727,078 円　(209,000 円/㎡)

エ 「非効用変化予測部分指数」の算定

したがって、「非効用変化予測部分指数」は、次のとおり算定される。

$$\frac{「非効用変化予測部分指数」}{\text{NUCPP index}} = \frac{P_0\,236{,}600円 - P_{-1}\,182{,}000円 - \varDelta r／i(209{,}000円 - 182{,}000円)}{P_0\,236{,}600円}$$

$$≒ 0.116652$$

$$≒ 11.7\%$$

本例では、「非効用変化予測部分指数」は11.7％となる。

第3章

実際の土地市場における地価の決定

第２章では、「地価は、土地が有する地価形成因子に地価影響要因が影響を与えることによって土地のあり方が決定され、これに基づき土地市場において需要と供給とが働き合って決定される」という考え方に基づき、地価形成因子について詳しく述べた。

本章では、第２章で述べた地価形成因子に基づく地価が、実際の土地市場においてどのように決定され変動するのかについて、現実の住宅地域をモデルにして、詳しく分析するものとする。

第１節　「需要・供給の法則」に基づく地価の決定の分析

本節では、経済学の一般的な学説である「需要・供給の法則」に基づき、実際の土地市場ではどのように地価が決定され、どのように変動するのかを分析する。

1　土地市場における地価の決定の意義

実際の地価は、土地市場において需要者と供給者とが売買を行うことによって決定される。

この場合における具体的な市場形態には、需要者と供給者とが直接売買を行う場合、宅地建物取引業者の仲介によって売買を行う場合、公有地の売却に見られるような公開入札による場合等がある。

いずれの場合においても、土地の取引市場は、土地が有する地価形成因子、地価影響要因等の特殊性のために、土地の有する価値を十分に反映した合理性のある地価が成立する市場とはいえない一面を有しており、一般財[1]の取引のような合理的な市場が存することは、一般的に少ないといわれている。

しかし、本章第２節で述べるように、実際の土地市場を詳細に分析すれば、各土地が存する地域の適正な地価水準又はその水準に近似する地価で売買が行われており、一般財の価格とほぼ同様に、土地の価値を適切に反映した地価で取引が行われることが多くのケースで認められる。

このため、経済学上では不完全市場の一つであるといわれる土地市場であっても、一定の条件を満たせば、一般財と同様の市場又はそれに類似する市場であることが認められることとなる。

したがって、地価の決定理論を経済学上から分析するに当たっては、実際の土地市場において地価が決定されている方法を、一般財の価格決定理論である「需要・供給の法則」に当てはめて分析するものとする。

なお、土地の価格という用語は、一般的に元本たる価格と果実たる地代とから構成されているため、価格と地価とは、以下のとおり区分して述べるものとする。

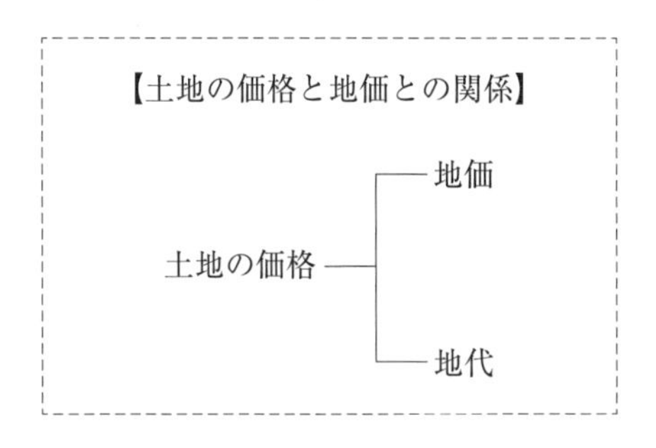

1　本節における一般財とは、インスタント食品、衣料品等のように、オープン市場で購入が可能であり、かつ、比較的生産調整の可能な規格化された消費財を総称するものとする。

2　分析する土地市場

土地市場における地価の決定の分析に当たっては、最も解説の容易な住宅地市場から分析するものとし、その例として、高知県高知市内の一部の地区を特定し、具体的に解説を行うものとする。

（1）　分析の対象とする地域

本例において分析の対象とする地域は、**図1**のとおりである。

図1　地域の概略図

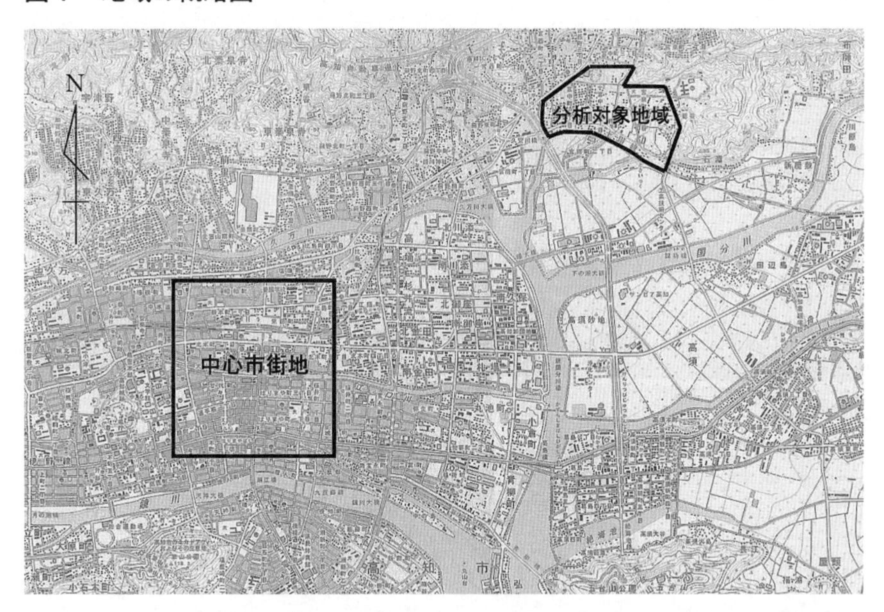

図1は、高知市市街地の地図であり、左下方の実線で囲まれた地域が高知市中心市街地で、右上方の実線で囲まれた地域が分析対象とする一宮地区である。また、**図2**は、その一宮地区の拡大図である。

図２

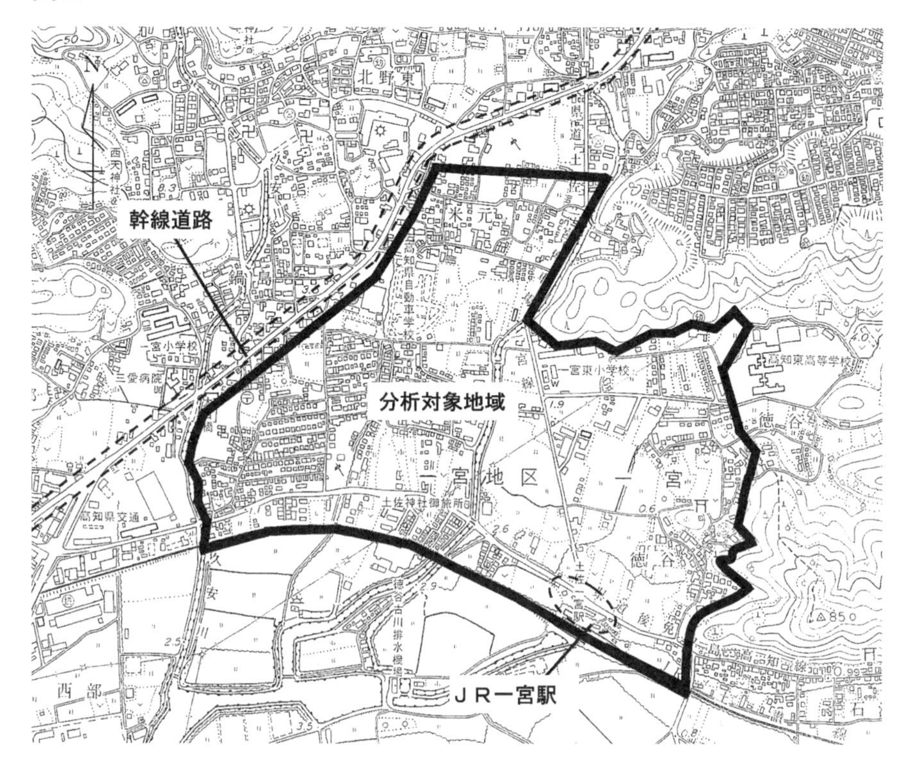

（２）　地域の概要

分析の対象とする地域は、高知市中心部から北東方約３㎞の郊外に位置する一宮地区内の住宅地域であり、地域の特徴を簡潔に述べれば、次のとおりである。

一宮地区は、従来から農地地域を形成し、山裾沿いの一部や主要道路沿いに住宅、小規模事業所等が存していたものの、田を中心とする農地が多く見られる状況であった。

しかし、近年における高知市市街地の拡大に伴い、1970年頃から住宅地を主とする宅地開発が進み、高知市近郊としては比較的大規模な住宅地域を形成しつつある。現在、この地域内では、地積100～150㎡程度の戸建住宅地を中心として既存の事業所、アパート、マンション、従前からの農地等も存する状況となっている。

3　需要者及び供給者の行動と地価形成因子

土地市場において、需要者及び供給者がどのように行動するのかを分析するためには、需要者及び供給者が地価を形成するどのような地価形成因子に着目しているのかを分析することが必要である。

この場合における地価形成因子は、第１章で述べた３種類の要素と、それらを構成する６種類の地価形成因子から構成される。

図３

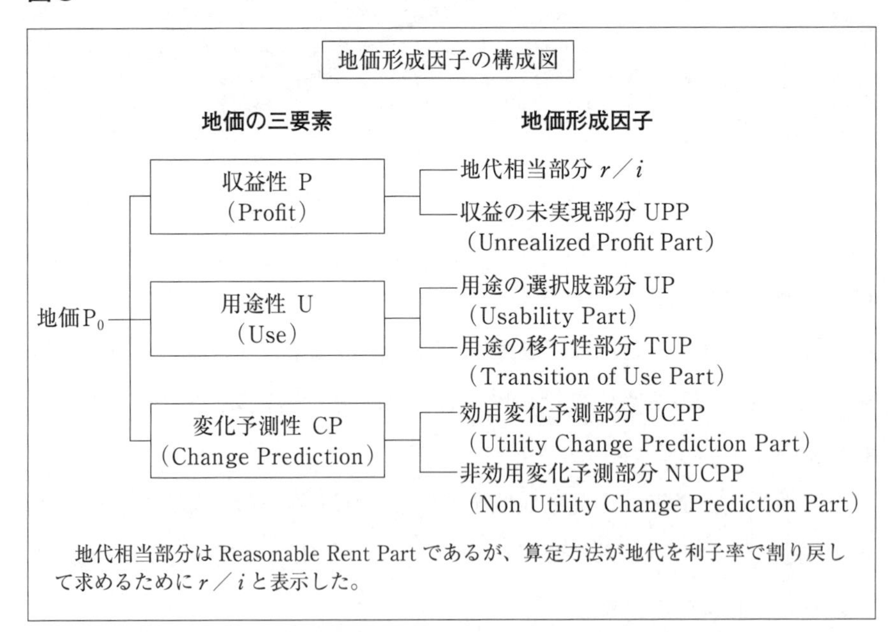

地代相当部分はReasonable Rent Partであるが、算定方法が地代を利子率で割り戻して求めるためにr/iと表示した。

第1章で述べたように、土地市場において需要者及び供給者の行動のインセンティブとなる地価の三要素及び地価形成因子は、対象である土地の存する地域の用途性、地域要因等によって大きく異なることとなる。

例えば、都心の高度商業地であれば、需要者及び供給者は、「地代相当部分」及び「非効用変化予測部分」に着目して市場で行動するのに対し、本例のような標準的な住宅地域では、主として「地代相当部分」、「収益の未実現部分」、「用途の選択肢部分」及び「効用変化予測部分」に着目して市場で行動することとなる。

また、実際の土地市場では、需要者及び供給者が各土地の有するこれらの地価形成因子をインセンティブとしつつ、更に以下の4及び5で述べる需要者及び供給者の種類、取引動機等を背景とした市場行動をなすことによって、地価が成立することとなる。

これを整理すれば、次のとおりである。

需要者の行動＝地価形成因子＋購入動機等
供給者の行動＝地価形成因子＋売却動機等

4　需要者の土地市場における行動の分析

住宅地における地価の決定方法を「需要・供給の法則」によって分析するに当たっては、まず住宅地市場における需要者の行動形態を分析することが必要である。

この場合における住宅地の需要者とは、与えられた地価の元で住宅地を購入しようとする者をいう。

本項では、一宮地区における需要者の種類、購入動機等を分析し、住宅地市場における需要者の行動を分析することとする。

（1） 需要者のグループ分類

需要者は、住宅地の地域要因を反映して戸建住宅の用途に利用しようとすることを前提とした者がほとんどであり、自らが購入しようと希望する土地をできるだけ低い地価で購入することを目的として行動する。

一般財の場合、価格が上昇すれば需要者が購入量を減少させるという方法を選択し、市場で行動することが可能である。しかし、住宅地の場合、市場に供給される段階から規模、範囲等が固定されている[2]という土地の特殊性があり、各画地ごとにそれぞれが取引単位となる場合がほとんどであることから、需要者の行動としては、規模、範囲等の増減によって需要量を調整することが困難である。

このため、需要者は、地価の変動に応じて、住宅地市場への参入又は退出という形のみで行動を起こすこととなる。

この場合の市場行動は、需要者の個人的な事情に係る購入動機の強弱により異なるが、「需要・供給の法則」に係る分析の必要性から、当該地域における需要者の種類、購入動機等による購入意欲の程度でグループ分けし、当該地域の土地市場における需要者の行動を分析するものとする。

ア　購入の必要性が高い需要者…A需要者グループ

実際の住宅地市場では最も購入意欲の強い需要者であり、具体例としては、公共事業によって家屋の撤去が予定されていることから代替地を早急に取得する必要性のある者、結婚、出産等により新居が必要である者、転勤等による住居移転に伴い新しい住宅を早急に購入する必要性がある者等が挙げられる。

このような需要者の特徴としては、早急に住宅地を確保する必要性があ

2　宅地建物取引業者等が分譲する住宅地であれば、面積等の若干の変更が可能な場合も見られるが、それ以外の住宅地では、特定された土地がほとんどのため、変更は困難である。

るため、「鑑定評価上の正常価格又はそれに近似する地価」を超えるような売却希望地価であっても、購入行動を起こすこととなる。

イ　購入の必要性が普通程度の需要者…Ｂ需要者グループ

実際の住宅地市場では最も多く見られる需要者であり、現在居住している賃貸住宅から戸建住宅を購入し転居しようとしている者、世帯分離に伴い戸建住宅敷地の購入を検討している者等が挙げられる。

このような需要者の特徴としては、Ａ需要者グループほど早急ではないものの、住宅地の取得に係る資金的な必要条件は満たしており、位置、規模等が希望に沿った住宅地で、かつ、売却希望地価が適正であると判断された場合に購入行動を起こすこととなる。

ウ　購入の必要性が低い需要者…Ｃ需要者グループ

Ａ及びＢのグループに比べて住宅地の購入意欲が低い需要者である。

具体例としては、現在住宅を所有し居住しているが、何らかの理由により将来的には別の住宅への買替えを検討している者、余剰資金を土地に投資しようとする者、住宅地を購入したうえで転売し売買差益を得ようとする宅地建物取引業者等が挙げられる。また、住宅地を購入しアパート、マンション等を建築したうえで収益を得ようとする者も、このグループに含まれる。

このような需要者は、早急に住宅地を購入しようと行動することはなく、対象となる土地の売却希望地価が一定の地価水準よりも低い場合等に需要者行動を起こすこととなる。

（2） 市場需要曲線

需要者に係る住宅地の需要量を合計したものが市場需要量であり、地価と土地の数量の関係を表した曲線が市場需要曲線である。

（1） で述べた各需要者グループの住宅地市場における需要量を市場需要曲線で表せば、**図4**となる。

市場需要曲線は、一般財のそれと同様に、土地市場においても短期又は長期により異なるが、本項では、3ヶ月程度の短期を想定し分析する。

図4　市場需要曲線

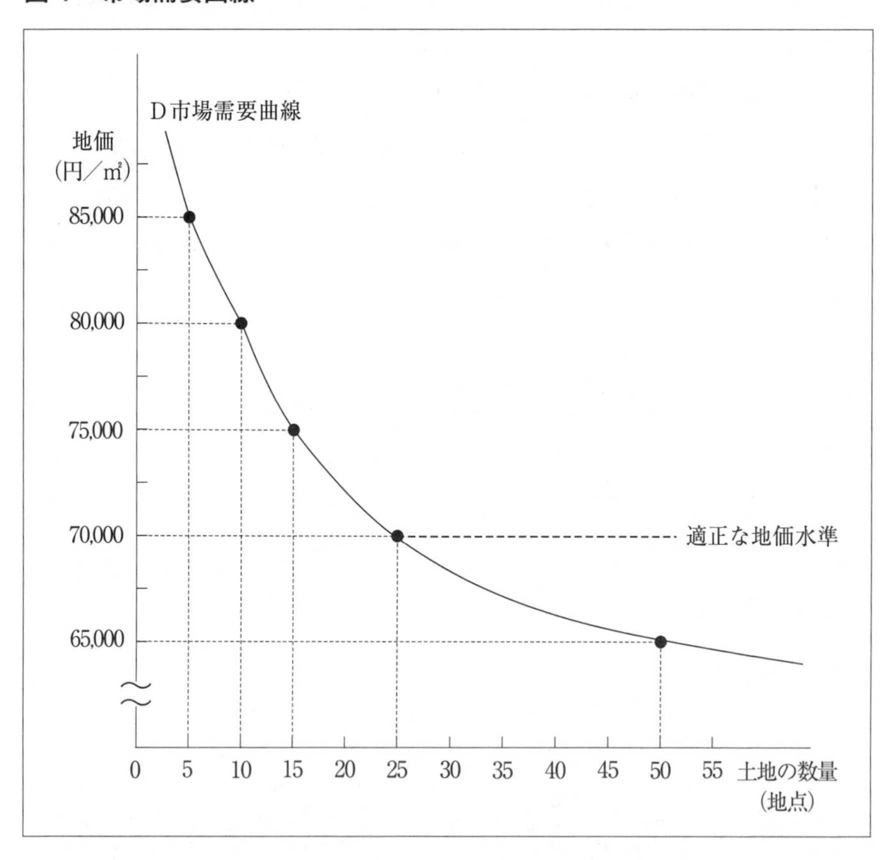

一宮地区における標準的な住宅地の実際の適正な地価水準は、70,000円／㎡程度（2016年1月1日時点の実際の地価水準）で推移している。

短期で見ると、A需要者グループの中でも特に住宅の購入の必要性の高い者は、地価水準である70,000円／㎡と比べて高い85,000円／㎡であっても住宅を購入しようとする者が存在するが、この場合における購入希望者は、ごく少人数に限られることとなる。

地価が徐々に下落するにしたがって、A需要者グループの中の購入希望者は増加し、80,000円／㎡を下回る地価になれば、A需要者グループのほとんどが購入行動を起こそうと考えることとなる。

次に、地価が75,000円／㎡程度になれば、適正な地価水準と比べるとやや高めであるが、ほぼ適正と判断される範囲に入ることとなるため、B需要者グループの中の一部が購入行動を起こすようになり、70,000円／㎡になれば、B需要者グループの大半が購入行動を起こすこととなる。また、更に地価が低い場合では、C需要者グループまでもが購入行動を起こし始めることとなる。

この結果、本例の住宅地市場における需要量は、85,000円／㎡の地価では5地点、80,000円／㎡では10地点、75,000円では15地点、70,000円／㎡では25地点というように、地価が低くなるほど多くの需要者が購入行動を起こし始めることとなり、更に65,000円／㎡になると50地点に増加することとなる。

このように、市場需要量は、地価が低くなるにしたがって市場に参入する需要者が増加していき、逆に地価が高くなるにしたがって市場から退出する需要者が増加していくことによって変化することとなる。

(3) 市場需要曲線の変化

ア 市場需要曲線の変化の内容

次に、市場需要曲線の変化を見てみよう。

市場需要量の変化に関しては、市場需要曲線上の動きによる変化とシフトによる変化とを区別することが必要である。

(2)では低い地価ほど住宅地の需要量が増加し、逆に高い地価ほど需要量が減少することを述べたが、これは、所与の市場需要曲線上での需要量の動きにすぎない。

しかし、実際の土地市場の需要量の変化は、地価の高低だけでなく、それ以外の需要を形成する要因の変化によって生じることが多い。

例えば、各需要者の所得の増加によって土地を購入するための予算が増加した場合には、**図5**で表されているように、市場需要曲線はＤからＤ^{1}へとシフトする。この結果、同じ70,000円／㎡の地価であっても、需要量は25地点から40地点に増加することとなる。

これとは逆に、各需要者の所得の減少によって土地を購入するための予算が減少した場合には、ＤからＤ^{2}へとシフトする。この結果、同じ70,000円／㎡の地価であっても、需要量は25地点から15地点に減少することとなる。

また、近隣地域内において、道路が改良され幅員が広くなったことにより土地の利用効率等が向上する場合には、需要者の所得増加に係る効果の場合と同様に、市場需要曲線はＤからＤ^{1}へとシフトし、需要量が増加する。

これに対し、近隣地域内における商業施設が閉店したことにより生活利便性が低下した場合等には、需要者の所得減少に係る効果と同様に、市場需要曲線はＤからＤ^{2}へとシフトし、需要量は減少することとなる。

図５　市場需要曲線の変化

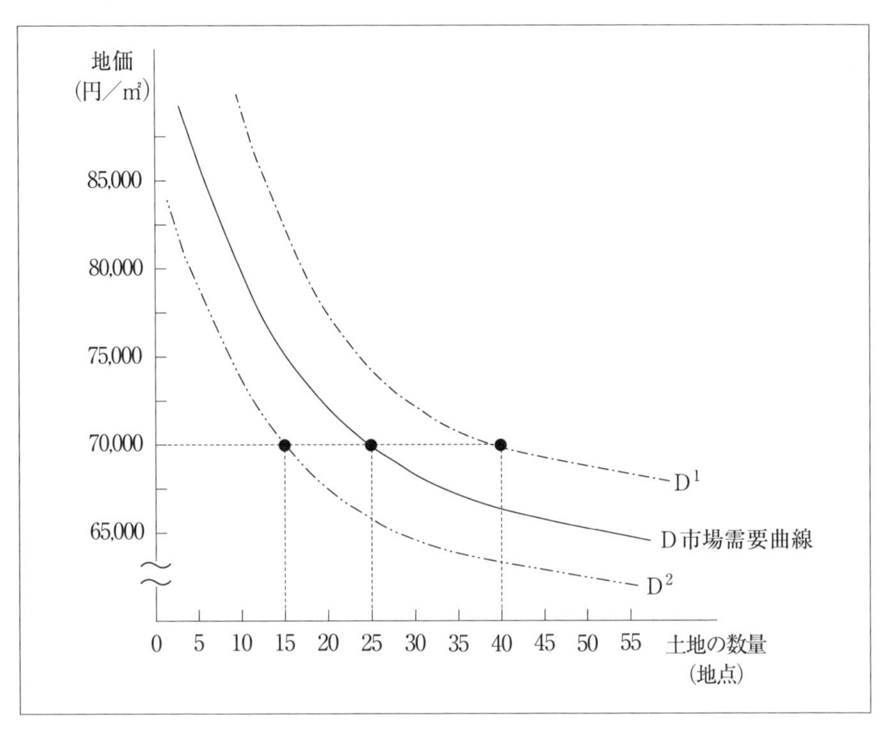

イ　市場需要曲線の変化に影響を与える地価形成因子と地価影響要因

前項で述べた市場需要曲線の変化は、具体的には、個別的要因、地域要因及び一般的要因の地価影響要因の変化の影響によるものである[3]。例えば、ある住宅地の道路の幅員が４ｍから８ｍに拡幅されたとしよう。地価影響要因から見れば、道路の幅員という街路条件が変化することによって、市場需要曲線は変化する。一方、地価形成因子から見れば、道路の拡

3　地価影響要因とは、地価に対して直接的、具体的に影響を与える要因であり、地価は、これらがそれぞれの土地の有する地価形成因子に影響を与えることによって変動する。なお、地価影響要因が地価の形成に直接的に影響を与える外部的なものであるのに対し、地価形成因子とは、土地が本来有する内部的（本質的）なものであるといえよう。

幅による効用増により土地の収益性の増加が見込まれ、住宅地から商業地へ用途性も拡大することから、市場需要曲線が変化するといえる。

市場需要曲線の変化について、第1章で述べた地価の形成に影響を与える地価形成因子及び地価影響要因の関係を述べると、次のとおりである。

(ア) 収益性に係る地価形成因子

収益性に係る地価形成因子とは、「地代相当部分」及び「収益の未実現部分」のことであり、各用途的地域の具体例としては、住宅地であれば快適性、商業地であれば収益性、工業地であれば生産性等というような地価影響要因によって、地価形成因子が影響を受けていることが挙げられる。

これらの地価形成因子の変化は、実際の地価の形成には重要であることから、市場需要曲線のシフトにも常に大きな要因となっている。

(イ) 用途性に係る地価形成因子

用途性に係る地価形成因子とは、「用途の選択肢部分」及び「用途の移行性部分」のことである。

これら用途性に係る地価形成因子の変化は、特に都市近郊林地地域、宅地化の影響を受けた農地地域等の市場需要曲線の変化に対して大きな影響を与える要因となるが、地域要因が成熟した低層専用住宅地域、高度商業地域等における影響は極めて小さい。

(ウ) 「変化予測性」に係る地価形成因子

「変化予測性」に係る地価形成因子とは、「効用変化予測部分」及び「非効用変化予測部分」のことである。特に、前者は宅地開発の進む新興の住宅地域、後者は収益性の変化に敏感な高度商業地域において多く発生する。

また、後者の一つである土地の購入に係る借入資金の金利の変動等は「非効用変化予測部分」を発生させ、住宅地の総体的な需要に影響を与えることから、これらも市場需要曲線の変化に影響を与えることとなる。

（4）　市場需要曲線の変化の整理

需要量の変化を、地価との関係による市場需要曲線上の動きと、地価影響要因の変化に伴う市場需要曲線のシフトとが同時に生じた場合について分析することとする。

図６－１　地価の下落

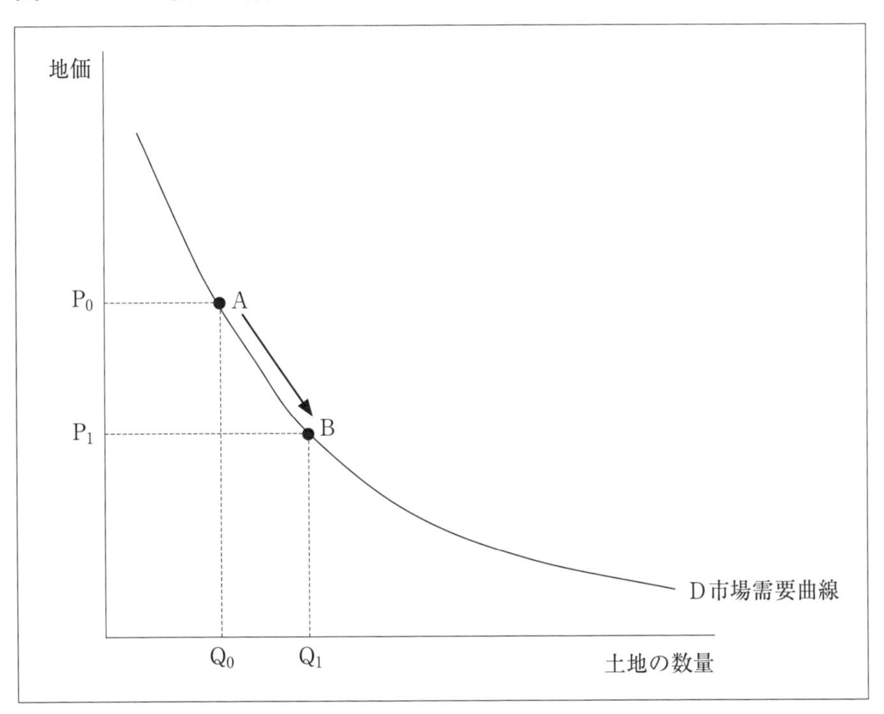

図６－１は、需要者の所得等の条件が同じであり、地価のみが変化した場合の需要量の変化を表している。

地価がP_0からP_1へと下落した場合、土地の数量（需要量）は、Q_0からQ_1に増加することとなる。

図6－2　市場需要曲線のシフト

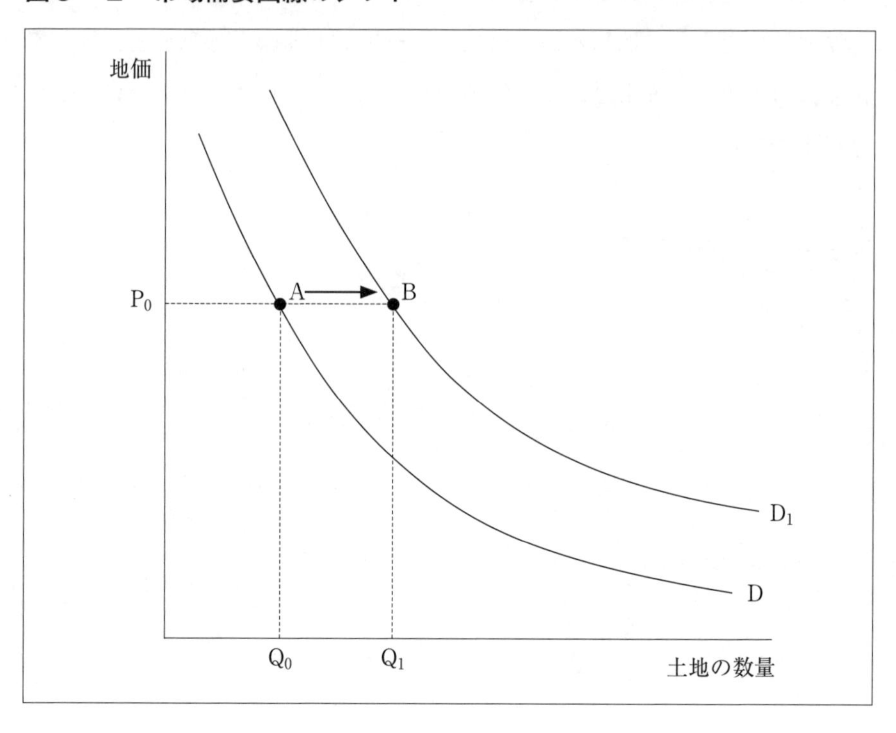

図6－2は、地価は同じであるが、需要者の所得等の変化によって需要曲線がシフトした場合を想定している。

この場合は、P_0という同じ地価に対しても、土地の数量（需要量）がQ_0からQ_1に増加することとなる。

図６－３　地価の下落と市場需要曲線のシフト

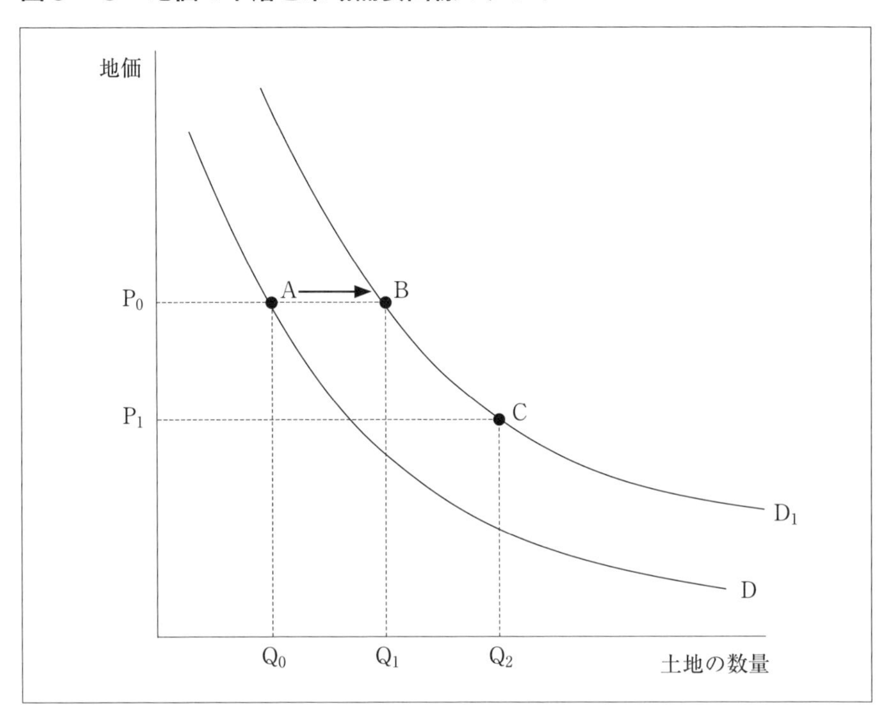

図６－３は、需要者の所得の増加等によって需要曲線がシフトし、同時に地価が下落した場合を想定している。

この場合、需要曲線がＤからD_1にシフトすることによって、土地の数量（需要量）はQ_0からQ_1に増加する。また、地価がP_0からP_1に下落することによって、需要量はQ_1からQ_2に更に増加する。つまり、これらが同時に生じた結果、需要量はQ_0からQ_2へと増加することとなる。

（５）　期間による市場需要量の変化

（１）～（４）では、３ヶ月という短期を前提に市場需要を分析したが、本項では、５年という長期を想定して分析することとする。

ア　一般財における市場需要量の変化

一般財では、需要の価格弾力性の大きさを決定する要因は、対象となる一般財に対して代替財がどの程度存するかによって決まるが、その代替性を決める要因は、一般財の相対価格の大きさ[4]並びに消費スタイルを調整及び変更するのに必要な期間の長さである。

一般財では、土地と比べると相対的に価格が低く数量が多いことや、期間が経過することによって消費スタイルを変更する可能性があることから、需要の価格弾力性は、短期と比べると長期の方が一般的に大きくなり、**図7**のように、市場需要曲線は緩やかになる。

図7　一般財の場合の期間の相違に基づく市場需要曲線

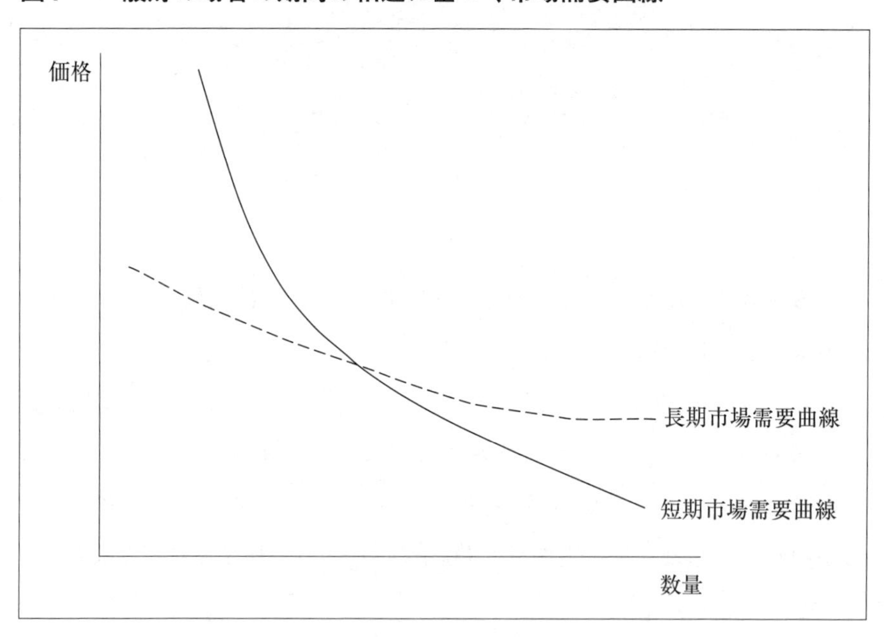

4　一般的に、価格が低い場合は代替性を有する財の種類は多く、高い場合は少ない。このため、高い財ほど需要の価格弾力性は小さくなる。

イ　土地における市場需要量の変化

本例の一宮地区では、地積150㎡程度の戸建住宅敷地が標準的な土地の使用方法であることから、短期で見ると、需要者は、住宅地の地価が上昇した場合においても住宅の建築可能な土地を選択することとなり、一宮地区内における住宅地の中で地価影響要因の劣る地価の低い土地を選択することによって、代替の住宅地を選択することとなる。

これに対して、住宅地の地価の上昇に対して需要者がどのように対応するのかを長期で見ると、戸建住宅の階層を２階建から３階建へ変更することによって敷地面積の小さい画地を選択することもあるし、戸建住宅よりも購入金額が相対的に低い分譲マンションを代替財として選択することもある。また、一宮地区に類似している他の地域で、一宮地区よりも地価水準の低い地域の選択[5]や、定期借地権による利用も考慮することとなる。

逆に、地価が下落する場合は、敷地面積の広い画地を選択したり、より環境条件の良い地域を選択したりする需要者も現れることとなる。

このため、**図８**で表されるように、地価の変動を長期で見た場合の市場需要曲線の価格弾力性[6]は、一般財と同様に、短期と比べると長期の方がやや大きくなる。

5　住宅地域は、一般的に地縁的選好性が強いことから、短期では一宮地区のみが購入の対象になることが多いが、長期では他の地域も選択の対象となることが多く見られる。

6　住宅地に係る需要の価格弾力性とは、需要量の百分比変化率を価格の百分比変化率で割った値であり、次のとおり表される。

需要の価格弾力性＝需要量の百分比変化率／価格の百分比変化率

図８　土地の場合の期間の相違に基づく市場需要曲線

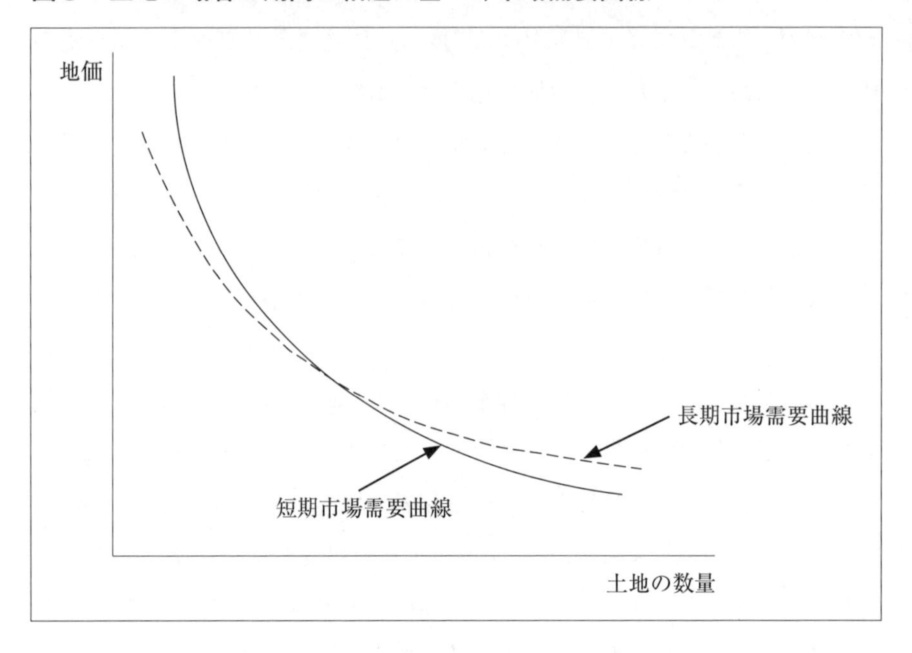

しかし、日本の住宅地の場合は、地価が高いことから代替財となる住宅地が総体的に少ないこと、一般的な傾向として一定の地域、地区を好むという地縁的選好性が強いこと等から、長期であっても需要の変化が少ない。

また、一宮地区のような住宅地市場では、需要者は分譲マンションを選択することが少なく、一般財における消費スタイルの変更のように住宅としての利用方法の変更をあまり行うことができないことから、需要者側からの要因によって代替性のある住宅地の必要性が増加することが少ない。

このため、長期市場需要曲線は、短期市場需要曲線と比較してより弾力的になる程度であり、住宅地域では、短期又は長期であっても、需要の価格弾力性に一般財のような変化が生まれることが少なくなる。

したがって、（1）～（4）で述べたような３ヶ月程度の短期市場需要曲線では、一般財と同様に非弾力的であり、５年程度の長期の場合においても、**図8**のように長期市場需要曲線の変化が小さく、やや非弾力的になる程度であるといえよう。

5　供給者の土地市場における行動の分析

住宅地における地価決定の態様を「需要・供給の法則」によって分析するに当たっては、住宅地市場における需要者の行動と同様に、供給者の行動形態を分析することが必要である。

そこで、前記４（1）需要者のグループ分類と同様に、一宮地区における供給者の種類、売却動機等を基に売却意欲の程度でグループ分けし、当該地域の土地市場における供給者行動を分析するものとする。この場合における住宅地市場の供給者とは、与えられた地価の元で住宅地を売却しようとする者をいう。

一般財の場合、それぞれの供給者は、価格の変動に対して、供給量を調整するか市場への参入又は退出という方法で対応することとなる。

しかし、前記４（1）で述べた土地の特殊性により、宅地建物取引業者等の販売する分譲住宅地等に係る一部の土地を除けば、供給する画地の規模、範囲等が特定されることとなり、各供給者は、その特定された１画地又は少数の画地を土地市場に供給することしかできず、１画地に対する面積、範囲等の変更等は困難である。

このため、土地の場合、各供給者は地価の変動に対して、一部の分譲住宅地等を除き、需要者と同様に住宅地市場への参入又は退出という形のみで対応することとなる。

なお、土地市場における供給者の行動は、後述するように、需要者が供給者になり、逆に供給者が需要者となることが多いため、基本的には需要者と同様に、４（3）イで述べた地価形成因子を背景としつつ、それぞれの売却動機等を反映して行われることに留意すべきである。

(1) 土地の供給者に係る特殊な要因

一般財では、価格の上昇に伴って供給量を増加させ、価格の下落に伴って供給量を減少させることによって、市場供給量が調整されることが一般的である。

しかし、土地の場合は、土地の特性の一つである不増性[7]により、供給形態が一般財と比べて大きく異なっており、次の３つの特質によって市場供給曲線が形成されることとなる。

ア 通常で供給可能な土地

一宮地区内の一部に見られるような既存の住宅地域において、一般的に市場に供給される土地は、そのまま住宅地として利用可能な土地が主であり、その具体例としては、相続したものの不用である土地、換金目的のために売却の必要性のある土地、宅地建物取引業者が棚卸資産として所有する土地等が挙げられる。

このような土地は、主として土地市場における地価の変動によって供給量が左右されることとなり、地価が上昇すれば増加し、下落すれば減少することとなる。

これを一般財に例えると、出荷可能な状態で在庫として存する棚卸商品、通常の生産工程において必要に応じ短期で生産量の増減が可能な商品等が該当する。

---

7 農地から宅地、林地から宅地等のような用途の転換を除き、宅地の供給量を増加することが不可能な性質のため、一定の供給量以上の増加が困難であるという性質をいう。

イ　用途変更（生産）等により供給可能な土地

一般財の場合は、価格の上昇に伴い生産量を増加させることによって市場における供給量を増加させることが可能であるが、土地の場合は、その特性である不増性により、生産によって供給量を増加させることが困難である。

このため、本例のような住宅地域では、他の用途に利用されている土地からの用途の転換、開発行為による分譲住宅地の造成等により供給量を増加させるしか方法がないということとなる。

例えば、現在空地であり有効的に利用されていない土地、資材置場として利用されている土地等の用途変更を行うことや、宅地造成工事が比較的容易な農地等を分譲住宅地として造成することによって、住宅地域の供給量を増加させることとなる。また、本例の一宮地区のような住宅地域には該当しないが、埋立工事により海岸等を宅地として造成する例も挙げられる。

このような供給は、アで述べた通常で供給可能な土地が一定量供給されたにもかかわらず、住宅地の不足が予測される場合に行われることが多く、地価の上昇局面において多く見られる[8]。

また、この場合における供給者は、土地の地価形成因子及び売却動機の他に宅地転用に係る限界費用[9]と限界便益[10]も考慮して行動することとなる。

8　本章で述べているように、地価は、用途の異なる土地間であっても牽連性を有することから、相互に地価のバランスが保たれている。このため、住宅地の地価が上昇した場合は、他の用途から住宅地への用途の転換のために造成費等が必要な場合であっても、そこに経済的合理性が生まれることから、用途の変更がなされることとなる。

9　その財の生産量を、もう１単位追加的に生産するために必要となる費用の増加分である。

10　その財を、もう１単位消費することから得られる追加的便益をいう。一宮地区の住宅地の場合では、住宅地を開発し分譲した場合における限界費用を考慮することによって、分譲する画地の分譲量が決定される。

なお、用途変更、宅地造成工事等により住宅地としての供給量を増加させることは、一宮地区のような田、畑、空地等の存する住宅地域であれば可能である。

しかし、用途的地域として成熟した既存の商業地域、住宅地域等では、このような用途の転換、宅地造成工事等によって土地市場への供給が可能となる土地が存しないことから、供給量はアのみとなり、市場供給曲線は、本例のような住宅地とは異なることとなる（後掲7（5）図24を参照）。

ウ　供給可能な土地の限界

一般財では、短期的には作業人員、製造設備等の限界によりそれ以上生産することが困難な場合であっても、長期的には作業人員の増員、製造設備の改善及び増設等によって供給量を増加させることが可能である。

しかし、土地では、有効利用の可能な土地の絶対量が限られていることから、イで述べた用途の転換、宅地造成工事等により住宅地の供給量を増加させる以上にその供給を増加させることが困難である。

このため、供給の価格弾力性は硬直的となり、特殊な市場供給曲線を形成することとなる（後掲（4）図10を参照）。

（2）供給者のグループ分類

住宅地における供給者は、土地市場において自らが所有する土地をできるだけ高い地価で売却し換金することを目的として行動するが、その場合の売却希望地価は、それぞれの供給者の個人的な事情に係る売却動機の強弱により異なってくる。

グループ分けすると、次のとおりである。

ア　売却の必要性の高い供給者……A供給者グループ

実際の住宅地市場では最も売却意欲の強い供給者であり、具体例としては、金融ひっ迫、倒産等により早急に土地を売却し換金する必要性のある者、被相続人の死亡に伴う遺産分割のために早急に土地を処分したい者等が挙げられる。

このグループは、購入希望地価が地価水準と比べて低い場合においても、供給者として市場に参入することが多い。

イ　売却の必要性が普通程度の供給者……Ｂ供給者グループ

実際の住宅地市場では最も多く見られる供給者であり、具体例としては、棚卸資産として所有する土地を販売する宅地建物取引業者、他の住宅、マンション等への買替えに伴い不用となった土地を処分する者等が挙げられる。

このグループは、適正な地価水準の場合に市場に参入することとなる。一宮地区の場合には、70,000円／㎡前後が相当する。

ウ　売却の必要性が低い供給者……Ｃ供給者グループ

Ａ及びＢグループに比べて住宅地の売却意欲が低い供給者であり、具体例としては、遊休土地の法人所有者、長期的な投資目的で土地を所有している投資家、農業経営縮小に伴う不用となった農地を住宅用地として売却しようと考慮する者等が挙げられる。

このグループは、換金を急がないことから、地価水準が上昇した場合のみ市場に参入することとなる。

（3）　市場供給曲線

供給者に係る住宅地の供給量を合計したものが市場供給量であり、地価と土地の数量の関係を表した曲線が市場供給曲線である。

（2）で述べた各供給者グループの住宅地市場における供給量を市場供給曲線で表せば、**図９**となる。

なお、理解を容易にするために、本項での前提条件として、住宅地の供給量は、（1）アで述べた通常で供給可能な土地が相当数存在し、地価が高いほど順次増加するものと仮定する。

図9　市場供給曲線

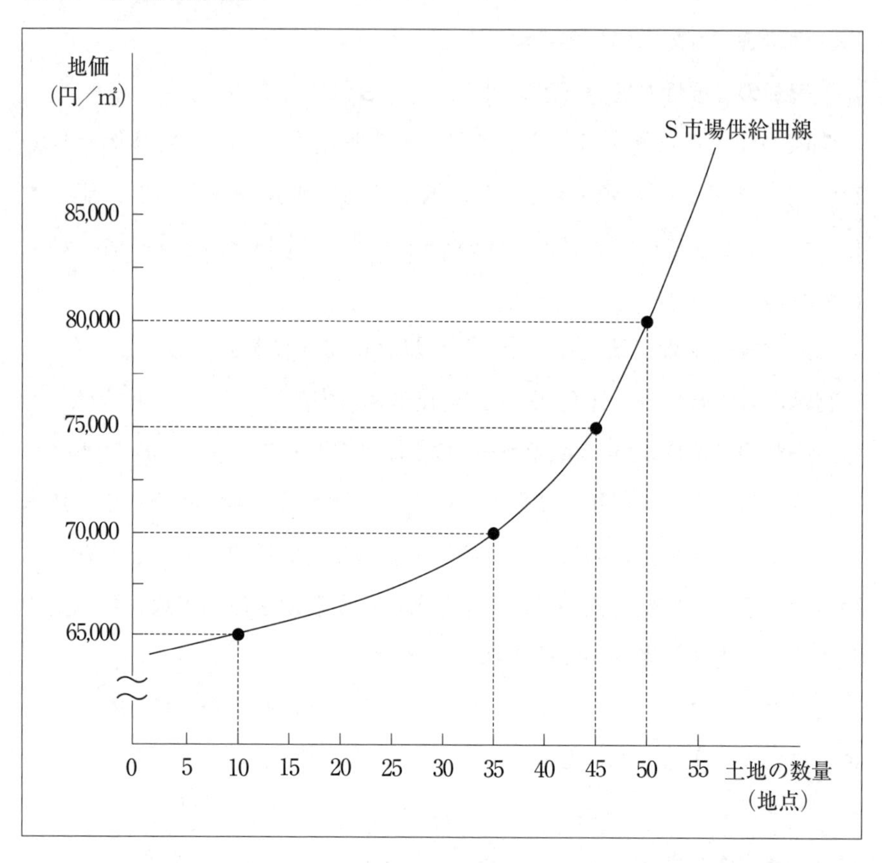

仮に、地価が60,000円／㎡であったとすると、この場合の供給者は、A供給者グループの中でも金融ひっ迫、倒産等により特に早急に土地を処分する必要性のあるごく一部の者に限られるため、供給量は極めて少ない。

しかし、地価が65,000円／㎡になると、供給量が増加し始め、A供給者グループのほとんどが土地市場に参入するだけでなく、B供給者グループの一部も参入することとなる。

次に、地価が適正な地価水準の70,000円／㎡になると、B供給者グループのほとんどが土地市場に参入することとなる。

更に、地価が75,000円／㎡、80,000円／㎡、85,000円／㎡と高くなるにしたがって、C供給者グループまでが土地市場に参入することとなる。

これを**図９**で見てみると、住宅地の供給量は、65,000円／㎡の地価では10地点、70,000円／㎡では35地点、80,000円／㎡では50地点というように増加し続けることとなる。

（4）　住宅地市場の特殊な供給曲線

住宅地市場における市場供給曲線を理論的に分析してみると、（1）アで述べた通常で供給可能な土地の供給量が相当数存在するのであれば、一般財と同様に**図９**のような緩やかな右上がりの曲線となるが、一宮地区（実際の住宅地市場）における市場供給曲線は、これとは異なることとなる[11]。

これは、（1）で述べた土地の特性の一つである不増性、第２章第２節で述べた「地代相当部分」等に起因するものであり、これらの特性が、一般財と異なる供給形態となって市場供給曲線に反映されるためである。

この関係を**図10**で表せば、次のとおりである。

11　一宮地区に限らず、地方都市郊外における開発の進む低層住宅地域では、多くの場合で異なることとなる。

図10　市場供給曲線

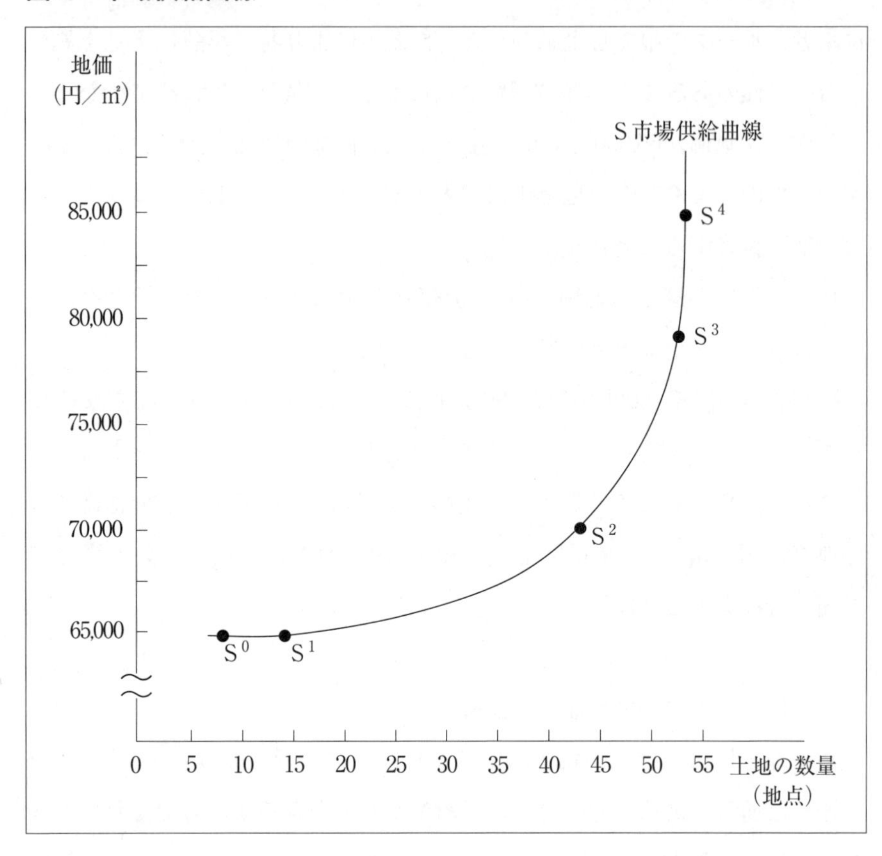

ア　S^1S^2点間の変化

S^1S^2点間の供給量は、**図9**と同様に、地価が高くなるにつれて増加する。この理由は、(1) アで述べたように、地価の変化に応じて住宅地として市場に供給可能な土地が順次供給されるためである。

イ　S^2S^3点間の変化

住宅地の地価が高くなる過程において、供給可能な状態にある住宅地の多くが市場に供給されると、その絶対数が限られていることから追加的な供給量が不足することとなる。

このため、（1）イで述べたような現況が農地として利用されている土地、資材置場として利用されている土地等の中で、短期で住宅地への転換が可能な土地については、地価が高くなるにしたがって宅地造成工事等を行ったうえで市場に提供されることとなる。

しかし、このような土地の供給も、住宅地への用途の転換が可能な土地が総体的に限られていることや、短期で宅地造成を行い一定量以上の住宅地を供給することが困難であることから、追加的に供給可能な住宅地の数量が限られることとなる。

このため、供給量は住宅地の地価が高くなっても若干増加するに留まることとなり、市場供給曲線は、S^1S^2点間のように弾力的には増加せず、S^2S^3間のようにかなり非弾力的となる[12]。

この場合、S^2S^3点間では、住宅地としての用途変更、造成工事等に係る生産者（宅地分譲業者）の限界費用を考慮したうえで住宅地に変更されることとなるため、S^1S^2点間と同様の地価形成因子である「収益性」、「用途性」及び「変化予測性」を前提に供給されることとなる。

ウ　S^3S^4点間の変化

更に、このような用途の転換に伴う供給形態も、（1）ウで述べたような土地の特性の一つである不増性により絶対量が限られているため、住宅地として利用可能な土地の供給はもはや不可能となり、S^3点からは地価がそれ以上に高くなっても、供給量は増加しなくなる。このため、市場供給曲線はS^3S^4間のように完全に非弾力的となる。

12　供給曲線は通常右上がりであるが、傾きが非常に急な場合もあれば、極めて緩やかな場合もある。傾きの大きさは価格変化に対する供給量の感応度を表しているが、この感応度を正確に表すために、需要の場合と同様に、供給の価格弾力性（price elasticity of supply）が定義される。それは、供給量の百分比変化率を価格の百分比変化率で割った値である。

供給の価格弾力性＝供給量の百分比変化率／価格の百分比変化率

エ　S^1点以下の変化

次に、地価がS^1点以下に低い場合を分析することとする。

本章で述べるように、土地市場における地代と地価との関係は、一定の条件下においては$P_0 = r/i$が成立するため、短期的には、賃貸マンション、駐車場等の利用に係る住宅地としての「地代相当部分」の限度において、これより地価が下落することはない。

仮に、近隣地域及びその周辺に存する賃貸マンション、駐車場等の賃料に変動がなく、住宅地の地価のみが「地代相当部分」よりも下落すれば、$P_0 < r/i$（第4章参照）となるため、市場には、住宅地として利用するための需要者のみならず、賃貸マンション、有料駐車場等の収益性に着目した新たな需要者（主として投資対象者）が現われることとなる。

このため、これらの新たな需要者が地価の下支えをすることにより、S^0 S^1点間で表されているように、地価がそれ以下に下落することはほとんどないこととなる。

もっとも、この例では3ヶ月間という短期の住宅地市場を想定していることから、地価はこれより下落しないが、長期では、地価の下落は結果的に借地権に係る地代及びマンション等に係る賃料にも影響を与え、これらも同様に下落することが通常であるから、更に地価の下落へと繋がっていくこととなる。

（5）　市場供給曲線の変化

ア　市場供給曲線の変化の内容

次に、市場供給曲線の変化を見てみよう。

市場供給量の変化に関しては、市場供給曲線上の動きによる変化とシフトによる変化とを区別することが必要である。

（4）では、高い地価ほど住宅地の供給量が増加し、逆に低い地価ほど供給量が減少することを述べたが、これは、所与の市場供給曲線上での供給量の動きに過ぎない。

しかし、実際の土地市場の供給量の変化は、地価の高低だけでなく、それ以外の供給を形成する要因の変化によって生ずることが多い。

図11　市場供給曲線の変化

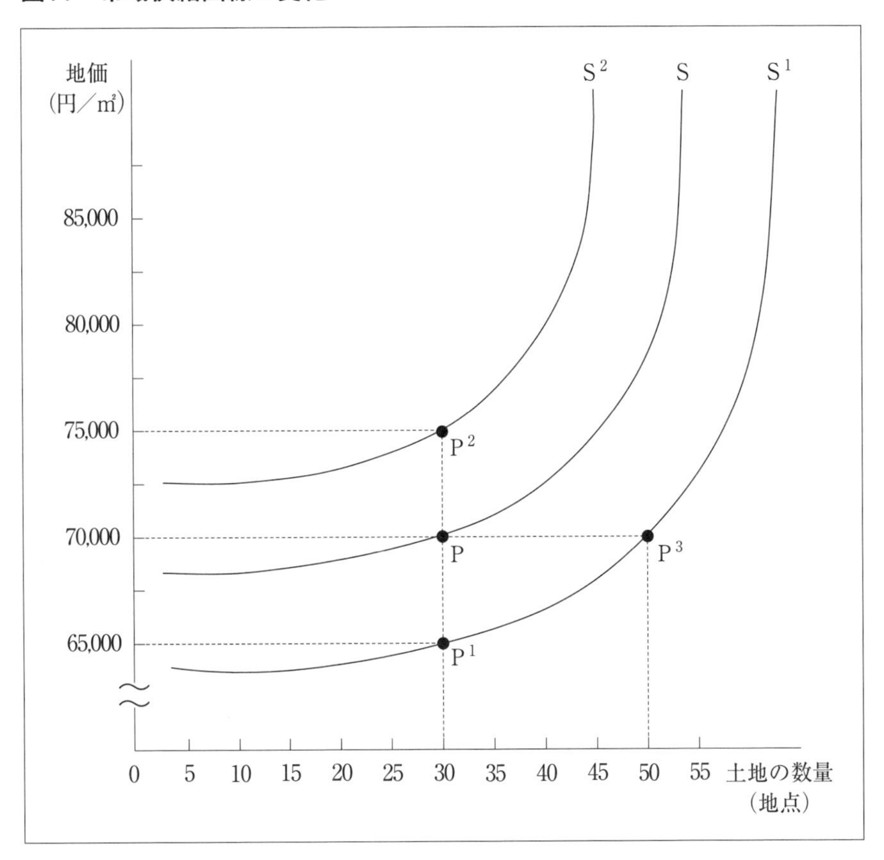

例えば、都市近郊の住宅地域及びその周辺において、都市計画法に規定される市街化調整区域から市街化区域への編入に伴い開発行為の規制が緩和される場合には、供給可能な住宅地が大幅に増加するため、**図11**で表されているように市場供給曲線は、曲線Ｓから曲線S^1のようにシフトする。この結果、供給量は同じ30地点であっても、地価は、70,000円／㎡から65,000円／㎡に下落することとなり、地価が同じ70,000円／㎡であっても、供給量は30地点から50地点に増加することとなる。

これとは逆に、宅地造成等規制法等の規制が行われると、開発行為等が制限され供給可能な住宅地が減少するため、市場供給曲線は、**図11**の曲線Ｓから曲線S^2のようにシフトすることとなる。この結果、供給量は同じ30地点であっても、地価は、70,000円／㎡から75,000円／㎡に上昇することとなる。

イ　市場供給曲線の変化に影響を与える要因

一般財では、需要者はその財に対する購入希望者であり、供給者はその財に対する販売希望者（生産者）であるため、それぞれの財に対して重視する要因、行動する動機等は異なることが多い。

しかし、土地については、宅地建物取引業者、投資対象者等のような需要者が、土地を購入した後にその土地の供給者となり、更にその土地を売却することによって他の土地を購入する新たな需要者になるということがよく見られる。このため、市場供給曲線の変化に影響を与える要因は、市場需要曲線の変化に影響を与える要因と共通する部分が多い。

図12　地域要因が向上した場合の地価

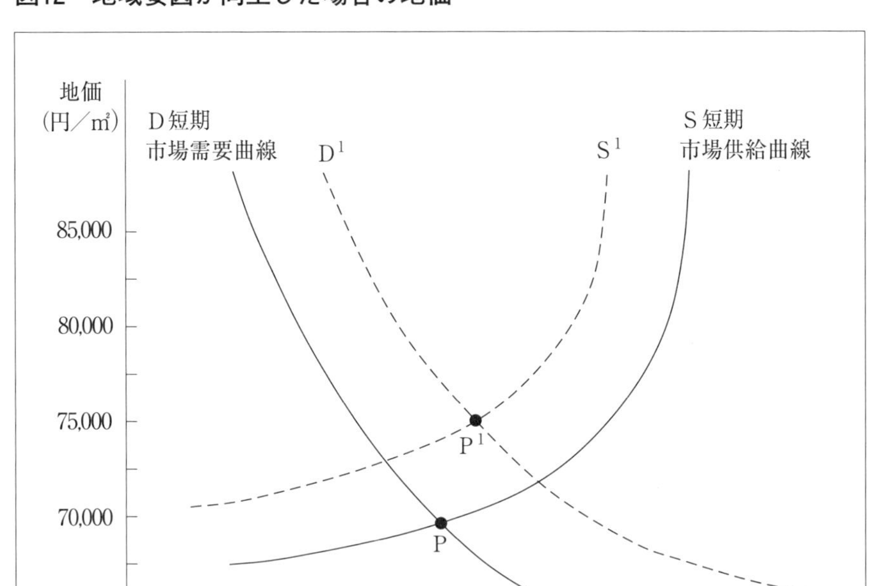

例えば、道路の改良、公共施設の新設等による地域要因の向上は、土地の収益性を増加させることから、市場需要曲線は、**図12**のＤからＤ¹のようにシフトするが、これらの要因は供給者にも同様の影響を与え、市場供給曲線は、**図12**のＳからＳ¹のようにシフトすることとなる。

これとは逆に、商業施設、公共施設等の移転による地域要因の低下は、生活利便性が低下することから、市場需要曲線は、**図13**のＤからＤ²のようにシフトするが、これらの要因は供給者にも影響を与え、市場供給曲線は、**図13**のＳからＳ²のようにシフトすることとなる。

図13　地域要因が低下した場合の地価

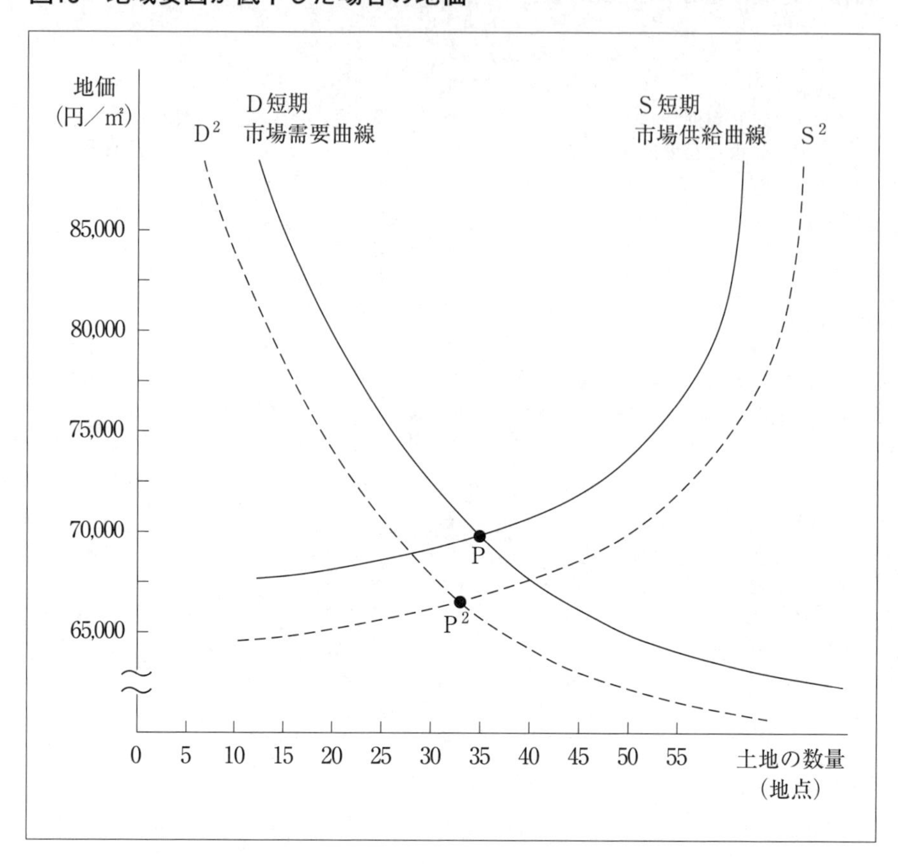

したがって、供給者による（1）アで述べた通常で供給可能な土地の供給は、需要者と同様に、「収益性」、「用途性」及び「変化予測性」をインセンティブとしながら、供給者の種類、売却の動機等を反映したうえで行われることとなる。

また、（1）イで述べた用途変更（生産）等により供給可能な土地の供給は、これらの地価形成因子の他に、分譲住宅地として利用するための素地の取得費用、造成工事費等の限界費用を考慮して行われることとなる。

（６） 市場供給曲線の変化の整理

供給量の変化を、地価のみが変化した場合、地域要因、一般的要因等の変化に伴い市場供給曲線のみがシフトした場合、更にこれらが同時に生じた場合について分析することとする。

図14－１

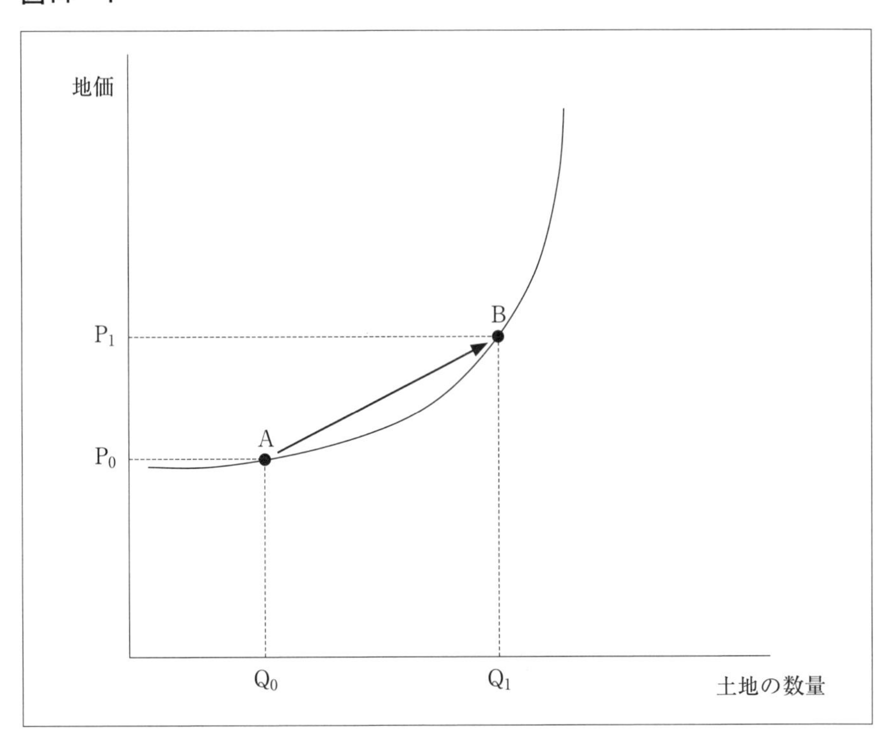

図14－１は、地価のみが変化した場合を想定している。

住宅地の地価がP_0より高いP_1の場合は、住宅地の供給量は、Q_0からQ_1へ増加することとなる。

図14－2

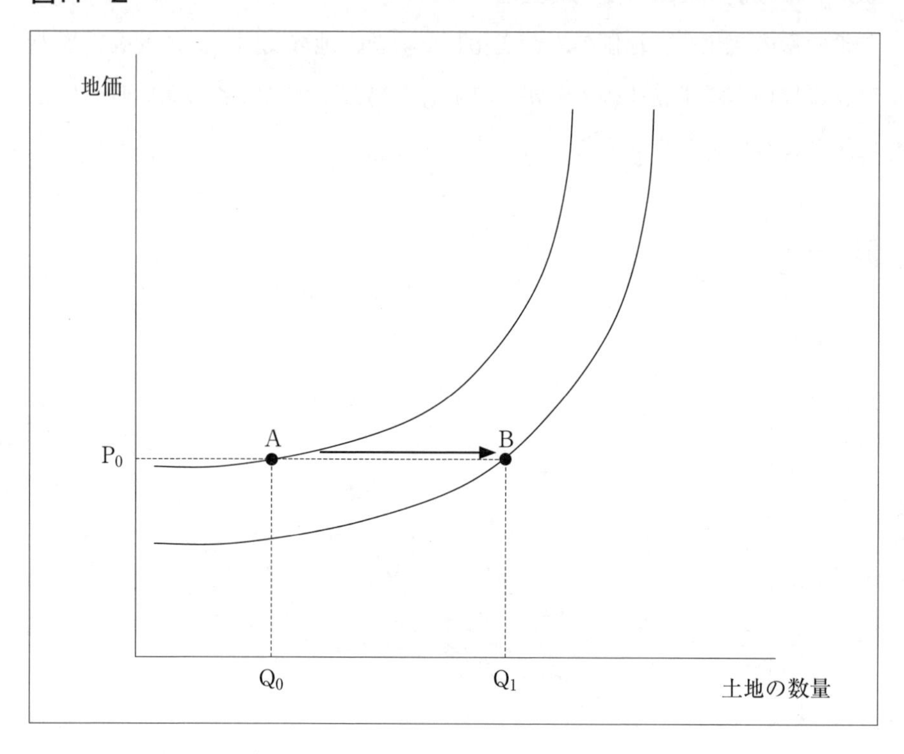

図14－2は、地価は変化しないが、市場供給曲線がシフトし、供給量が増加した場合を想定している。

この場合は、地価がP_0のまま変化しないにもかかわらず、土地の供給量は、Q_0からQ_1へと増加することとなる。

図14－３

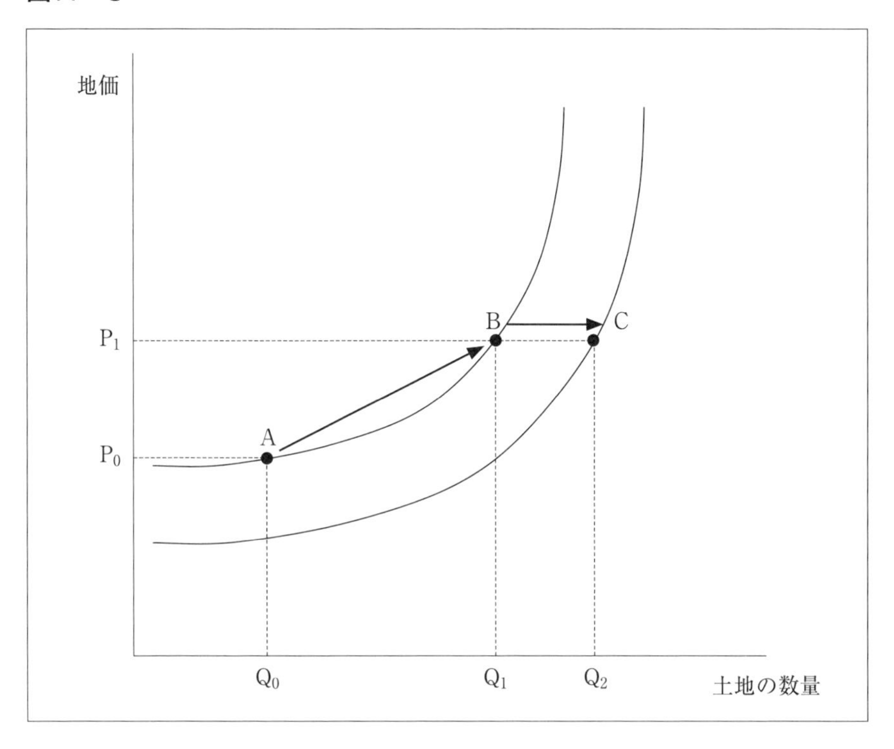

図14－３は、住宅地の地価がP_0からP_1に上昇し、更に市場供給曲線がシフトした場合を想定している。

この場合は、地価がP_0からP_1に上昇することによって、供給量がQ_0からQ_1へ増加し、更に市場供給曲線がシフトすることによって、供給量はQ_1からQ_2へ増加することとなる。

（７）　期間による市場供給量の変化

ア　一般財における市場供給量の変化

一般財の場合、短期においては、工場の操業時間の延長等によって一定の生産量の増加は可能であるが、ある一定の生産量を超えると、その工場設備、作業人員等では生産量を増加することができなくなるため、短期市場供給曲線はやや非弾力的となる。

しかし、長期においては、工場設備の拡大、作業人員の増員等により供給量を増加させることが可能であり、このため長期供給曲線は、短期供給曲線と比べて、供給の価格弾力性が**図15**のように弾力的になることが一般的である。

図15　一般財の市場供給曲線

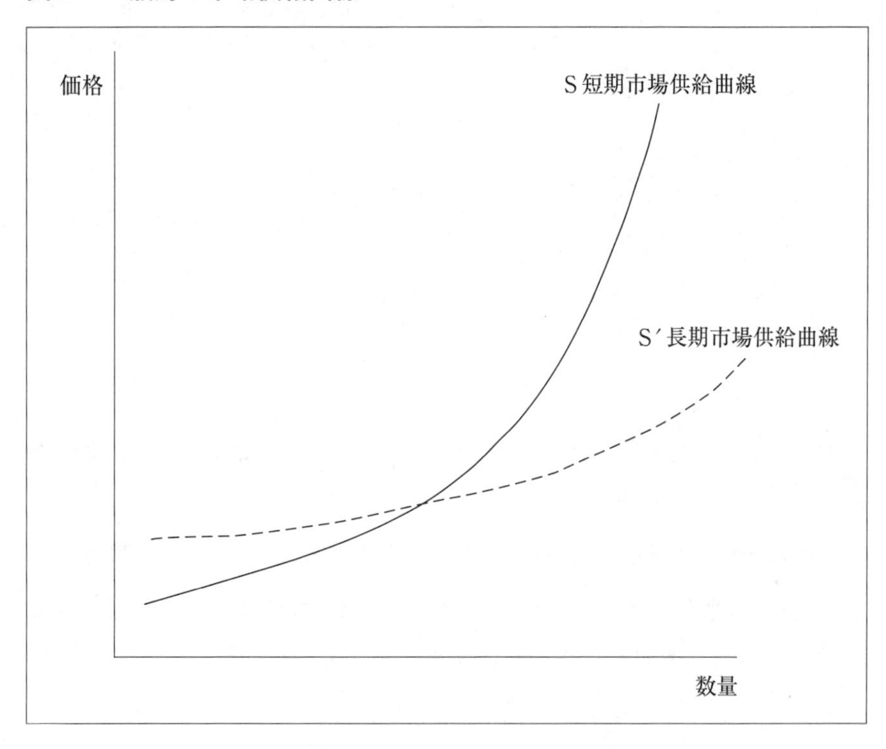

イ　土地における市場供給量の変化

土地の場合、土地の特性の一つである不増性が供給形態に影響を与えるために、短期と長期とでは、市場供給曲線が一般財と比べると若干異なることとなる。

（ア）　短期の場合

住宅地に係る供給者の行動を短期で見ると、地価が高い場合には、その時点における供給が可能な土地を地価の上昇の程度に応じて住宅地市場に供給しようとするため、土地市場における土地の数量（在庫量）は減少することとなる。

このため、新たな供給が必要になることから、供給者である宅地建物取引業者等は、５（４）で述べたように、短期のうちに宅地造成が可能な農地、資材置場、工場等の面積の大きな土地を購入したうえで宅地造成し、分譲住宅地として供給することとなる。その結果、短期の住宅地市場では、供給量が若干増加することとなるが、それ以上の増加は見込めないことから非弾力的となる。

これとは逆に、地価が低い場合は、住宅地市場に供給する土地の数量を減少することとなるが、ある一定以下に地価が低くなることはない。

（イ）　長期の場合

住宅地に係る供給者の行動を長期で見ると、短期の場合に比べて供給量の変化が複雑となるため、図を用いて短期と長期とを比較し、詳しく述べることとする。

①　地価が上昇する場合

長期で地価が上昇する場合、いくつかの方法で供給量を増加させることができる。

例えば、短期（２～３ヶ月）では住宅地とするための宅地開発が困難な農地、山林等であっても、長期（３～５年）では可能なため、住宅地の供給量をある程度増加させることができる。

また、一宮地区と地価影響要因が類似する周辺地域の住宅地を供給することによって、代替性を有する住宅地の供給量を増加させることにより、供給量を弾力的にすることができる。

また、分譲地においては１画地当たりの販売面積を縮小する、建売住宅地においては従来２階建仕様であった建築物を３階建に変更し敷地面積を縮小するというように、地価の総額を一定の範囲内に維持したままで、供給する画地の量を増加させることもできる。

しかし、住宅地として利用できる土地は、長期で見ても、土地の特性の一つである不増性のために、一定の数量以上に増加させることが困難であり、供給量は、短期と比べて若干増加する程度にとどまる。

このため、長期市場供給曲線は、短期市場供給曲線と比べて、より弾力性が大きくなるに過ぎないこととなる。

このような供給曲線の形状から見た場合、地価の変動は、後述するように、地価の上昇期においては、一般財の価格の変動とは異なり、短期又は長期であっても、需要者側の要因によって大きく左右されるといえる。

この関係を表したものが**図16**で、長期市場供給曲線Ｓ′は、短期市場供給曲線Ｓと比べて、若干弾力的に変化するに過ぎないこととなる。

図16　短期と長期とを比較した市場供給曲線

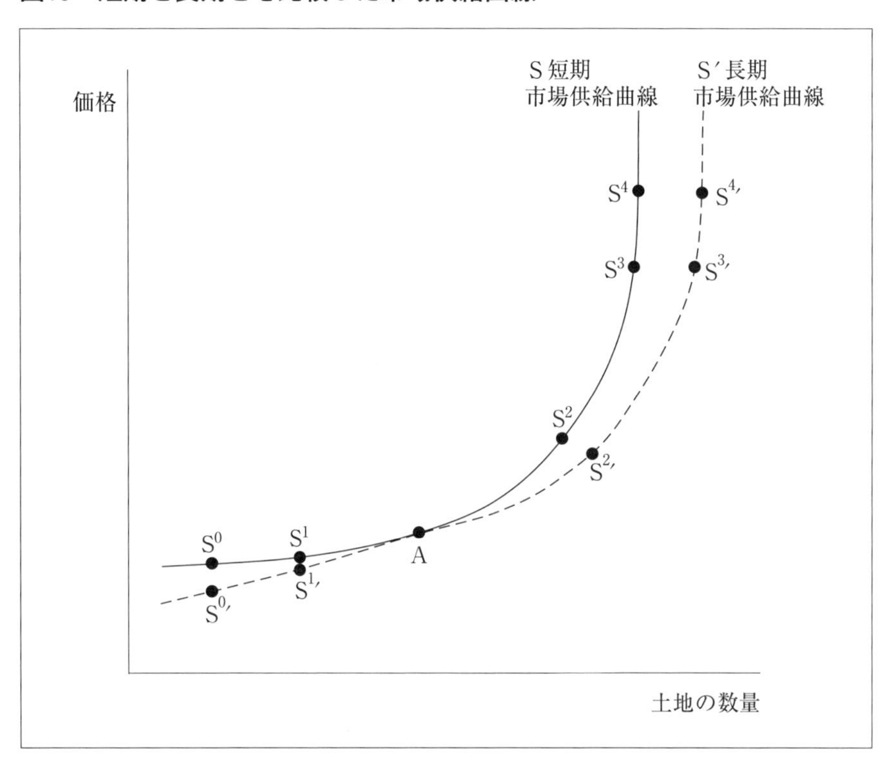

これを細かく比較分析すると、S^3S^4点間、$S^{3\prime}S^{4\prime}$点間の供給の価格弾力性は同じであるが、S^2S^3点間と比べて$S^{2\prime}S^{3\prime}$点間は供給量が若干増加するため、供給の価格弾力性がやや大きくなる。

また、$AS^{2\prime}$点間はAS^2点間と比べるとやや弾力的となるが、これは、（1）アで述べた通常で供給可能な土地が期間の経過により若干増加し、供給量が変化するためである。

②　地価が下落する場合

地価が下落する場合は、短期と比べて長期では、次のように異なることとなる。

短期で見ると、（4）で述べたように、$P_0 < r / i$の状態になると住宅地の需要者だけでなく新たな投資対象者が現れるため、地価はP_0以下に下がることはない。

しかし、長期で見ると、地価は下落することとなる。その理由としては、投資対象者がその土地を購入し、賃貸マンション、駐車場等に利用方法を変更することによって賃貸市場に供給することが多いため、これらの利用方法を含む住宅等の用途性を有する土地は、供給過剰となるからである。このため、賃貸マンション、駐車場等に係る賃料が下落することで収益が減少し、それに伴って地価形成因子のうちの「地代相当部分」そのものが減少することとなる。

したがって、地価が下落する場合の長期市場供給曲線は、**図16**に表されるように、短期市場供給曲線と異なり左下がりのままとなる。

なお、本項で述べた市場供給曲線の態様は、一宮地区という住宅地域内で発生する現象を表したものであるが、日本の地方都市の郊外における住宅地域では、多くの場合、同様の傾向が見られる。

しかし、人口に対して、住宅地の供給量及び短期で住宅地として供給できる土地の多いアメリカ、オーストラリア、カナダ等における地方都市近郊の住宅地域においては、**図９**のような他の一般財と同様の市場供給曲線となる場合があることに留意すべきである。

6　需要者及び供給者の行動において指標となる地価水準

土地市場における需要者及び供給者は、土地が有する地価形成因子をインセンティブとし、個別の動機に基づき行動することとなるが、合理的な市場行動を行うためには、取引の指標となる地価が必要である。

一般財では、同一市場又は類似する他の市場において既に成立している同一財の取引価格、今後販売しようとする同一財の販売希望価格等を指標とし、それらに各々の動機を加味したうえで、需要者及び供給者が市場行動を起こすこととなる。

土地も、一般財と同様に、土地市場における同一の地域又は類似する地域の同種、同類型の土地の既に成立している取引地価、売却希望地価等を指標として、需要者及び供給者が市場行動を起こすこととなる。

しかし、土地は、後述するように、一般財と比べると土地そのものの個別性が極めて強く、また取引に当たっての特殊な事情[13]が含まれることが多いため、各土地市場において成立する取引地価、売却希望地価等は、一般的には市場行動を起こすに当たっての規範性の高い指標とならないケースが多いと考えられている。

このため、理論上ではこれらを大きな要因として地価の決定に係る土地市場の不完全性が主張されているが、本章第２節で述べるように、実際の市場では、ほとんどのケースで取引地価、売却希望地価等から得られる情報を指標として、需要者及び供給者が行動している。

また、この場合の指標となる地価が、それぞれの地域内における標準的な画地における地価水準であり、実際の取引に係る需要者及び供給者の行動を分析してみると、ほとんどのケースでそれぞれの地域における地価水準を把握し指標としたうえで行動していることがうかがわれる。

この場合の地価水準の意義、把握の具体的な方法等については、本章第２節で詳しく述べるが、このことは、実際に一宮地区においても需要者及び供給者が宅地建物取引業者、不動産情報誌等を通じて当該地域の地価水準を把握し、これを土地市場における取引の指標としていることからも証明されているといえる。

13　売主及び買主が、情報不足によって過小又は過大な額で行う取引、知人や親族間の恩恵的な取引等が多く見られる。

7　住宅地市場における地価の成立

一宮地区における住宅地の地価[14]は、次のように成立することとなる。

(1)　地価の成立

住宅地の地価の成立は、短期の市場（3ヶ月程度）と長期の市場（5年程度）とでは若干異なっているため、区分して解説することとする。

ア　短期の市場での地価の成立

短期での住宅地の地価は、**図17**のように、一宮地区に係る短期の市場需要曲線と市場供給曲線との交点Pで決定されることとなる。

交点Pでは、需要量と供給量とが一致しており、地価及び取引量が成立することとなる。

この状態では、地価形成因子、取引動機等に変化がない限り、地価及び取引量に変動を引き起こす力が働かない状態となり、土地の需要者は交点Pの地価で購入し、供給者はこの地価で売却することとなる。

ここで、前述の需要者及び供給者のグループ分類に基づいて解説することとする。

交点Pよりも高い地価に対しては、4（1）イ購入の必要性が普通程度のB需要者グループが住宅地市場から退出するため、需要量は減少する一方、供給量は、5（2）ウ売却の必要性が低いC供給者グループまでが参入することによって増加するため、需要量に対して供給量が超過し、地価は成立しない。このため、市場では、地価を均衡水準まで下げるように調整されることとなる。

これに対し、交点Pよりも低い地価に対しては、4（1）ウ購入の必要

14　本項で述べる地価とは、後述するように地価水準のことをいう。

図17　住宅地の地価の決定（短期）

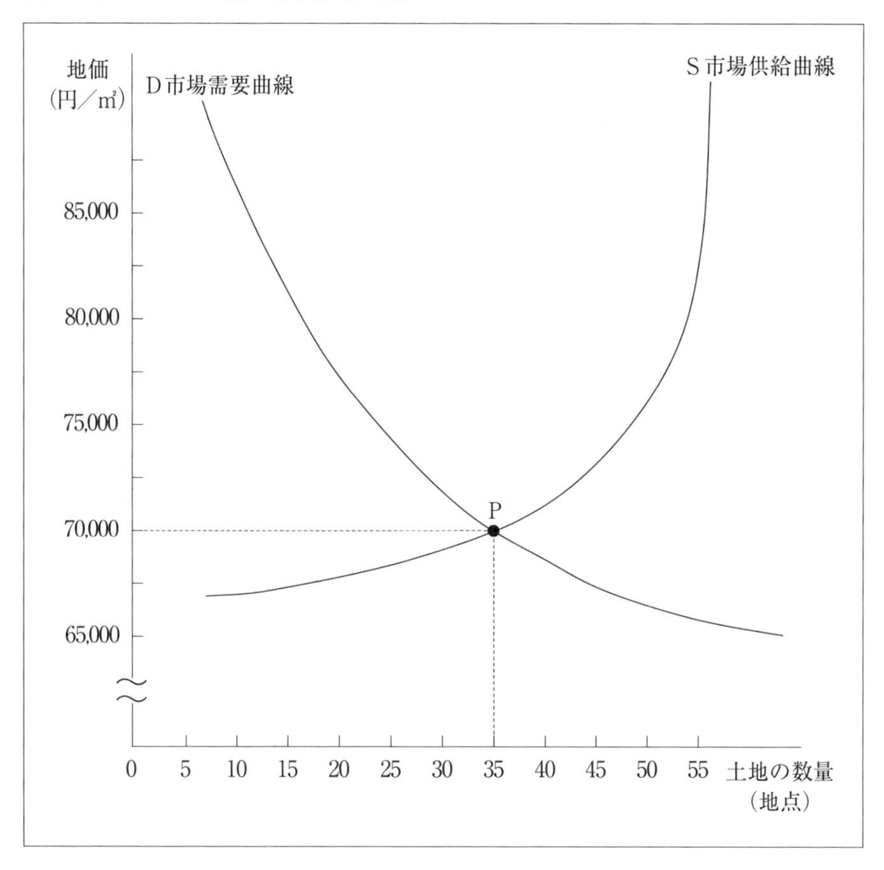

性が低いＣ需要者グループまでが市場に参入することにより需要量は増加する一方、供給量は、５（２）イ売却の必要性が普通程度のＢ供給者グループが住宅地市場から退出することによって減少するため、供給量に対して需要量が超過し、同様に地価は成立しない。このため、市場では、地価を均衡水準まで上昇させるように調整されることとなる。

具体例を挙げて見てみよう。この場合の均衡点Ｐは、地価が70,000円／㎡、取引量が35地点とする。

図18　住宅地の地価の決定（短期）

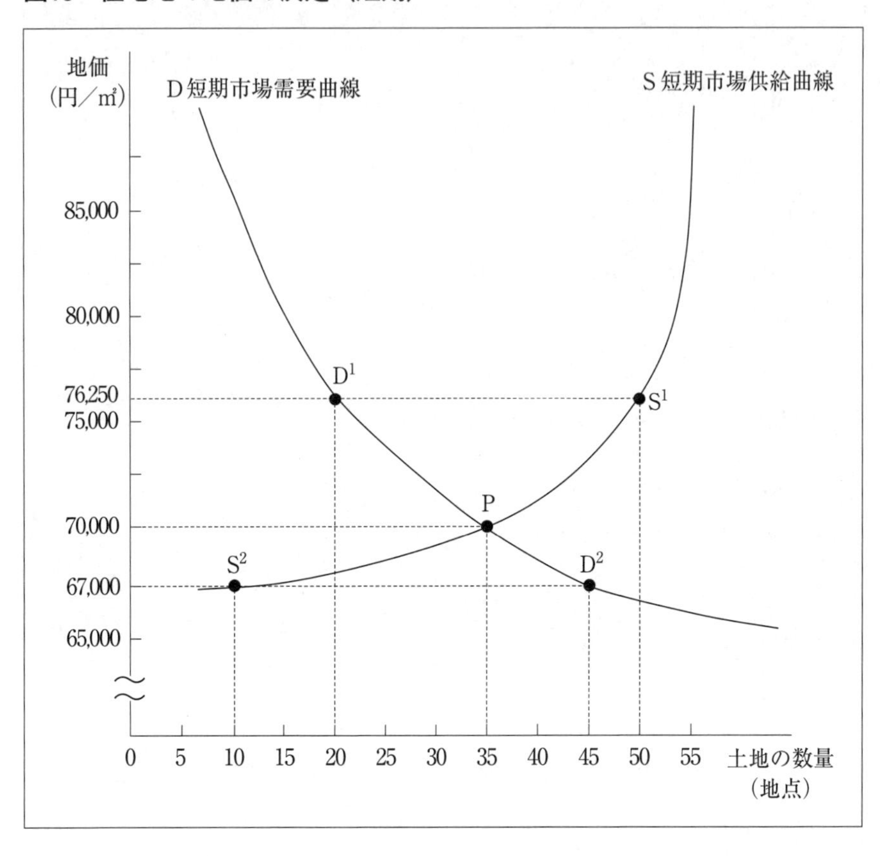

例えば、地価がD¹点の76,250円／㎡であったとすると、需要量が20地点であるのに対し供給量はS¹点の50地点のため、供給量が需要量を超過している状態となっている。このため、地価が下落するように調整される。

これに対し、地価がD²点の67,000円／㎡であったとすると、需要量が45地点であるのに対し、供給量はS²点の10地点のため、需要量が供給量を超過している状態となっている。このため、地価が上昇するように調整される。

その結果として、地価は70,000円／㎡、取引量が35地点で成立することとなる。

このように、住宅地の地価は、後述するように一般財の価格の成立と同様に、その地域内における市場需要曲線と市場供給曲線との交点Ｐにおいて成立することとなる。

イ　長期の市場での地価の成立

長期の市場を短期の市場と比較すれば、長期市場需要曲線及び長期市場供給曲線は、**図19**のように、短期の市場と比べてやや弾力的になる。

図19　住宅地の地価の決定（長期）

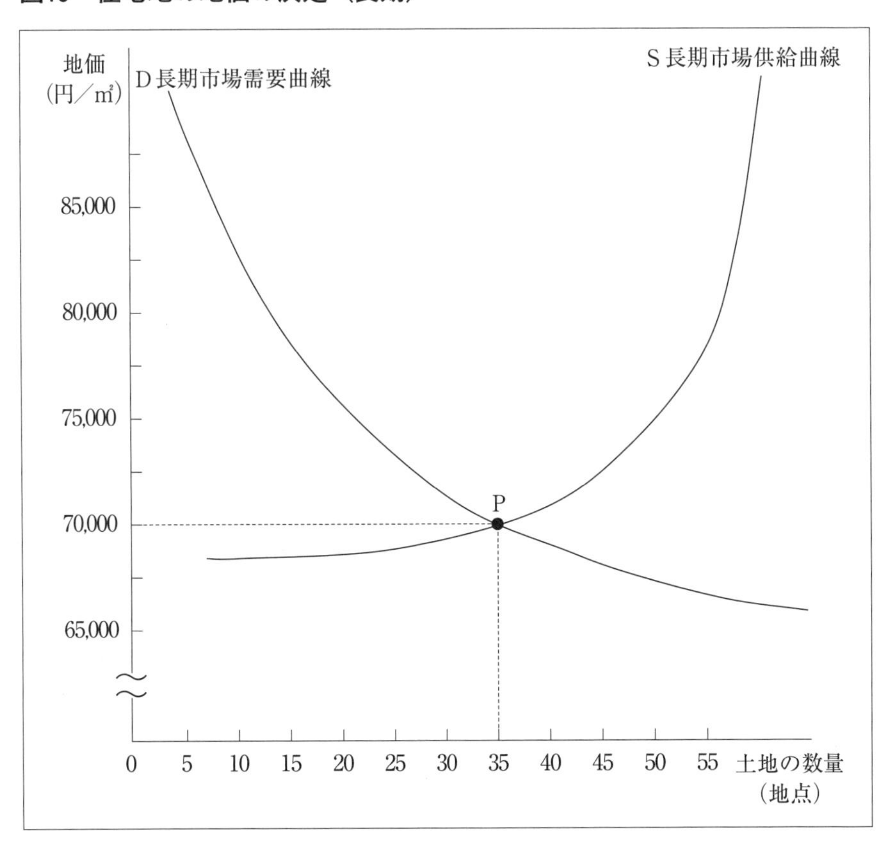

まず、長期市場供給曲線から見ると、地価が上昇する場合は、5（1）イで述べた用途変更（生産）等により供給可能な土地の供給量を増加させることが可能である。しかし、既に述べたように、長期の場合においても供給量が大きく増加することがないため、やや弾力的となる程度で、短期の場合と類似した長期市場供給曲線となる。

逆に、地価が下落する場合は、短期市場供給曲線とは異なり、一般財と同様の弾力性になる。

次に、長期市場需要曲線について見ると、短期と比べればやや弾力的であるが、短期の場合と類似しており、一般財と比べると硬直的であるといえる。

以上の分析の結果、本例のような住宅地の地価は、一般財とは異なり、短期又は長期であってもほぼ同様に推移することとなる。

（2）「需要・供給の法則」によって成立する地価と地価水準

「需要・供給の法則」によって決定される価格は、商品が規格化された一般財の場合は、理論的には同一の価格で成立することとなる。

しかし、後述するように、実際の土地市場で成立する地価は、それぞれの土地の有する角地、地積過大等の個別的要因、土地の売買における地縁的選好、知人間取引等の特殊な事情等の要因が反映されるため、一般財とは異なり同一ではなく、一定の地価の範囲内に存する個々の異なった取引価格で成立することとなる。

これらの個別的に成立した地価をそれぞれ分析すると、本章第2節で述べるように、一定の地価水準を標準としながらそれぞれの土地の個別的要因を反映した地価で成立することが多くの場合で認められる。

したがって、本章における「需要・供給の法則」によって決定される地価とは、土地の取引に係る事情補正、標準化補正等の補修正（第1章参照）が行われた後の地価であり、これらの補修正を行った取引価格の集合体である地価水準が、「需要・供給の法則」によって成立する地価であるといえよう。

（3）　市場需要曲線及び市場供給曲線の変化

次に、市場需要曲線及び市場供給曲線がそれぞれ変化する場合において、地価及びその取引量がどのように変化するのかを分析してみることとする。

ア　市場需要曲線の変化

例えば、道路の新設、拡幅等によって道路条件、環境条件等の地域要因が向上する場合は、**図20**のように、市場需要曲線はＤからD^1へとシフトすることとなり、地価は、新たな交点P^1によって決定される。このため、市場供給曲線に変化がないと仮定すれば[15]、地価は、70,000円／㎡から73,000円／㎡に上昇し、取引数量は、35地点から42地点へ増加することとなる。

これとは逆に、商業施設、公共施設等の廃止によって地域要因が衰退する場合は、市場需要曲線はＤからD^2へとシフトすることとなり、地価は、新たな交点P^2によって決定される。このため市場供給曲線に変化がないと仮定すれば、地価は、70,000円／㎡から68,000円／㎡に下落し、取引数量は、35地点から26地点に減少することとなる。

15　地域要因の変化は、需要及び供給のいずれにも影響を与えることが多いが、理解を容易にするために、供給には影響を与えないものと仮定する。

図20　短期市場需要曲線がシフトする場合の住宅地の地価の決定

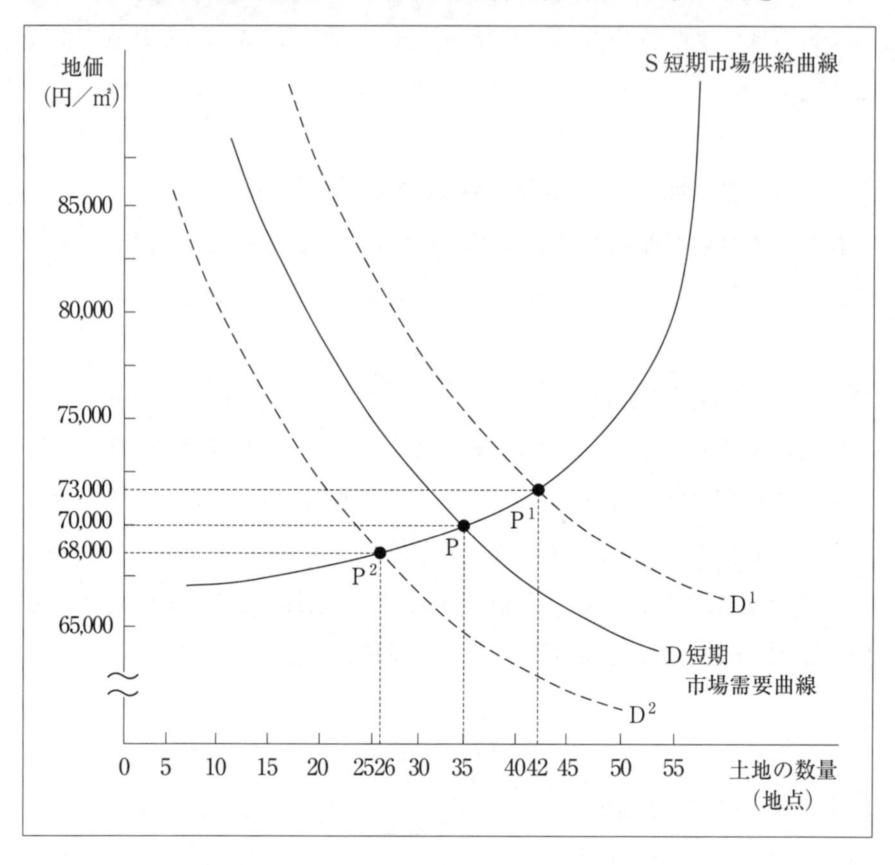

このように、地域要因、一般的要因等の変化によって市場需要曲線がシフトし、その結果、地価及び取引量が変動することとなる。

イ　市場供給曲線の変化

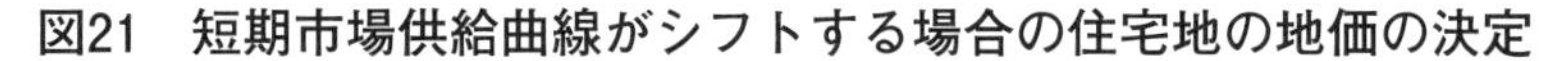

図21　短期市場供給曲線がシフトする場合の住宅地の地価の決定

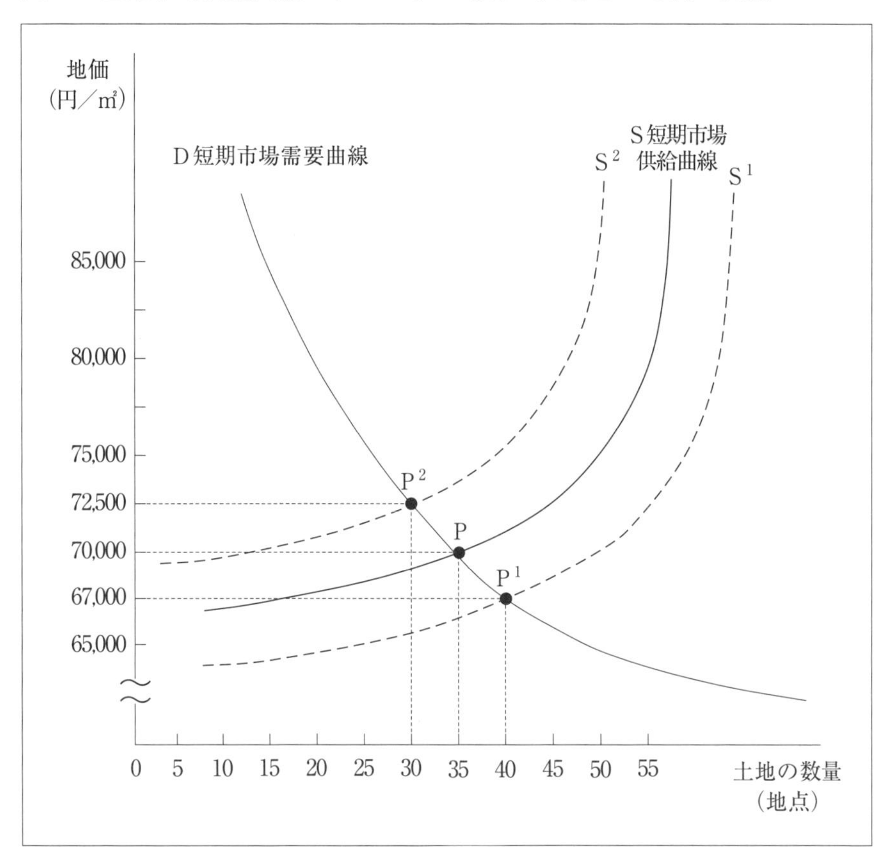

例えば、５（５）アで述べた例のように公法規制の変更によって開発行為の規制が緩和される場合には、総体的な供給量の増加が見込まれるため、**図21**のように、短期市場供給曲線はＳからＳ¹へとシフトし、地価は、新たな交点Ｐ¹によって決定される。このため、短期市場需要曲線に変化がないと仮定すれば、地価は、70,000円／㎡から67,000円／㎡に、取引量は、35地点から40地点に増加することとなる。

これとは逆に、公法規制の変更により開発行為の規制が強化される場合には、総体的な供給量の減少が見込まれるため、短期市場供給曲線はSからS^2へとシフトし、地価は、新たな交点P^2によって決定される。このため、短期市場需要曲線に変化がないと仮定すれば、地価は、70,000円／㎡から72,500円／㎡に上昇し、取引数量は、35地点から30地点に減少することとなる。

ウ　短期市場需要曲線と短期市場供給曲線とが同時にシフトする場合

次に、短期市場需要曲線と短期市場供給曲線とが同時にシフトする場合を**図22**で分析することとする。

まず、アと同様に、道路の新設、拡幅等によって短期市場需要曲線がDからD^1へシフトするものとする。次に、イと同様に、公法規制の変更によって開発行為の規制が強化されることにより、短期市場供給曲線がSからS^1へシフトするものとする。

交点は、市場需要曲線と市場供給曲線とが同時にシフトすることによってPからP^1へ移動し、その結果、住宅地の地価は、70,000円／㎡から75,000円／㎡に上昇し、取引量は、35地点から39地点へと増加することとなる。

図22　住宅地の地価の決定（短期）

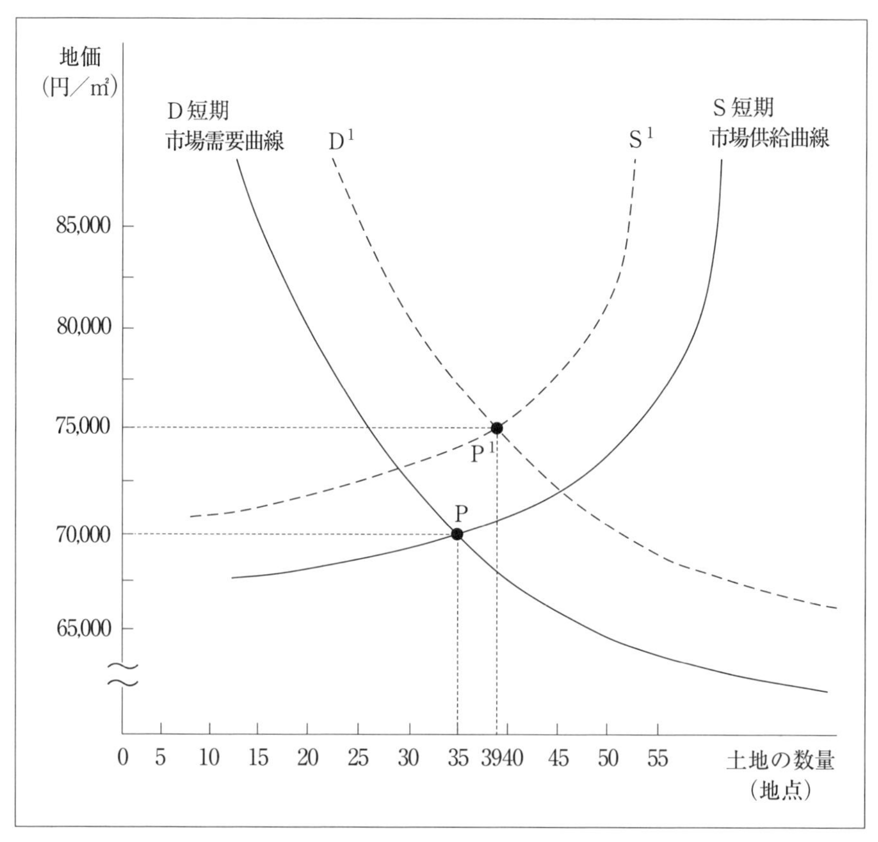

（４）　不足と過剰

「需要・供給の法則」に基づいた地価の決定理論によると、住宅地市場において、その数量がどの程度不足又は過剰となっているのかについても分析することが可能である。

図23のように、地価が75,000円／㎡では、ａｂ間分の供給量が過剰となるため、地価及び取引量は均衡せず、地価を下げざるを得ない。

これに対し、地価が67,500円／㎡では、ｃｄ間分の供給量が不足となり、地価が上昇することとなる。

図23　住宅地の決定（短期）

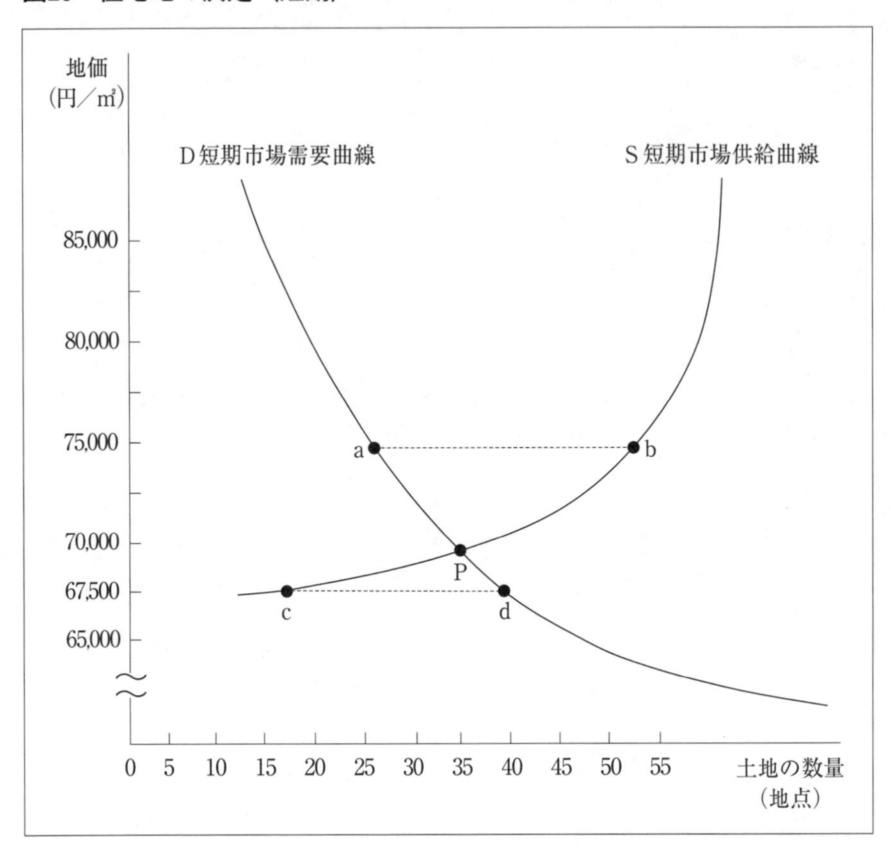

このように、理論的には、地価についても一般財と同様に、需要及び供給による不足と過剰とが分析される。

（5）　既存の商業地域、住宅地域等の場合

（1）～（4）では、一宮地区の住宅地域を前提に述べたが、本項では、2（1）の地域の概略図の中心市街地における商業地域、その周辺の既存の住宅地域等の地価の決定について、理解の容易な短期を前提に分析するものとする。

地域の概略図

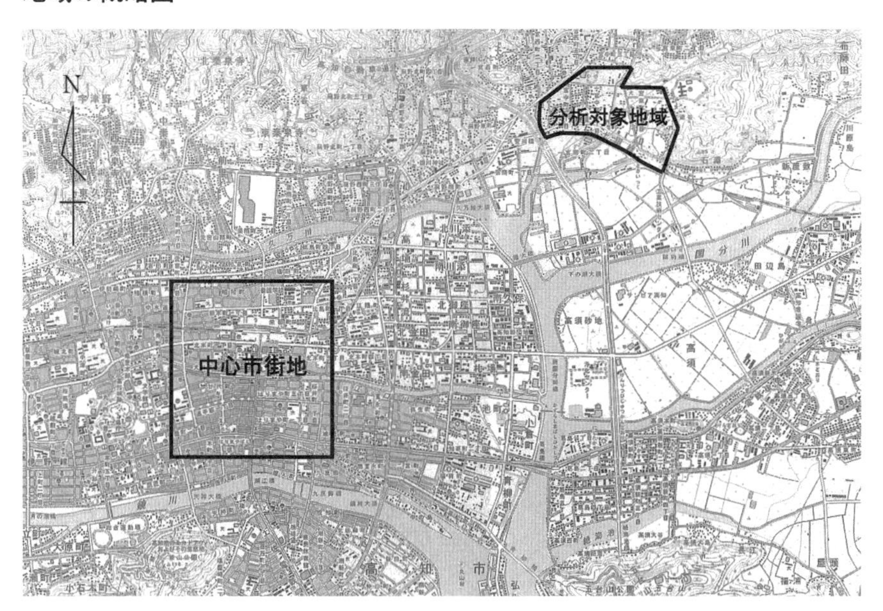

既に述べたように、既存の商業地域、住宅地域等においては、本例で分析した一宮地区の住宅地域と異なり、既に他の用途として利用されている土地からの転用による供給量の増加が困難であるため、供給される土地は、５（１）アの通常で供給可能な土地以外にはない。

したがって、５（１）アの通常で供給可能な土地の数量を超えると、５（１）イの用途変更（生産）等により供給可能な土地が存しないことから[16]、これ以上の供給が不可能となる。

16　既存の住宅地域であっても、地積の大きい土地を数区画に分割することにより住宅地として供給を行うことも可能であるが、全体的に見ると、このような例は少ないため、「存しない」と表現した。

図24　商業地域、既存の住宅地域等の市場供給曲線

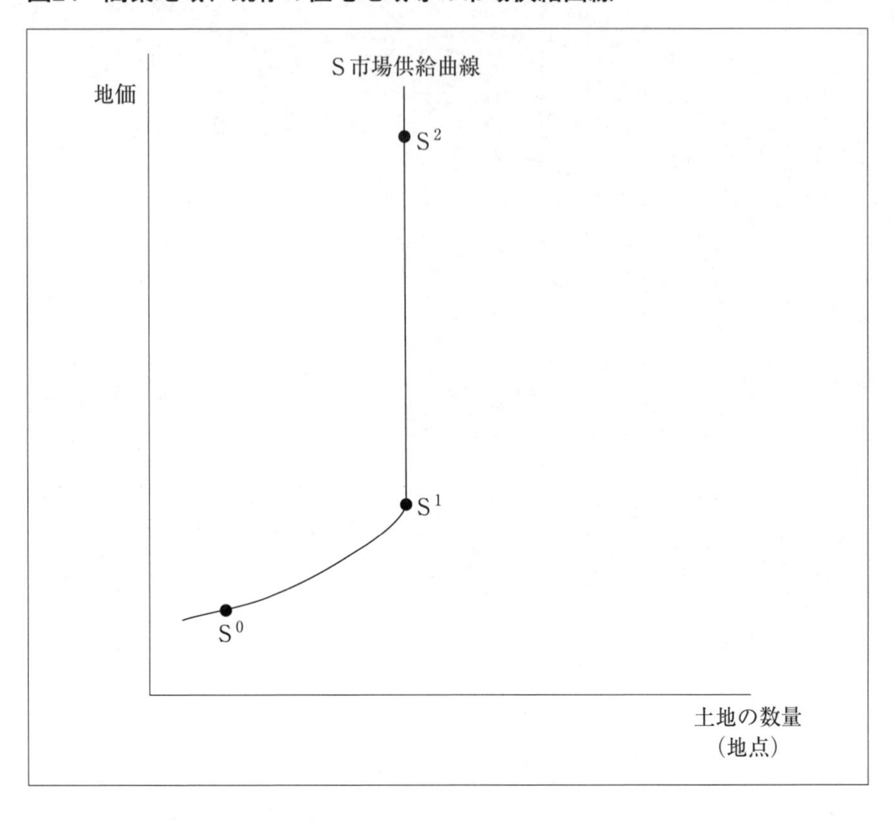

このため、**図24**においてS^0S^1間を**5（1）ア**の通常で供給可能な土地とすると、これ以上の供給は不可能となるため、S^1S^2間では完全に硬直的となる。

これに対して、市場需要曲線は、4**（3）**アで述べた住宅地に係る市場需要曲線の変化の場合とほぼ同様に、地価形成因子の変化によりシフトするため、**図25**のようにD→D^1→D^2と変化する。

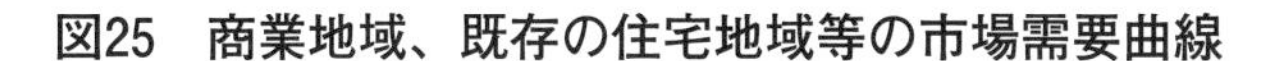

図25　商業地域、既存の住宅地域等の市場需要曲線

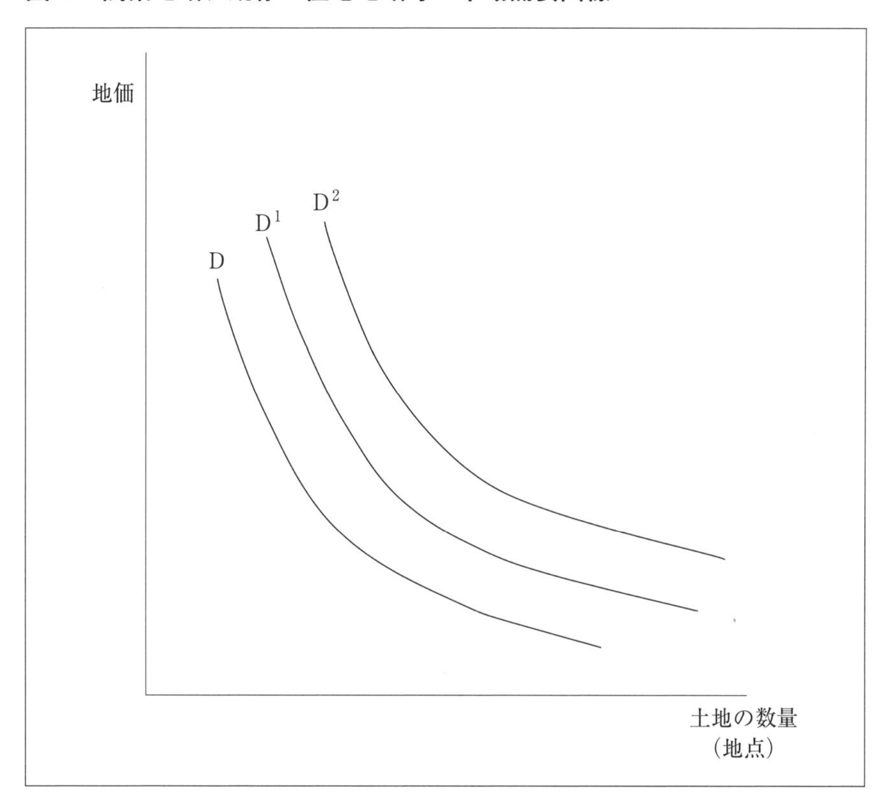

したがって、商業地域、既存の住宅地域等における市場需要曲線及び市場供給曲線を合わせると、次のようになる。

図26　商業地域、既存の住宅地域等における地価の決定

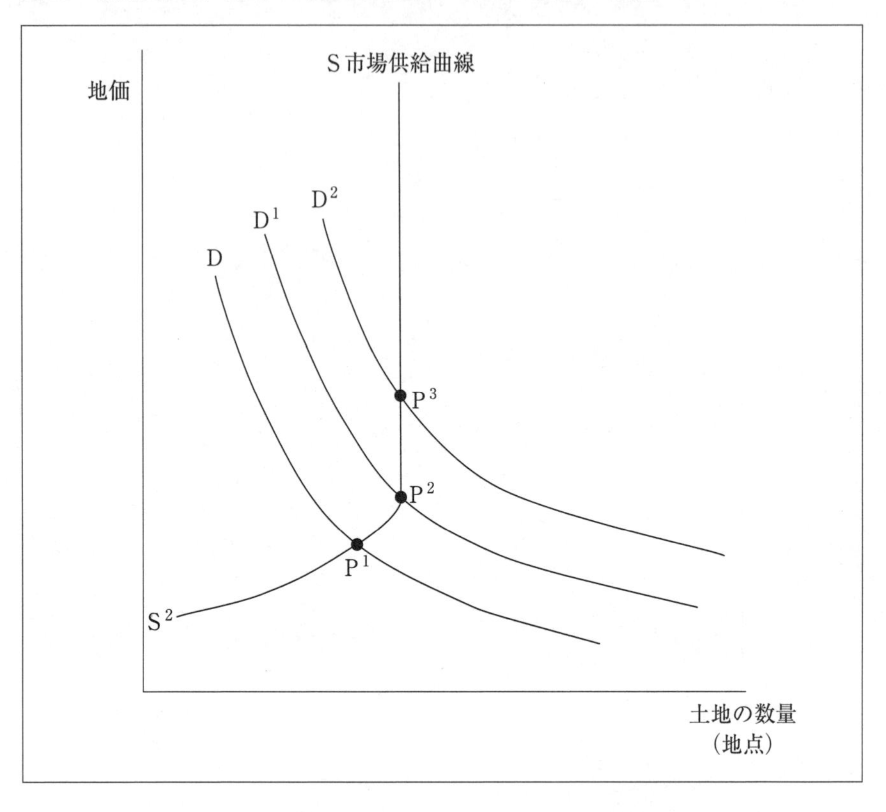

図26によると、市場需要曲線Dでは、地価が交点P^1において成立し、D^1にシフトするまでの間は、一般財と同様に、市場需要曲線と市場供給曲線との変化に応じて地価及び取引量が変動したうえで決定されることとなる。

しかし、供給量がP^2以上には増加しないことから、供給の価格弾力性は0となるため、例えばP^3のようにP^2以上の地価では、市場需要曲線のシフトのみによって地価が変動することとなる。

その結果、商業地域、既存の住宅地域等の地価は、P^2以上では需要のみによって左右されることとなるため、一宮地区のような**5（1）イ**の用途変更（生産）等により供給可能な土地が存する地域と比べると、地価の変動率が大きくなるということができる。

（６） 供給量の増加が可能な住宅地域等の場合

（５）の例とは逆に、宅地に転用可能な農地、林地等の多い新興の住宅地域では、需要の増加に対応して５（１）イで述べた用途変更（生産）等により供給可能な土地による供給量の大幅な増加が可能であることから、**図27**のように市場供給曲線は緩やかになり、供給の価格弾力性は大きくなる。

図27　転用可能な農地、林地等の多い地域の地価の決定（短期）

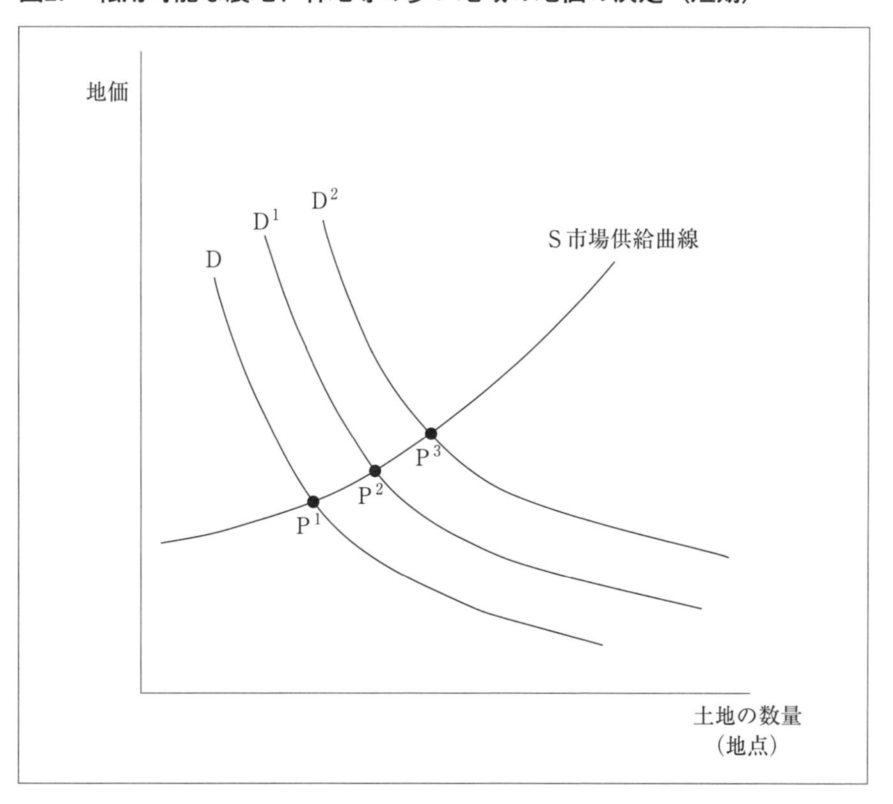

その結果、地価の上昇に対しては供給量を増加することが可能であるから、実際の市場における地価の変動率は、（5）で述べた既存の商業地域、住宅地域等の場合と比べると小さくなる。

第２節　実際の土地市場における地価の決定の分析

経済学における地価は、本章第１節で述べたように、土地市場における需要と供給との２つの力が働き合って成立している。これを**図１**で表せばＰ点において成立することとなるが、実際の土地市場における地価は、これらを前提に、需要者と供給者とが地価水準を指標として行動することによって成立することとなる。

図１　住宅地の地価の決定（短期）

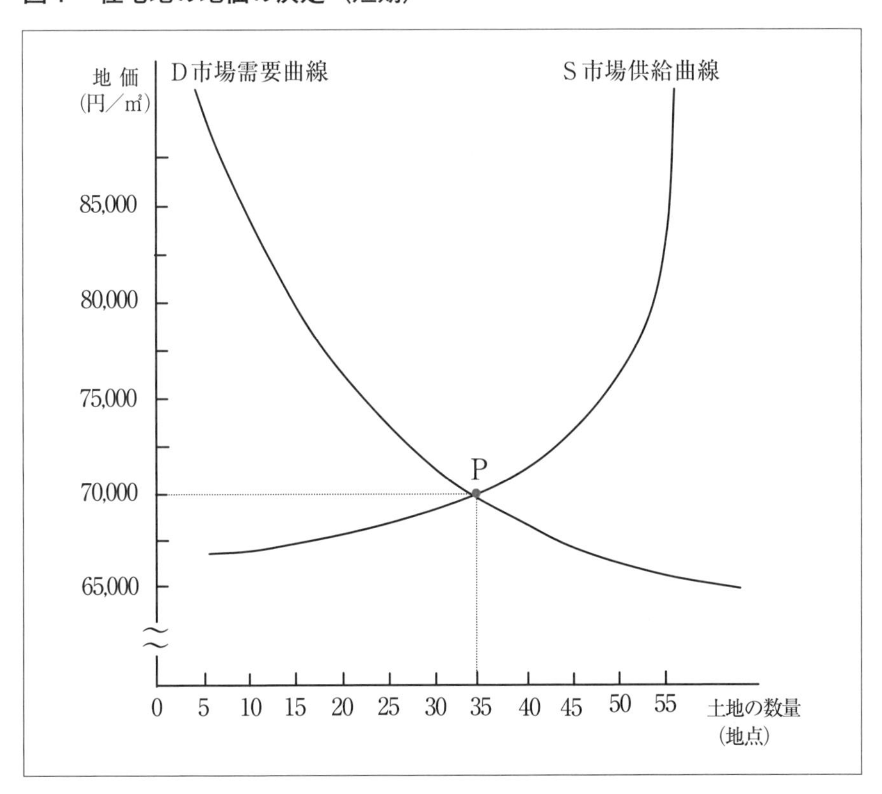

本節では、地価が実際の土地市場ではどのように成立しているのかを分析したうえで、本章第1節で述べた経済学上の土地市場で成立する地価との関係を明らかにする。

この場合における経済学上の「需要・供給の法則」で成立する地価とは、各地域における地価水準であり、また、それは、実際の各土地市場で成立する各画地の個別的要因等を捨象した地価でもある。

これらの関係を分析するためには、まず地価水準とはどのようなものであるのか、そしてその地価水準はどのように形成され、どのような規範性を有しているのかを分析することが必要である。

次に、実際の土地市場がどのような形態となっているのか、そしてその土地市場では需要者と供給者とがどのように土地の取引をし、地価水準及び各画地の地価が決定されているのかを分析する。

更に、これらを基に、「需要・供給の法則」に基づく地価である地価水準が、実際の土地市場ではどのように変動しているのかを具体例を挙げて分析する。

なお、これらの分析に当たっては、本章第1節と同じ高知市一宮地区を中心に、同市における各地域をモデルとして採用することとする。

1　地価水準の形成と各画地の地価の均衡

本項では、まず地価水準等の意義を述べ、次に地価水準が実際の土地市場ではどのように形成されるのかを分析し、更に各土地市場で取引の指標となる地価水準がどの程度の規範性を有しているのかを分析するものとする。

(1)　地価水準等の意義

まず、本節の分析で必要な用語である地価水準、取引地価、合理性を有する土地市場、規範性を有する地価等の意義について述べるものとする。

ア　地価水準の意義

経済学上から見た地価とは、実際の土地市場から見ると、そこで成立する地価水準をいうものである（本章第1節6参照）。また、需要者及び供給者が新たに土地市場に参入し行動する場合においては、この地価水準を指標とすることとなる。この地価水準とはどのような性格であるのかを、図を用いて説明すると、次のとおりである。

図2

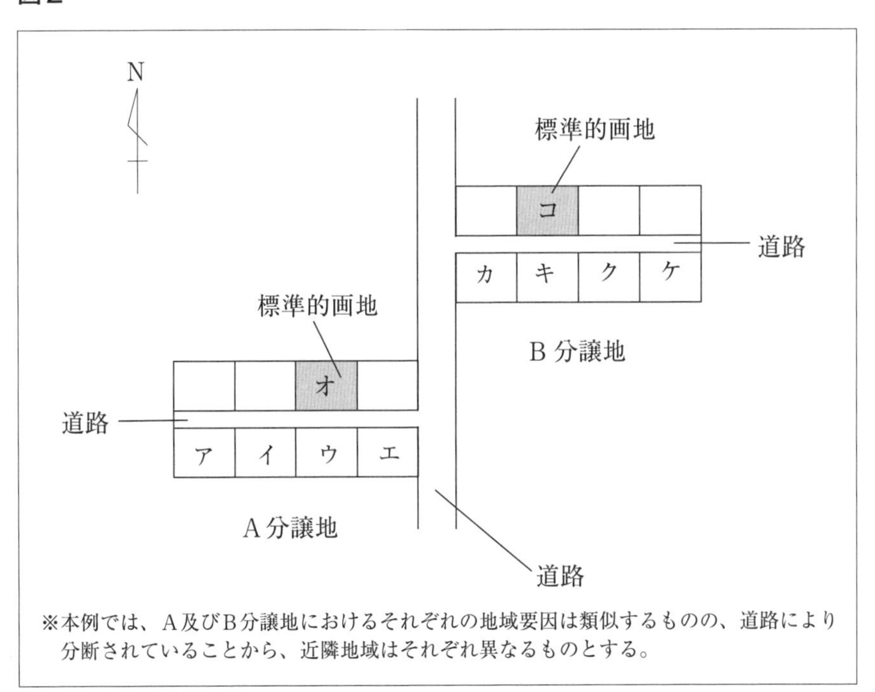

※本例では、A及びB分譲地におけるそれぞれの地域要因は類似するものの、道路により分断されていることから、近隣地域はそれぞれ異なるものとする。

図2の例では、A分譲地内ではア～オの各画地間、B分譲地内ではカ～コの各画地間での価格形成条件のバランスにより地価が均衡し、この画地の中で最も標準的と判断される標準的画地の地価により地価水準が形成される。

図2の例では、A分譲地では標準的画地であるオ画地、B分譲地では標準的画地であるコ画地で成立した地価が、それぞれの分譲地内の地価水準となる。

また、A及びB分譲地間では、それぞれの標準的画地であるオ画地とコ画地との価格形成条件のバランスによって地価水準が均衡することとなる。

イ　売却希望地価、購入希望地価、取引地価の意義

地価水準が成立するためには、後述するように、売却希望地価、購入希望地価及び取引地価の存在が重要な要件となるが、これらの違いを述べると、次のとおりである。

売却希望地価とは、供給者が土地市場において売却を希望する土地に値付けをする際の地価であり、供給者はできるだけ高い地価で売却しようと考慮するため、取引の際の上限の地価となる。**図3**では、110,000円／㎡が売却希望地価である。

図3

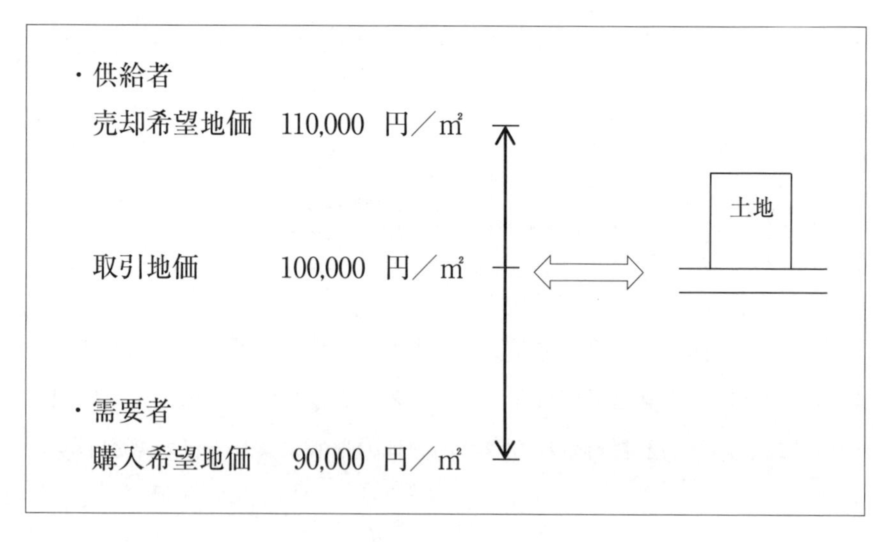

購入希望地価とは、需要者が購入しようと希望する土地に値付けをする際の地価であり、需要者はできるだけ低い地価で購入しようと考慮するため、取引の際の下限の地価となる。**図３**では、90,000円／㎡が購入希望地価である。

また、取引地価とは、売却希望地価及び購入希望地価を前提に、個別の土地市場において需要と供給とが働き合って決定される地価である。このため、取引地価は、特別な事情が存しない限り、売却希望地価と購入希望地価との間で成立する。

図３では、売却希望地価と購入希望地価との間である90,000～110,000円／㎡の範囲で取引地価が決定されることとなり、本例では100,000円／㎡である。

ウ　合理性を有する土地市場と規範性を有する地価との意義

実際の土地市場で成立する地価及び地価水準が、経済学上の理論的な土地市場で成立する地価と同様に成立するためには、実際の土地市場が合理性を有する土地市場でなければならない。

この場合における合理性を有する土地市場とは、日本の不動産鑑定評価基準に定められる「現実の社会経済情勢の下で合理的と考えられる条件を満たす市場[1]」であるといえよう。同基準では、以下のとおり定められている。

1　土地市場については、不動産鑑定評価基準に想定される正常価格に係る土地市場が実際の土地市場の中では最も合理的な土地市場であると判断されるため、正常価格の成立する市場を、合理性を有する土地市場とした。

1．正常価格

正常価格とは、市場性を有する不動産について、現実の社会経済情勢の下で合理的と考えられる条件を満たす市場で形成されるであろう市場価値を表示する適正な価格をいう。この場合において、現実の社会経済情勢の下で合理的と考えられる条件を満たす市場とは、以下の条件を満たす市場をいう。

（1）市場参加者が自由意思に基づいて市場に参加し、参入、退出が自由であること。

なお、ここでいう市場参加者は、自己の利益を最大化するため次のような要件を満たすとともに、慎重かつ賢明に予測し、行動するものとする。

①売り急ぎ、買い進み等をもたらす特別な動機のないこと。

②対象不動産及び対象不動産が属する市場について取引を成立させるために必要となる通常の知識や情報を得ていること。

③取引を成立させるために通常必要と認められる労力、費用を費やしていること。

④対象不動産の最有効使用を前提とした価値判断を行うこと。

⑤買主が通常の資金調達能力を有していること。

（2）取引形態が、市場参加者が制約されたり、売り急ぎ、買い進み等を誘引したりするような特別なものではないこと。

（3）対象不動産が相当の期間市場に公開されていること。

「不動産鑑定評価基準」（第５章第３節）国土交通省

また、ここで成立する地価及び地価水準は、これらの合理性を有する土地市場の条件を満たす土地市場で成立することが必要であるが、これ以降で述べる規範性を有する地価とは、これらの土地市場の条件を十分に満たした場合に成立する正常価格又はこれらに近似する地価をいうものとし、規範性を有する地価水準とは、これらに係る地価水準をいうものとする。

（2）　地価水準の形成と各画地の地価の均衡

実際の土地市場において地価水準が形成される過程は、土地の種別、規模等により若干異なるが、一般的には、それぞれの価格形成条件に応じた地価のバランス原理が土地市場で働き、当該地域内における各画地間での均衡のとれた地価と地価水準とが形成される。

また、当該地域と隣接する地域及びその周辺のより広域的な地域ともバランス原理が同様に働き、均衡のとれた地価水準が形成されることとなる。

ア　代表的な住宅地域内における各画地の地価の均衡と地価水準の形成

（ア）　同一地域内の各画地間における地価の均衡

代表的な住宅地域の例を挙げて、各画地の地価がどのように均衡し、地価水準が形成されるのかを見てみることとする。

①　前提条件

次図は、一宮地区内に存する中規模の住宅団地の一部である。市場形態は、後掲２（2）アで述べる宅地建物取引業者等に係る仲介市場を想定するものとする。

図４

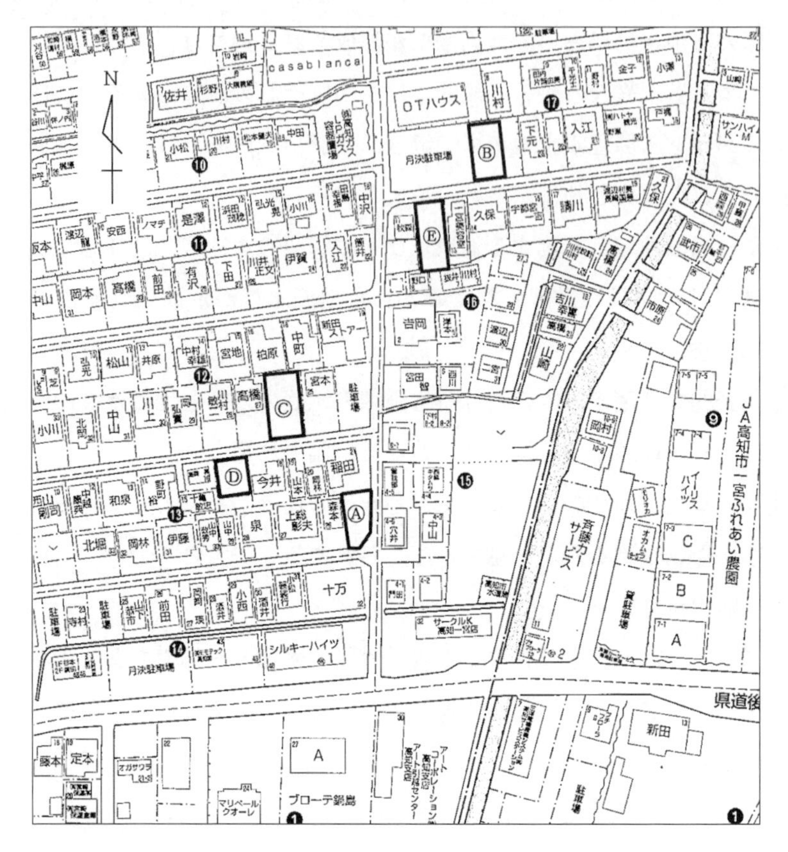

図４の Ⓐ～Ⓔ 画地は、当該地域の土地市場における売却希望土地としてそれぞれ存するものと仮定する。この場合の供給量は、現時点での売却希望土地の５件のみであるが、地価水準の変動に影響を与えない程度に需要に応じて順次供給されるものとし、また、需要量も同様に相当数あるものとする。

② 需要者の行動

まず、需要者の行動を見てみよう。

一般的に、Ⓒ画地の需要者は、同じ南向きの類似性の高いⒶ及びⒷ画地の売却希望地価及び価格形成条件の格差を比較し、どちらが有益であるか考慮するであろうし、同時に方位の異なるⒹ及びⒺ画地との比較も行うであろう。

この結果、Ⓐ～Ⓔ画地の売却希望地価がいずれも65,000円／㎡であると仮定すると、需要者は、南向きの角地であるⒶ画地に集中することとなる。よって、Ⓑ及びⒸ画地の需要は相対的に少なくなり、更にⒹ及びⒺ画地は北向きで方位が劣ることから、Ⓑ及びⒸ画地よりも需要が少なくなる。

このため、需要者から見た場合の地価は、Ⓐ画地→Ⓑ及びⒸ画地→Ⓓ及びⒺ画地の順に低くなる。

③　供給者の行動

次に、供給者の行動を見てみよう。

仮に、Ⓒ画地の売却希望地価が1㎡当たり65,000円であるとすれば、南向きの角地であるⒶ画地の供給者は、Ⓒ画地よりも地価を高めに設定するであろうし、北向きのⒹ画地の供給者は、Ⓒ画地よりも低めに設定するであろう。

このため、各供給者は、Ⓐ～Ⓔ土地の条件を比較したうえで、Ⓐ画地の地価を最も高く、次にⒷ又はⒸ画地をこれよりもやや低く、更にⒹ又はⒺ画地をより低く設定することとなり、その結果として、各画地は、それぞれ価格形成条件のバランスを取りながら売却希望地価が形成されることとなる。

このように、実際の土地市場では、需要者と供給者とが、それぞれの画地の有する価格形成条件を比較しながら購入希望地価及び売却希望地価を設定したうえで行動することとなる。

（イ）　地価水準の形成

前項の場合において、Ⓑ及びⒸ画地並びにこれらに類似する土地は、この地域内での画地数が多く、価格形成条件も標準的であると考えられるため[2]、Ⓑ及びⒸ画地が標準的な地価となり、更に当該土地市場における基準となって、地価が形成されることとなる。

ここで成立するⒷ及びⒸ画地に係る地価が、土地市場において一般的に用いられている用語である地価水準であり、本章第1節で述べた「需要・供給の法則」によって成立する地価である。また、この地価水準は、宅地建物取引業者等が一般的な用語として用いている「相場」、「取引水準」等でもある。

このように、近隣地域内では、常に各画地間における地価及び価格形成条件の比較が需要者及び供給者により行われることによって相互に競争、代替、補完等の関係に立ち、その結果として、近隣地域内に存する各画地の個別的要因を反映するバランスのとれたそれぞれの地価とその地域内の地価水準とが形成されることとなる。

この関係を、実際の数値を想定して分析してみよう。

図5は、売却希望土地に係る地価と各画地の個別的要因補正後の地価の図式である。

2　実際の土地市場では、道路が東西に配置されている場合は南向き画地を、道路が南北に配置されている場合では東向き画地を中心に、地価水準が形成されていることが一般的である。

図５

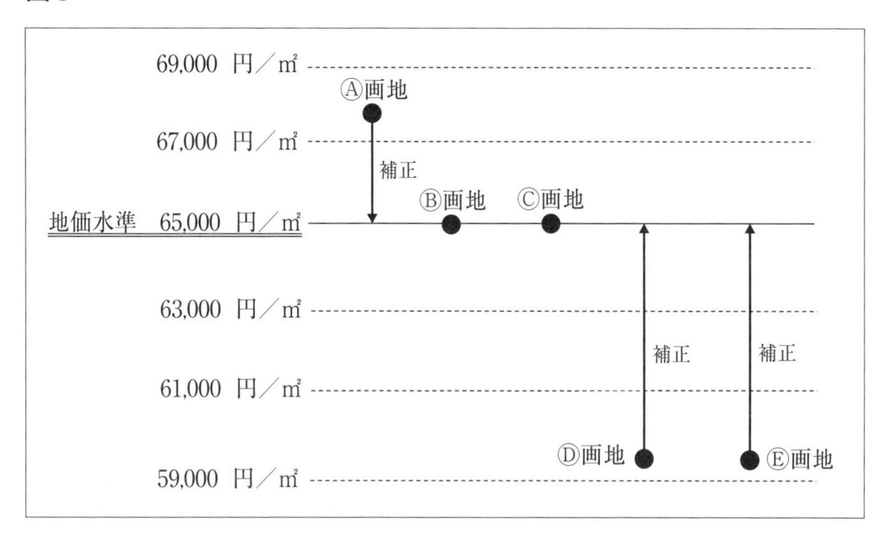

Ⓐ画地は、角地であることから５％の増価要因があるとすると、地価水準は次のとおりとなる。

$$68{,}000\text{円／㎡} \div \text{個別的要因格差率}\frac{105}{100} = 64{,}761\text{円／㎡}$$
$$\fallingdotseq 64{,}800\text{円／㎡}$$

Ⓑ及びⓒ画地は、標準的画地であることから、地価水準は次のとおりである。

Ⓑ画地　65,000円／㎡

Ⓒ画地　65,000円／㎡

Ⓓ及びⒺ画地は、北向き画地であることから－８％の減価要因があるとすると、地価水準は次のとおりとなる。

$$\text{Ⓓ画地}\quad 60{,}000\text{円／㎡} \div \text{個別的要因格差率}\frac{92}{100} = 65{,}217\text{円／㎡}$$
$$\fallingdotseq 65{,}200\text{円／㎡}$$

Ⓔ画地　60,000円／㎡ ÷ 個別的要因格差率 $\frac{92}{100}$ ＝ 65,217円／㎡

≒ 65,200円／㎡

本例では、標準化された地価が64,800～65,200円／㎡で求められたが、これらの中庸値であり、かつ、標準的画地であるⒷ及びⒸ画地の１㎡当たり65,000円が当該地域の地価水準となる。

なお、実際の土地市場では、本例のように明確に金額が表されることもあるが、概ね63,000～67,000円／㎡程度と表されることが多く、その範囲も地価水準の安定した住宅地では２～５％前後、他の商業地等においては５～10％前後の幅があることが一般的となっている。

イ　小規模分譲地間における地価水準の形成

（ア）　各分譲地間の地価の均衡

前項では、一つの住宅地域内における各画地の地価及び地価水準の形成を分析したが、本項では、複数の類似する分譲地間において、それぞれの地価水準がどのように形成され均衡するのかを、例を挙げて分析する。

①　前提条件

図６は、一宮地区内のほぼ中央部に位置する分譲住宅地域であり、太線で囲まれた部分は、各分譲地の範囲を表している。また、各分譲地は、現時点で売却希望土地として市場に存しているものとする。

本例におけるⒶ～Ⓓ分譲地内に存する各画地の地価は、前項アで分析した例と同様に、それぞれの分譲地内において均衡したうえで成立しているものとし、Ａ～Ｄ画地は、それぞれの分譲地内における標準的画地とする。

図6

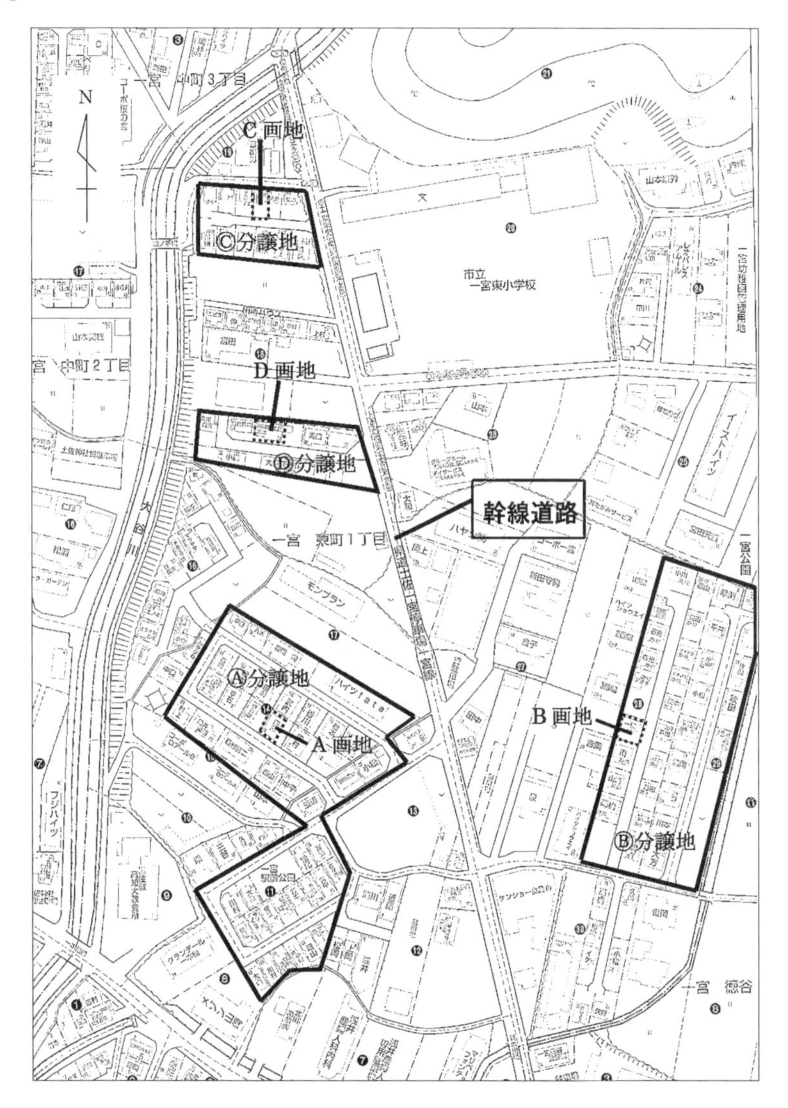

Ⓐ～Ⓓの各分譲地は、街路条件、交通接近条件、環境条件、行政的条件等の価格形成条件が極めて類似するため、それぞれ強い代替性を有しており、各分譲地間の地価は競合している。

売却希望地価は、それぞれの分譲地の価格形成条件を反映して、A画地が最も高く、B→C→D画地と若干であるが低下しているものとする。

なお、この場合における地価とは、前項アで述べた各分譲地内における地価水準であり、Ⓐ～Ⓓ分譲地では、それぞれの標準的画地であるA～D画地の地価である。

② 需要者の行動

まず、需要者の行動を見てみよう。

需要者は、Ⓐ～Ⓓ分譲地を見学したうえで、それぞれの判断に基づき各分譲地間の価格形成条件、売却希望地価等の比較を行い、購入希望土地の選定を行うこととなる。

この場合、需要者は、供給者よりも住宅地の地価水準、価格形成条件等に関する情報量が少ない場合もあるが、多くの場合、宅地建物取引業者等から助言を受けることも可能であるほか、近年では不動産情報誌、インターネット等からの情報の入手が容易になっているため、需要者はかなりの情報を得ていることが一般的となっている。

また、分譲地は住宅地の中でも相互間の価格形成条件の類似性が高く、この比較が容易な側面も有している。

このため、供給者と比較すれば情報量等に若干劣ることがあるにしろ、需要者は、ほぼ合理的な判断を行うこととなる。

③ 供給者の行動

次に、供給者の行動を見てみよう。

供給者は、多数の画地を最も高い地価で可能な限り短期で売却するために、自らが所有する分譲地以外の土地市場の情報を得なければならない。

この場合において、他の分譲地の情報は、一般的には新聞広告、不動産情報誌、インターネット等で価格形成条件、売却希望地価等が公開されており、供給者はその情報を十分に得ることができる。

このため、供給者は、他の分譲地の価格形成条件、売却希望地価等を十分に分析し、自らの分譲地の価格形成条件と比較したうえで売却希望地価を決定することとなる。

（イ）　地価水準の形成

（ア）と同様に、これらを土地市場に当てはめて分析することとする。

仮に、これらの各分譲地の地価水準が同一の60,000円／㎡であるとすれば、Ⓐ分譲地に需要者は集中し、Ⓑ～Ⓓ分譲地は売れ残ることが予測されることから、Ⓑ～Ⓓ分譲地の供給者は、価格を下げざるを得ない。

このため、Ⓑ分譲地の売却希望地価は58,000円／㎡、Ⓒ分譲地の売却希望地価は57,000円／㎡、Ⓓ分譲地の売却希望地価は56,000円／㎡というように、価格形成条件の格差に応じて下げざるを得なくなり、その結果、分譲地市場での売却希望地価は均衡が得られることとなる。

したがって、このような各分譲地の地価水準は、需要者及び供給者の行動と土地市場とが合理的に機能することから、基本的には、（ア）の住宅地域の各画地間における地価水準の形成と同様に、各分譲地間における競争、代替、補完等により、相互の価格形成条件の優劣を反映したバランスのとれた地価水準として、それぞれ成立することとなる。

ウ　類似する地域間における地価水準の成立

次に、一宮地区全体での住宅地に係る地価水準の均衡について、実際の中規模分譲地の例を挙げて分析する。

図7

C～Kの各住宅地域は、一宮地区及びその周辺に存在する比較的類似性の高い中規模の分譲住宅地域である。なお、A及びBの分譲地は、前述の一宮地区の中央部に位置する分譲住宅地域であり、一宮地区全体を把握しやすくするために図示している。

これらの地域は、1960～1975年頃に宅地開発された戸建住宅が多く見られる閑静な住宅地域を形成しているが、建築後40年以上の住宅が多く見られるほかアパート等も点在するため、環境条件はやや劣っている。

需要者は、ア及びイと同様の戸建住宅を必要とする者が主であるが、供給者は、現在団地内に土地を所有している者、転売目的で所有している宅地建物取引業者等となっている。

各分譲地は、**図７**のように一宮地区全体にわたって広域的に配置されているが、イと同様に、需要者が各住宅地域における地価及び価格形成条件を比較したうえで、どの住宅地域が自らに有益であるのかを決定し、供給者が各住宅地域における地価及び価格形成条件を比較し売却希望地価を決定することによって、地価は均衡することとなる。

例えば、Ｈ及びＪ住宅地域における道路条件、環境条件等の地域要因は類似するが、幹線道路への距離はＪ住宅地域と比べるとＨ住宅地域の方が近いことから、地価水準は、Ｈ住宅地域の方が高い。

また、Ｇ及びＫ住宅地域の環境条件等は類似するが、Ｇ住宅地域は幹線道路に隣接するため交通接近条件が優れるのに対し、Ｋ住宅地域は幹線道路までかなりの距離があることから、地価水準はＧ住宅地域の方が高い。

その結果として、Ｃ～Ｋの各住宅地域は、相互にバランスのとれた地価水準が形成されることとなる。

本例の各住宅地域は、イで分析した地域と比較すると、距離的に離れていることから各土地間における代替性はやや弱く、地価水準の均衡の合理性には若干欠けるが、多くの住宅地域が競争、代替等を行うことによって、一宮地区全体において比較的規範性のある地価水準を形成することとなる。

エ　大規模分譲住宅地域間における地価水準の均衡

高知市住宅圏の郊外に存している大規模団地の分析を行い、各団地間における地価水準の均衡の分析を、ウと同様の方法で行うものとする。

図８は、高知市郊外に存する大規模分譲住宅地域の位置図である。

図8

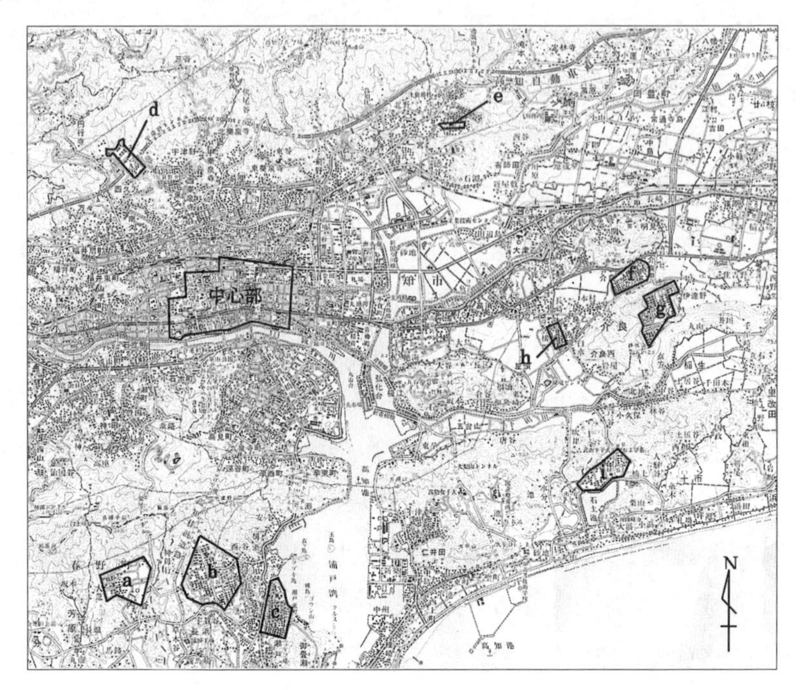

ａ～ｉ住宅地域は、いずれも高知市中心部への通勤が可能な距離にあることから、郊外型住宅地域として成立している戸建専用住宅地域である。

これらの住宅地域は、大規模な宅地開発が行われたため、いずれも比較的公共施設が整備されているほか交通接近条件及び環境条件も良好であり、また公法規制も類似することから、これらの団地は相互に競争、代替、補完等の関係となっている。

特に、ａ、ｂ、ｇ及びｉの各住宅団地は、相互の距離がかなり離れているが、その他の価格形成条件の類似性は強く、地価水準はウと同様に相互に関連して形成されている。

また、他のｃ、ｆ及びｈの各住宅団地についても、前者ほどではないが開発された時期や形態が類似することから相互に代替性を有しており、相互に関連して地価水準が形成されている。

このように、大規模開発に係る住宅地域では、距離的に離れた団地間であっても、各住宅地域間において相互に関連して地価水準が形成されることとなる。

（3）　規範性を有する地価水準の条件

ア　規範性を有する地価水準の意義

これまでに述べたように、地価水準は、実際の土地市場において成立するものであると同時に、需要者及び供給者が新たに土地市場で行動するための指標となるものであるから、実際の土地市場で地価水準が新たに形成されるためには、指標となり得るための規範性を有する地価水準の存在が必要である。

この場合における規範性を有する地価水準が成立するためには、各用途的地域における地価水準の成熟度（完成度）が高いことが必要である。

これは、取引事例、売却希望土地等に係る土地の類型、取引量、価格形成条件の類似性等の要因によって大きく異なっており、実際の土地市場から見ると、本例の一宮地区のように地価水準の成熟度が極めて高い場合もあるし、海岸沿いの工業専用地域等のように地価水準そのものが不成立（不明確）な場合もある[3]。

3　地価の個別的要因が特殊であり、個別性が強く反映されるため、地価水準が合理的に成立していない場合が多い。

写真提供：岡山県
海岸沿いの工業地帯であるが、画地数、取引事例等が少ないため、規範性を有する地価水準が成立していないことが多い。

この規範性を有する地価水準が存する場合は、土地市場において需要者及び供給者が取引の指標として行動することが可能なため、そこで成立する新たな地価は、規範性を有する地価水準で成立することが多い。

しかし、規範性を有する地価水準が存しない場合は、土地市場における取引の指標が存しないこととなるため、需要者及び供給者は土地市場で合理的に行動することができず、そこで成立する新たな地価は、必ずしも規範性を有するとはいえない場合が多くなる。

このため、実際の土地市場で成立する地価水準が、第１章で述べた「需要・供給の法則」によって成立する地価と比較してどの程度の合理性を有するかは、各画地の存在する地域の取引地価が規範性を有する地価水準であるか否かによって左右される重要な条件となっている。

したがって、本項では、この規範性を有する地価水準の条件について分析するものとする。

イ　規範性を有する地価水準の条件

規範性を有する地価水準は、不動産鑑定評価基準に定められる合理性を有する土地市場で成立するのか否かに関連するが、実際の土地市場における取引事例、売却希望土地等から分析すると、次のような条件が必要であると考えられる。

（ア）　更地の取引であること

土地市場において、需要者及び供給者が対象となる土地と他の土地との地価及び価格形成条件の比較を行う場合は、総額による比較よりも１㎡又は１坪当たりの単価で行うことが一般的である。

この場合、取引事例、売却希望土地等が更地で、かつ、単価を前提とした取引であればその単価で、更地の総額の取引であればこれを地積で除することによって求められた単価で、比較を行うことが可能である。

しかし、土地及び建物を一体とした複合不動産の取引では、土地部分の地価と建物部分の価格との配分が不明確で、地価の把握が困難な場合が多い。また、建付減価[4]においても、一部の専門家[5]を除き、判断が困難な一面を持っている。

4　更地は、地上に建物等の定着物がなく、かつ、使用収益を制約する権利の付着していない土地であるから、当該宅地の最有効使用に基づく経済価値を享受することができる。これに対して、建物等の存在する建付地は、その建物等が最有効使用の状態にある場合を除いて、既存の建物等の存在が、最有効使用の実現への障害となることから、更地と比較すれば、利用方法には制限があると考えられる。建付減価とは、このような建物等が存することによる最有効使用の制約をいうものである。建付地は、地上建物等を取り壊すことによって更地とすることができるため、当該建物等の取壊し費用の範囲内において、建付減価率を求めるという説が一般的である。

5　不動産鑑定士、宅地建物取引業者等。

このような中層ビルが建築された複合不動産の価格から地価のみを抽出することは、極めて困難である。

このため、規範性を有する地価水準が形成されるためには取引事例、売却希望土地等が更地であることが必要である。

ただし、複合不動産の取引であっても、建築後の年数が大幅に経過している場合、最有効使用の状態でない場合等は[6]、取壊し費用を解体業者に問い合わせ、複合不動産に係る総額から控除することによって更地の地価を求めることが容易であることから、更地と同程度の規範性を有することとなる。

なお、このようなことは、宅地に限らず農地、山林等であっても同様のケースが見られる。

例えば、現況は畑であるが果樹が存する場合、林地であるが価値の高い

6　例えば、ビル街に存する2階建程度の戸建住宅等では、収益性が十分に発揮されないことから、土地市場では、新築であっても、建物価格は0円となることが多い。

用材林が存する場合等において、果樹、立木等の価格と土地部分の地価との関係が不明なことがあるため、地価の把握は困難な場合が多い。

（イ）　需要量と供給量とが多いこと

地価水準は、画地同士を比較することによって成立するのであるから、規範性を有する地価水準が土地市場で形成されるためには、比較対象となる取引事例、売却希望土地等の数量が多いことが必要である。

例えば、同一の近隣地域内において取引事例、売却希望土地等が多く存する場合には、それぞれの画地が相互に牽連し合って規範性を有する地価水準が形成されることが一般的である。

これに対して、同一の近隣地域内における取引事例、売却希望土地等が数件のみ又は存しない場合は、牽連し合う対象土地が存しないために、実際の土地市場では、規範性を有する地価水準が形成されないことが多い。

我々不動産鑑定士の行う実務上の鑑定評価では、手順の初期の段階で指標となる地価水準の把握が重要な作業となるが、取引事例、売却希望土地等が少ない地域では、算定された鑑定評価額の規範性が劣ることが一般的である。

また、需要についても同様であり、これらに係る需要者が多く存する場合には、購入希望地価が土地市場で成立する最低地価として影響を与えることから地価水準の形成に影響を与えることとなるが、需要者が少ない場合には、土地市場にはほとんど影響を与えず、規範性を有する地価水準の成立が困難な要因の一つとなる。

（ウ）　個別的要因が類似すること

土地を比較するための絶対的な必要条件としては、価格形成条件の類似性が強いことが必要である。

この理由を、一宮地区内の住宅地域を対象にして、既存の住宅地域と新規の分譲地とに区分して分析してみよう。

① 既存の住宅地域

宅地分譲に係る開発が盛んになる以前から存する住宅地域では、それぞれの個人、法人等が所有する田、畑、山林等を単独で造成工事を行い宅地化したうえで、住宅、事業所、共同住宅等の用途に利用していることが多いが、これらの画地は、道路幅員、地積、奥行、形状等の各画地の個別性が強く、各画地間における価格形成条件の類似性に欠けるケースが多く見られる。

このため、既存の住宅地が多く見られる住宅地域では、地価及び価格形成条件の比較が複雑な場合が多く、規範性を有する地価水準が成立することは比較的少ない。

例えば、**図９**の住宅地域では、古くから存する農家住宅等が多く見られるが、図面上からも判断されるとおり、各画地間における道路条件、画地条件等の個別的な格差が大きい。このため、このような土地市場では、需要者及び供給者が各画地の価格形成条件を把握し、それを比較することが複雑なことから、規範性を有する地価水準が成立することが比較的少ない。

図９

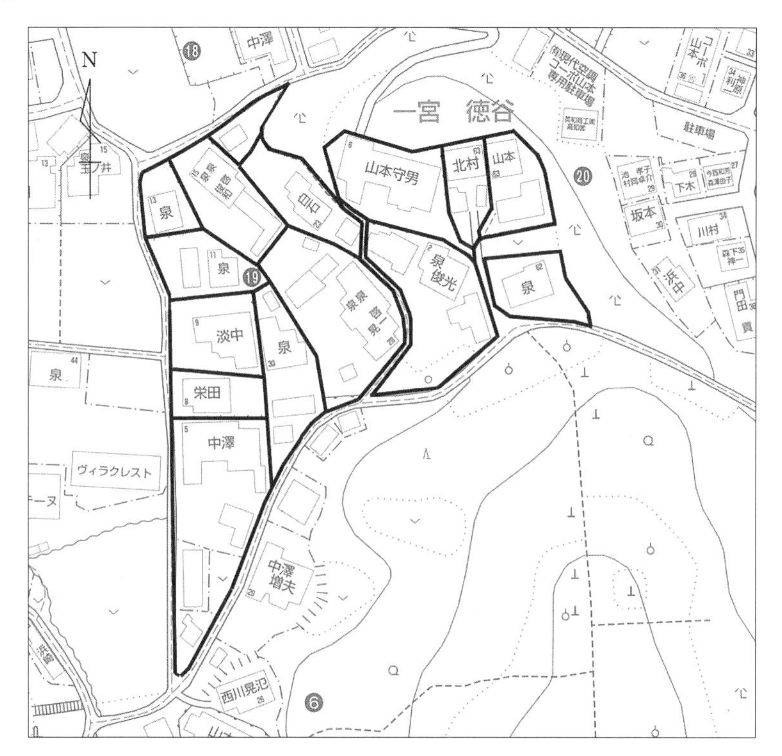

② 新規に開発された分譲地

既存の住宅地域と比べて近年開発された分譲地は、都市計画法、宅地造成等規制法等の規制に係る制限を受けることによって、多数の画地が規格化されることとなる。このため、分譲地内における各画地の類似性は極めて強いほか、（2）イで述べたような各分譲地間においても、地域要因又は個別的要因が類似することが多い。

例えば、**図10**は実際に近年宅地開発された小規模の分譲地の例であるが、このような住宅地域では、各画地の有する道路条件、環境条件、画地条件等が極めて類似しており、各画地の個別的要因及び地価に係る格差は極めて少ない。

図10

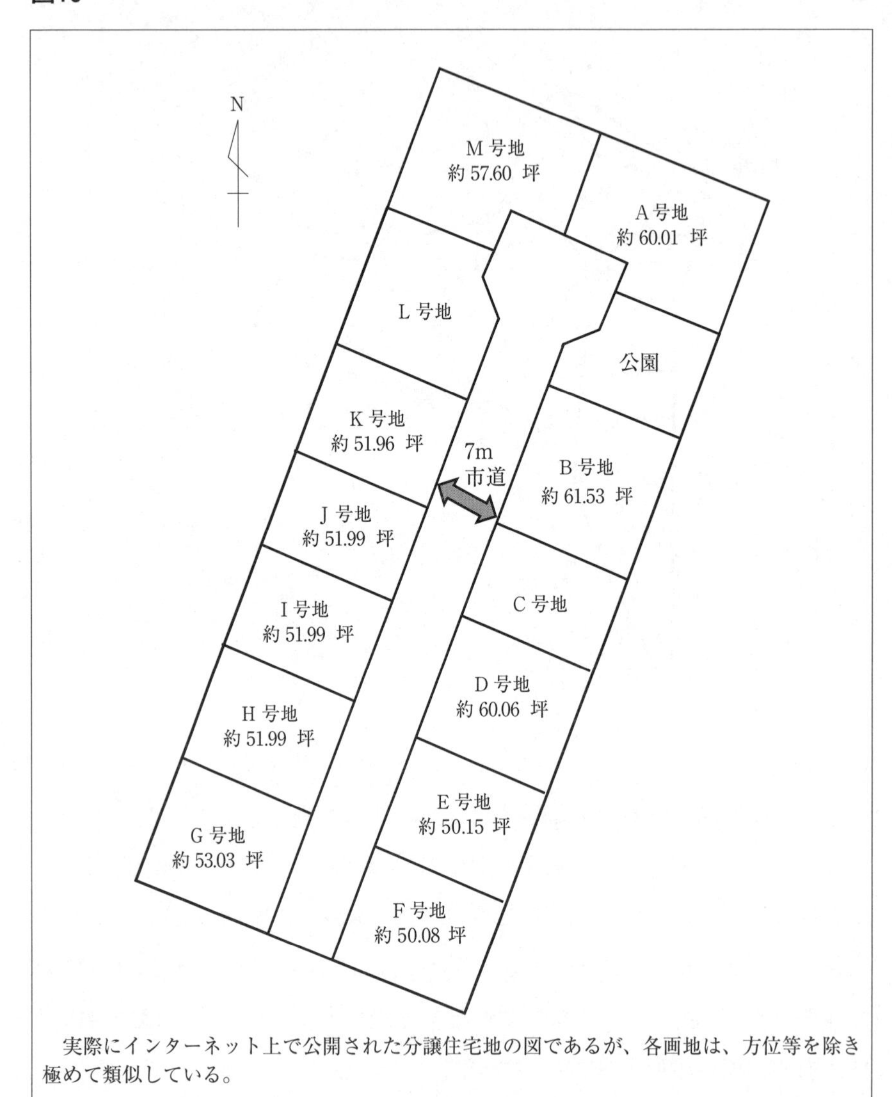

実際にインターネット上で公開された分譲住宅地の図であるが、各画地は、方位等を除き極めて類似している。

このため、土地市場において、需要者及び供給者が各画地の価格形成条件を把握し、それを比較することが容易であることから、ここで成立する地価水準は、規範性を有する地価水準であることが多い。

したがって、地価水準が規範性を有する地価水準であるためには、分譲地のように個別的要因が類似することが重要な要件となっている。

（エ）　宅地建物取引業者等が存在すること

実際の土地市場において規範性を有する地価水準が形成されるためには、一般財のような開放的な市場が必要であるが、土地は、個別に土地市場が形成されることから需要者及び供給者が少数であることが通常であり、情報も限定されることが多い。このため、個別の市場間における情報を共有するには、宅地建物取引業者等の存在が重要である。

宅地建物取引業者等の土地市場における役割は、依頼を受けた需要者又は供給者に対する情報提供及びこれらに係る仲介であり[7]、合理性を有する土地市場の重要な要件となっている。

地方都市及びその周辺部における土地取引では、宅地建物取引業者等が多く介在することによって、需要者及び供給者に提供される土地に関する情報量が多くなることから、土地市場で成立する地価は、規範性を有する地価水準の要件を満たす場合が多い。

これに対して、小規模の町村では、宅地建物取引業者等が存することが極めて少なく、土地市場が当事者のみに限定され、取引されることが多いため、そこで成立する地価水準の成熟度は低く、取引の指標となるような規範性を有する地価水準が成立している場合が比較的少ない。

このため、規範性を有する地価水準の成立のためには、宅地建物取引業者等の存在が必要である。

7　宅地建物取引業者等は、取引等によって得た個人情報に係る守秘義務があるため、詳細を公開することはないが、法律に抵触しない範囲内において公開されている。

（オ）　インターネット、不動産情報誌等による多くの情報が存在すること

需要者及び供給者は、土地の取引に当たり必要とする情報量が多く詳細であるほど合理的な行動を取ることが容易になることから、規範性を有する地価水準が成立するためには、土地市場に取引事例、売却希望土地等に関する情報が多く存在することが必要である。

これらの情報は、（エ）で述べたように、需要者又は供給者が委託した宅地建物取引業者等から提供される場合が一般的であるが、近年では、これらのほかにインターネット、不動産情報誌、新聞、広告等でも数多くの売却希望物件の情報が公開されている。この場合、土地の写真、位置図等が掲載されることから、現地の見学が可能であり、土地に関する詳細な情報も明らかにされていることが多い。

本例のような地方都市における標準的な住宅地域では、インターネット、不動産情報誌等による売却希望土地の情報が多いため、規範性を有する地価水準が成立していることが多く見られる。しかし、地方都市であっても、売却希望土地等に関する情報の少ない小規模の商業地域、工業専用地域等の場合では、これらに係る情報量が少ないことから、規範性を有する地価水準が成立していないケースが多く見られる。

このため、規範性を有する地価水準の形成のためには、不動産情報誌、インターネット、新聞等による多くの情報が存在することも、現時点では重要な要件の一つと考えられる。

（4）　用途的地域ごとの地価水準の規範性の分析

前項で述べた規範性を有する地価水準に係る条件を基に、用途的地域ごとに地価水準の規範性がどの程度であるのかを分析すれば、次のとおりとなる。

ここで分析される地価水準の規範性は、（3）で述べた各地域における

条件の有無によって大きく異なるが、これらの条件を満たす場合は、土地市場で成立する各土地の地価が規範性を有する地価として成立することとなり、これらが多数存するこことで、規範性を有する地価水準が形成されることとなる。

表１は、実際の土地市場に基づき地価水準の規範性に係る条件について分析した一覧表である。

表１　地価水準の規範性

用途的地域＼地価水準の規範性		地価水準の規範性の要件					
		更　地	需要・供給量	個別的要因	宅地建物取引業者等	不動産情報等	合計点
住宅地域	標準住宅地域	3	3	3	3	3	15
	分譲住宅地域	5	5	5	5	5	25
	優良住宅地域	3	2	5	5	4	19
	農家集落地域	2	2	2	2	2	10
商業地域	路線商業地域	4	3	3	5	4	19
	普通商業地域	2	3	3	3	3	14
	近隣商業地域	2	2	3	4	4	15
工業地域	工業専用地域	2	1	1	1	1	6
農地地域	宅地見込地地域	5	3	2	3	2	15
	都市近郊農地地域	5	4	4	4	2	19
	純農地地域	5	5	5	3	2	20
林地地域	林地地域	1	3	1	1	2	8

分析の方法は、（３）で述べた本例の一宮地区のような標準住宅地域における地価水準の規範性に係る各項目の条件を基に、標準的な評価を３点としたうえで、各用途的地域における評価点をそれぞれ求め合計したものである。点数が高いほど規範性を有する地価の成熟度は高く、点数が低くなるにしたがって成熟度は低くなる。

分析の結果として、評価点は分譲住宅地域が最も高く、次に純農地地域、優良住宅地域、路線商業地域、都市近郊農地地域等が高くなっているが、工業専用地域、林地地域、農家集落地域等では、評価点は低くなっている。

これらの結果は、不動産鑑定の実務上でも同様であり、評価点の高い分譲住宅地域では、地価水準の把握が容易であることから鑑定評価額の精度[8]が高くなるのに対して、評価点の低い地域である工業専用地域、農家集落地域等では、地価水準の把握が困難であることから鑑定評価額の精度が低くなることが多い。

2　実際の土地市場における取引の形態と地価の成立

実際の土地市場で成立する地価が、本章第１節で述べた経済学上の理論的な土地市場で成立する地価と同様に成立するためには、実際の土地市場が合理性を有する土地市場でなければならない。

本項では、実際の土地市場がどのような形態となっているのか、そしてその土地市場が合理性を有する土地市場の要件をどの程度満たしているか、更にそこで成立する地価はどの程度の規範性を有する地価水準であるのかを、土地市場の種類別に分析するものとする。

(1)　土地市場の概要

一般的に、土地の取引は、国、県、市町村等が所有している不要となった土地を公開入札によって売買する場合を除き、一般財のような公開された市場で行われることはほとんどなく[9]、宅地建物取引業者等による仲介

8　鑑定評価の実務上では、鑑定評価額の精度が対象地の存する地域によって大きく異なる傾向を有しており、規範性を有する地価水準の成立している地域ではその精度は高く、低い場合は精度が低くなる傾向が強い。

9　公開された土地市場であっても、情報不足等の原因により合理性を有する市場とはいえないこともある。

のように、需要者及び供給者がある程度限定された市場で取引されることが一般的である。

しかし、これらの限定的な市場における取引であっても、取引の対象となる土地に関する情報はほとんど公開されることから[10]、需要者及び供給者は、対象となる土地の情報を、一般財のような公開された市場と同様又はそれ以上に得ることができる。

需要者及び供給者は、多くの取引事例、売却希望土地等から得ることのできる情報を参考とし、地価水準をある程度把握したうえで土地市場で行動するものであり、結果的にそこで成立する地価は、一般財のような公開された市場と同様に、需要と供給とによって決定されていることが多い。

また、このほかに、市場の代行としての宅地建物取引業者等の存在も、一般財と同様の合理的な土地市場が成立している要因の一つとなっている。

これらの関係を実証するために、まず一宮地区における土地の取引形態ごとの土地市場を分析し、その土地市場が合理性を有する土地市場であるのか、そしてそこで成立している地価が規範性を有する地価であるのかを分析するものとする。

(2)　個別の土地市場の分析

一宮地区における住宅地の取引市場としては、宅地建物取引業者等の仲介による売買、宅地開発業者等の宅地分譲に係る売買、建売住宅に係る売買等の市場が挙げられるが、これらの各土地市場の特徴は、次のとおりとなっている。

10　従来、土地取引においては、その土地に関する心理的瑕疵等の不利益な情報は公開されないことがあったが、近年ではこれらが多くの訴訟の対象となり、土地に関する情報の多くは、宅地建物取引業者等から開示されていることが一般的となっている。

なお、このような土地市場は、全国的にも多くの住宅地域で見られる態様となっている。

ア　宅地建物取引業者等に係る仲介市場

一宮地区における最も一般的な土地市場としては、宅地建物取引業者等の媒介による仲介市場が挙げられる。

図11は、仲介市場を図式化したものであり、実際の仲介市場を想定して解説するものとする。

図11

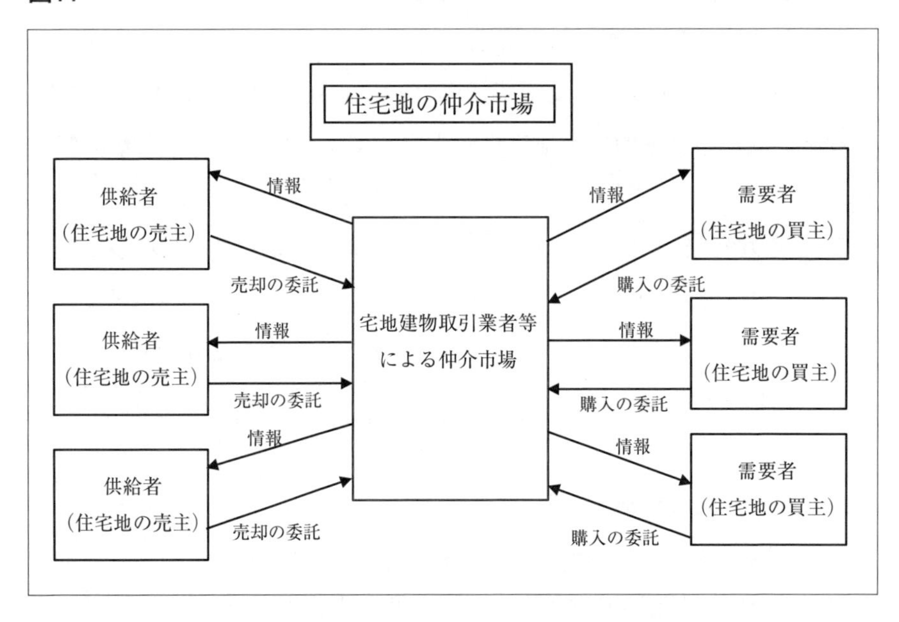

土地の供給者は、宅地建物取引業者等から他の売却希望土地、取引事例等の地価に関する情報提供を行ってもらったうえで所有する土地の売買希望地価を明示し、需要者の紹介、取引の仲介等を委託することが一般的である。

この場合、宅地建物取引業者等は、まず従来から自らが委託を受けている需要者を供給者に紹介しようとするが、こういった例は、比較的少ない。このため、供給者から対象となる売却希望土地に係る情報の提供を受けたうえで公に需要者を探すこととなり、他の宅地建物取引業者、新聞広告、不動産情報誌、インターネット等を通じて、不特定多数の需要者を探すこととなる。

一方、需要者は、宅地建物取引業者等に購入希望地価、希望する地域等の条件を明示したうえで、該当する売却希望土地、取引事例等に関する情報提供を受け、供給者の紹介及び取引の仲介を委託することとなる。

ここで需要者及び供給者に提供される土地に関する情報は、宅地建物取引業法に定められた公法規制、権利関係等に係る説明事項のほか、多くの情報が可能な限り開示されることが通常であるため[11]、需要者及び供給者は、対象となる土地、取引当事者等に係る十分な情報を得ることができることとなる。

また、需要者及び供給者は、仲介を委託した宅地建物取引業者等からの情報のほかに、独自に新聞広告、不動産情報誌、インターネット等からの売却希望土地の情報を把握することが一般的である。

このため、宅地建物取引業者等の仲介に係る土地市場では、一般的にこれらに係る情報を十分に満たす場合が多いことから、合理性を有する土地市場の要件は満たしていると考えられ、そこで成立する取引地価は、規範性を有する地価水準であることが多い。

このように、宅地建物取引業者等の仲介に係る土地市場は、需要者及び供給者がある程度限定されるにもかかわらず、かなりの合理性を有する土地市場となっている。

11　土地に係る情報は、かなり詳細な説明義務が宅地建物取引業法に定められている。また、これ以外の情報であっても、依頼者と宅地建物取引業者との信頼関係の構築の点から個人情報保護法に抵触しない範囲において、近年はほとんどの内容について開示されている。

また、これらの個別の土地市場が、周辺地域の土地市場と一体となることによって、全体的に見れば、より大きな合理性を有する土地市場を形成していることが多いといえよう。

これらの他に、仲介市場の具体例としては、宅地建物取引業者自身の所有する土地の仲介、清算、破産等に係る土地の仲介等と様々な例があるが、いずれも宅地建物取引業者等が情報の提供、助言等を行ったうえで仲介するため、これらに係る取引も同様になっているといえよう。

なお、地方都市及びその周辺部における土地市場の中に宅地建物取引業者の介在する割合は、相談等も含めると、90％以上であると推定される。

イ　分譲地市場

本項における分譲地市場とは、宅地建物取引業者等が棚卸資産としての住宅地を開発したうえで供給者となり、これらに係る分譲地を直接又は間接的に販売するケースである。

分譲地は、1（3）イ（ウ）②で述べたように、都市計画法、建築基準法等の適用により道路の幅員、造成工事等に規制があるため、規格化された分譲地が造成されることから、各画地間の価格影響要因の類似性が極めて強いため、各画地の比較が容易であるという特徴を有している。

例えば、**図12**のような中規模の分譲地では、方位、角地、地積過大等の画地条件に係る個別性を除けば、ほとんどの画地で価格影響要因が類似しており、それぞれの画地間の価格形成条件の格差を容易に把握することが可能である。

図12

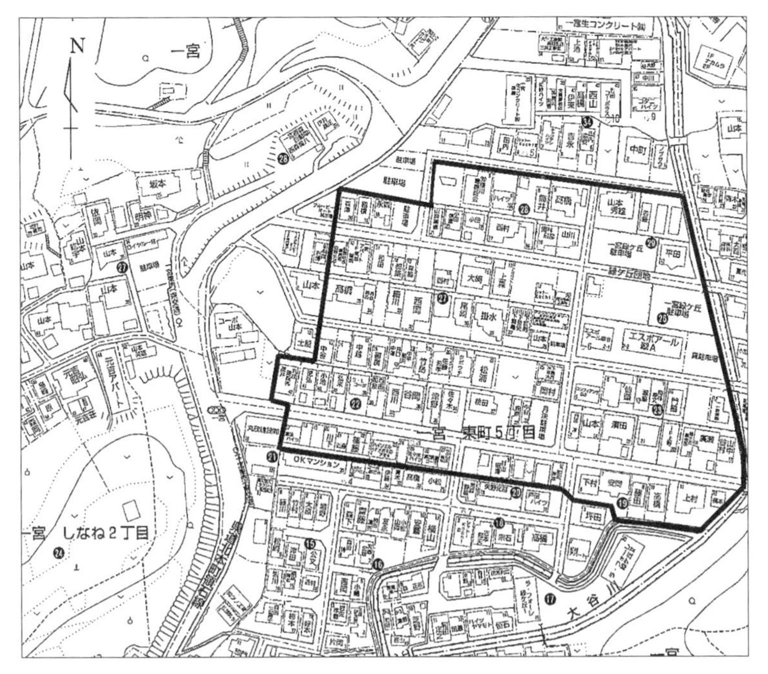

中規模の分譲地であるが、街路条件、交通接近条件、環境条件、行政的条件等の価格形成条件が類似するため、各画地間における価格の牽連性は極めて強い。

このため、供給者は、分譲地内における各画地の価格形成条件を十分に反映させたうえで売却希望地価を決定することとなる。

このような分譲地では、近隣地域内のみならず隣接又は近接する分譲地間においても価格形成条件が類似することが多く、代替性を有する類似の分譲地を分析し比較したうえで、バランスのとれた価格設定をすることが一般的であるため、売却希望地価は、合理性を有する土地市場を反映した地価であることが多い。

特に、宅地開発の進む新興の分譲住宅地域では、分譲地の数も多いことから、供給者は、他の分譲地を調査し分析したうえで均衡のとれた売却希望地価を決定し、販売することとなる。

一方、需要者は、不動産情報誌、インターネット、宅地建物取引業者等からの住宅地に係る情報を基に多数の分譲地を見学し、各分譲地同士の比較を行う。また、仲介を宅地建物取引業者等に委託している場合は、これらの情報も参考とすることとなる。

そして、それぞれの分譲地に係る売却希望地価及び価格形成条件とを考慮したうえで、どちらの分譲地が有益であるのかを比較し、更にその分譲地内に存する各画地の方位、形状等を相互に比較し、これらを十分に考慮したうえで購入希望地価を判断することとなる。

このような分譲地では、土地に関する情報が既存の住宅地等と比べても多く、また公開される情報量も多いほか、相互の比較が容易な土地が多いため、需要者による地価の決定に関する判断も容易となっている。

このため、分譲地市場では、合理性を有する土地市場の要件がかなりのケースで強く認められ、規範性を有する地価水準が成立することが多い。

なお、これらの分譲地市場は、アの宅地建物取引業者等に係る仲介市場と一体となって総合的な土地市場を構成し、それぞれの土地市場が相互に密接に関係することによって、大きな土地市場を形成している。

ウ　建売住宅市場

建売住宅市場とは、宅地建物取引業者、建築業者等が自ら所有している土地に戸建住宅を建築し、複合不動産として土地市場に供給する形態をいうものである。

供給者から見れば、更地に建築物を建築することによって付加価値を加えて販売できるメリットがあり、需要者から見れば、購入後に住居として即利用が可能なこと、完成した戸建住宅を実感できる等のメリットがある。このため、日本の低層住宅地域では、イの分譲地市場と同様に、多くの売却希望物件が見られる状況となっている。

しかし、建売住宅市場では、土地建物を一体とした総額取引であり、土地部分の地価が明示されないことが一般的であることから[12]、更地としての地価が不明であり、結果的には、そこで成立する地価は規範性を有する地価水準とはいえないこととなる。

したがって、建売住宅の構成部分として成立する土地の地価は、直接的にその地域内に有する各画地の地価又は地価水準に影響を与えることは少ない。

なお、一宮地区には存しないが、市街地で多く見られる分譲マンションについても建売住宅市場と同様であり、土地部分の価格が不明であることから、他の土地市場に影響を与えることはほとんどない。

エ　当事者間の取引市場

需要者と供給者との当事者間に係る直接取引は、次のようなケースがある。

いずれも取引当事者が限定されることから、市場は閉鎖的となっているが、市場における情報を十分に承知している場合が多く、この点から見れば、そこで成立する地価は規範性を有する一面があるといえよう。

（ア）　隣接地の取引

需要者と供給者との直接取引の中で最も多い取引形態が、需要者の所有する土地に隣接する土地、近接する土地等を売買するケースである。

売買の形式は、相対取引が一般的であり、非公開となっていることが多いが、宅地建物取引業者等が仲介することも多くある。

市場形態は閉鎖的であるが、需要者及び供給者ともに周辺地域における市場を分析したうえで取引を行うことが多く、そこで成立する地価は、合理性が認められる場合が比較的多い。

12　土地部分の価格が明示されている場合においても、建物価格を分析してみると、土地部分の地価の一部が建物価格に加算されていることが多く、実態としては不明な場合が多く見られる。

需要者は、所有する土地と一体的に利用できるということによって増分価値が発生する場合が多いし、供給者は、他の土地市場で売却するよりも高めに売却できることが多いため、双方にメリットがあることが多い。

この取引地価は、当事者取引であり、市場が公開されないことが多く、他の土地の地価水準の形成に与える影響が少ないことが一般的である。

（イ） 借地権の付着した建付地に関する取引

図13のような借地権の付着した土地の取引は、借地権者が所有権（底地）を取得する場合又は所有権者が借地権を買い取り、権利を消滅させる場合が一般的であるが、いずれも当事者が限定されるため、市場を乖離することとなる。

図13

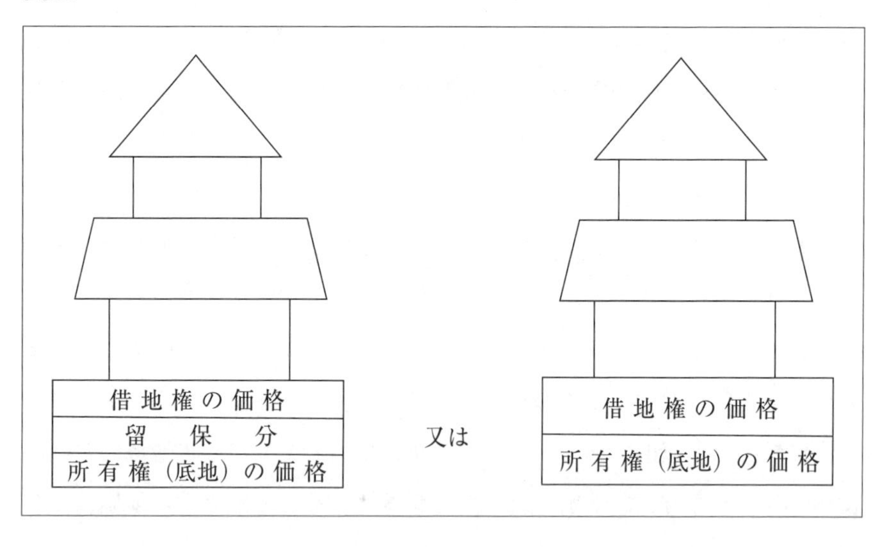

このため、そこで成立する地価は、他の取引市場に影響を与えることはほとんどない。ただし、例としては少ないが、借地権単独の第三者取引において市場価格に影響を及ぼす場合があるが、所有権と異なり借地権は特

殊であるため、大きな影響は与えない。

オ　宅地建物取引業者が需要者又は供給者の場合の取引

対象とする土地の需要者又は供給者のどちらか一方が宅地建物取引業者等の場合、一方が土地取引の専門家であることから不利な契約の可能性も考えられるが[13]、いずれも対象となる土地が、土地市場で公開されることが通常であることから、他の取引事例、売却希望土地等との均衡が保たれ、そこで成立する地価は、仲介市場と同様に規範性を有する地価水準の場合が多く、土地市場に影響を与えることが多い。

ただし、取引を委託する宅地建物取引業者等が存しない場合は、適切なアドバイスを得ることができず、土地に対する情報量の不足等が認められることがあり、このような場合には、市場の合理性を有していないことがある。

カ　公共用地の買収に係る取引市場

公共用地の取得に係る地価は、土地評価事務処理要領に定められているとおり正常価格であり、不動産鑑定評価を参考（実務上では多くの場合で採用）とすることが定められている[14]。

このため、そこで成立する地価は、市場の合理性が高い場合が多いが、評価時点と買収時点との時間差があったり[15]、地権者の希望に沿った適切でない地価で買収されていることも見られることから、規範性を有する地価で成立しない場合があり、地域内の地価水準には影響を与えないことが多い。

13　一般的には、対象となる土地の地価が低い場合に、宅地建物取引業者等が需要者となることが多い。

14　土地評価事務処理要領によると、鑑定評価書を参考にして起業者自らの評価による「買収価格」（この場合は地価を指す）の決定が定められているが、実務上では、鑑定評価書を活用しているケースが多い。

15　買収金額を特定してから1年以内では、時点修正をしないケースが多い。

キ　公有地の売却に係る取引市場

国、県、市町村等の所有する公有地の売却は、不動産鑑定士による鑑定評価を行い、最低売却価格（この場合は地価を指す）を決定したうえで一般競争入札によって行われることが一般的である[16]。

この場合、対象となる土地に関する個別的な情報は公開されるが、周辺の地価水準、取引地価等の情報は公開されないため、需要者は、通常の売買のように情報収集を行うことが必要となる。

しかし、宅地建物取引業者等の仲介がある場合のようには多くの情報を得られないことが多く、そこで成立する地価は合理性を欠く場合も見られるが、理論的には公開市場であることから、合理性を有する土地市場の要件を満たしていることが多い。

したがって、ここで成立する地価は、ア及びイと同様に土地市場に影響を与えることとなる。

ク　競売市場

民事執行法に基づく不動産競売等は、公開市場を前提とした入札であることや、評価書、現況調査報告書及び物件明細書が提示されていることから、理論的に見ると合理性を有する土地市場の要件は満たしているように考えられる。

しかし、事故物件[17]であっても、土地そのものに関する情報が詳細に調査されていないことがある。また、民間の仲介等の取引では、実測によって取引されることが一般的であるが、競売では、登記簿に記載された地積が採用されていることが多く、境界確定も行われていないことが多いため、対象地に対する合理性を有する土地市場の要件は満たされていない。

16　地積及び総額が小さい場合、隣接地の所有者に売却する場合等は、随意契約を結ぶ場合がある。

17　殺人事件、自死等により市場性が下がった物件のことをいう。

また、キと同様に、取引事例、売買希望地価等の取引に当たっての必要な情報は公開されないことから、宅地建物取引業者等の仲介がある場合のようには多くの情報を得られないことが多く見られ、そこで成立する地価は、合理性を欠く場合が多い。

したがって、競売市場で成立する地価は、他の土地市場と比較すると低い場合が多く見られ、規範性を有する地価とはいえず、他の取引市場に影響を与えることはほとんどない。

（3）　全体的な土地市場

前項で述べた個別的な各土地市場で成立する取引事例、売却希望地等が、相互に競争、代替、補完等を行うことによって全体的な土地市場及び地価水準に対して影響を与え、一つの大きな住宅地の土地市場となり、これらに係る将来的な地価水準を形成することとなる。

この関係の例を挙げてみよう。

図14は、一宮地区内における個別の土地市場である。

Ａ－１、Ａ－２及びＡ－３画地は、個々の仲介市場で交渉中の土地であり、Ｂ－１及びＢ－２分譲地は宅地分譲に係る売却希望土地である。また、Ｃ－１及びＣ－２分譲地は新規の分譲地であり、Ｄ－１及びＤ－２画地は最近売買された取引事例とする。

これらの各土地市場における需要者及び供給者は、まずＤ－１及びＤ－２画地の取引事例を指標とし、他の土地市場における情報を参考としたうえでそれぞれ交渉中の地価及び価格形成条件を分析することとなる。

例えば、Ａ－１画地の土地市場で交渉中の需要者及び供給者は、Ｄ－１及びＤ－２画地の取引事例を指標とし、Ａ－２及びＡ－３画地の交渉地価と価格形成条件とを参考にしたうえで交渉するであろうし、Ａ－２画地を交渉中の需要者及び供給者は、Ａ－１及びＡ－３画地の交渉地価と価格形

図14

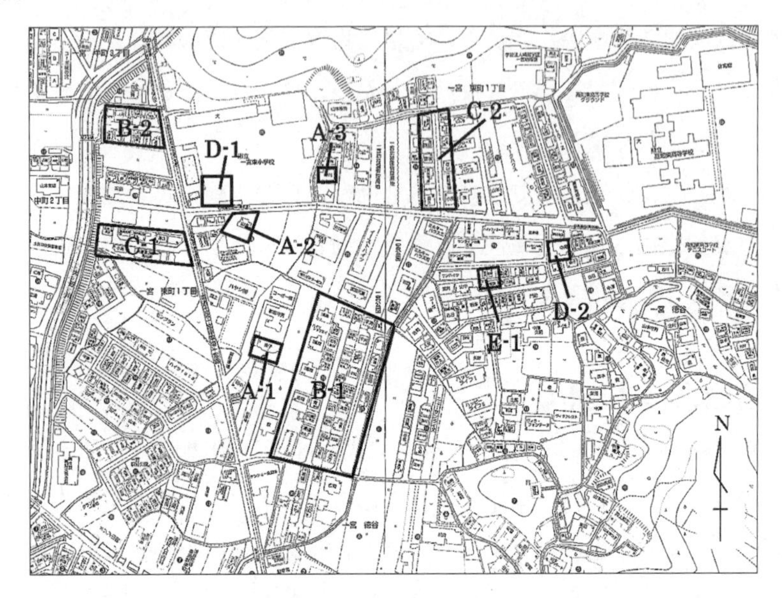

成条件とを参考として交渉する。また、B－1及びB－2分譲地の売却希望地価も参考にしたうえで行動する。

C－1及びC－2分譲地に係る新規の分譲地では、A－1、A－2及びA－3画地の交渉地価、売却希望地価、取引地価等を参考にして分譲地の地価を決定しようとする。

E－1画地は隣接地の買収であるが、これらもA－1、A－2及びA－3画地の動向を参考としつつ、更に価値増分をも考慮しながら需要者及び供給者が行動することとなる。

このように、各土地市場及び取引形態等が異なっていても、**図14**の一宮市場に存する各画地は、需要者及び供給者がこれらに係る地価及び価格形成条件に係る情報を通じて、相互に競争、代替、補完等の関係で地価のバランスを保ちながら、一つの大きな土地市場として形成されている。

これらの各土地市場に係る各需要が一つの市場全体の市場需要となり、

また、これらに係る各供給が一つの市場全体の市場供給となることによって、一宮地区全体について、それぞれの近隣地域の地域的特性に応じた地価水準が成立することとなる。

3　実際の土地市場における地価水準の成立と変動

1では地価水準とは何かを分析し、2では実際の取引市場を分析したが、本項では、これらに基づき、実際の土地市場における地価水準の決定と変動とを具体的な数値を用いたうえで分析し、本章第１節で述べた「需要・供給の法則」に基づく地価の変動の理論との関係を分析する。

分析に当たっては、一宮地区をモデルにするものとし、需要者、供給者、売却希望地価等を具体的に想定したうえで、詳細に分析するものとする。

(1)　土地市場の概要

本項で分析する土地市場は、1（2）ア（ア）で分析した一宮地区内に存する中規模の住宅地の一部分である。

前提とする条件は、次のとおりである。

現時点での売却希望土地は、**図15**におけるⒶ～Ⓒの３画地が存しているものとする。

図15

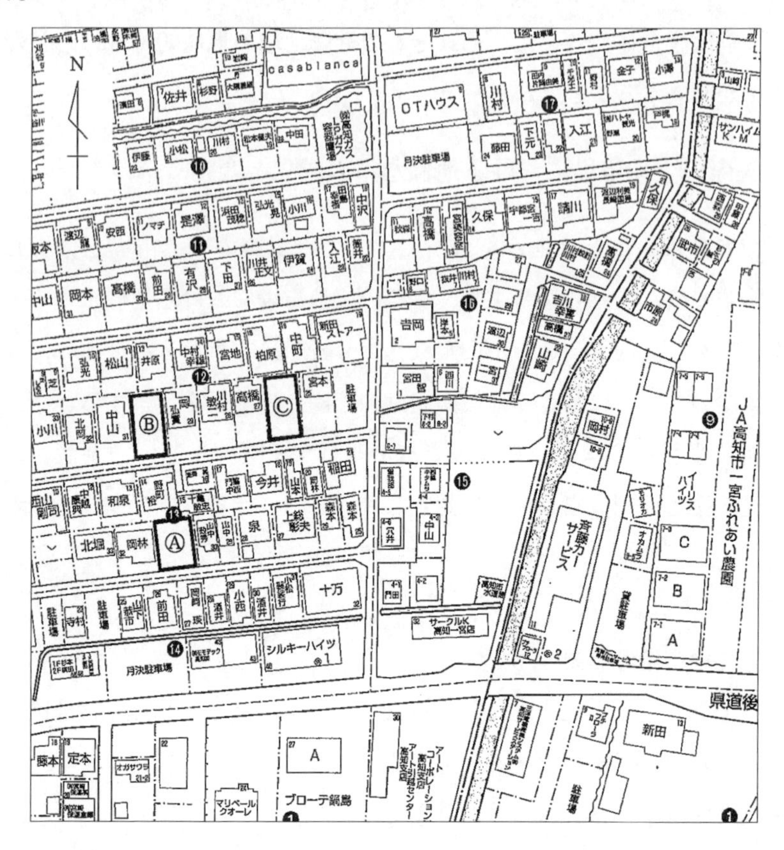

これらの画地は供給者がそれぞれ異なることから、売却希望地価を**表2**のような開差のある地価とする。また、規範性を有する地価水準を65,000円／㎡とし、この地区では、従来からこの地価水準を指標に取引されているものとする。

表2

	売却希望地価	地価水準	購入希望地価
Ⓐ画地	69,000円／㎡	65,000円／㎡	A需要者グループ存せず
Ⓑ画地	68,000円／㎡		B需要者グループ 65,000円／㎡
Ⓒ画地	72,000円／㎡		C需要者グループ 63,000円／㎡

需要者は、本章第1節4（1）で述べたイ購入の必要性が普通程度の需要者…B需要者グループ及びウ購入の必要性が低い需要者…C需要者グループであり、市場需要量は相当量が存する[18]。それぞれの需要者には、仲介者として宅地建物取引業者が存しているため、必要とされる情報は十分提供され把握されている。

供給者は、本章第1節5（2）で述べたイ売却の必要性が普通程度の供給者…B供給者グループ及びウ売却の必要性の低い供給者…C供給者グループであり、市場供給量は相当量が存する。それぞれの供給者には、需要者と同様に、仲介者としての宅地建物取引業者が存しているため、必要な情報は十分提供され把握されている。

（2）　安定期における地価水準の決定

土地市場の安定期における地価水準は、具体的にどのように決定されるのかを分析する。ただし、土地市場の形態は、仲介市場のみが存するものとする。

まず、市場需要における需要者の区分がB及びCグループであるため、地価水準の65,000円／㎡を超える売却希望地価での購入行動がないことから、Ⓐ～Ⓒ画地は、市場に売却希望土地としてそのまま存続することとなる。

18　需要者及び供給者は、必要に応じて順次市場に参入できるものとし、取引によって地価水準の変動に影響を与えない程度に存するものとする。

次に、**図16**のように、時間の経過に伴いⒹ～Ⓖ画地が市場に売却希望土地として順次供給されるものとする。

図16

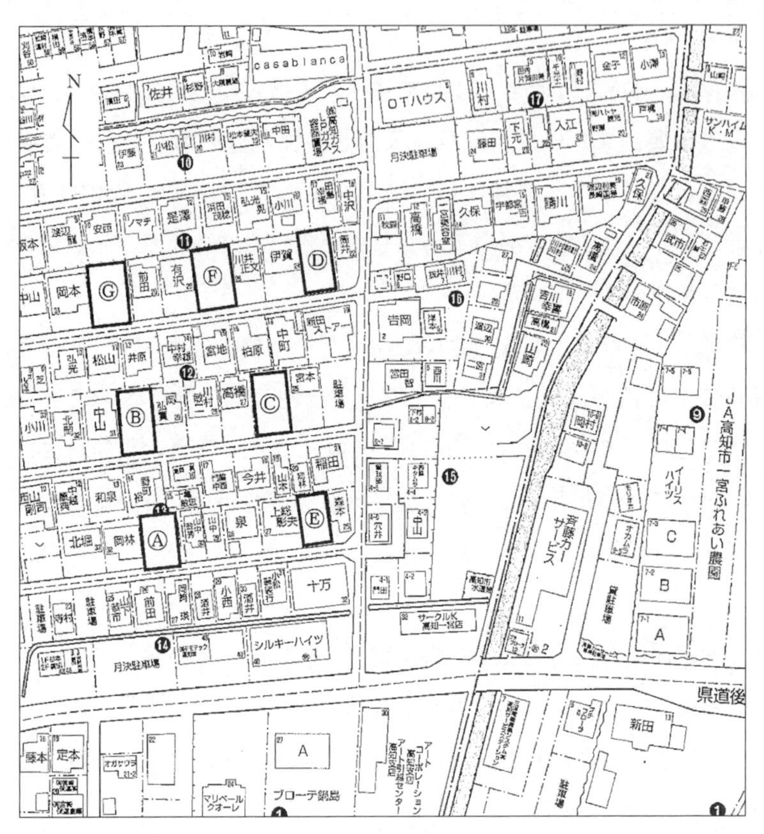

この場合における売却希望地価は、次のとおりとする。

表３

	売却希望地価	標準的画地に換算した売却希望地価	購入希望地価
Ⓓ画地	65,000円／㎡	65,000円／㎡	A需要者グループ存せず
Ⓔ画地	69,000円／㎡	69,000円／㎡	B需要者グループ65,000円／㎡
Ⓕ画地	72,000円／㎡	72,000円／㎡	C需要者グループ63,000円／㎡
Ⓖ画地	67,000円／㎡	67,000円／㎡	

この例では、Ⓓ画地は地価水準と同じであるので売却されるが、Ⓔ～Ⓖ画地は地価水準より高いことから売れ残ることとなる。

このため、土地市場には、**図17**のように、Ⓐ、Ⓑ、Ⓒ、Ⓔ、Ⓕ及びⒼの６画地が売却希望土地として存続することとなる。

図17

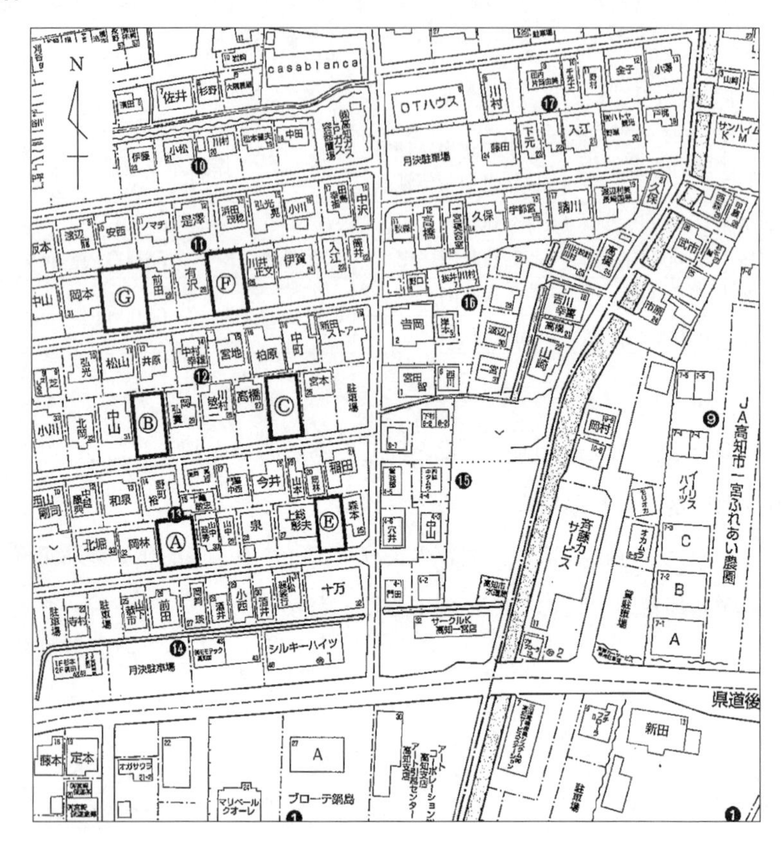

このように、当該地域に新たな住宅地が供給されても、需要者がB及びC需要者グループであり、かつ、供給される土地が多数存する状態であれば、これ以降は現時点で成立している地価である65,000円／㎡が地価水準となり、これを基準にして取引されることとなる。

仮に、本章第1節4（1）で述べた購入の必要性が高いA需要者グループの一人が市場に参入することによってⒼ画地を購入したとしても、B、C供給者グループから売却希望土地が順次供給されるため、土地市場には影響を与えず、地価水準は変化しない。

この65,000円／㎡が、安定期における実際の土地市場で決定される地価水準であり、**図18**における経済学上の「需要・供給の法則」の交点Ｐで成立する地価に該当することとなる。

図18　住宅地の地価の決定（短期）

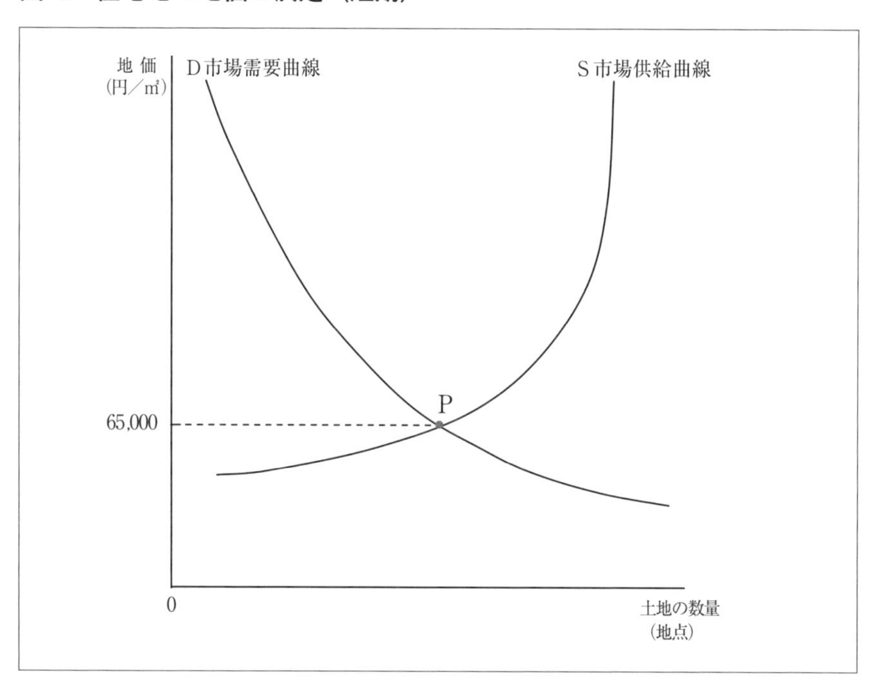

つまり、Ｂ、Ｃ需要者グループ及びＢ、Ｃ供給者グループが土地市場に多数存し価格形成条件に変化のない場合では、地価水準65,000円／㎡を基準として、各画地の取引地価が成立することとなる[19]。

19　地積過大、形状不整形等の画地の場合は、これらの個別的要因を反映して地価が形成される。

（3） 上昇期における地価水準の変動

本項では、地価の上昇期において、実際の土地市場では地価水準がどのように変動するのかを分析する。

この場合における地価の上昇に係る要因は、近隣地域内に連続する幹線道路の改良によって住宅地の地域要因が向上することによるものとする。

これを本章第1節で述べた「需要・供給の法則」で見ると、**図19**のように、市場需要曲線はDからD^1へと市場供給曲線はSからS^1へと同時にシフトすることになる。

図19　住宅地の地価の決定（短期）

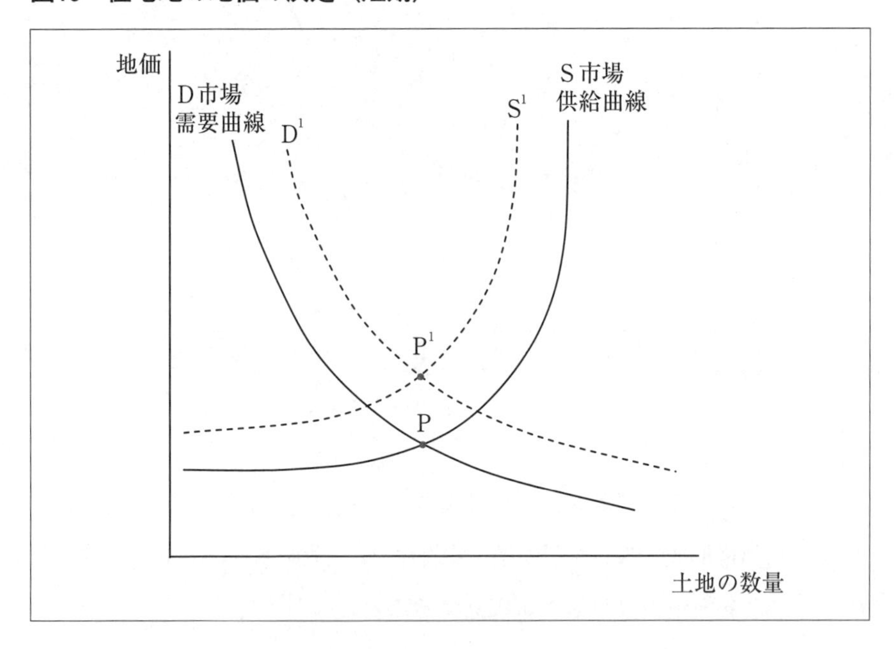

ア　近隣地域内における地価水準の上昇の分析

地価水準の変化の分析を容易にするために、土地市場に存在する売却希望土地が標準的画地のみである場合と、個別性を有する画地も存する場合とに区分し、（1）及び（2）の近隣地域を用いて分析するものとする（**図16**及び**17**参照）。

（ア）　標準的画地のみが存する場合の上昇

まず、（2）**図16**における土地市場の安定期で成立している地価水準が、地域要因の向上によって上昇する場合に、実際の土地市場ではどのように変動するのかを分析する。なお、この場合の売却希望土地は、個別性を有しない標準的画地のみであるものとする。

図17における土地市場には、**図16**で売却されなかったⒶ、Ⓑ、Ⓒ、Ⓔ、Ⓕ及びⒼ画地が存するが、道路改良等による地域要因の向上が予測される場合においても従来から売却されずに存しているため、地価水準の大幅な上昇が予測される場合でもない限り、これらの画地の売却希望地価が変更されることは少ない。このためⒶ、Ⓑ、Ⓒ、Ⓔ、Ⓕ及びⒼ画地は、道路改良等によって地域要因が向上する以前の売却希望地価で存するものとする。

次に、Ⓗ及びⒾ画地が新たに供給されるものとする（**図20**）。

図20

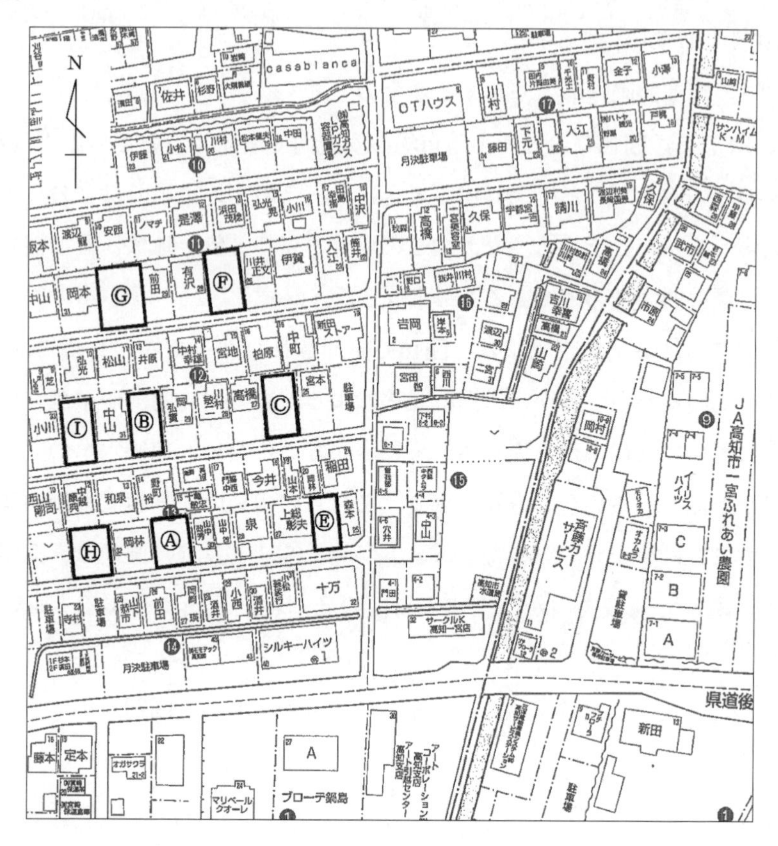

これらの新たに供給される画地は、既に土地市場に存する売却希望土地とは異なり、若干であっても地域要因の向上を反映して供給されることが実際の土地市場では通常であるから、**表4**のように**表3**と比べてやや高めの売却希望地価で供給されることとなる。

表４

	売却希望地価	標準的画地に換算した売却希望地価
Ⓐ画地	69,000円／㎡	69,000円／㎡
Ⓑ画地	68,000円／㎡	68,000円／㎡
Ⓒ画地	72,000円／㎡	72,000円／㎡
Ⓔ画地	69,000円／㎡	69,000円／㎡
Ⓕ画地	72,000円／㎡	72,000円／㎡
Ⓖ画地	67,000円／㎡	67,000円／㎡
Ⓗ画地	75,000円／㎡	75,000円／㎡
Ⓘ画地	73,000円／㎡	73,000円／㎡

各画地は、いずれも角地、方位等の個別性のない標準的画地であり、各画地間の個別的要因に係る格差が発生していないことから、現時点で市場に存するⒶ、Ⓑ、Ⓒ、Ⓔ、Ⓕ、Ⓖ及びⒽ、Ⓘ画地に係る需要者の選択は、売却希望地価のみの比較で行われる。

一方、この場合の新たな需要者は、地域要因の向上に伴い需要曲線がシフトすることによって65,000円／㎡よりも高い地価であっても購入行動を起こすことから、市場に存する売却希望土地の中でⒼ→Ⓑ→Ⓐ及びⒺ画地というように、地価の低い順から購入することとなる。

この結果、Ⓖ、Ⓑ、Ⓐ及びⒺ画地が購入されたとすると、最後に売却された最も高いⒶ及びⒺ画地の取引地価である69,000円／㎡が、当近隣地域内の新たな地価水準として成立することとなる。

これを「需要・供給の法則」から見ると、**図19**の交点Ｐから新たな交点P^1に移行することを表し、新たな地価水準は69,000円／㎡となる。

そして、更に地域要因が向上する場合には、新たな供給者は69,000円／㎡を超える売却希望地価で土地を供給することとなり、需要者も69,000円／㎡より高い地価であっても購入することとなるから、地価水準も更に上昇することとなる。

例えば、更なる地域要因の向上によってⒸ画地が売却されたとすると、新しい地価水準は、69,000円／㎡から72,000円／㎡に上昇することとなる。

このため、土地市場には、Ⓕ、Ⓗ及びⒾ画地が売却希望土地として存続することとなるが、地価の安定期に比べると、その画地数は大きく減少することとなる。

地価の上昇期における実際の土地市場では、地価の安定期と比べると売却希望土地が大幅に減少するが、その理由は、以上で述べた現象によることにも起因すると思われる。

（イ） 個別性を有する場合

次に、（ア）と同一の近隣地域における土地市場で、各売却希望土地が角地、方位等の個別性を有しており、標準的画地と比べて個別的要因の格差が発生している場合において[20]、どのように地価水準が上昇するのかを分析する。この場合における近隣地域内の標準的画地は南向き画地とする。

土地市場には、**図21**のようにⓃ～Ⓠの４画地が存するが、いずれも標準的画地であるⒶ、Ⓑ、Ⓒ、Ⓓ及びⒼ画地と比べると、個別的要因に係る格差が発生している。

20　個別性に係る価格形成条件のことを個別的要因というものとする。

図21

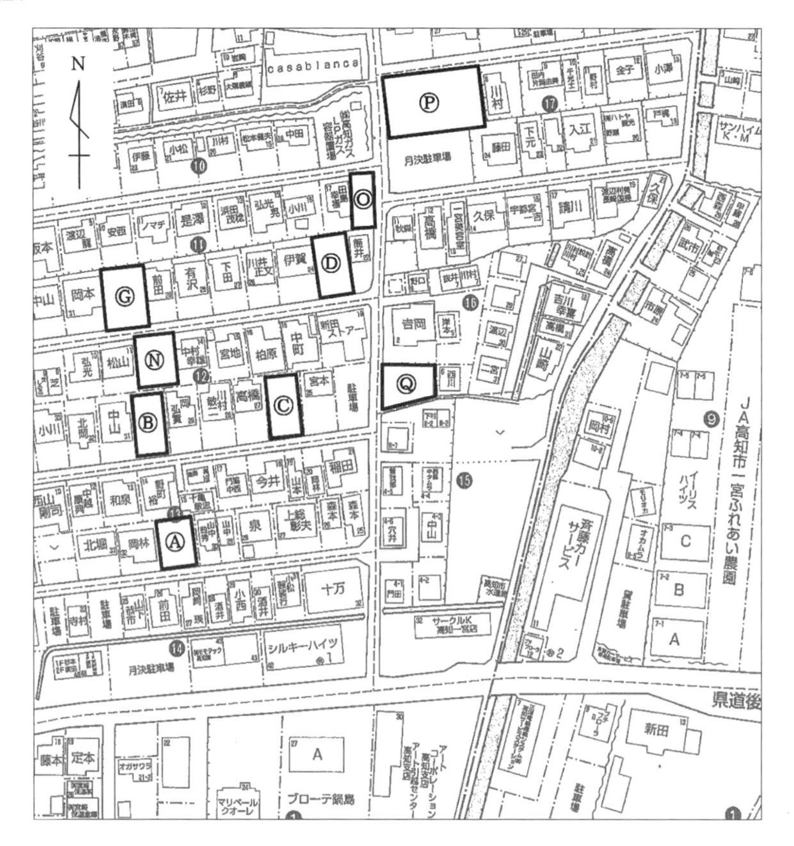

例えば、Ⓝ画地は、北向きという方位による減価が発生しており、Ⓞ画地は、東向きという方位による減価が発生しているものの角地による増価が認められる。また、Ⓟ画地は、角地による増価が認められるものの、地積過大及び西向きという方位による減価が発生しており、Ⓠ画地は、形状及び西向きという方位による減価が発生している。

このため、市場における需要者及び供給者は、**表5**のような補正内容に係る個別的要因をそれぞれ考慮したうえで、地価水準（標準的画地）と比較し行動することとなる。

表5

	売却希望地価	標準的画地に換算した売却希望地価	補正内容
Ⓝ画地	65,000円／㎡	72,222円／㎡	方位格差 0.90
Ⓞ画地	72,000円／㎡	73,469円／㎡	角地、形状、方位 0.98
Ⓟ画地	70,000円／㎡	73,684円／㎡	角地、形状、地積過大、方位 0.95
Ⓠ画地	65,000円／㎡	66,326円／㎡	方位、形状 0.98

その結果として、標準的画地に換算した売却希望地価が最も低いと判断されるⓆ画地がまず売却され、次にⓃ→Ⓞ→Ⓟ画地というように、標準的画地に換算した売却希望地価の低い順に売却されることとなる。

仮に、Ⓠ及びⓃ画地が売却されたとすると、取引地価は同額の65,000円／㎡であるが、より高いⓃ画地の標準的画地に換算した売却希望地価である72,222円／㎡が新たな地価水準となる[21]。

実際の土地市場では、標準的画地と本例のような個別性を有する画地とが同時に存する場合が多く見られるが、個別性を有する画地であっても、土地市場では、個別的要因格差率が考慮されることによって、標準的画地のみが存する場合と同様に地価水準が成立することとなる。

なお、需要者及び供給者が独自に**表5**のような補正内容を分析し考慮することは、一般的には困難である。

しかし、これらの補正内容は、宅地建物取引業者等によるアドバイスによって判断することが可能であり、このような実際の住宅地市場においても、これらを考慮することによって、本項で述べたような合理的な市場行動をしていることが多い。

21　Ⓝ画地で標準的画地を計算すれば、次のとおりとなる。

$$65{,}000円／㎡ \div \frac{90}{100} = 72{,}222円／㎡$$

イ　小規模分譲地間における地価水準の上昇の分析

本項では、地価の上昇期において類似する分譲地間の地価水準がどのように変動し決定されるのかを、１（２）イで採用した地域の例を挙げて分析する。なお、２（２）ウ及びエで分析した地域の地価水準の変動も、本項で解説する地域の動きと基本的には同様となっている。

所与の条件としては、次のとおりである。

現時点では、**図22**に表示された土地市場にはⒶ分譲地のみが存するものとし、Ⓑ～Ⓓ分譲地が順次開発されるものとする。今後は南北に通過する幹線道路の拡幅整備によって地域要因が向上し、地価が上昇するものと仮定する。また、Ⓐ分譲地内に存する各画地の地価は、１（２）アで述べた同様の理由によって均衡して成立しているものとする。

なお、Ⓐ～Ⓓ分譲地における地域要因格差率は、Ⓐ分譲地のＡ画地を$\frac{100}{100}$として、それぞれⒷ分譲地のＢ画地を$\frac{97}{100}$、Ⓒ分譲地のＣ画地を$\frac{95}{100}$、Ⓓ分譲地のＤ画地を$\frac{93}{100}$とする。

図22

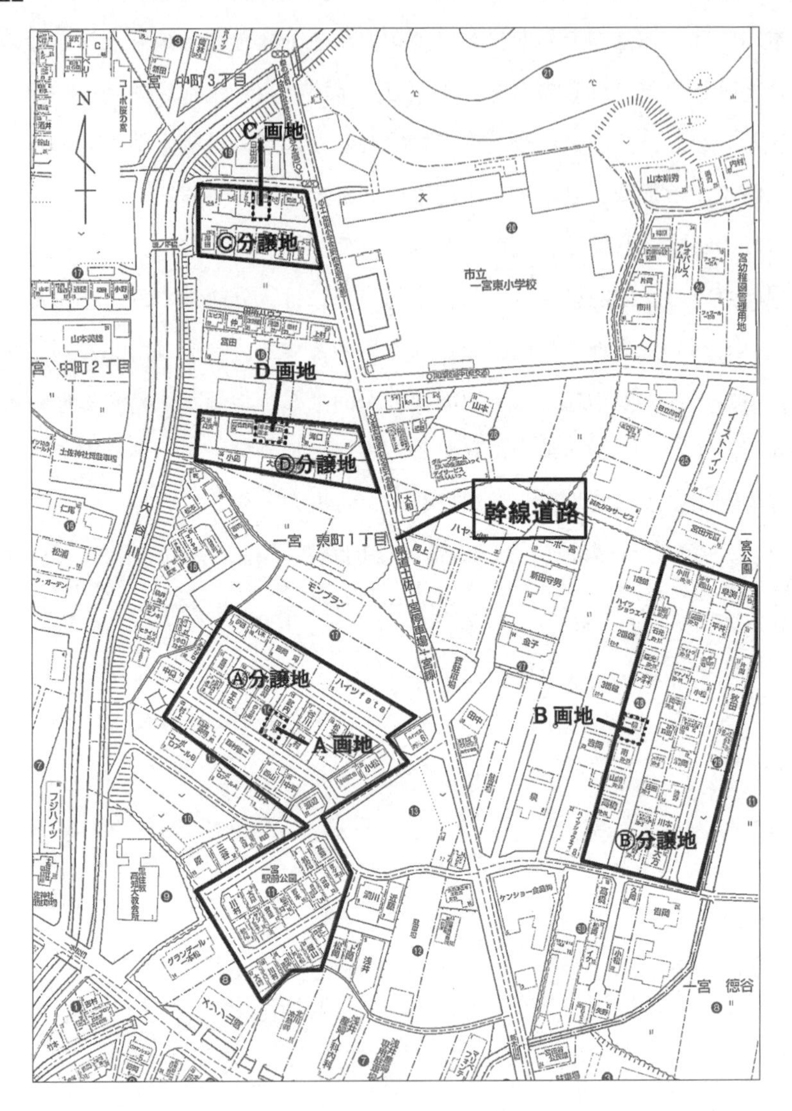
C 画地
Ⓒ分譲地
D 画地
Ⓓ分譲地
幹線道路
Ⓐ分譲地
A 画地
B 画地
Ⓑ分譲地
市立
一宮東小学校
一宮　中町３丁目
宮　中町２丁目
一宮　東町１丁目
一宮　徳谷
N

（ア）　地価の上昇と地域の均衡

地価の上昇の分析は、まず**図22**のⒷ分譲地を宅地開発して売却するものとした場合を想定する。

この土地市場には、Ⓐ分譲地以外の分譲地が存しないため、今後開発しようとするⒷ～Ⓓ分譲予定地に係る新たな分譲業者は、主としてⒶ分譲地の地価水準とその売却動向とを分析し、指標としたうえで行動することとなる[22]。

仮に、Ⓐ分譲地内の過半数の画地が販売開始直後に売却されているとすれば、新たな分譲業者は、Ⓐ分譲地の需要と供給とが均衡していると判断するため、この地価水準を基準とする[23]。

次に、地域要因の向上を考慮したうえで売却希望地価を決定しようとするが、本ケースでは、地域要因の向上によって５％の上昇が見込まれるものと判断し、Ⓐ分譲地の地価水準よりも５％高値に設定することとする。

その結果として、これらの要因と、Ⓐ分譲地及びⒷ分譲地の個別的要因格差率$\frac{97}{100}$を更に考慮したうえで、Ⓑ分譲地の売却希望地価を、次のように決定することとなる。

Ⓑ分譲地の売却希望地価

Ⓐ分譲地の地価水準60,000円／㎡×個別的要因格差率$\frac{97}{100}$

×上昇率$\frac{105}{100}$＝61,110円／㎡

22　分譲地市場における新たな分譲地の地価の決定に当たっては、一宮地区全域の需要動向、周辺地域を含む拡域的な地域の動向も同様に考慮されるが、通常では、付近の分譲地の動向が主たる要因となって決定されている。

23　分譲地の適正な販売は、規模にもよるが、販売直後に約３分の１～半数、そして１年間ぐらいで完売されることが正常な状態であると判断され、需要と供給との均衡状態であるといえよう。

この算定された61,110円／㎡が、Ⓑ分譲地内の標準的画地であるＢ画地の売却希望地価となり、Ⓑ分譲地内の他の各画地は、標準的画地のＢ画地を基準とし、それぞれの個別的要因を反映したうえで売却希望地価が決定され、販売されることとなる。

この分譲地内の画地の過半数がⒶ分譲地と同様の過程で売却されるとすると、61,110円／㎡がⒷ分譲地における新たな地価水準となり、売却できない場合は61,110円／㎡を上限に、完売の場合は61,110円／㎡が下限となり、地価水準が形成される。

このため、Ⓐ分譲地とⒷ分譲地との間には地価の上昇分である５％の地価水準の開差が発生するが、市場では、１（２）イで述べたような地価水準の均衡が自動的に保たれることとなり、その結果として、先に販売されたⒶ分譲地の地価水準は、次のとおり変動することとなる。

Ⓐ分譲地の地価水準

従来のⒶ分譲地の地価水準60,000円／㎡

$$\times 上昇率\frac{105}{100} = 63{,}000円／㎡$$

図23　住宅地の地価の決定（短期）

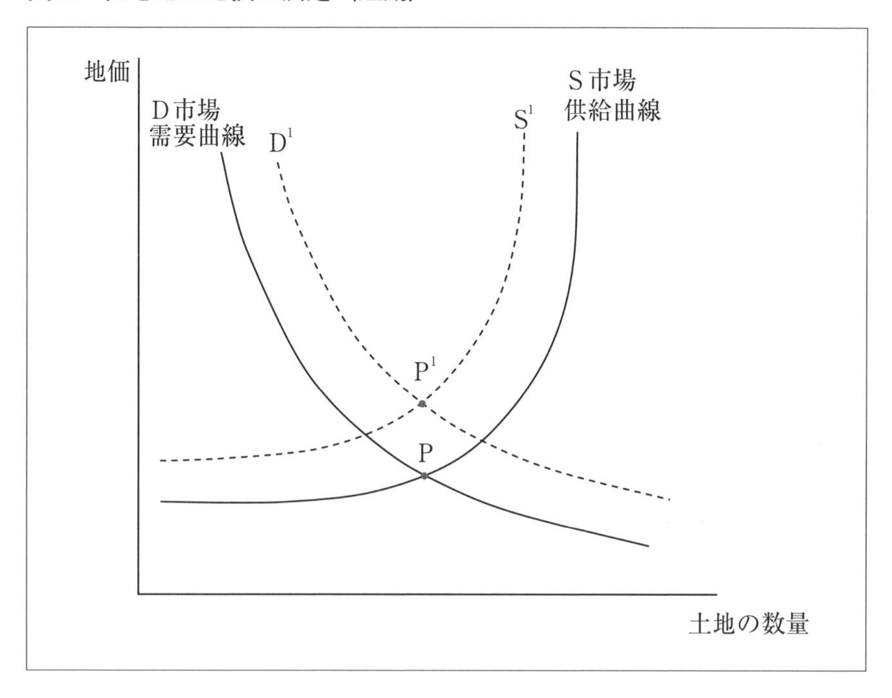

これにより、経済学上の地価は、**図23**のように交点ＰからＰ^{1}へ移行したこととなる。

（イ）　地価の更なる上昇と各分譲地間の均衡

次に、道路改良工事の進展に伴い地域要因が更に向上することによって地価の上昇が大きくなり、Ⓑ分譲地の大半が売却されるほか、新たにⒸ分譲地が開発され、市場に提供されるものとする。

この場合の売却希望地価は、Ⓑ分譲地の地価水準に対して高めの地価水準となるが、この場合の上昇を６％と見込んで決定するものとすれば、Ⓒ分譲地の売却希望地価は、次のとおり決定されることとなる。

Ⓒ分譲地の売却希望地価

新たなⒶ分譲地の地価水準63,000円／㎡×個別的要因格差率$\frac{95}{100}$[24]

×上昇率$\frac{106}{100}$=63,441円／㎡

又は

Ⓑ分譲地の地価水準61,110円／㎡÷$\frac{97}{100}$×$\frac{95}{100}$

×上昇率$\frac{106}{100}$=63,441円／㎡

この算定された63,441円／㎡が、Ⓒ分譲地内の標準的画地であるＣ画地の売却希望地価となり、Ⓒ分譲地内の他の各画地は、標準的画地のＣ画地を基準とし、それぞれの個別的要因を反映したうえで売却希望地価が決定され、販売されることとなる。

この分譲地内の画地の過半数がⒶ及びⒷ分譲地と同様の過程で売却されるとすると、63,441円／㎡がⒸ分譲地の新たな地価水準となり、売却できない場合は63,441円／㎡を上限に、完売の場合は63,441円／㎡が下限となり、地価水準が形成される。

このため、Ⓒ分譲地とⒶ及びⒷ分譲地との間には地価の上昇分である６％の地価水準の開差が発生するが、市場では、２（２）イで述べたような地価水準の均衡が自動的に保たれることとなり、その結果として、先に販売されたⒶ及びⒷ分譲地の地価水準は、次のとおり変動することとなる。

24　個別的要因格差率とは、近隣地域における標準画地と対象地との個別要因を比較し、そこで得られる格差率をいう。

Ⓐ分譲地の地価水準

Ⓐ分譲地　60,000円／㎡$\times\frac{105}{100}\times\frac{106}{100}$

＝66,780円／㎡（個別的要因格差率 $\frac{100}{100}$）

Ⓑ分譲地の地価水準

Ⓑ分譲地　61,110円／㎡$\times\frac{106}{100}$

≒64,776円／㎡（個別的要因格差率 $\frac{97}{100}$）

Ⓒ分譲地の地価水準

Ⓒ分譲地　63,441円／㎡（個別的要因格差率 $\frac{95}{100}$）

このように、小規模分譲地間においては、それぞれの分譲地の地価水準と売却動向とを考慮しながら新たな分譲地が開発され、地価水準が上昇することとなり、既に開発されたこれらの各分譲地内における地価水準も、同様に上昇し決定されることとなる。

（4）　下落期における地価水準の変動

本項では、地価の下落時において、実際の土地市場では地価水準がどのように変動するのかを分析する。

この場合における地価の下落の要因は、近隣地域内の商業施設である量販店の閉店に伴う住宅地需要の減少によるものとする。

これを本章第1節で述べた「需要・供給の法則」で見ると、市場需要曲線と市場供給曲線とが同時にシフトすることに該当する。

図24　住宅地の地価の決定（短期）

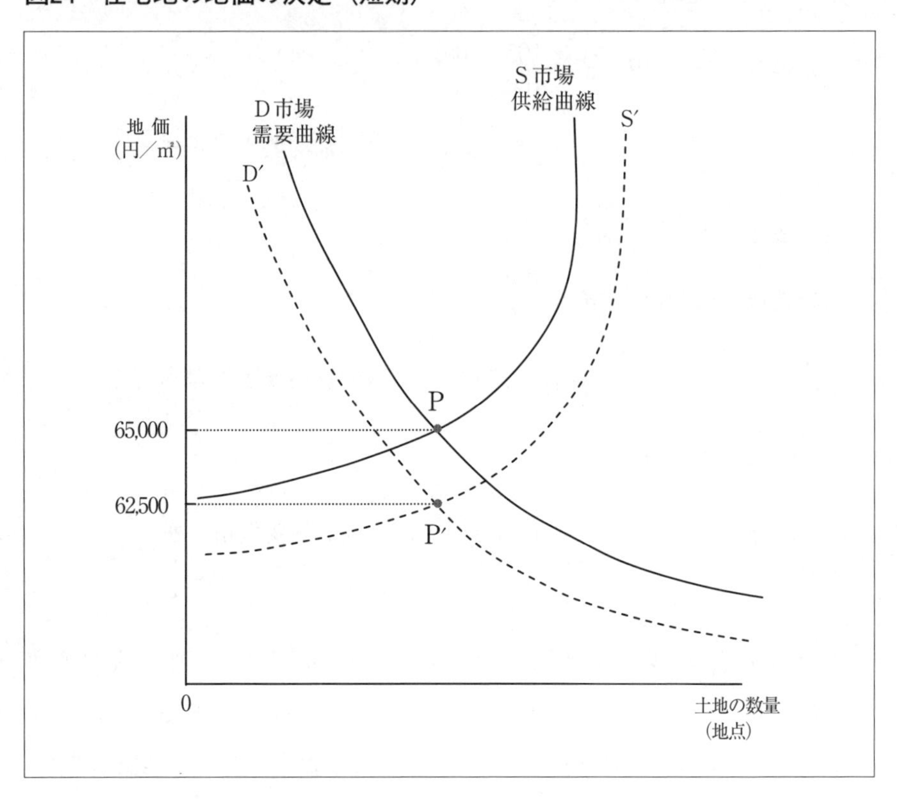

ア　近隣地域内における地価水準の下落の分析

土地市場は、（2）の地価の安定期に売れ残ったⒶ、Ⓑ、Ⓒ、Ⓔ、Ⓕ及びⒼ画地が存する状態を想定するものとするが、この状態では、売却希望地価が65,000円／㎡を超える画地は価格影響要因に変化が起こらない限り売却されないことから、この65,000円／㎡が地価水準となる。

この場合の売れ残った各画地の売却希望地価は、地価の上昇の場合と同様に、大幅な下落の要因がない限り、既に市場に存している画地の売却希望地価に変化を与えることは少なく、売却希望地価がそのままの状態で据え置かれることが一般的である。

このため、Ⓐ、Ⓑ、Ⓒ、Ⓔ、Ⓕ及びⒼ画地は、**図25**のように、そのままの売却希望地価で存続するものとする。

次に、Ｂ及びＣグループの供給者が参入するものとし、Ⓙ、Ⓚ、Ⓛ及びⓂ画地がそれぞれの売却希望地価で市場に供給されるものとする。

図25

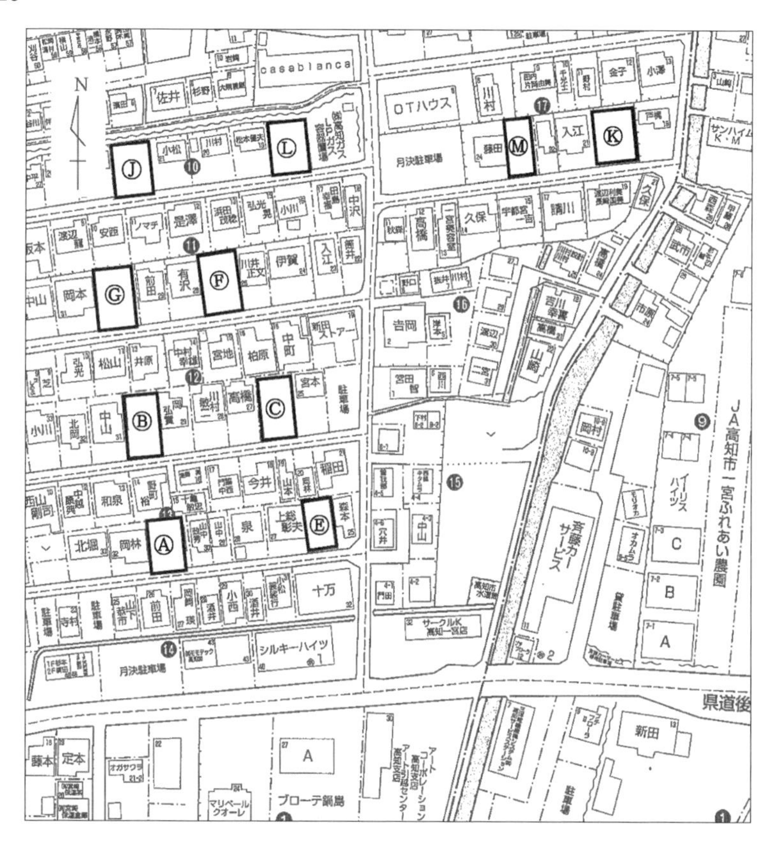

新たな供給者は、地価の下落が予測されることから、安定期の地価水準より低めの売却希望地価で売却しようとするし、また需要者は、同様の理由により低めの地価で購入しようとすることとなる。この場合の売却希望

地価が**表６**及び**７**である。

表６

	売却希望地価
Ⓐ画地	69,000円／㎡
Ⓑ画地	68,000円／㎡
Ⓒ画地	72,000円／㎡
Ⓔ画地	69,000円／㎡
Ⓕ画地	72,000円／㎡
Ⓖ画地	67,000円／㎡

表７

	次期売却希望地価
Ⓙ画地	62,000円／㎡
Ⓚ画地	62,500円／㎡
Ⓛ画地	64,000円／㎡
Ⓜ画地	65,000円／㎡

各画地は、いずれも標準的画地であり、売却希望地価の低い画地から順に売却されることから、Ⓙ及びⓀ画地は売却されるものとするが、価格影響要因が変化したことにより、Ⓛ及びⓂ画地は売却ができないものとする。

この場合における地価水準が、売却された画地の中で高い地価であるⓀ画地の62,500円／㎡によって形成されることとなる。

これを「需要・供給の法則」に係る住宅地の地価の決定である**図24**で見ると、安定期における交点Ｐの地価である65,000円／㎡から、新たな交点P′である62,500円／㎡に地価が変動したこととなる。

そして、地域要因の衰退によって更に地価水準が下落する場合には、新たに供給される画地は、62,500円／㎡よりも低い売却希望地価で供給され、同様に取引されることによって、地価水準も更に下落することとなる。

このため、市場には、従来から存するⒶ、Ⓑ、Ⓒ、Ⓔ、Ⓕ及びⒼ画地のほかⓁ及びⓂ画地が存することとなり、市場には多くの売却希望土地が存続することとなる。

実際の土地市場では、地価の下落時においては売却希望土地が地価の安定期と比べると増加するが、その理由は、以上で述べた現象によることにも起因すると思われる。

イ　小規模分譲地間における地価水準の下落の分析

（3）イで想定した地域を用いて、小規模分譲地間においてどのように地価水準が下落するのかを分析してみよう（**図26**）。

なお、地価の下落期においては、土地市場に供給量が増加するため新規の宅地開発は減少することが一般的であるが、本例では、解説の必要上、宅地開発が行われるものと想定した。

この場合における地価水準の下落の要因は、近隣地域内における商業施設の閉店に伴う地域要因の衰退とする。

前提条件は、地価が上昇する場合と同様とし、現在、市場にはⒶ分譲地のみが存するものとする。

図26

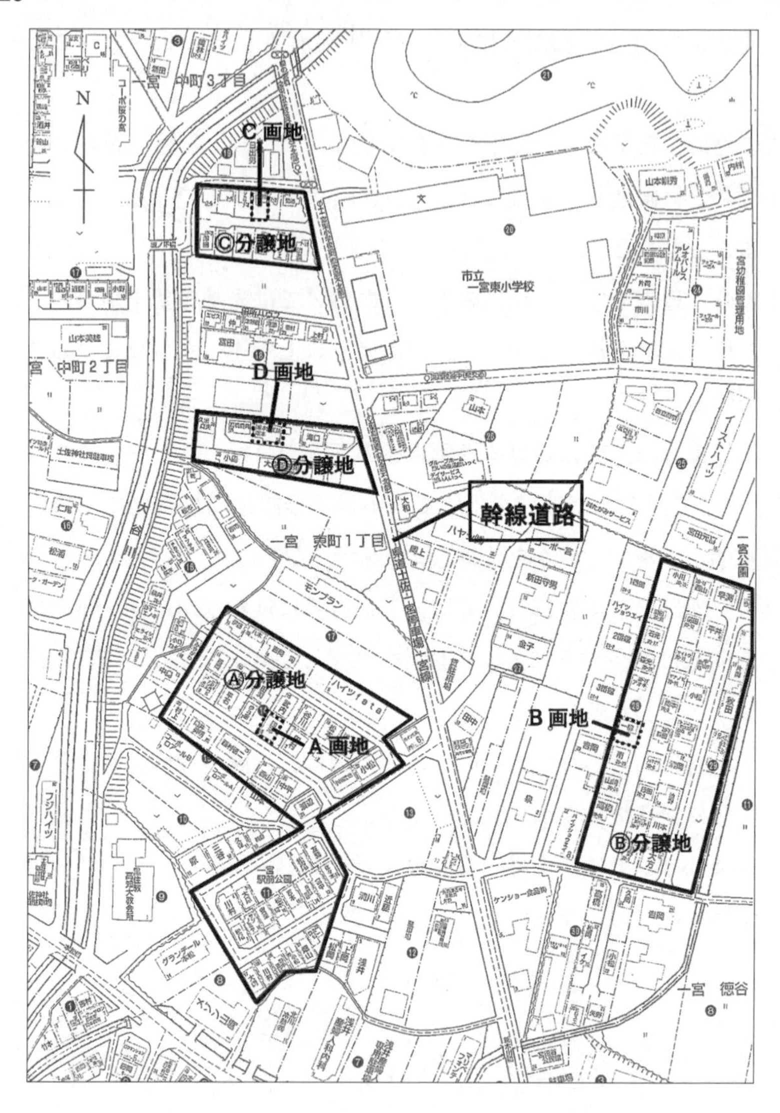

ここで新たにⒷ分譲地を開発して分譲するものとするが、地価の下落は５％と予測されるものとする。

需要者及び供給者の基本的な行動は、（3）イで述べた地価水準が上昇する場合と同様の動きになる。

仮に、この市場にはⒶ分譲地以外の分譲地が存しないものとすると、今後開発されるⒷ～Ⓓ分譲地の分譲業者は、Ａ画地の地価とⒶ分譲地の各画地における販売状況とを指標として行動することとなる。

まず、Ⓐ分譲地とⒷ分譲地との格差を検討することとなるが、本例では、個別的要因格差率は $\frac{97}{100}$ としている。

次に、Ⓐ分譲地の販売状況を分析するが、販売開始後において過半数の画地が売却されていれば、地価が上昇する場合と同様に、Ａ画地の地価をⒶ分譲地の地価水準とすることとなる。

更に、本ケースでは、地価水準の下落分がマイナス５％として判断され、売却希望地価の基準とされる。その結果、Ⓑ分譲地の売却希望地価は、次のように決定されることとなる。

Ⓑ分譲地の売却希望地価

Ⓐ分譲地の地価水準60,000円／㎡×個別的要因格差率 $\frac{97}{100}$

×下落率 $\frac{95}{100}$ ＝55,290円／㎡

この算定された55,290円／㎡が、Ⓑ分譲地内の標準的画地であるＢ画地の売却希望地価となり、Ⓑ分譲地内の他の各画地は、標準的画地のＢ画地を基準とし、それぞれの個別的要因を反映したうえで売却希望地価が決定され、販売されることとなる。

この分譲地内の画地の大半が売却されると、55,290円／㎡がⒷ分譲地における新たな地価水準となり、売却できない場合は55,290円／㎡を上限に、完売の場合は55,290円／㎡が下限となり、地価水準が形成される。

次に、Ⓑ分譲地の過半数が売却されたが地域要因の衰退が進行し、更に地価が６％下落すると予測される状況の中で、Ⓒ分譲地が開発され、市場に提供されるものとする。

この場合の下落率は、Ⓑ分譲地に対して更に６％の下落を見込んで売却希望地価を設定するが、Ⓒ分譲地は、個別的要因格差率が $\frac{95}{100}$ の格差であるため、Ⓒ分譲地の売却希望地価は、次のように決定されることとなる。

Ⓒ分譲地の売却希望地価

Ⓐ分譲地　60,000円／㎡×個別的要因格差率 $\frac{95}{100}$ ×下落率 $\frac{95}{100}$ ×

下落率 $\frac{94}{100}$ ＝50,901円／㎡

又は

Ⓑ分譲地　55,290円／㎡÷ $\frac{97}{100}$ × $\frac{95}{100}$ ×下落率 $\frac{94}{100}$

＝50,901円／㎡

この50,901円／㎡がⒸ分譲地における新たな地価水準になるが、市場では、地価の均衡が保たれていることによってⒶ及びⒷ分譲地の地価水準も変動し、次のとおり均衡することとなる。

Ⓐ分譲地の地価水準

Ⓐ分譲地　60,000円／㎡× $\frac{95}{100}$ × $\frac{94}{100}$

＝53,580円／㎡（個別的要因格差率 $\frac{100}{100}$）

Ⓑ分譲地の地価水準

Ⓑ分譲地　60,000円／㎡$\times \frac{97}{100} \times \frac{95}{100} \times \frac{94}{100}$

＝51,972.6円／㎡（個別的要因格差率$\frac{97}{100}$）

≒51,972円／㎡

Ⓒ分譲地の地価水準

Ⓒ分譲地　50,901円／㎡（個別的要因格差率$\frac{95}{100}$）

このように、小規模分譲地間においては、それぞれの分譲地の地域要因を反映しながら地価が下落し、地価水準が形成されることとなる。

第4章

宅地に係る地代と地価との関係の分析

本章では、まず宅地の地代が実際の賃貸借市場でどのように成立するかを述べ、次に地代と地価とが実際にはどのような関係にあるのかを分析することによって、土地経済学の定説となっている$P_0=r/i$が成立するのか否か、また、成否それぞれの原因について解明するものとする。

第1節　宅地に係る地代の意義

1　地代の概要

一般的に、宅地の地代とは、建物等の敷地の用に供するための土地の賃貸借契約（定期借地権、駐車場等の賃借権等）に基づき、他人の土地を一定期間使用収益することに対して支払われる経済的な対価であるといわれている。

この地代には、定期的に支払われる地代や敷金等の一時金のほか、これらを得るために必要な諸費用も含まれていることから、地代の本質を明らかにすることが必要である。

本章における地代とは、第２章第２節「地代相当部分」で定義した地代をいい、土地の使用収益に対して支払われる全ての地代収入からこれらを得るために必要となる必要諸経費等を控除した部分であり、これは、鑑定評価上の「土地に帰属する純収益」をいうものである。

また、後述する「実際の地代」とは、土地の使用収益に対して支払われる全ての地代収入をいい、これは、鑑定評価上の実質賃料に当たるものである。

なお、マンション、テナントビル等の複合不動産から得られる賃料収入を原資として発生する「土地に帰属する純収益」は、建物が存することによって収支の内容が土地のみの賃貸借とは大きく異なるが、これも同じく地代とする。

2　実際の賃貸借市場における地代

本項では、本節で分析する土地の賃貸借市場、地代等の意義について明確にするものとする。

(1)　前提とする賃貸借市場の意義

地代の算定方法は、第２章第２節「地代相当部分」で述べたように、様々な手法がある。

その一つの方法であるテナントビル、マンション等から「土地に帰属する純収益」を求める方法は、賃貸借市場として成熟している市街地等では具体的な収支額等の数値を把握することが可能であるが、総収益から控除すべき費用等の中に建物に帰属する純収益、減価償却費等の必要諸経費が含まれていて複雑であることから[1]、一部の高度商業地域等を除いて客観的な数値を適正に把握することが難しく、実際の賃貸借市場における適切な「土地に帰属する純収益」の把握には、実務的に難しい一面がある。

また、近年における普通借地権の新規の契約は、一部の地域を除きほとんど見られず、また第２章第３節で述べた駐車場等の利用方法も、「収益の未実現部分」の存在によって、地代が収益性を十分に反映しているとはいえない。

このため、本節における地代は、実際の算定が容易であり、かつ、近年のわが国における賃貸借市場で定着しつつある定期借地権に係る地代を基に分析するものとする。

なお、定期借地権制度は、普通借地権、駐車場に係る賃貸借、マンショ

1　総収益の中で、建物に帰属する純収益、減価償却費等の占める割合は、約65～80％程度となっている。

ン、オフィスビルの賃貸借等と比べると比較的歴史が新しいことから、一部の用途的地域では制度が定着していないため、取引慣行も一般的に成熟しているとは言い難い一面を有している。

このため、定期借地権に係る地代の分析に当たっては、地代、契約形態等が客観性を十分に有しているとはいえない部分も認められるが、分析が可能な賃貸借市場が他に存しないため、現時点での取引慣行、一般的な経済原則等を総合的に考慮したうえで分析するものとする。

(2)「実際の地代」の意義

本章第２節で述べるように、$P_0 = r / i$が成立するか否かを分析するために必要な地代は「土地に帰属する純収益」であるが、実際の賃貸借市場で成立する地代が実質賃料であることから、「土地に帰属する純収益」を求めるためには、そこから必要諸経費等を控除して算定する必要がある。

しかし、これらを逐一控除して地代と地価との関係を分析するとなると複雑になることや、実際の賃貸借市場では、これらが含まれた実質賃料が地代として成立しているため、本節２～５の実際の賃貸借市場における地代の成立の分析に当たっては、必要諸経費等を含む実質賃料に基づくものとする。

したがって、本節における本項以降で分析する地代とは、鑑定評価上の実質賃料をいうものであるから、「土地に帰属する純収益」である「地代」とは区分し、「実際の地代」と定義したうえで分析する。

この関係を図式化すると、次のようになる。

図１

「実際の地代」＝借地契約に係る実質賃料（地代収入）

内訳
- 支払地代
- 権利金、敷金等の運用益
- 権利金等の償却額

＝土地に帰属する純収益（地代）＋必要諸経費等

（３）　地代市場の特殊性

「実際の地代」は、地価が土地（所有権）の取引における「需要・供給の法則」によって決定される場合と同様に、土地の賃貸借に係る需要と供給とが働き合って決定されるが、その市場、需要者及び供給者の行動等は、地価の決定の場合とは大きく異なっている。

地価は、地価形成因子の全部又は一部を有して形成されており、需要者及び供給者が着目する地価形成因子は理論的には同じであるが、市場で行動する動機は、第３章第１節４及び５で述べたように、需要者及び供給者によってそれぞれ異なる。

しかし、土地の賃貸借に係る取引では、需要者は、その土地を使用収益することによってどの程度の収益を得ることができるかに着目して賃貸借市場で行動するが、供給者は、その土地を賃貸に供することによってどの程度の地代を得ることが可能であるかに着目して行動する。

また、これらに関連して土地の売買においては、需要者が土地を購入することによって新たに供給者になることがあるし、これとは逆に、供給者が土地を売却することによって新たに需要者になることがあるが、土地の賃借人は需要者となるが供給者にはならず、また、賃貸人は供給者となるが需要者になることは極めて少ない。

更に、土地の売買市場では、**図２**のような地価形成因子の全部又は一部を有して地価が形成されるのに対し、賃貸借市場における地代は、そのほとんどが「地代相当部分」から形成され、他には「効用変化予測部分」が若干加味される場合があるのみである。

図２

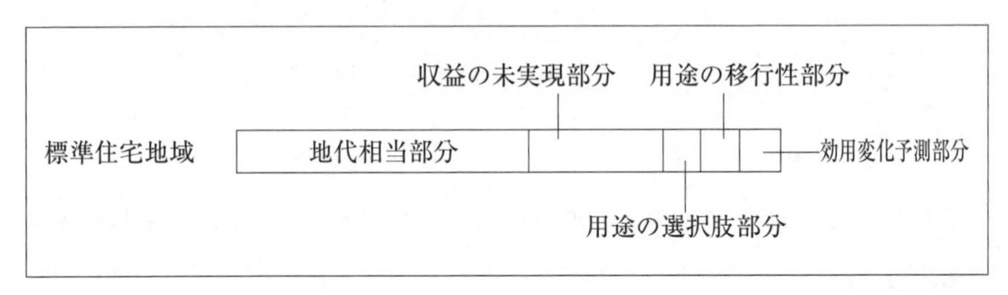

このため、賃貸借市場における需要者と供給者との行動は、３以下で述べるように、土地の売買市場に係る行動とは異なることとなる。

3　需要者の行動

実際の定期借地権に係る賃貸借市場において、需要者が土地を賃借しようと行動する場合に考慮する要因は、次のとおりである。

（1）　支払可能な「実際の地代」の限度額

定期借地権の需要者は、対象となる土地を特定の用途に利用し収益を得ることを目的とするのであるから、賃借しようとする場合は、対象となる土地を利用することによって得られると予測される収益を前提に、支払可能な限度額を考慮することとなる。これが、需要者が最大で支払うことのできる地代の限界点となる。

例えば、ある需要者が特定の土地を商業施設として利用することによって得られる事業収益が仮に年間5,000万円とし、この収益に対して支払可能な年間地代の限度額を500万円と想定するものとする。

この場合、この需要者は、対象となる土地を選択し交渉を行う際には500万円を上限とすることとなり、これ以上の地代の支払いを経済合理性の観点から考慮することができず、「実際の地代」が500万円以上の場合には、定期借地権に係る賃貸借市場からは退出することとなる。

同様に個人の住宅地では、賃借人は自らの所得に対しての限度額を決定したうえで地代の交渉を行うし、他の土地を探す場合も、その限度額で最大限の効用を満たす土地を選択することとなる。この場合も、限度額以上の「実際の地代」では、定期借地権に係る賃貸借市場から退出することとなる。

したがって、定期借地権に係る賃貸借市場における「実際の地代」は、本項で述べた支払可能な限度額以上で成立することはないこととなる。

（2） 周辺地域の地代とのバランス

従来、定期借地権に係る地代は、（1）を考慮したうえで当事者間の直接的な交渉によって決定される傾向が強かった。

しかし、近年では、需要者が対象となる土地の周辺の定期借地権の動向を把握し、契約内容、「実際の地代」等を自ら分析したうえで対象となる土地の地代の比較を行い、市場行動を行うようになっている。

この理由としては、近年、定期借地権を利用する需要者が増加していることが挙げられる。特に、定期借地権による利用が多い路線商業地域等では、多くのケースで宅地建物取引業者等が介在しており、周辺の賃貸事例、地代水準等、対象となる土地の多くの情報が需要者に提供されている。

この傾向は、不動産情報誌、インターネット等を通じて更に高まると考えられることから、今後は、周辺地域の定期借地権に係る「実際の地代」

の水準、賃貸事例等の比較に基づくバランス指向が更に進むものと考えられる。

このような他の土地との比較に係る需要者行動は、土地同士の比較という点において、土地の売買市場に係る需要者の行動と類似している。

（3） 土地の定期借地権又は所有権の選択に係る均衡地代

需要者は、土地を使用収益するに当たって定期借地権によって行うか、所有権によって行うかの選択を行うことがある。この場合の選択に係る均衡地代も、需要者の支払う地代の限度額の一つの要因となる。

所有権によって使用収益を行う場合、これらの取得に係る費用、所有に係る金利、固定資産税等を考慮する必要がある。また、定期借地権によって使用収益を行う場合は、借地契約に伴う制約、期間満了後のリスク等を考慮する必要がある。

仮に、定期借地権よりも所有権を選択した方が有利であると判断される場合には、所有権により使用収益することを選択し、逆の場合では、定期借地権によって使用収益することとなる。この場合の相互に均衡する「実際の地代」が均衡地代となる。

なお、定期借地権又は所有権の選択については、現在のような地価の安定期においては十分に考慮されることとなるが、バブル期のような地価の急激な上昇期では、キャピタル・ゲインの発生予測に伴う「非効用変化予測部分」が地代と地価との関係に大きく影響を与え、借地よりも所有が有利に働くため、どちらかといった選択行動は発生しにくくなる。

（4） その他

需要者が賃貸借市場で考慮する要因としては、以上で述べたほかに、次のようなものがある。

例えば、市中銀行からの借入金利の動向によっては、定期借地権と所有権との選択に影響を与えることもある。仮に借入金利が低い場合には、土地の所有権取得の傾向が強くなり、逆に高い場合は、定期借地権を選択することとなる。

また、使用収益の方法によっては、テナントビル、オフィスビル等の複合不動産を賃借することによって収益が達成できる場合があるが、このような場合には、複合不動産の賃貸借も選択肢の一つとなり、これらに係る賃料との比較によっても地代が考慮されることとなる。

（5）　需要者行動の要約

需要者は、以上の要因を考慮したうえで定期借地権に係る賃貸借市場で行動することとなるが、これらの要因分析は、需要者にとって複雑となり、実際の市場ではかなり曖昧となるため、定期借地権に係る「実際の地代」は、地価と比べるとかなり弾力的なものとなる傾向を有している。

市場における需要者行動を概略的に述べれば、需要者は、まず（1）で述べた収益から支払可能な地代を限度として、（2）で述べた周辺賃料と比較し、更に（3）及び（4）で述べた土地の所有又は定期借地権に係る選択等を考慮したうえで、土地市場で行動することとなる。

これらの要因を考慮する多数の需要者が集合することによって、定期借地権に係る賃貸借市場が構成されることとなる。これを前提に、後記５の**図３**では、市場需要曲線として形成されることとなる。

４　供給者の行動

実際の定期借地権に係る土地の賃貸借市場において、供給者が行動する場合に考慮する要因は、次のとおりである。

(1) 地代の地価に対する利回り

供給者が定期借地権によって市場に土地を提供する場合の前提条件として考慮する内容は、希望地代及び最低地代を決定することである。

この場合においては、地価に対してどの程度の利回りが「実際の地代」であるのかをまず考慮することとなる。

希望地代とは、供給者が定期借地権によって得られると期待する「実際の地代」であり、また最低地代とは、一定の金額以下の地代では定期借地権に係る賃貸借市場に参入をしないという前提の「実際の地代」であるが、供給者は、固定資産税、利回り等を考慮して、定期借地権に係る希望地代と最低地代を決定することとなる。

希望地代の例を挙げて見てみよう。

地価100,000円／㎡、地積300㎡、総額3,000万円とすれば、供給者の希望地代は、次のとおりとなる。

なお、最低地代は、希望地代を前提としたうえで各供給者の供給の動機によって異なることから、これらを反映したうえで各供給者がそれぞれ決定することとなる。

商業地の例

• 固定資産税

総額		適正な時価補正		固定資産税の特例		固定資産税の税率	
30,000,000円	×	0.7	×	0.7	×	$\frac{1.4}{100}$	＝205,800円…①

• 維持管理費

総額				契約年数	
30,000,000円	×	0.04	×	$\frac{1}{30}$	＝40,000円…②

• 対投資純利益

総額
30,000,000 円 × 0.03 ＝ 900,000 円…③

希望地代小計

1,145,800 円（3,819 円／㎡）…①＋②＋③

「実際の地代」に係る利回り

地価
3,819 円／㎡ ÷ 100,000 円／㎡ ≒ 3.8%

住宅地の例

• 固定資産税

総額		適正な時価補正		住宅特例		固定資産税の税率	
30,000,000 円	×	0.7	×	$\frac{1}{6}$	×	$\frac{1.4}{100}$	＝ 49,000 円…①

• 維持管理費

総額				契約年数	
30,000,000 円	×	0.04	×	$\frac{1}{50}$	＝ 24,000 円…②

• 対投資純利益

総額
30,000,000 円 × 0.025 ＝ 750,000 円…③

希望地代小計

823,000 円（2,743 円／㎡）…①＋②＋③

「実際の地代」に係る利回り

地価
2,743 円／㎡ ÷ 100,000 円／㎡ ≒ 2.7%

（2） 周辺地域の地代とのバランス

定期借地権に係る供給者も、需要者と同様に、周辺の各土地の定期借地権に係る賃貸事例、賃貸希望土地に係る賃料水準、契約内容等を比較して、供給者としての希望地代を考慮することとなる。

これらの比較は、需要者が考慮する内容とほぼ同じであり、この点においては、需要者及び供給者の市場行動形態が共通することとなる。

（3） 他の賃貸借の選考

市街地に土地を所有し、定期借地権によって賃貸に供しようとする供給者は、駐車場、マンション、テナントビル等の利用方法も選択肢として考慮する。

定期借地権による利用方法は、地価に対する地代の収益率が他の利用方法と比較すると高いために、現時点では最も有利な賃貸方法であるが、所有者による使用は、長期間にわたって制限されることとなる。

これに対し、将来における自己使用、売却等の可能性を考慮すれば、更地への復帰が容易である駐車場等の利用が選択できるが、収益性の中で「収益の未実現部分」が大きくなり、地代は、定期借地権と比較すればかなり低くなる。

このように、供給者は需要者とは異なり、その土地をどのような形態で賃貸借に供するかということも考慮することとなる。

（4） その他

供給者は、以上で述べた他に、次のような内容も考慮することとなる。

例えば、定期借地権は、一般的に初期投資額が少ないため低リスクである。一方、マンション等を建築する場合は多額の初期投資が必要となるが、その分、遺産相続時に発生する相続税が有利となる場合もある。

また、定期借地権と類似しているものに、需要者が希望する建築物を供給者が建築し、これを需要者が借り受ける（リースバックする）方法があり、近年では比較的多く見られ、これも考慮されることとなる。

（５）　供給者行動の要約

供給者は、以上の要因を考慮し、最低地代を下限として設定したうえで市場で行動することとなる。しかし、この分析は、需要者の場合と同様に複雑であり、実際の市場では曖昧となるため、定期借地権に係る「実際の地代」は弾力的なものとなる。

供給者の市場における行動を概略的に述べれば、供給者は、まず（１）で述べた希望地代を考慮し、（２）で述べた周辺賃料を参考にし、更に（３）及び（４）で述べた定期借地権、駐車場及び複合不動産の利用方法等を選択したうえで、賃貸借市場で行動することとなる。

これらの要因を考慮する多数の供給者が集合することによって、定期借地権に係る賃貸借市場が構成されることとなる。これを前提に、後記５の**図３**では、市場供給曲線として形成されることとなる。

したがって、定期借地権市場における需要者及び供給者は、地価の取引市場における需要者及び供給者とは異なる動機を前提に行動することとなる。

５　土地市場における「実際の地代」の成立

（１）「実際の地代」の成立の意義

以上で述べたように、定期借地権市場における需要者及び供給者は、市場への参入に係る動機、重視する要因等はそれぞれ異なるが、「実際の地代」は、地価の決定と同様に、これらに係る需要と供給とが働き合って決定される。

これを図式化すると、「実際の地代」は、**図３**のように市場需要曲線と市場供給曲線との交点Ｐで決定されることとなる。

この場合において留意すべき点としては、地価が「地代相当部分」、「収益の未実現部分」、「用途の選択肢部分」、「用途の移行性部分」、「効用変化予測部分」及び「非効用変化予測部分」の全部又は一部を有することによって形成されるのに対し、「実際の地代」は、ほとんどがその中の一つである「地代相当部分」から形成されるということである。

図３　「実際の地代」の決定

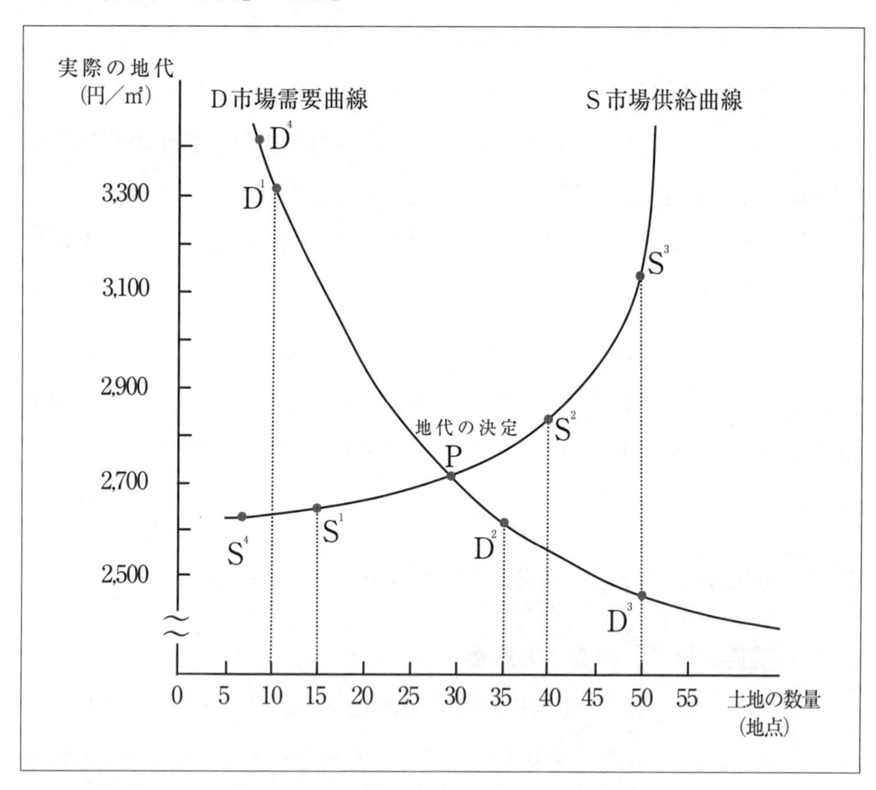

（2）　市場供給曲線

図３において、市場供給曲線Ｓは、所有者が土地を定期借地権に係る賃貸借市場に供給する場合における供給量を表したものである。

市場供給曲線Ｓは、地価に係る市場供給曲線とほぼ同様に変化し、「実際の地代」がS^1のように低い場合は、土地市場への供給量は15地点と少ないが、「実際の地代」が上昇するにしたがって、S^2では40地点、S^3では50地点というように供給量は増加する。したがって、市場供給曲線は、$S^1 \rightarrow S^2 \rightarrow S^3$へと右上がりとなる。

定期借地権に係る土地も、地価の場合における土地の供給と同様に供給量に限りがあるから、市場供給曲線は、地価とほぼ同様に変化する。

このため、定期借地権の市場供給曲線は、地価の場合と同様に、S^2S^3間では用途の変更等によって供給量を増加させることができるが、S^3以上のように一定量を超えると供給量がほとんど増加せず、ほぼ垂直となる。

ただし、現在の日本では、定期借地権制度が定着していないために、定期借地権として供給できる可能性のある土地が、土地の所有権に係る供給量と比べると潜在的に多い[2]。このため、供給量は、「実際の地代」の上昇によって増加が可能であるから、S^3以上のように供給量が限界となることによって**図３**の市場供給曲線が垂直となることは、現時点では少ない。

なお、S^4から左については、「実際の地代」が、ある一定の水準に低下すると供給者の希望する最低地代となるため、供給者が市場から退出することから、「実際の地代」がこれ以下に低下することはない。

2　先に述べたように、「実際の地代」の地価形成因子には、「効用変化予測部分」の一部も含まれることがある。

(3) 市場需要曲線

図3における市場需要曲線Dは、土地を定期借地権によって賃貸借する場合における需要量を表したものである。

市場需要曲線Dは、地価に係る市場需要曲線とほぼ同様に変化し、「実際の地代」がD^1のように高い場合は、土地市場における需要量は10地点と少ないが、「実際の地代」が下落するにしたがって、D^2では35地点、D^3では50地点というように増加する。したがって、市場需要曲線は、$D^1 \to D^2 \to D^3$へと右下がりとなる。

このように、定期借地権に係る市場需要曲線も、地価の場合とほぼ同様に変化することとなる。

なお、D^4から左については、「実際の地代」がある一定の水準に上昇すると需要者の支払可能な「実際の地代」に係る限度額を超えることから、「実際の地代」がこれ以上に上昇することはない。

(4) 「実際の地代」の決定

「実際の地代」の決定は、地価の場合と同様に、市場需要曲線と市場供給曲線との交点Pにおいて成立することとなる。

仮に、「実際の地代」が交点Pよりも低くなれば、需要量は増加するが、反対に供給量が減少するため、需要が供給を超過することによって「実際の地代」は成立しない。

これに対し、「実際の地代」が交点Pより高くなれば、供給量は増加するが、反対に需要量が減少するため、供給が需要を超過することによって同様に成立しない。

このように、「実際の地代」は、需要者及び供給者の動機、要因等が異なっても、地価の場合と同様に、その地域内における需要と供給との2つの力が働き合って決定される[3]。

定期借地権市場の特徴としては、理論上では前述の需要と供給との均衡点において決定されるが、これは十分な需要者及び供給者が存し、かつ、情報がある程度完全な場合であり、更に定期借地権に係る相当数の土地が存することが必要である。

現時点における日本の実際の定期借地権市場では、路線商業地域等の特定の用途的地域を除くと、この条件が十分に満たされている場合は少なく、実際の賃貸借契約は、かなりのケースで地主と事業者との交渉によって決定されている。

しかし、今後は、定期借地権による土地利用が急速に増加していること、宅地建物取引業者の介入、インターネットによる情報伝達等により、土地の所有権に係る取引市場と同様の市場が形成されることが予測され、合理的な市場に発展するものと考えられることから、そこで成立する「実際の地代」についても、合理性を有することとなるものと判断される。

---

3 「実際の地代」は、定期借地権、駐車場等の利用方法により「地代相当部分」と「収益の未実現部分」との相関関係が変化することによっても大きな影響を受けるが、本項では、定期借地権を前提としているため、ほぼ収益性によって形成される。

第２節　宅地の地代と地価との関係の分析

本節では、土地経済学の通説となっている$P_0 = r / i$の関係が実際の土地市場ではどのような態様を有するのかを、第２章で分析した地価形成因子及び各地域における地価を用いて分析するものとする。

なお、本節における地代と地価との関係の分析は、宅地地域を前提とするものとし、更地に係る地価形成因子からの分析と複合不動産における建付地に係る地価形成因子からの分析とに区分して行うものとする。

1　地代と地価との関係の分析の意義

（1）　地代と地価との関係

一般的な土地の価格に関する理論によると、地代[1]と地価との関係は、次のように$P_0 = r / i$が成立することによって密接な関係にあると考えられている。

1　本節における地代とは、鑑定評価上の「土地に帰属する純収益」をいうものとする。なお、不動産学事典における地代は、本書でいう地代又は「実際の地代」のどちらであるのかは不明である。

14－２　土地市場の理論

（中略）

２　地価と地代

［地価と地代の関係］　土地には地代（land rent）と地価（land value）の２種類の価格がある。地代は土地が一定期間に提供するサービスの対価であり、地価は土地の所有権の対価である。また地代には市場地代と帰属地代があり、市場地代は土地を借用したときに支払う地代であり、帰属地代は地主が自分に支払う地代である。地代と地価の関係は次のように説明される。（⇒14－１「不動産市場」）

いま、P_0を現在の地価、P_1を１期後の地価、iを期首から期末までの利子率、rを期首から期末までの地代とすると、（１）式が成立する。

$$i = \frac{r + (P_1 - P_0)}{P_0} \qquad (1)$$

（１）式において、左辺は金融資産として運用したときの利子率であり、右辺は土地資産として運用したときの地代収入と土地の値上がり益による収益率である。

土地市場における合理的行動を仮定すると、左辺が右辺より大であれば、土地を売却して金融資産を購入し続けるから、土地を購入する人はいなくなる。逆に右辺が左辺より大であれば、その金融資産を売却して土地を購入し続けるから、土地を売却する人はいなくなる。この結果、均衡状態では、金融資産による利子率と土地資産による収益率が等しくなり、（１）式が成立する。この式をP_0について解くと（２）式が得られ、この式を将来にわたって展開すると、（３）式が得られる。

$$P_0 = \frac{r}{(1+i)} + \frac{P_1}{(1+i)} \qquad (2)$$

$$P_0 = \sum_{t=1}^{n} \frac{r_t}{(1+i_t)^t} + \frac{P_n}{(1+i_n)^n} \qquad (3)$$

ここにr_tはt期の期首から期末までの地代、i_tはt期の利子率、Pnはn期の地価である。

右辺第1項はn期までの地代によるインカムゲインを表わし、第2項はn期に売却した場合に期待できるキャピタルゲインを表している。またこの土地を永久に保有し、地代収入を無限に得るとすると、(3)式は(4)式のように表わされる。

$$P_0 = \sum_{t=1}^{\infty} \frac{r_t}{(1+i_t)^t} \qquad (4)$$

つまり、地価は現在から将来にわたって期待される地代収入の現在価値の和である。特に、各期の地代と利子率がそれぞれ一定値r、iであると仮定すると、地価は簡単に(5)式で表わされる。

$$P_0 = \frac{r}{i} \qquad (5)$$

「不動産学事典」(社団法人日本不動産学会［編］2002年 ㈱住宅新報社)

（2）　地代及び地価の地価形成因子

図１　地価の構造図

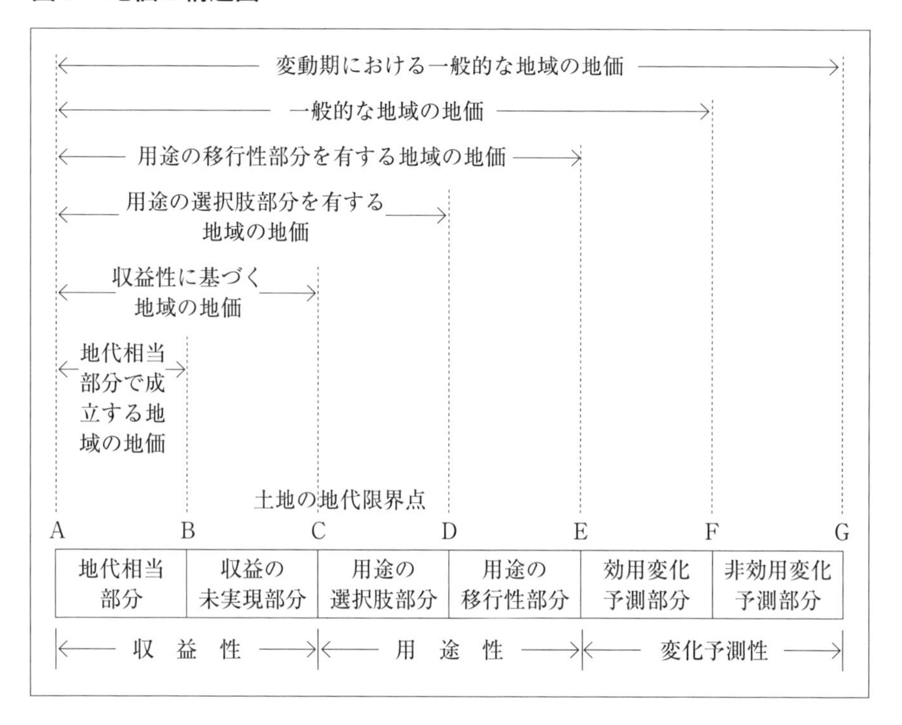

地価は、**図１**の地価の構造図における地価形成因子に地価影響要因が影響を与えることによって土地のあり方が決定され、これに基づき土地市場において需要と供給との２つの力が働き合って決定される。

したがって、そこで成立する地価は、地価形成因子の全部又は一部を有していることとなる。

これに対し、地代は、土地の賃貸借市場において需要と供給との２つの力が働き合って決定されるものであるが、その原資は、土地を特定の用途に利用することによって得られる収益から支払われる性格のものであるから、地価形成因子との関係で分析すれば、地代は、「地代相当部分」のみを反映して決定されるはずである。

つまり、地代を短期で見た場合、理論上は収益性の一部である「地代相当部分」以外の地価形成因子によっては形成されないこととなる[2]。これを**図1**の地価の構造図で見れば、実際の地代は、ＡＢ間である「地代相当部分」のみによって形成されることとなる。

しかし、理論的には「地代相当部分」のみで成立する地域が存することがあったとしても、実際には第２章第１節３において分析したように、ほとんどの用途的地域において他の地価形成因子が僅かでも存しているため、現実の地価が厳密に「地代相当部分」のみで成立することは極めて少ない。

したがって、地代と地価とがどのような関連性を有するのかを分析するに当たっては、地価が「地代相当部分」のみで成立する地域以外の全ての地域における $P_0 = r / i$ の関係を不成立として否定するにとどまるのではなく、地価が「地代相当部分」と他の地価形成因子とによって成立する地域ごとの利回りの程度を分析し、その利回りがどのように推移するのか、また、その利回りは地価を形成するものとして容認できる大きさであるか否かという視点から行うことが必要である。

2　更地に係る地代と地価との関係の分析

本項では、更地に係る地代と地価との関係を分析するものとする。更地に係る地代と地価との関係を分析するための前提条件として、次の２点を仮定した。

第１点は、$P_0 = r / i$ の分析に必要な基準とする利回りの仮定である。

本書で述べる地代とは、鑑定評価上の「土地に帰属する純収益」であ

2　「用途の移行性部分」等は、長期的に見ると用途が変化し収益性が向上することによって「地代相当部分」に転化する場合があるが、短期的にはこのような影響はない。

なお、「効用変化予測部分」が発生している場合には、若干であるが地代に反映されることがある。

り、地価形成因子では「地代相当部分」に相当するが、その地代の「地代相当部分」に対する利回りは、用途的地域ごとによって異なる傾向がある。

この理由は、各地域に存する土地の収益力の継続性、安定性等が反映されるためであって、土地市場においてもそれぞれ異なっており、実際の利回りは、３～５％と開差がある。このため、地代と地価との関係を分析する場合に必要な利回りも、地域が異なる場合は一定ではない。

しかし、本項における分析の目的は、地代の原資となる「地代相当部分」と地価を形成する他の地価形成因子とが存することによって、$P_0 = r / i$ がどのような関係になるのかを分析することであり、この分析を容易にするためには利回りを固定することが必要であるから、この場合における基準とする利回りを４％[3]と仮定するものとした。

第２点は、地価の中で地価形成因子の占める割合の仮定である。

地価の中で各地価形成因子の占める割合は、用途的地域ごとに大きく異なる。例えば、日本の低層専用住宅地域では、ほとんどの場合で所有性向等に係る「収益の未実現部分」が存しており、地価に対するその割合が50％程度を占めることもあるし[4]、都市近郊の農地地域では、第５章で述べるように、「用途の移行性部分」が地価の60％以上を占めることもある[5]。

また、これとは逆に、路線商業地域、純農地地域、農村林地地域等では、「用途の選択肢部分」及び「用途の移行性部分」が存している場合でも、「地代相当部分」が地価の構成部分のほとんどを占めている。

3　地価公示及び地価調査で用いられる還元利回りを参考に、４％と査定した。なお、これが３％であっても５％であっても、結論に影響することはない。

4　低層専用住宅地域では、鑑定評価の実務上、鑑定評価額に対する収益価格の割合が30～70％と低くなっていることからも、この数値が推定される。

5　拙著『近代農地の価格形成理論と評価』（2008年 ㈱住宅新報社）P64を参照。

しかし、地域ごとに地価の構成部分の中の地価形成因子の占める割合が異なると分析が複雑となるため、本項では、地価形成因子が一定であるものと仮定した。

したがって、**図２**のように、地価を㎡当たり90,000円とし、ＡＢ間の「地代相当部分」の金額を40,000円、ＢＧ間に対応する各地価形成因子の金額をそれぞれ10,000円と仮定するものとする。

図２

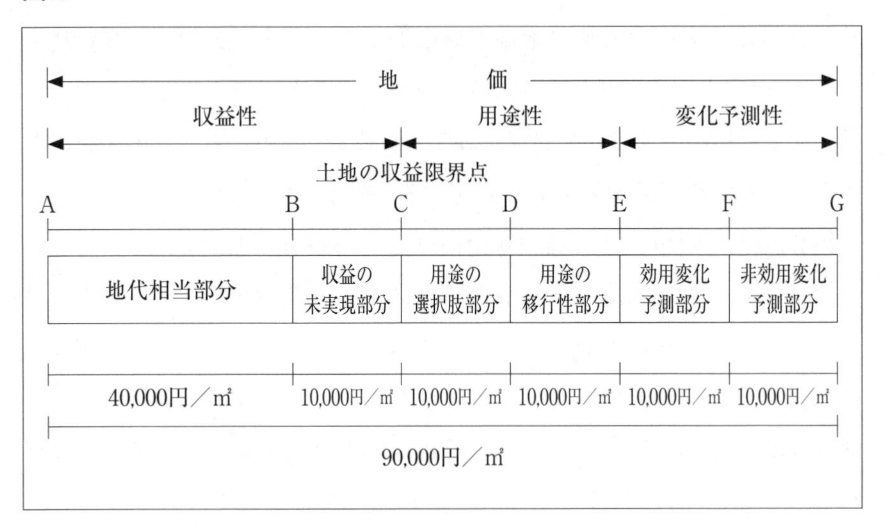

また、実際の地価の形成においては、「効用変化予測部分」及び「非効用変化予測部分」が各因子に対して相乗して影響を与える場合が多く、算式を相乗積にすべきであるが、ここでは分析を容易にするため、加減で行うこととする。

以下では、地価の中の各地価形成因子の構成が変化することによって、地代の地価に対する利回りがどのように変化するのかを分析するものとする。

（1）「地代相当部分」で成立する地域の地価に対する利回り

「地代相当部分」で成立する地域の地価に対する利回りは、地価がＡＢ間の「地代相当部分」のみによって形成されるため、次式が成立することとなる。

$$\text{利回り} = \frac{40{,}000\text{円}／\text{m}^2\ (\text{AB})\ \times 0.04}{40{,}000\text{円}／\text{m}^2\ (\text{AB})}$$
$$= 0.04$$
$$= 4\%$$

つまり、$P_0 = r / i$ が成立するケースは、理論的かつ厳密にいうと、本例のように、地価が地価形成因子の中の「地代相当部分」のみによって形成される場合のみである。

これを日本における用途的地域から見ると、宅地地域では第２章第１節３（2）で述べた大都市における一部の高度商業地域、農地地域では農業本場純農地地域及び一部の純農地地域が該当し、その他の多くの地域では該当することがほとんどない。

しかし、前述したように、実際の地域における地域要因を分析すると、厳密には「地代相当部分」のみによって成立する地域が存することはほとんどないため、**図３**の地価の構成例のように、他の地価形成因子が若干存する一般的な高度商業地域等も本例に該当するものとした。

なお、この場合では、利回りが若干低下するのみであるから、$P_0 = r / i$ はほぼ成立するといえよう。

図３　地価の構成例

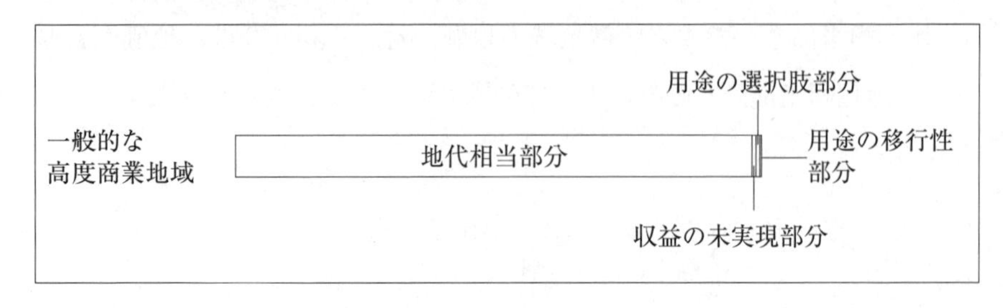

この地価に対して「効用変化予測部分」及び「非効用変化予測部分」が存する場合は、次のとおりとなる[6]。

「効用変化予測部分」又は「非効用変化予測部分」が存する場合

$$\text{利回り} = \frac{40{,}000\text{円}/\text{m}^2\ (\text{AB})\ \times 0.04}{40{,}000\text{円}/\text{m}^2(\text{AB}) + 10{,}000\text{円}/\text{m}^2(\text{EF})\text{又は}10{,}000\text{円}/\text{m}^2(\text{FG})}$$
$$= 0.032$$
$$= 3.2\%$$

「効用変化予測部分」及び「非効用変化予測部分」が存する場合

$$\text{利回り} = \frac{40{,}000\text{円}/\text{m}^2\ (\text{AB})\ \times 0.04}{40{,}000\text{円}/\text{m}^2(\text{AB}) + 10{,}000\text{円}/\text{m}^2(\text{EF}) + 10{,}000\text{円}/\text{m}^2(\text{FG})}$$
$$\fallingdotseq 0.0266$$
$$\fallingdotseq 2.7\%$$

このように、「効用変化予測部分」及び「非効用変化予測部分」が発生する場合の利回りは低下する。

6　既に述べたように、「効用変化予測部分」は、期間が経過することにより「地代相当部分」に転化されるため、$P_0 = r / i$ の関係が成立することとなり、その結果、利回りは3.2％から４％に上昇することとなる。

（2）　収益性に基づく地域の地価に対する利回り

収益性に基づく地域の地価とは、第２章第１節３（3）のとおり、地価形成因子が「地代相当部分」及び「収益の未実現部分」の収益性のみで形成される場合である。

図4

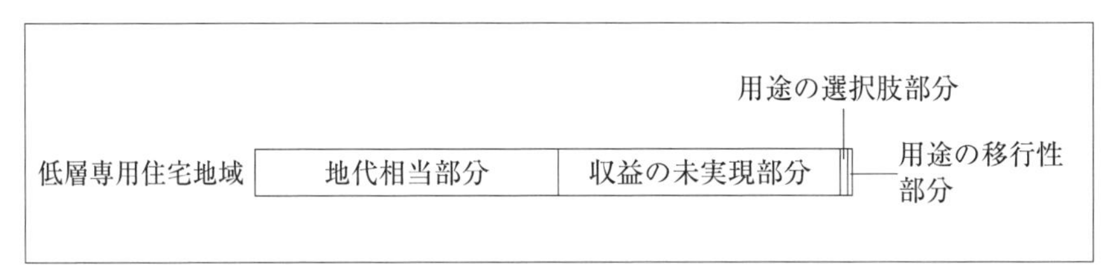

地価が、「地代相当部分」のみによって形成されないことから、理論的には、$P_0 = r / i$ は成立しないこととなる。これ以降の（3）～（6）も同様である。

$$\text{利回り} = \frac{40{,}000\text{円}/\text{m}^2\ (\text{AB}) \times 0.04}{50{,}000\text{円}/\text{m}^2\ (\text{AC})}$$
$$= 0.032$$
$$= 3.2\%$$

実際の市場では、用途性が極めて少なく所有性向等の強い低層専用住宅地域においてこのような例が多く見られ、地価は収益性のみによって成立するものの、「収益の未実現部分」が存することから、利回りが低くなっている。

この地価に対して「効用変化予測部分」及び「非効用変化予測部分」が存する場合は、次のとおりとなる。

「効用変化予測部分」又は「非効用変化予測部分」が存する場合

$$利回り = \frac{40{,}000円／m^2\ (AB)\ \times 0.04}{50{,}000円／m^2(AC) + 10{,}000円／m^2(EF)又は10{,}000円／m^2(FG)}$$

$$\fallingdotseq 0.0266$$

$$\fallingdotseq 2.7\%$$

「効用変化予測部分」及び「非効用変化予測部分」が存する場合

$$利回り = \frac{40{,}000円／m^2\ (AB)\ \times 0.04}{50{,}000円／m^2(AC) + 10{,}000円／m^2(EF) + 10{,}000円／m^2(FG)}$$

$$\fallingdotseq 0.0228$$

$$\fallingdotseq 2.3\%$$

このようなケースであっても、「収益の未実現部分」が比較的小さく利回りが３％程度以上であれば、その利回りは、実際の土地市場に照らし合わせてみても地価を形成するものとして容認できる大きさであるといえよう。

（3）「用途の選択肢部分」を有する地域の地価に対する利回り

「用途の選択肢部分」を有する地域の地価とは、第２章第１節３（4）のとおり、「地代相当部分」、「収益の未実現部分」及び「用途の選択肢部分」から形成される場合をいう。

図５

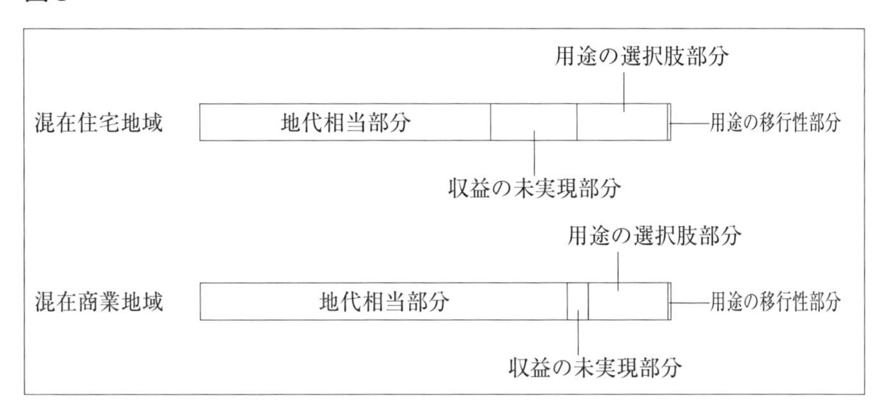

実際の市場では、地方都市の普通商業地域、準工業地域、混在住宅地域等においてこのような例が多く見られる。

利回りは、次式によって成立し、(2) よりさらに低くなり2.7%となる。

$$
\text{利回り} = \frac{40{,}000\text{円}/\text{m}^2\ (\text{AB}) \times 0.04}{60{,}000\text{円}/\text{m}^2\ (\text{AD})}
$$

$$
\fallingdotseq 0.0266
$$

$$
\fallingdotseq 2.7\%
$$

この地価に対して「効用変化予測部分」、「非効用変化予測部分」等が存する場合は、次のとおりとなる。

「効用変化予測部分」又は「非効用変化予測部分」が存する場合

$$
\text{利回り} = \frac{40{,}000\text{円}/\text{m}^2\ (\text{AB}) \times 0.04}{60{,}000\text{円}/\text{m}^2(\text{AD}) + 10{,}000\text{円}/\text{m}^2(\text{EF})\text{又は}10{,}000\text{円}/\text{m}^2(\text{FG})}
$$

$$
\fallingdotseq 0.0228
$$

$$
\fallingdotseq 2.3\%
$$

「効用変化予測部分」及び「非効用変化予測部分」が存する場合

$$\text{利回り} = \frac{40{,}000\text{円}/\text{m}^2\ (\text{AB})\ \times 0.04}{60{,}000\text{円}/\text{m}^2(\text{AD}) + 10{,}000\text{円}/\text{m}^2(\text{EF}) + 10{,}000\text{円}/\text{m}^2(\text{FG})}$$

$$= 0.02$$

$$= 2\%$$

地価の地価形成因子の中に収益性以外の地価形成因子が存することから、理論的には$P_0 = r / i$が成立せず、利回りも２％台まで低下することを考えれば、容認できる大きさではないといえよう。

（４）「用途の移行性部分」を有する地域の地価に対する利回り

「用途の移行性部分」を有する地域の地価とは、**図６**のように工業地域から住宅地域へ、農地地域から宅地地域等への移行又は転換をしている地域内で成立する地価[7]をいい、第２章第１節３（５）のとおり、地価が「地代相当部分」、「収益の未実現部分」、「用途の選択肢部分」及び「用途の移行性部分」から形成される場合である。

実際の市場では、路線商業地域、普通商業地域、混在住宅地域、都市近郊農地地域等においてこのような例が多く見られる。

7　第５章第２節において詳しく述べるものとする。

図６

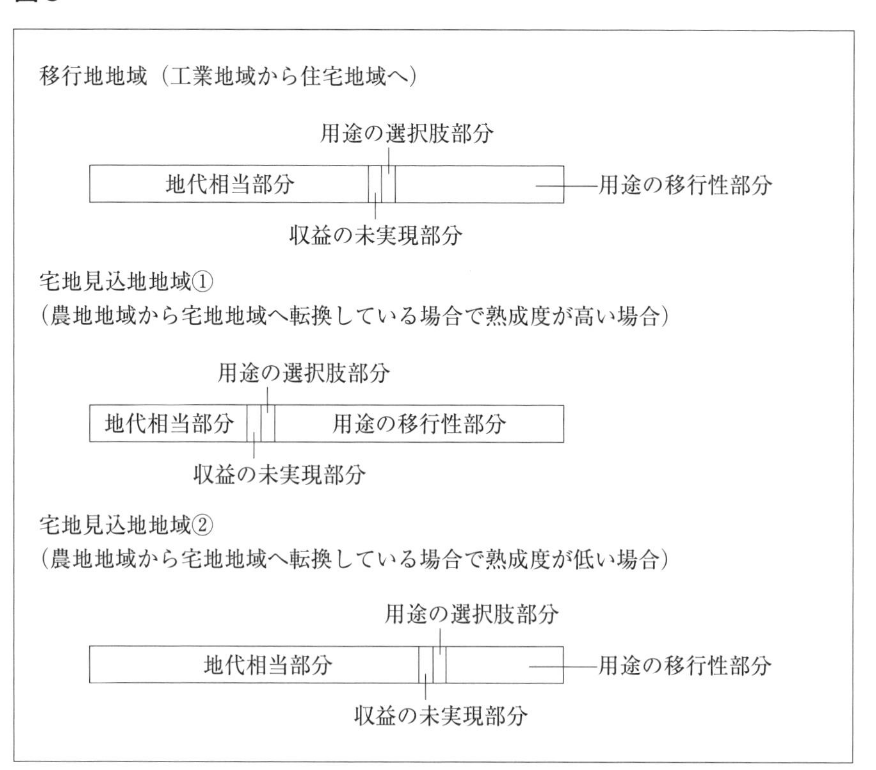

利回りは、次式によって成立し、（３）よりさらに低くなり2.3％となる。

$$\text{利回り} = \frac{40{,}000\text{円}／\text{m}^2\ (\text{AB})\ \times 0.04}{70{,}000\text{円}／\text{m}^2\ (\text{AE})}$$

$$\fallingdotseq 0.0228$$

$$\fallingdotseq 2.3\%$$

このため、$P_0 = r / i$ は成立しないこととなる。

（５）　一般的な地域の地価に対する利回り

一般的な地域の地価とは、第２章第１節３（６）のとおり、「非効用変化予測部分」以外の地価形成因子により形成される場合である。

図7

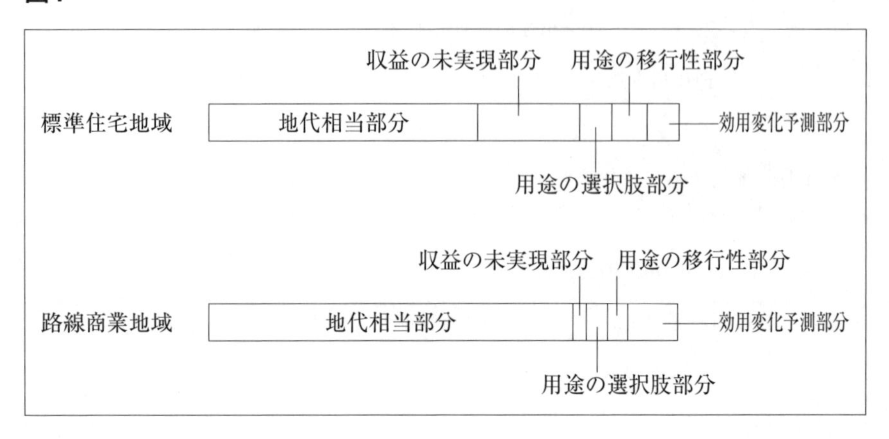

現在の日本のように経済動向が長期的に安定している場合は、「非効用変化予測部分」は発生しにくいが、公共事業によるインフラの整備、企業投資による地域要因の向上等に係る「効用変化予測部分」は、多くの地域で発生している。

利回りは、次式によって成立し、(4)よりさらに低くなり2%となる。

$$
\begin{aligned}
\text{利回り} &= \frac{40{,}000\text{円}/\text{m}^2\ (\text{AB}) \times 0.04}{80{,}000\text{円}/\text{m}^2\ (\text{AF})} \\
&= 0.02 \\
&= 2\%
\end{aligned}
$$

(6) 変動期における一般的な地域の地価に対する利回り

変動期における一般的な地域の地価とは、第2章第1節3(7)のとおり、全ての地価形成因子により形成される地価であり、日本では、特に高度成長期において多くの地域で見られていた。世界的に見ると、現時点では、経済成長の著しい中国、インド、ブラジル、ベトナム等の都市近郊における多くの用途的地域で見られる。

地価は、**図１**の地価の構造図に示される地価形成因子が全て存するため、図上では、ＡＧ間の地価形成因子で形成される。

利回りは、次式によって成立し、**（5）**よりさらに低くなり、1.8%となる。

$$
\begin{aligned}
\text{利回り} &= \frac{40{,}000\text{円}/\text{m}^2\ (\text{AB})\ \times 0.04}{90{,}000\text{円}/\text{m}^2\ (\text{AG})} \\
&\fallingdotseq 0.0177 \\
&\fallingdotseq 1.8\%
\end{aligned}
$$

以上の**（4）**～**（6）**で求められた利回りを考えれば、これらの地域においては、**（3）**と同様の理由により、$P_0 = r / i$が成立していない状態(容認できる状態ではない) といえよう。

なお、過去の日本における経済の成長期では、地代の地価に対する利回りは、地価の安定期と比べて低くなることがほとんどであった。

特に、1980年代のいわゆるバブル期における高度商業地域、準高度商業地域等の利回りは最も低く１％前後まで低下していたが[8]、この理由として、地価の中で一部の「効用変化予測部分」と「非効用変化予測部分」とが発生し、地価形成因子の中で占める割合が大きくなったことが考えられる。

8　1985年から1990年までのバブル期における利回りは、数値として正確には把握できない。しかし、現在の標準的な土地建物に対する実質賃料の利回りが12～18%程度であり、ここから算定される土地の利回りが３～５％程度に推移しているのに対し、バブル期では、実質賃料の利回りが2～8%程度まで低下していたことから、概略的ではあるが、この数値が妥当と推定される。

（7） 地価形成因子から見た更地で$P_0 = r / i$が成立しない理由

（1）～（6）で分析したように、現実の土地市場では高度商業地域等を除き、多くの土地で地代と地価とが密接な関係を持たないため、$P_0 = r / i$が成立しないことを述べた。この原因を、地価形成因子に沿って更に細かく分析してみよう。

ア 「収益の未実現部分」の存在

$P_0 = r / i$が成立しない理由としては、まず「収益の未実現部分」の存在が挙げられる。

既に述べたように、「収益の未実現部分」とは、土地が本来有している収益性と「地代相当部分」との開差である。また、別の視点から分析すると、本来土地の有する収益性は、全てが土地に帰属する純収益として「地代相当部分」に反映されるべきであるが、「収益の未実現部分」が存することによって、収益性の一部が「地代相当部分」に反映されるに過ぎない。

現在の日本における賃貸借契約の実体から分析すれば、第２章第３節で述べたように、宅地では多くの場合において「収益の未実現部分」が発生しており、地価の中で占める割合も、土地の用途性、賃貸借の形態等によってそれぞれ異なっている。

例えば、路線商業地域の定期借地権では、「所有権に係る使用収益」と「賃借権に係る使用収益」との開差は極めて小さいことから、地価の中で「収益の未実現部分」の占める割合も極めて小さい。また、用途的地域から見ると、高度商業地域及び準高度商業地域においても、「収益の未実現部分」はほとんど発生しない。

しかし、低層専用住宅地域等では、地価の中で「収益の未実現部分」の占める割合が大きい。

このような「収益の未実現部分」の特性を反映して、実際の定期借地権市場での新規契約時における地代の地価に対する利回りは、路線商業地域で3.5～５％程度[9]に推移しているのに対し、契約例としては少ない[10]が、低層専用住宅地域では1.5～2.5％程度に推移している[11]。

このように、$P_0 = r / i$が成立しない第１の理由は、「収益の未実現部分」の存在により「地代相当部分」が土地の有する収益性の全てを発揮できない場合が多いためである。

イ　「用途の選択肢部分」の存在

地代は、第２章第４節で述べたように、土地を特定の用途に供することによる対価として発生する性質のものであるから、利用方法の多様性に係る「用途の選択肢部分」が存する限り、地価と比べて「地代相当部分」は必ず小さくなる。

「用途の選択肢部分」は、ほとんどの用途的地域で発生するが、地価の中で占める割合は比較的小さく、特に低層専用住宅地域、高度商業地域等のように用途が単一化した地域では、地価の中で占める割合は小さい。

しかし、既に述べたように、混在住宅地域、混在商業地域等では、地価の中で「用途の選択肢部分」の占める割合は比較的大きい。

このため、$P_0 = r / i$が成立しない第２の理由として、「用途の選択肢部分」の存在が挙げられる。

ウ　「用途の移行性部分」の存在

土地は、用途の可変性を有することから、常に他の用途への移行又は転

9　2014年時点での全国的、一般的な利回りである。

10　低層専用住宅地域で定期借地権の少ない理由は、住宅に対する所有性向が極めて強く、「収益の未実現部分」が大きいためである。仮に、地代が路線商業地域等と比べて相対的に低い場合においても、需要者は持家を選択するのに対し、供給者は地代の利率が低いため賃貸に供することを望まない。このため、2014年時点での住宅地に係る定期借地権市場では、事業用定期借地権とは異なり、需要と供給が極めて少なく、契約例も少ない。

11　固定資産税は、一定の条件下であれば住宅は1／6の住宅特例の適用があるため、商業地と住宅地の地代の地価とに対する利回りは、実質上0.5％程度の開差が発生するが、この部分を差し引いても大きな開差が発生している。

換の可能性を有しており、現実の市場で形成される地価には、多くの土地で「用途の移行性部分」が存している。

現実の用途的地域を見ると、工業地域から住宅地域へ、住宅地域から商業地域へ、農地地域から宅地地域へ等の「用途の移行性部分」が発生していることが多いが、これらの「用途の移行性部分」は、土地を特定の用途に供することによって発生する地代に影響を与えることが極めて少ないため、「地代相当部分」に反映されることがほとんどない。

「用途の選択肢部分」の占める割合が大きい場合は、地価に対して地代の占める割合が小さくなることによって、その利回りが地価を形成するものとして「容認できる」状態ではなくなる[12]。

このため、$P_0 = r / i$が成立しない第3の理由として、「用途の移行性部分」の存在が挙げられる。

エ 「効用変化予測部分」の存在

「効用変化予測部分」は、第2章第6節で述べたように、期間の経過に伴って「地代相当部分」等に転化されることとなる。

したがって、「効用変化予測部分」の発生当初と転化されるまでの短期間では$P_0 = r / i + \alpha$となり、$P_0 = r / i$が不成立となる[13]が、一定の期間が経過することによって、$P_0 = r / i$が成立することとなる。

なお、「効用変化予測部分」が「地代相当部分」以外である「用途の移行性部分」等の地価形成因子に転化される場合は、これらが発生又は増加することとなるが、ア～ウで述べた理由により不成立となる。

オ 「非効用変化予測部分」の存在

「非効用変化予測部分」は、他の地価形成因子とは直接関係なく発生す

12 第5章参照。ケースによっては、農地の価格の80%以上を占めることもある。

13 この場合のαとは、「収益の未実現部分」、「用途の選択肢部分」及び「用途の移行性部分」の全部又は一部をいう。

る地価形成因子である。

したがって、「非効用変化予測部分」の発生によって地価は変動するものの、「地代相当部分」は変化しないため、$P_0 = r / i$は不成立となる。

(8)　更地に係る地代と地価との関係の結論

以上の分析により、更地の土地市場においては、まず地価形成因子が「地代相当部分」のみから形成される場合に、$P_0 = r / i$が成立することとなる。

次に、「地代相当部分」以外の地価形成因子が存する場合であっても、**図3**の地価の構成例で表しているように、それらの部分が小さい場合には、ほぼ同様に成立するといえよう。

しかし、本節**2図2**の前提条件のように、他の地価形成因子である「収益の未実現部分」、「用途の選択肢部分」及び「用途の移行性部分」が一定量以上存する場合には、実際の市場では$P_0 = r / i$が成立しないし、また、その利回りも容認できない。

これを実際の用途的地域に照らし合わせてみると、低層専用住宅地域では所有性向等に係る「収益の未実現部分」が地価の中でかなりの部分を占めており、「地代相当部分」が土地の収益性に全て反映されていないことが極めて多い。

また、宅地地域の中でも混在商業地域、混在住宅地域等では、「用途の選択肢部分」を有する場合が多く、これらが地価に反映されて成立することが多い。

以上の結果として、更地では、地価が「地代相当部分」又はほぼ「地代相当部分」で形成される都心の高度商業地域等の地域では$P_0 = r / i$が成立又はほぼ成立するが、他の地域では成立しないこととなる。これを算式で表すと、$P_0 = r / i + \alpha$となる。

なお、地価が「地代相当部分」のみで形成されており「効用変化予測部分」も存する場合では、短期的には $P_0 = r/i$ + UCPP となり不成立となるが、期間を経ることによってその部分が地代に転化され、$P_0 = r/i$ は成立する[14]。また、「非効用変化予測部分」が存する場合には、その部分が地代に転化されることがほとんどないため、$P_0 = r/i$ + NUCPP となり、$P_0 = r/i$ は不成立となる[15]。

3　複合不動産に係る地代と地価との関係の分析

複合不動産に係る地代と地価との関係を分析するに当たっては、賃貸用マンション、テナントビル等を想定するものとする。

なお、本項の分析における地代とは、複合不動産に係る賃料から算定される「土地に帰属する純収益」をいう。

(1)　複合不動産に係る地代と地価との関係の意義

前項2で述べたような更地を賃貸借する場合は、地代が「地代相当部分」に対応して成立するのに対し、地価には「収益の未実現部分」、「用途の選択肢部分」及び「用途の移行性部分」が存するため、高度商業地域等を除き、$P_0 = r/i$ は理論的には成立しないこととなる。また、実際の土地市場から見ても、これらの地価形成因子が存することにより地代の地価に対する利回りが著しく低くなり、地価を形成するものとして「容認できる」状態とはいえない場合が多い。

これに対して、マンション、テナントビル等のように、土地に建築物を

---

14 「効用変化予測部分」が他の地価形成因子に転化される場合には不成立となる。

15 NUCPP が i に転化され、利回りが変化することによって成立するという考え方に立てば、理論上では利回りの変化によって $P_0 = r/i$ が成立することとなるが、本書では、地価形成因子を前提とした場合における地代と地価との関係の分析であるため、$P_0 = r/i$ は不成立となる。

新たに建築し新規に賃貸借に供する場合で、かつ、その利用方法が最有効使用[16]の場合における建付地の地価には、「収益の未実現部分」、「用途の選択肢部分」及び「用途の移行性部分」がほとんど存しなくなり、建付地の地価が「地代相当部分」のみで成立するため、理論的には $P_0 = r / i$ が成立することとなる。

この理由は、地上に建築物を建築することで用途、利用方法等が長期間にわたって特定されたうえで使用されることとなり、更地の場合には「収益の未実現部分」、「用途の選択肢部分」及び「用途の移行性部分」が存する土地であっても、建付地になることによってこれらが激減又は消滅するためである。

なお、更地の地価がこれらの地価形成因子によって形成される場合において、建付地ではこれらが激減又は消滅するということは、土地と建物との関係が最有効使用の状態であったとしても、（３）で後述するように、更地と比べると建付地では地価は減価することとなる。

このため、このような地域では、複合不動産が最有効使用の状態と判断される場合であっても、複合不動産として利用すること自体の経済的な合理性を失することとなり、（４）で後述するように $P_0 = r / i$ は不成立になるといえよう。

16　不動産鑑定評価基準によると、最有効使用とは、「現実の社会経済情勢の下で客観的にみて、良識と通常の使用能力を持つ人による合理的かつ合法的な最高最善の使用方法に基づくものである。」と述べられている。

テナントビルの建ち並ぶ混在商業地域である。このような複合不動産に係る地価には、地上建物の制約により、「収益の未実現部分」、「用途の選択肢部分」及び「用途の移行性部分」は消滅することとなる。

（2） 地価形成因子からの分析

更地では、「地代相当部分」、「収益の未実現部分」、「用途の選択肢部分」及び「用途の移行性部分」により地価が構成される土地であっても、建付地では、「地代相当部分」以外の地価形成因子が激減又は消滅する理由を、それぞれの地価形成因子から細かく分析すると、次のとおりである。

なお、分析に当たっては、複合不動産が最有効使用の状態を想定するものとする。

ア 「収益の未実現部分」の消滅

土地は、賃貸用の建物が建築されることによって、長期間にわたってマンション、テナントビル等として利用されることとなる。

このため、このような複合不動産としての利用方法を前提とする収益性以外の要素が実際の土地市場で考慮されることはなくなるため、建付地の地価は、「地代相当部分」のみで成立することとなる。仮に、住宅地の場合のように「収益の未実現部分」が多く存する場合であっても、建築時点で特定の用途に供されることによって、いったんは消滅することとなる。

また、建物の存在によって更地への復帰が長期間にわたって物理的に制約されることから、将来において更地に復帰する場合に発生する「収益の未実現部分」は、建物の存続期間中は発生しにくく、特に建築後間もない期間では全く存しないこととなる。

イ　「用途の選択肢部分」の消滅

複合不動産の利用方法を分析すると、テナント用の建物はオフィス、店舗等として利用するための収益性に重点をおいた設計により建築され、また、賃貸用マンションの建物は居住性、快適性等に重点をおいた間取り等の設計により建築されていることから、複合不動産に係る用途の選択肢、用途の変更の可能性等は、一部の例外を除き極めて少ないといえる[17]。

このため、複合不動産の構成部分である土地についても、建物の存在に伴う制約により、建物の存する期間中は「用途の選択肢部分」がほとんど存しない。

ウ　「用途の移行性部分」の消滅

更地については、近隣地域内の用途が移行又は転換している場合には、その移行性又は転換性が地価形成因子として形成されるが、複合不動産については、「用途の選択肢部分」と同様に、建物が存することの制約によって用途が特定されるため、その期間中は「用途の移行性部分」は消滅する。

例えば、複合不動産が賃貸用マンションとして建築され利用されている

17　一部のマンションでは、事務所等として利用可能な場合もある。

場合において、その存する地域が住宅地域から商業地域へ移行している場合であっても、建物の存在する期間中は用途の変更が困難である。

このため、近隣地域が移行又は転換している場合でも、複合不動産に係る地価には、建物の制約により「用途の移行性部分」が存しないこととなる。

エ　「効用変化予測部分」の存在

道路の新設、商業施設の建設等が予定されることによって地域要因の向上が予測される場合には、複合不動産に係る地価も、更地の場合と同様に上昇することとなる。

ただし、複合不動産に係る賃料は、第2章第6節3（2）で述べた更地の場合と同様に、工事が進捗し実体のある効用が増加するまでは上昇しないため、賃料と地価との関係には、タイムラグが発生することとなる。

つまり、「効用変化予測部分」は、期間の経過に伴って複合不動産の賃料に転化されるものであり、複合不動産に係る地代と地価との関係は、更地の場合と同様に、短期的には $P_0 = r／i + UCPP$、長期的には $P_0 = r／i$ が成立する。

なお、「効用変化予測部分」が「収益の未実現部分」、「用途の選択肢部分」及び「用途の移行性部分」に転化される場合においては、複合不動産に係る建付地では、ア～ウで述べたように、建物の制約によりこれらに転化されず消滅することとなる。

オ　「非効用変化予測部分」の存在

「非効用変化予測部分」は、金融緩和、税制等の一般的要因の変化によって発生する地価形成因子であるが、これらの変化が予測される場合は、更地の場合と同様に、複合不動産に係る建付地の地価も変動する。

しかし、複合不動産に対する実態的な効用が増加するわけではないため、賃料は、直接的には影響を受けず、ほとんど上昇しない[18]。

このため、複合不動産に係る「土地に帰属する純収益」は増加することがなく、「地代相当部分」に影響を与えることはほとんどない。

したがって、本節2（8）で述べた更地の場合と同様の理由により、$P_0 = r / i$は不成立となり、$P_0 = r / i + NUCPP$となる。

カ　最有効使用の状態でない場合

建物が建築後数十年を経過し、経済的な残存耐用年数が少ない場合では、その時点での複合不動産としての利用方法よりも将来における更地としての利用方法が重視されることから、いったん消滅していた「用途の選択肢部分」、「用途の移行性部分」等は、更地と同様に地価形成因子として復帰し、地価に反映されることとなる。

また、建築後間もない場合であっても、土地と建物との関係が最有効使用でない場合では、取壊しが考慮されることから同様である。

このため、複合不動産であってもこのような場合では、将来における更地としての地価形成因子が地価に反映され、建付地の地価が形成されることとなる。

したがって、更地の場合に「収益の未実現部分」、「用途の選択肢部分」及び「用途の移行性部分」が存する地域においては、複合不動産であってもこれらが同様に存することとなり、その結果として、更地と同様に$P_0 = r / i$が成立しないケースが多く発生することとなる。

以上で述べた複合不動産に係る地代と地価との関係は、実際の不動産市場における複合不動産の取引事例からも実証されている。

例えば、賃貸用マンション、テナントビル等が新築又は建築後の経過年数が少ない場合で、かつ、最有効使用の状態であれば、「地代相当部分」

18　景気の変動、公法規制の変更等によって間接的に影響を受け、地代が変化することはあるが、これは、「効用変化予測部分」と「非効用変化予測部分」との複合的な影響によるものであるといえよう。

の原資となる複合不動産に係る「実際の賃料」と、それらに係る「効用変化予測部分」及び「非効用変化予測部分」とに着目して取引されている。

また、土地と建物との関係が最有効使用ではない状態、建築後数十年が経過し、取壊しを考慮すべき状態等である場合には、賃貸収入よりも、将来における更地としての地価形成因子及び建物の取壊し費用に着目して取引されている。

（3）「地価形成因子の消滅減価」

（2）では、更地に建築物を建築することによって地価形成因子が一定の期間は消滅することを述べたが、実際の土地市場においては、更地から建付地へと変化することによって地価がどのように変動するのかを、マンションを建築する場合を例に挙げて、更に細かく分析するものとする。この場合において、土地と建物との関係は最有効使用の状態であるものとする。

ア　更地の地価形成因子の変化

例では標準住宅地域の更地を想定し、地価形成因子は、**図8**の①のように構成されるものとする。

図８　更地及び建付地の地価の構成例

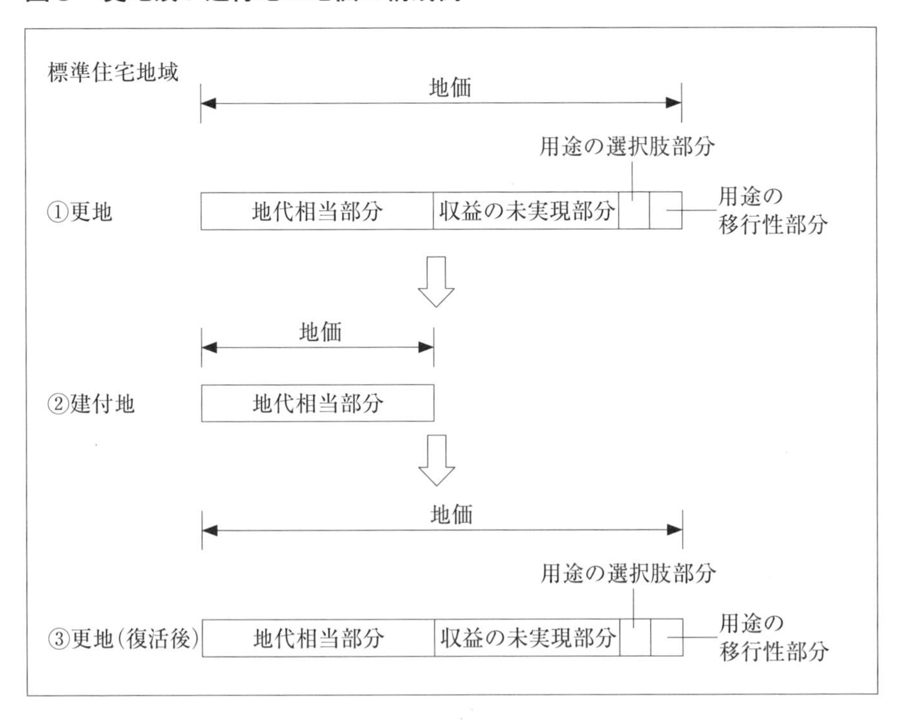

まず、更地の地価は、**図８**の①のような地価形成因子で構成されるが、マンションが建付地となることによって「収益の未実現部分」、「用途の選択肢部分」及び「用途の移行性部分」が消滅し、地価形成因子は②の「地代相当部分」のみで形成されることとなる。そして、期間が経過し更地に復帰することによって元の①と同じ状態である③の構成となる。

イ　更地の地価及び地価形成因子の価格

次に、更地における地価形成因子の構成に基づき、地価及び地価形成因子の金額を次のとおりと仮定した。

図９　更地の地価及び地価形成因子の金額

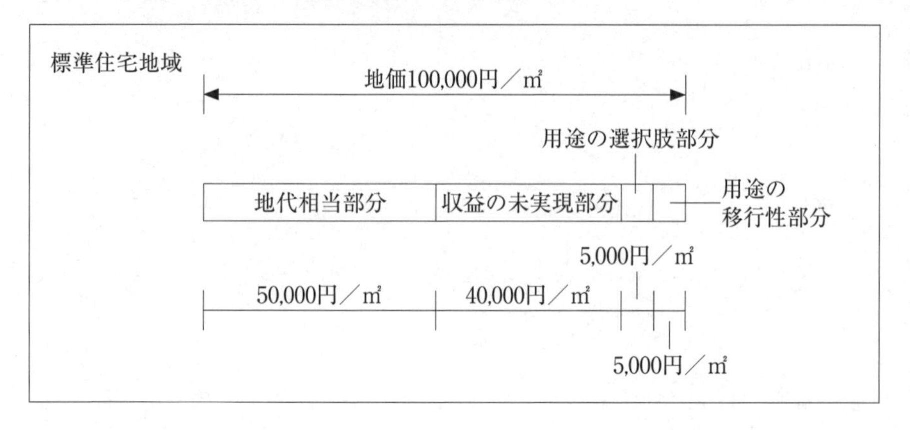

ウ　建付地の地価

アで述べたように、更地にマンションが建築されることにより、長期間にわたって「収益の未実現部分」、「用途の選択肢部分」及び「用途の移行性部分」が消滅するのであるから、建付地の地価は、「地代相当部分」のみが反映されるため50,000円／㎡となる。

エ　複合不動産の価格

（ア）　取得原価

仮に、地積500㎡の土地を更地で購入するものとすると、地価は、次のとおりとなる。

地価 ＝ ㎡当たり単価 × 地積

50,000,000円 ＝ 100,000円／㎡ × 500㎡

建築物の取得に係る建築費が4,000万円とすると、マンションの取得原価（鑑定評価上の積算価格）は、次のとおりとなる。

マンションの取得原価 ＝ 更地の地価 ＋ 建築費

90,000,000円 ＝ 50,000,000円 ＋ 40,000,000円

（イ）　実際の土地市場で形成される複合不動産の価格

これに対して、実際の土地市場で形成される建付地の地価は、「地代相当部分」から形成されるのであるから、次のとおりとなる[19]。

建付地の地価 ＝「地代相当部分」× 地積

25,000,000円 ＝ 50,000円／㎡ × 500㎡

したがって、実際の土地市場で形成されるマンションの価格は、次のとおりとなる。

実際の土地市場で形成される複合不動産の価格 ＝「地代相当部分」＋ 建築費

65,000,000円 ＝ 25,000,000円 ＋ 40,000,000円

オ　「地価形成因子の消滅減価」の発生

更地は、建築物の建築に伴い建付地となることによって「地代相当部分」以外の他の地価形成因子が消滅し、地価が減価されることとなるが、この場合における減価を「地価形成因子の消滅減価」と定義する。

この「地価形成因子の消滅減価」を本例で求めると、次のとおりとなる。

19　建付減価の発生していない鑑定評価上の正常価格とする。

「地価形成因子の消滅減価」 ＝ 取得原価 － 実際の土地市場で形成される複合不動産の価格

25,000,000円 ＝ 90,000,000円 － 65,000,000円

又は

「地価形成因子の消滅減価」 ＝ 更地の地価 － 建付地の地価

25,000,000円 ＝ 50,000,000円 － 25,000,000円

実際の土地市場における複合不動産の取引事例を分析すると、標準住宅地域における賃貸マンションが最有効使用の状態と判断される場合であっても、取得価格（鑑定評価上の積算価格）と比較すると、かなり低い価格で取引されることが多く見られる。この理由は、更地が建付地になることによって、主として「収益の未実現部分」が消滅することに起因するものと分析される。

これに対して、商業地域におけるオフィスビルで最有効使用の状態であると判断される場合では、取引価格が取得価格（鑑定評価上の積算価格）に近い価格で取引されていることが多い。

これは、商業地域の地価形成因子が主として「地代相当部分」により構成され、他の地価形成因子が存しないことによって「地価形成因子の消滅減価」が発生していないことによるためと分析される。

カ　建付減価と「地価形成因子の消滅減価」との相違点

建付減価とは、土地と建物との関係が最有効使用でない場合に発生する減価である。

更地は、地上に建物等の定着物がなく、かつ、使用収益を制約する権利の付着していない宅地であるから、当該宅地の最有効使用に基づく経済価値を享受することができる。

これに対して、建付地は、その建物等が最有効使用の状態にあるときを除き、既存の建物等の存在が最有効使用の障害となることから、更地と比較すれば、利用方法に制限を受けることとなる。建付減価とは、このような建物等が存することによる最有効使用の制約をいうものである。

「地価形成因子の消滅減価」とは、土地と建物との関係が最有効使用であるにもかかわらず、更地の場合には存する「収益の未実現部分」、「用途の選択肢部分」及び「用途の移行性部分」が建物の存在によって消滅することによる減価である。

このため、その発生原因は大きく異なることとなるが、建物の存在に基づく制約によって発生し、更地になることによって消滅するという点においては同様である。

（4）　複合不動産に係る地代と地価との関係の結論

複合不動産に係る地代と地価との関係の分析に係る結論として、土地が高度商業地域等の「地代相当部分」で成立する地域に存し、建物が新築又は建築後間もない場合で土地と建物の関係が最有効使用の状態である場合には、$P_0 = r / i$ が成立することとなる。

仮に、「効用変化予測部分」が発生する場合は、短期的には $P_0 = r / i + UCPP$ であるため不成立であるが、長期的には「効用変化予測部分」が賃料に転化されることによって $P_0 = r / i$ となり、成立することとなる。

また、「非効用変化予測部分」が大きく存する場合は、更地の場合と同様に $P_0 = r / i + NUCPP$ となり、$P_0 = r / i$ は不成立となる。

これに対し、地価が「地代相当部分」と「収益の未実現部分」、「用途の移行性部分」等とで成立する地域であっても、「地代相当部分」以外の地価形成因子がいったん消滅することによって $P_0 = r / i$ が理論上では成立する。

しかし、このような地域では、その複合不動産が最有効使用の場合であっても、「地価形成因子の消滅減価」が発生することによって、更地と比較すると建付地の地価は減価する。

したがって、これらの地域に存する複合不動産に係る建付地では、建築時点でこれらの地価形成因子が激減又は消滅することによって既に地価が減価していることを考慮すると、$P_0 = r / i$が成立しているとはいえない。

なお、複合不動産が最有効使用でない場合、地上建物の経済的残存耐用年数が少ない場合等では、更地としての地価形成因子が重視されることから、更地と同様に$P_0 = r / i$が成立しない場合が多く見られることとなる。

第５章

農地に係る地代と地価との関係の分析

本章では、農地における地代と地価との関係を分析するものとする。

分析に当たっては、まず農地の地価の意義、その概要及び地価形成因子について解説し、これらを基に農地における地代と地価との関係を分析するものとする。

第1節　農地に係る地価の意義

1　農地の地価の形成

農地とは、農作物を生産するための耕作の用に供される土地をいい、具体的には、耕うん、かんがい、排水、除草等の肥培管理を行って、稲、野菜等の農作物を栽培することを目的とする土地をいう。

農地は、農作物を生産するための土地であることから、それぞれの農地が有する土壌等の性質、農作物の消費市場の動向等を反映して生産すべき農作物の種類が決定され、耕作が行われている。

近年の日本の農業は、土地を耕作するという点においては基本的に同じであるが、従来の中心的な耕作方法である稲作から、より収益性の高い施設園芸栽培、礫耕栽培[1]等へ移行しつつあるのが現状である。

このような現象は、主として耕作手段の進歩及び農薬、肥料等の品質向上によるものであり、諸外国においても同様の傾向が見られる。

また、運搬手段の発達により、中心都市（消費地）への農作物の運搬が容易となったことから、鮮度によって品質が大きく左右される農作物も各地域で多く栽培される状況となっている。

このように農地利用の多様化が進む一方で、近年の農地においては、社

1　土の代わりに礫（砂利）を使い、これに培養液をかけて作物を栽培する方法であり、原理的には水耕栽培と同じである。

会情勢の変化等により、農作物の生産としてだけでなく、宅地として利用するという全く別の利用方法が選択されることがある。このため、宅地としての利用方法の選択の余地を含むことを前提として、農地の地価が形成されるようになってきている。

例えば、都市部周辺における農地は、人口の増加、核家族化等に伴う市街化の進行、交通網の発達による住宅地の拡大拡散等によって、農地地域から宅地地域へと転換されているほか、これらの周辺地域でも、将来における宅地転換の期待性、可能性等の宅地化の影響を全般的に受けている。

したがって、近代における農地は、農作物を生産するという、農地が本来有する収益性のほかに、宅地化の影響といった諸要因を反映して地価形成因子が形成されている。

なお、現況が農地であっても、鑑定評価上では地価形成因子の構成に応じて宅地見込地、宅地等と定義されるが、本節では、現況が田、畑等であれば全て農地と定義するものとする。

2　地方都市周辺における農地の地価の概要

地方都市及びその周辺における農地に係る地価の分布を見てみよう。

図１　高知市近郊の現況農地

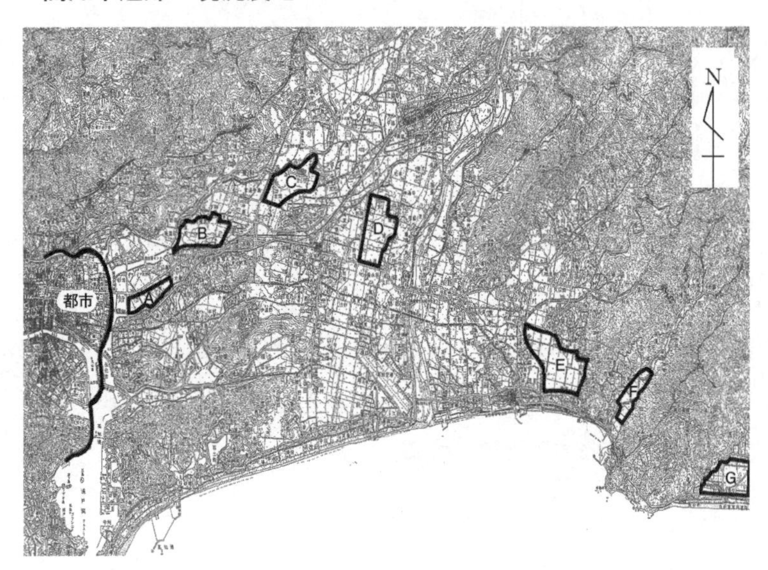

図１は、高知市及びその周辺部の地図であり、西端に高知市中心部が存し、東に移動するにしたがって高知市中心部からの距離は遠くなる。

実線で囲んだＡ～Ｇ地域内は、いずれも農業振興地域の整備に関する法律に定められた農用地区域であり、ほとんどの農地が現況田として利用されている。

また、Ａ～Ｄ地域は、都市計画法に規定される市街化調整区域に指定されているため、容易に宅地転用することができない。

このような状況の中で、高知市中心部から離れるにしたがって現況農地の地価水準がどのように変化するのかを、実際の取引市場を調査し、分析するものとする。

まず、A～G地域に存する現況田の実際の地価水準を見てみよう。

なお、**表1**における農地の地価は2015年1月1日時点、距離は都市（県庁所在地）からの道路距離、時間は自家用車による朝の平均的な通勤時間帯における所要時間とする。

表1

地域	距離	時間	宅地化の影響	地価水準
A	約4km	約20分	都市に隣接していることから宅地化の影響を強く受けている。	高知市近郊の市街化調整区域に存する現況農地としては高く、1㎡当たり8,000～15,000円程度となっている。
B	約6km	約30分	都市に近接していることから宅地化の影響をやや強く受けている。	A地域よりもやや低めに推移するものの現況農地の地価としては高い水準で推移し、1㎡当たり6,000～9,000円程度となっている。
C	約10km	約40分	都市に比較的近接していることから宅地化の影響を受けている。	やや低めに推移し、1㎡当たり5,000～7,000円程度となっている。
D	約14km	約50分	都市からやや離れていることから宅地化の影響はやや弱い。	やや低めに推移し、1㎡当たり4,000～6,000円程度となっている。
E、F、G	約20～30km	約55～70分	都市中心部からの距離が離れていることから宅地化の影響が極めて弱い。	かなり低めに推移し、1㎡当たり1,000～1,500円程度となっている。
その他			図1上には存しないが、G地域より東方に位置する農地では宅地化の影響が極めて弱いことが多い。	1㎡当たり600～1,500円程度となっている。

農地の地価水準の推移について、地方都市の一つである高知市及びその周辺部を例に挙げたが、実際の農地の地価は、一般的には、このように都市から離れるにしたがって段階的に低下していき、一定の地価まで下落した後は、ほぼ同程度の地価水準で推移している。

3　農地における地価形成因子の分析

農地は、後述する農業本場純農地地域で見られるような農作物の生産から得られる「地代相当部分」だけの地価形成因子を反映した農地から、現況は農地であるが、農作物の生産手段としてよりも宅地として利用するための地価形成因子である「用途の移行性部分」を反映した宅地地域内に存する農地に至るまで様々である。

本項では、これら農地の地価形成因子について、地方都市を例に挙げて分析するものとする。

(1)　農地における地価形成因子の概要

本項で分析する農地は、開発行為の規制の程度を同一とするために、都市計画法に規定される市街化区域内の土地とする。

また、この場合における都市の形態は、官公庁等の公共施設、教育施設、交通施設、商業施設等の生活に必要な全ての公共公益施設が都市に集中して存しているほか、農作物の消費も全て都市の内部で行われているものとする。

市街地は、人口の増加、社会構造の変化等に伴い、順次段階的に周囲へと広がることが通常であるため、**図2**のようにAからB、BからC、……というように拡大し成立することが一般的である。

この中で、住宅地に限って見れば、公共公益施設が都市に存することから、生活利便性は、CよりはB、BよりはAというように高くなり、住宅地の地価もこれらを反映して、都市に接近するにしたがって高くなる。

なお、農作物の生産に大きく影響を与える自然的条件[2]については、一般的には都市に近づくほど良好な場合が多いとされるが、（3）イの農作物の生産性で述べるように、実際には大きな開差が存しないことから、本例では理解を容易にするために、A～G地点の自然的条件は同一であると仮定する。

図２　農地における地価の一般的な分布図

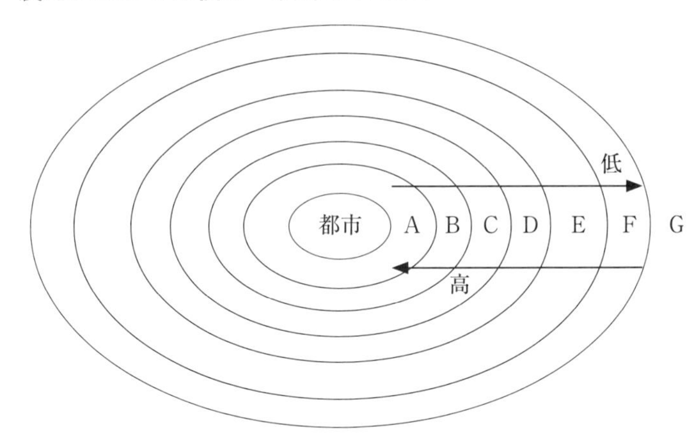

このような都市の概要を元に農地の地価を分析するものとするが、農地の地価形成因子は、大きく分けて宅地化の影響に係る「用途の移行性部分」と、農地としての収益性に係る「地代相当部分」とから形成されるものとする。

（2）　農地の「用途の移行性部分」

本節における「用途の移行性部分」とは、農地が宅地化の影響を受ける

2　この場合の自然的条件とは、土壌の良否、排水の良否等をいう。

ことによって発生する農地地域から宅地地域への転換に係る要因の地価形成因子をいう。農地における「用途の移行性部分」を分析するためには、現在宅地として利用されている土地の市場前提条件（用途、機能等）を分析する必要がある。

したがって、まず**図２**のＡ～Ｇ地点に存する宅地の地価の推移を分析し、次に農地を仮に宅地として利用する場合の素地的な地価影響要因について述べるものとする。

ア　宅地の地価

図３は、宅地の地価の推移を表したものである。**図３**の前提条件として、Ａ～Ｇ地点に存する宅地は、交通接近条件[3]を除く全ての市場前提条件が同一であるとする。

図３　特定地点における地価の分布図

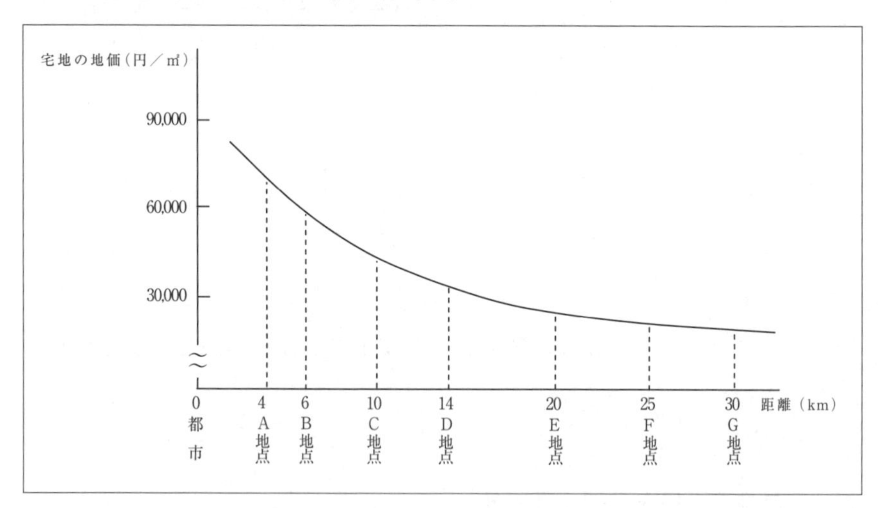

3　宅地の地価は、後述するように、道路の状態、周辺の環境等、多くの地価影響要因から構成されるが、この中で交通接近条件は、学校、商店街、交通施設、公共公益施設等の接近性に関する要因をいい、主にその距離によって格差が生じる。

仮に、Ａ～Ｇ地点に存する住宅地が同一の地価であるとすれば、住宅地に係る需要者のほとんどは、Ｇ地点よりもＦ地点、Ｆ地点よりもＥ地点というように、都市に近い地点の土地を選択するはずである。これは、生活の利便性及び都市への通勤費の多寡により立証することができる。

このことからわかるように、一般的に住宅地の需要者は、その経済事情が許す限り、より都市に近い地点を望む場合が多いことから、住宅地の市場では、Ａ地点からＢ地点へ、Ｂ地点からＣ地点へという地価の順位が形成されることとなる。

このように、宅地の地価は、交通接近条件以外の前提条件が同じであれば、都市から離れるにしたがって低下することとなる。

イ　宅地の素地としての農地の地価

都市に近接する農地は、宅地開発によって宅地化される可能性が高く、宅地としての素地的な要因を潜在的に有している。このことは一般的に知られているところであるが、このことを前提として、開発行為によって宅地化される以前の素地とした場合における現況農地の地価影響要因を分析してみよう。

なお、開発行為を行うに当たっての公法規制は、都市から離れるにしたがって厳しくなるのが一般的であるが、この場合は、いずれも容易に行うことができるものと仮定する。

図４　宅地の地価とその素地に係る地価との関係図

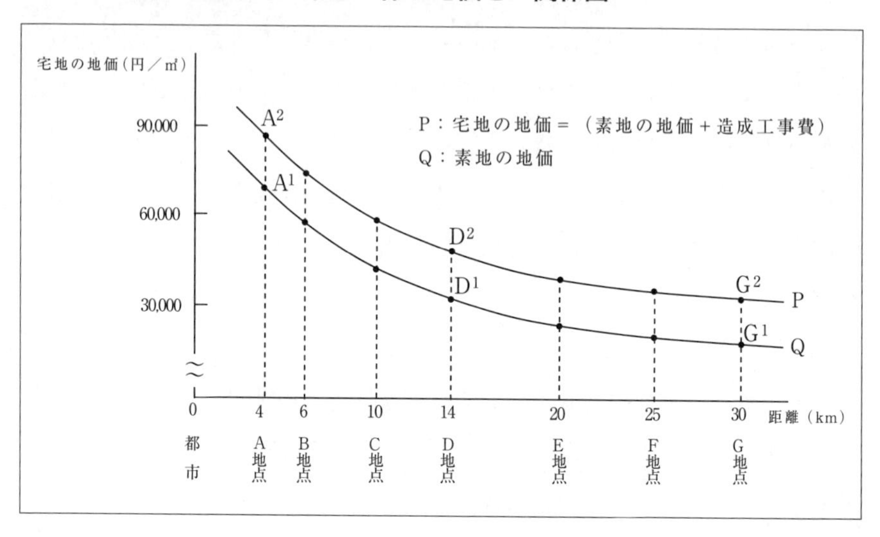

図４のＡ地点、Ｄ地点及びＧ地点において、同時に現況農地の宅地開発を行うものとする。

この場合、造成工事費等は地域によって多少の開差があるが[4]、解説を容易にするため同一とし、かつ、造成工事の難易度、有効宅地化率等も同一であると仮定すれば、現況農地を造成し宅地にすることを想定した場合における素地としての地価は、図４の曲線Ｑに見られるように、Ａ地点が最も高く、都市から離れるにしたがって低くなり、Ｇ地点が最も低くなる。

これを算式化すると、各地点における素地としての価格は、次のとおりである。

Ａ地点の素地地価＝宅地の地価（A^2）－造成工事費（A^1A^2）

Ｄ地点の素地地価＝宅地の地価（D^2）－造成工事費（D^1D^2）

4　同一地域では造成工事費に開差はないが、地域が異なれば、若干の開差が見られることが一般的である。

Ｇ地点の素地地価＝宅地の地価（G^2）－造成工事費（G^1G^2）

この現況農地の地価の格差は、農業に係る収益とは関係なく形成されるものであり、農地が本来有している収益性である「地代相当部分」とは異なる地価形成因子の影響によるものである。

このような例から見ても、農地に係る宅地化の影響は、都市に近づくにしたがって大きくなるものであり、これに伴い、農地から宅地への「用途の移行性部分」も、地価の中で占める割合が大きくなる。

（3）　農地の「地代相当部分」

本書における農地の「地代相当部分」とは、農地本来の姿である土地を耕作し、農作物を生産することによる農地の収益性をいうものとする。

農地としての収益性については、前項で述べた「用途の移行性部分」と同様に、都市から離れるにしたがって低下する傾向が見られるが、これは主として、農作物の運搬費及び農作物の生産性によるものである。

ア　農作物の運搬費

仮に、**図４**のＡ～Ｇ地点において、土壌の状態等の自然的条件が同じで、生産される農作物の品質、生産量等が同一であり、各農地間での格差が、消費地である都市までの距離だけであるとすると、Ａ～Ｇ地点における農地としての収益性である「地代相当部分」の格差は、農作物の運搬費のみとなる。

この場合の農作物を市場に出荷するための運搬費は、Ａ地点よりもＢ地点、Ｂ地点よりもＣ地点というように都市から離れるにしたがって高くなる。ただし、近年における日本の農地では、農地から市場までの距離が短いこと並びに交通手段及び交通網の発達により農作物の運搬費が相対的に安くなっていることから、従来と比べて、運搬費が農業収支全体の中で占める割合は小さくなっており、運搬費が農地の「地代相当部分」に与える影響は小さくなっている。

イ　農作物の生産性

農作物の生産性は、一般的には都市に接近するにしたがって高くなり、都市から離れるにしたがって低くなる傾向がある。

近年においては、農業技術の向上、農薬、肥料等の高品質化等に伴い、各農地間における農作物の生産性の格差は小さくなっているが、依然としてこの傾向が認められる。

したがって、以上の事項を総合的に分析すれば、**図5**のように、農地としての収益性は、A～G地点へと都市から離れるにしたがって、徐々にではあるが低下することとなる。

図5　特定地点間における農地の収益性

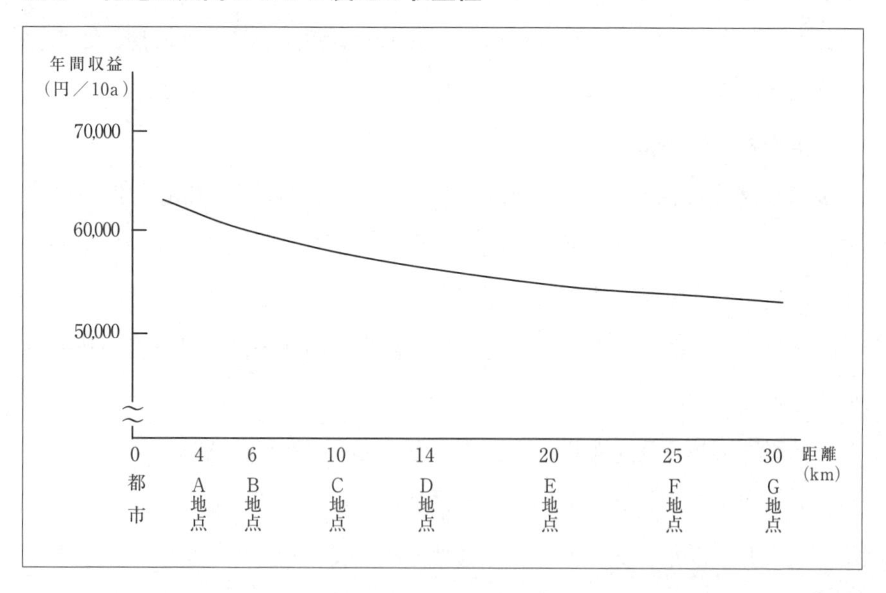

（4）　農地の地価の要約

農地の地価は、宅地化の影響を全く受けていないことによって「地代相当部分」のみで成立している農地を除き、農地としての収益性に係る「地代相当部分」、「用途の移行性部分」及び「用途の選択肢部分」が複雑に関連し決定されるため、単純に述べることは難しい。

しかし、実際の農地の取引市場では、前記で分析したように、農地の地価は、都市に近づくにしたがって高く、離れるにしたがって低いことが一般的であるといえよう。

このことを、**図１**の高知市近郊の現況農地により、**図３～５**に基づいて包括的に解説すれば、次のとおりである。

Ａ地点は、都市に隣接するため宅地に転換した場合の利便性が高いことから、農地であっても宅地化の影響を強く受けており、現時点においても都市計画法、農地法等の公法規制をクリアすれば開発が可能であるため、Ａ地点の農地の地価は、宅地との関連性が強い。また、農地としての収益性についても、都市に近いことにより運搬費等の費用が相対的に少なくて済むほか、通作等も比較的容易であることから、他の地点と比べればやや高い。

次に、Ｄ地点は、都市までの距離がやや離れていることから、Ａ地点と比べれば宅地化の影響は弱い。宅地化のためには、周辺の道路、学校、交通施設等の公共施設の整備が必要となるため、宅地となる蓋然性はやや低く、宅地開発が行われるためには、ある一定の期間又は条件が必要となる。農地としての収益性については、都市からの距離がＡ地点よりも離れていることから必要経費が増加し、Ａ地点よりもやや低くなる。このため、Ｄ地点の農地の地価は、Ａ地点より低くなる。

また、Ｇ地点も同様であるが、Ｄ地点より宅地化の影響が更に弱くなるため、宅地としての蓋然性は一段と弱くなる。また、農地としての収益性についても、都市から更に離れることから必要経費が増加し、D地点よりも更に低くなる。

この結果、現況農地の地価は、A地点よりもD地点、D地点よりもG地点と都市から離れるにしたがって低くなる。

このように、農地は、都市からの距離だけを取ってみても地価影響要因が大きく異なり、その地価も、一般的には都市から離れるにしたがって低下することとなる。

第２節　各農地における地価形成因子の構造

本節では、現況農地を農業本場純農地、純農地、宅地化の影響を受けた農地、宅地見込地及び宅地地域内農地に区分したうえで、各農地の地価形成因子を分析するものとする。

1　農地に係る地価の形成の概要

図１は、現況農地の地価形成因子の概要とその構造の変化を表したものであり、縦軸は農地の地価を、横軸は都市からの距離を表している。

なお、**図１**は、本章第１節で用いた高知市近郊を参考とし、一般的な地方都市を想定したうえで作成した。

図１　現況農地の地価構造図

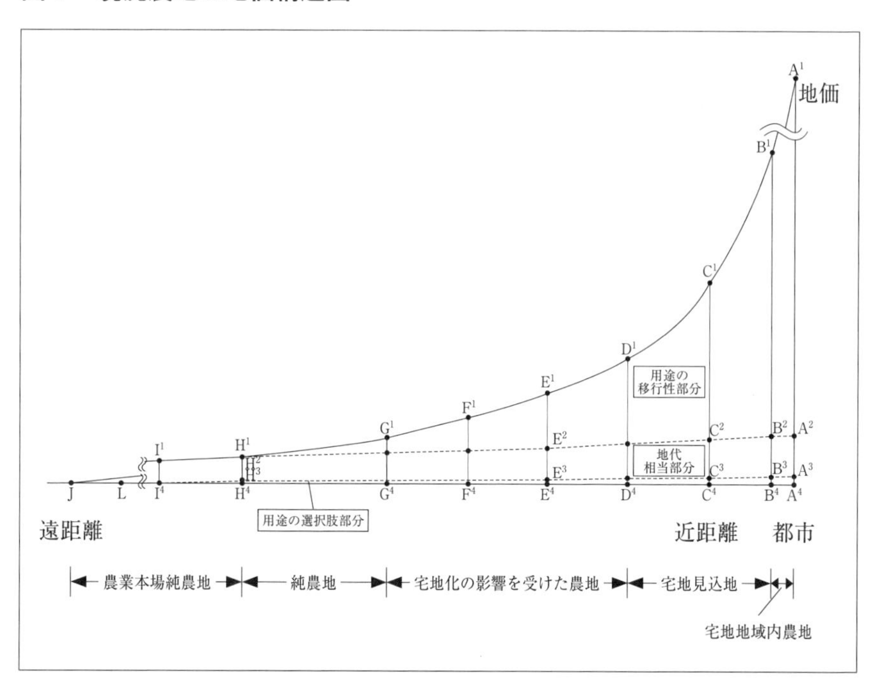

本章第１節で述べたとおり、農地の地価は一般的に都市に近づくにしたがって高くなるのであるから、地価を表すＪ地点～A^1を結ぶ実線は、右上がりの上昇曲線[1]を描くこととなる。

既に述べたように、農地に係る「用途の移行性部分」が発生する大きな要因は都市からの距離であるが、実際には、街路条件、交通接近条件、環境条件、画地条件、行政的条件等が相互に関連することによる影響を受けている。

このため、実際の農地の地価は、**図１**で表したように、A^4地点のみに都市が存し、ここから離れるにしたがって「用途の移行性部分」が弱くなるというような単純な構造ではない。

例えば、C^4及びD^4地点付近には中規模の市が、E^4及びF^4地点付近には小規模な町村が存し、それぞれ「用途の移行性部分」に影響を与えていることが通常である。

しかし、これを考慮すると解説が複雑となるため、本章においては、都市からの距離による「用途の移行性部分」は一定の割合をもって変化するものと仮定し、C^4～F^4地点付近に存する中小規模の市町村は、「用途の移行性部分」に影響を与えないものと単純化して述べるものとする。

まず、「用途の移行性部分[2]」は、**図１**の上部分のH^1、A^1、A^2を結ぶ実線及び点線で囲まれた部分で表した。この「用途の移行性部分」は、農業本場純農地以外の区分から発生するものであるが、農地の地価形成因子の中で占める割合が大きく、また変化も大きい。

次に、農地に係る「地代相当部分」は、Ｊ、A^2、A^3を結ぶ実線及び点線で囲まれた部分で表した。この「地代相当部分」については、農業本場

1　地価は、一般的に都市に近づくにしたがって急激に上昇する傾向がある。

2　農地に係る「用途の移行性部分」は、主たる要因が宅地化の影響に係るものであり、「効用変化予測部分」と一体となって形成されていることから、本章では、「用途の移行性部分」と呼ぶものとする。

純農地、純農地、宅地化の影響を受けた農地、宅地見込地と、都市に接近するにしたがって僅かに逓増するにすぎないため、緩やかな右上がりとなる。

更に、農地を耕作する場合の農作物の選択肢に係る地価形成因子を農地に係る「用途の選択肢部分」とし、I^4、A^3、A^4を結ぶ実線及び点線で囲まれた部分で表した。

本節では、これらの地価形成因子に沿って分析を行い、現況農地の地価形成因子に基づく地価の構造を明らかにするものとする。

なお、本節で分析している農地の地価形成因子は、日本の農地についてであり、諸外国の農地の地価は、日本と比較すると相対的に低いことから、「地代相当部分」及び「用途の選択肢部分」がかなり小さくなることに留意すべきである[3]。

また、諸外国における地価構造図は、国土の広さによって相違し、面積の大きな国では、**図２－Ａ**又は**図２－Ｂ**のように変化することとなる。

図２－Ａ

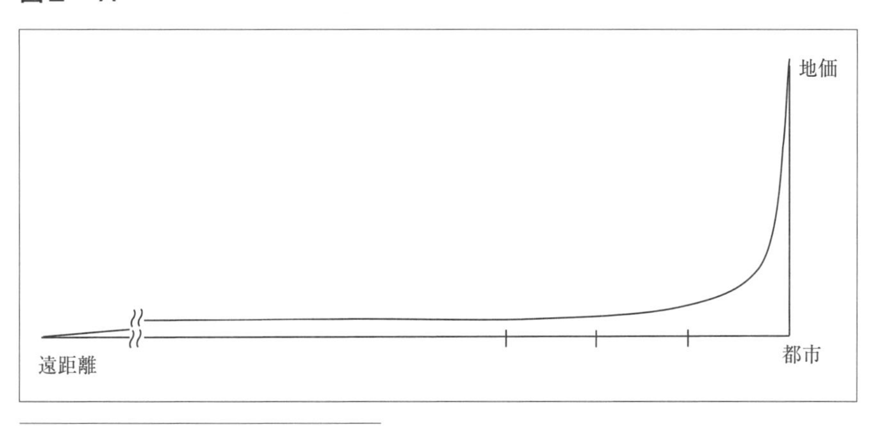

3　農作物の生産手段としての日本の農地の㎡当たりの地価は、一般的に300～2,000円程度であるが、アメリカ、フランス、ドイツ等では30～150円程度であり、このため、「地代相当部分」は、日本の現況農地と比較すれば極めて小さい。

図２－Ｂ

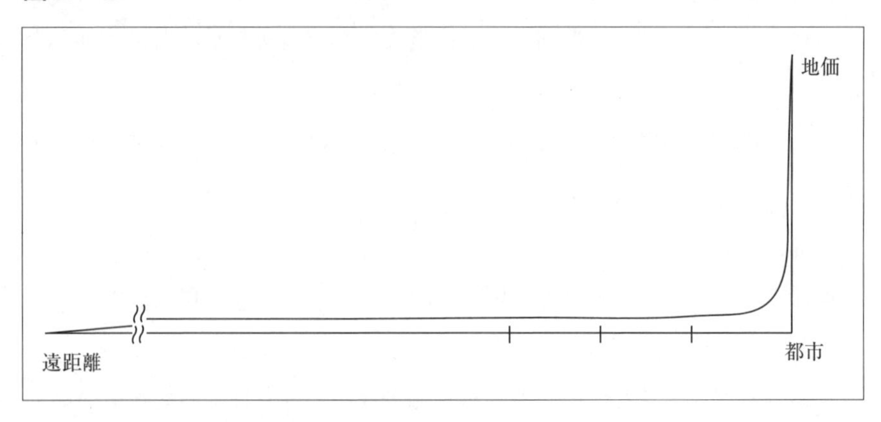

2　農地の地価形成因子の概要

本項では、第２章で述べた地価形成因子が、農地の地価の形成に対してどのように影響を与えているのかを述べるものとする。

(1)「地代相当部分」

宅地の場合の「地代相当部分」は、第２章第２節で述べたように、主として賃貸借によって発生する地代により形成される。

これに対し、農地の場合は、農地として利用することによる収益性を標準として、補完的に小作権等の賃貸借に係る地代によって形成される[4]。このため、日本の農地に係る「地代相当部分」は、農地として耕作され生産される農作物の収益性に支えられることとなる。

よって、宅地と農地との「地代相当部分」は、地代によるものか農作物の生産性によるものかという点においては異なるものの、収益性という観

4　日本の農地では、自作農創設主義が原則であったことから、小作権等の賃貸借は比較的少ない。

点においては同質であるといえる。

各農地の地価形成因子は、「地代相当部分」及び「用途の移行性部分」が中心となって形成されるが、特に「地代相当部分」は、農業本場純農地、純農地等では、地価の形成に当たって重要な地価形成因子となる。

（2）「収益の未実現部分」

農地に係る「収益の未実現部分」については、第２章第３節に沿って分析するものとする。

農地の場合における所有性向とは、農地を耕作するに当たって賃貸借よりも所有権を取得して農業を行おうとする傾向をいうが、農地の収益性は農作物を生産することが主要因のため、工業地域等と同様に、「収益の未実現部分」が発生することは極めて少ない。

次に、地域の名声等は、農地の場合はそこで生産される農作物の価格に直接的に影響を与え収益性に反映されることから、全てが「地代相当部分」に転化されるため、「収益の未実現部分」として発生することはない。

賃貸借に係る使用収益の開差を見てみても、農地においては地域要因に応じた農作物を生産することが通常であるから、農作物の種類の選択に係る制約は、一般的には発生しない。また、賃貸借の契約期間は１年間が一般的であるが、農作物の生産も一般的に１年がサイクルとなっていることから、耕作に伴う期間的な開差もほとんど発生しない。

このため、農地における「収益の未実現部分」が発生することはほとんどなく、仮に発生する場合でも地価の中で占める割合がごく僅かであるため、本書では発生しないものと判断した。

（3）「用途の選択肢部分」

農地に係る「用途の選択肢部分」は、第２章第４節で述べたように、栽培する農作物の種類の選択肢に係る要因となるため、理論的には、農業本場純農地から宅地見込地に至る全ての農地で発生する。

この場合における地価への影響については、**図1**で表されているように、「地代相当部分」に対してほぼ同一の割合で発生するため、「用途の移行性部分」が増加するにしたがって地価の中で「用途の選択肢部分」の占める割合は小さくなるが、農業本場純農地等では、地価の中で占める割合が比較的大きく、重要な要因となっている。

(4) 「用途の移行性部分」

農地に係る「用途の移行性部分」については、**図1**で表されているように純農地付近から発生し、宅地化の影響を受けた農地、宅地見込地と都市に接近するにしたがって大きくなり、宅地見込地では、地価の中で「用途の移行性部分」の占める割合が「地代相当部分」と比べて極めて大きくなる。

農地の地価形成因子としては、「地代相当部分」とともに重要な要因である。

(5) 「効用変化予測部分」

農地の地価は、主として「地代相当部分」と「用途の移行性部分」とから形成されるため、「効用変化予測部分」が農地の地価に対してどのような影響を与えるのかについては、双方の観点から分析することが必要である。

「用途の移行性部分」から見ると、農地は、人口及び世帯数の増加等により、潜在的には宅地に転用される可能性があり、特に都市近郊の農地では、道路の新設、公共施設の建設等に伴う地域要因の向上により、「効用変化予測部分」は多くの場合で発生する。

また、「地代相当部分」から見ると、「効用変化予測部分」は、農作物の価格の変動予測、耕作費用の変動予測等によって発生するが、農地としての収益性に影響を与えることによって「地代相当部分」に直接的な影響を与えることから、地価の中で「地代相当部分」の占める割合の大きな農業本場純農地、純農地等では発生することとなる。

なお、「効用変化予測部分」は、宅地の場合と同様に、期間が経過することによって「地代相当部分」、「用途の移行性部分」等に転化されるため、消滅することとなる。

(6)「非効用変化予測部分」

日本の農地は、農地法の規制によって売買が相応に制限されているため、現時点では投資対象から除外されることが一般的であり、「非効用変化予測部分」は発生しにくい。

しかし、諸外国においては、小麦、トウモロコシ等の農作物が投資対象となっていることから、これらに係る農業本場純農地についてもその対象となり、「地代相当部分」に係る「非効用変化予測部分」が発生する可能性は高い。

また、日本の農地であっても、市街化区域内に存する場合は、農地転用が届出制になっていることから、宅地への転用が容易である。このため、「用途の移行性部分」が大きく占める農地では、「非効用変化予測部分」が宅地とほぼ同様に発生することがある。

3　農業本場純農地の地価形成因子

各農地に係る地価形成因子の構造の分析に当たっては、まず比較的解説の容易な農業本場純農地から行い、次に純農地、宅地化の影響を受けた農地というように、**図1**の左側から順を追って行うものとする。

（1） 農業本場純農地の意義

農業本場純農地とは、宅地化の影響を全く受けておらず、農地としての収益性である農作物の生産性、費用性等によって地価が構成されている農地である。当該農地市場における地価は、「用途の移行性部分」の影響を全く受けないため、農地としての収益性である「地代相当部分」を基に形成される。

具体例としては、アメリカ、オーストラリア、ブラジル等で見られる広大な農地地域、日本では北海道、東北地方等（市及び町の周辺部を除く）の多くの農地がこれに該当するが[5]、先述の高知市及びその周辺部の例では、農業本場純農地は存しない。

日本の農地の中で面積的には最も多く見られ、地価水準は、１㎡当たり300～800円程度である。

図１の現況農地の地価構造図では、H^4地点から左側部分のうちで、農業収益の最小限界点であるＪ地点に至るまでの間に存する現況農地をいう。

これを各国の農地に当てはめてみると、日本の農地ではH^4～Ｌ地点間に存することが多く[6]、諸外国では農地の地価水準が日本と比べて極めて低いことからI^4～Ｊ地点間に多く見られる。

なお、現況農地の地価構造図を諸外国の例に当てはめてみると**図３**のようになり、「用途の移行性部分」が存する農地は少なく、「地代相当部分」のみで成立する農業本場純農地が多くなる。

5　他の地方における山間集落等にも小規模であるが存している。

6　日本の農地では、収益力が極めて低くなると山林（用材林地）として利用されることが多く、Ｌ～Ｊ地点間では林地へと用途が転換されることが多い。

写真提供：男鹿半島・大潟ジオパーク推進協議会
　周辺には田が多く見られ、農業本場純農地地域を形成している。

図３

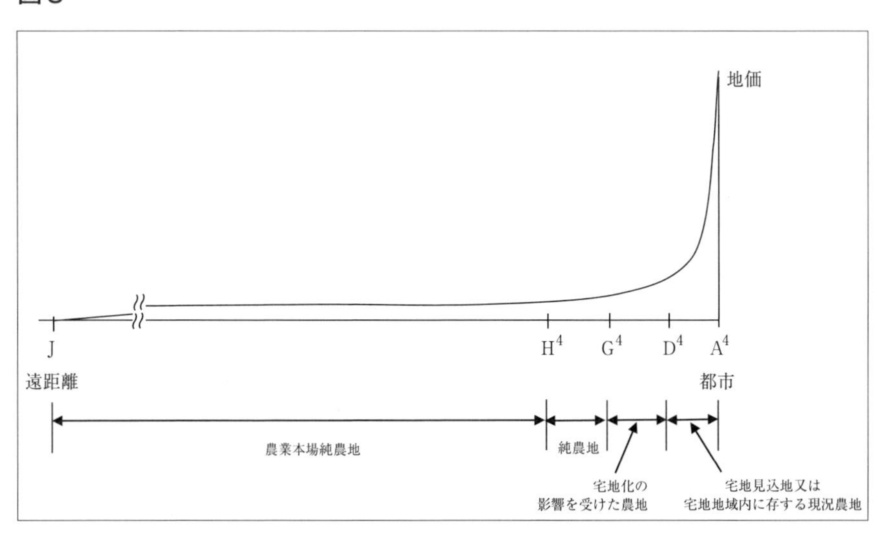

（2） 地価形成因子の構造

図4は、**図1**の現況農地の地価構造図のH^4J地点間を拡大したものである。

図4　図1の現況農地の地価構造図の一部を拡大

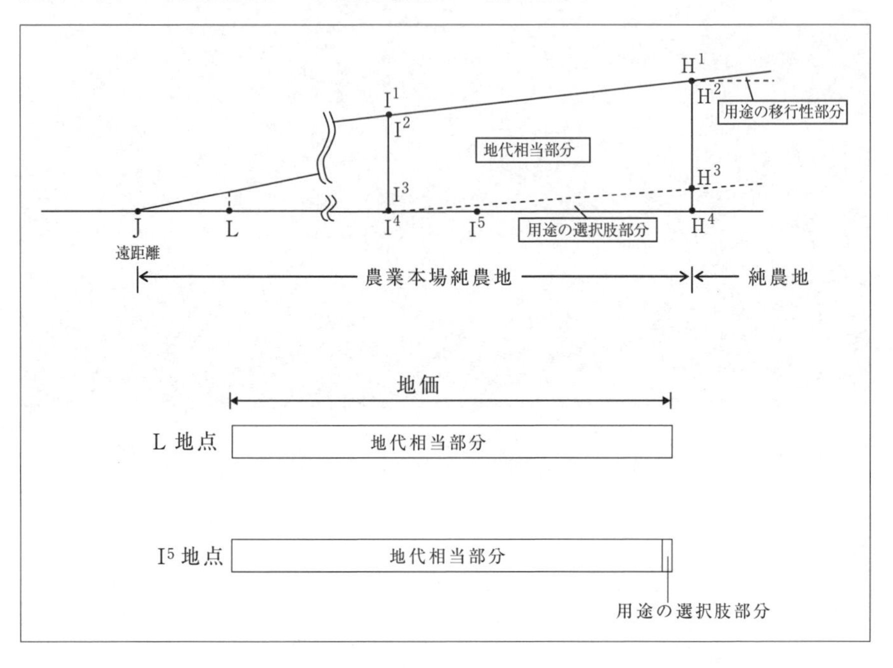

農業本場純農地の地価は、L地点のように農地が本来有している「地代相当部分」のみ又はI^5地点のように「地代相当部分」及びごく僅かな「用途の選択肢部分」で形成される。

農業本場純農地と純農地との境界点であるH^4地点では「用途の移行性部分」が発生しないため、**図4**におけるH^1とH^2とは同一となる。

既に述べたように、農作物の生産性は都市から離れるにしたがって低くなることが一般的であり、農作物を市場に運搬するための輸送費等も都市から離れるにしたがって増加する。このため、H^4地点からI^4地点へと都市から離れるにしたがって、「地代相当部分」は徐々に減少する。

「用途の選択肢部分」（**図４**のI^3、H^3、H^4点で囲まれた部分）については、「地代相当部分」の減少に伴って小さくなるほか、農作物の生産に係る用途の多様性が少なくなることから、H^4地点からI^4地点へと都市から離れるにしたがって、その占める割合は徐々に小さくなる[7]。

次に、I^4地点から農業収益の最小限界点であるＪ地点にかけては、用途の多様性がなくなることから、農地の地価は「地代相当部分」により形成されることとなる。

このことは、アメリカの穀倉地帯、フランスのブドウ園等のように、用途の多様性が少ない農業本場純農地の市場で取引される地価のほとんどが、当該農地の最有効使用を前提として特定される農作物の生産に係る収益性のみに着目して決定されることからも理解できよう。

7　この理由は、農地における単位当たりの収入が少なくなることから大規模な農業経営が必要となり、比較的簡易な農作業により生産が可能である小麦、ジャガイモ、トウモロコシ等の限られた農作物の生産が選択されるためである。

アメリカ北西部アイダホ州のジャガイモ畑であり、地価は、「地代相当部分」によって形成されている。

4　純農地の地価形成因子

（1）　純農地の意義

純農地とは、主に農地としての収益性によって地価形成因子が構成されている農地であり、高知市及びその周辺部には該当する農地が存しないが、**図5**（本章第1節2**図1**と同じ）におけるE、F及びG地域内に位置する一部の農地が該当する[8]。

8　**図5**に表示しているA～G地域と、**図1**の現況農地の地価構造図における A^4～ H^4地点とは同一の地域ではない。

図５　高知市近郊の現況農地

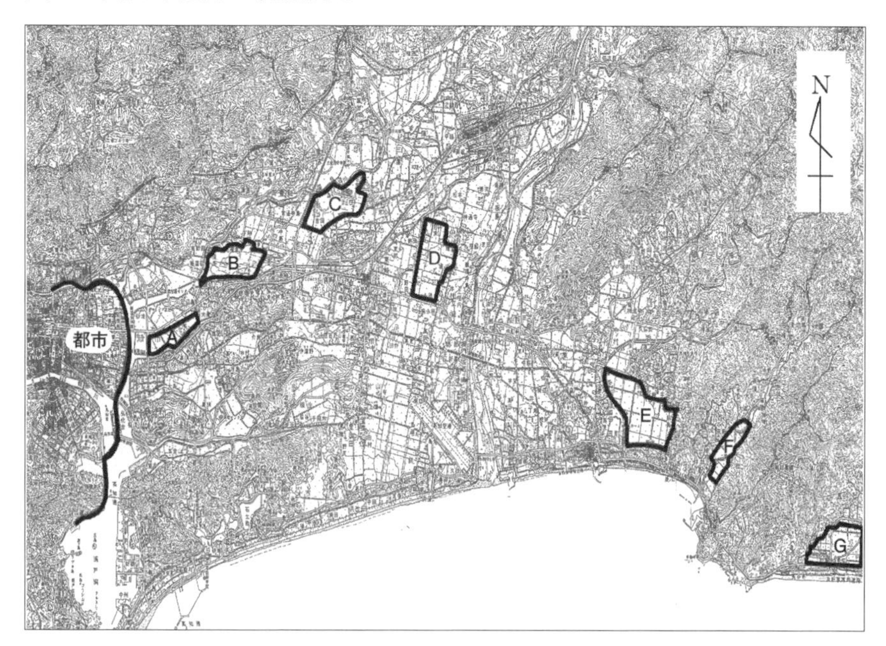

農地の地価形成因子の中に「用途の移行性部分」が若干含まれるが、農地の実際の取引市場において着目されることはほとんどなく、主に農地の生産性及び費用性に着目して取引される。

具体例としては、郡部で稲作を中心として耕作されているほ場整備済みの農地等であり、日本では比較的多く見られる農地である。地価水準としては、１㎡当たり800～1,500円程度が一般的である。

周辺に宅地も点在し、若干の「用途の移行性部分」が発生している。

（2） 地価形成因子の構造

純農地の地価形成因子は、「地代相当部分」を中心に、「用途の選択肢部分」と若干の「用途の移行性部分」とから形成される。

図で表せば、次のとおりである。

図６ 図１の現況農地の地価構造図の一部を拡大

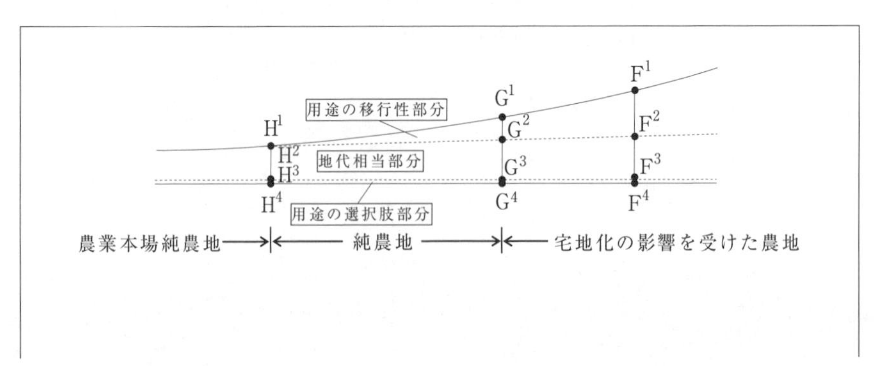

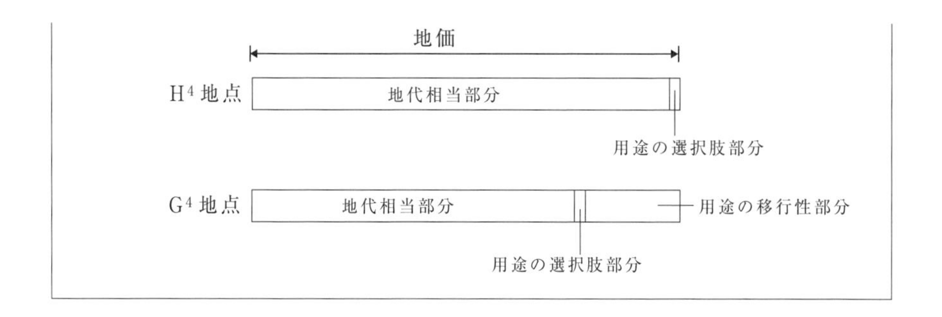

ア　「地代相当部分」

純農地の「地代相当部分」は、農業本場純農地よりも都市に接近するため、農業本場純農地と比較すると、若干であるが増加することとなる。ただし、「地代相当部分」の大きな増加にはつながらず、**図6**のH^4G^4地点間では、「地代相当部分」は、H^2H^3からG^2G^3へと若干増加するにすぎないこととなる。

イ　「用途の選択肢部分」

純農地では、農業本場純農地と比較して、農作物の栽培に係る用途の多様性が増加するほか、農地の「地代相当部分」が若干増加するため、これに伴い一定割合をもって「用途の選択肢部分」が増加する。**図6**では、「地代相当部分」と同じように、H^3H^4からG^3G^4へと若干増加することとなる。

ウ　「用途の移行性部分」

純農地では、農業本場純農地における地価形成因子の中では存しなかった「用途の移行性部分」が発生することとなるが、農地の「地代相当部分」と比較すれば、地価の中で占める割合は小さい。

「用途の移行性部分」は、地価の中で占める割合が小さく、また、宅地見込地のように宅地化の影響が顕著に表れていないため、市場では街路条件、交通接近条件、環境条件等に細分されて具体的に表れるようなことはなく、集落に接近している、幹線道路が地域内を通過している等、漠然として表れる程度である。

5　宅地化の影響を受けた農地の地価形成因子

(1)　宅地化の影響を受けた農地の意義

宅地化の影響を受けた農地とは、農地の収益性に宅地化の影響である「用途の移行性部分」が加わり地価形成因子が形成されている現況農地である。

このため、当該農地市場では、農地としての収益性のほか、将来における宅地化の期待性及び可能性も重視して地価が形成されることとなる。

これを日本の現況農地で見ると、純農地に次ぐ多さとなっており、地方都市の外延的な場所では最も多く見られる農地であるといえる。

価格水準としては、1㎡当たり2,000～5,000円程度とやや幅のある水準となっている。

農地の周辺に集落が点在しており、農地は宅地化の影響を受けていることがわかる。

（2）　地価形成因子の構造

宅地化の影響を受けた農地の地価形成因子は、農地の収益性である「地代相当部分」、宅地化の影響である「用途の移行性部分」及び若干の「用途の選択肢部分[9]」から形成される。

図で表せば、次のとおりである。

図７　図１の現況農地の地価構造図の一部を拡大

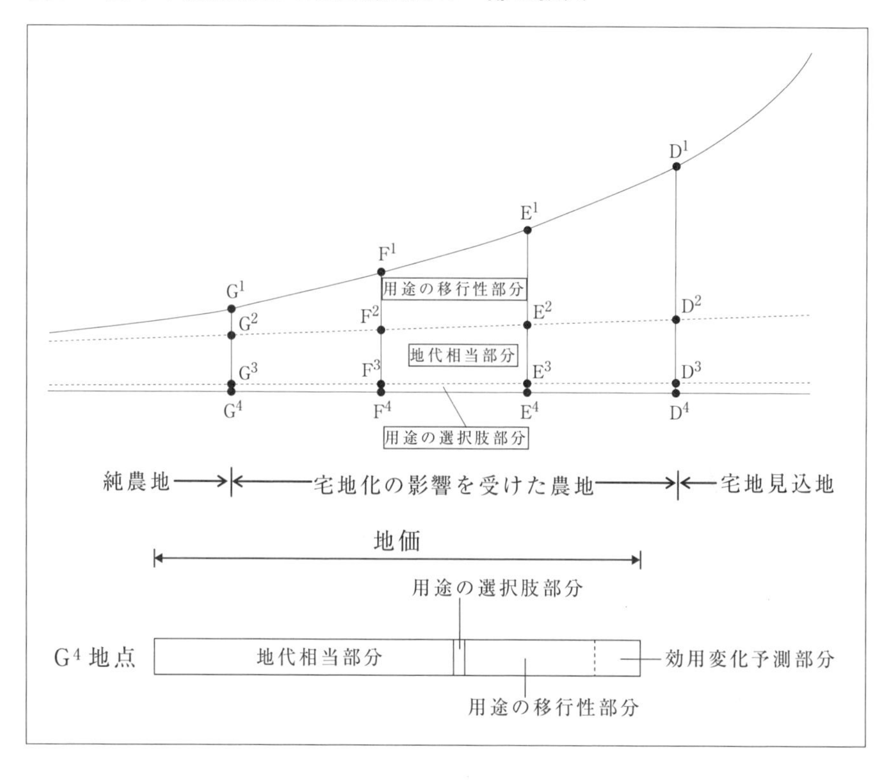

ア　「地代相当部分」

宅地化の影響を受けた農地は、純農地と比べて、より都市に接近してい

9　「効用変化予測部分」が発生することもある。

ることにより通作、管理等が容易となることから、施設園芸栽培、礫耕栽培等による付加価値のより高い農作物の生産が可能になり、理論的には「地代相当部分」が増加する。しかし、実際にはそれほど大幅な増収が見込めるわけではなく、「地代相当部分」の大きな増加にはつながらず、**図7**の G^2G^3 から D^2D^3 へのように僅かに増加するにすぎないこととなる。

イ 「用途の選択肢部分」

宅地化の影響を受けた農地では、純農地と比べて、農作物の栽培に係る用途の多様性が増加するほか、農地の「地代相当部分」が僅かに増加するため、「用途の選択肢部分」は、G^4地点の地価の中で「地代相当部分」が増加するのと同様に、D^4地点にかけて僅かであるが徐々に増加する。しかし、純農地と同様に、「地代相当部分」が大幅には増加しないため、「用途の選択肢部分」も、G^3G^4 から D^3D^4 へと僅かに増加するにすぎないこととなる。

ウ 「用途の移行性部分」

図1の現況農地の地価構造図における純農地である H^4地点から発生し始めた「用途の移行性部分」が、宅地化の影響を受けた農地に区分される G^4 地点から D^4 地点にかけては顕著に表れるようになる。ただし、「用途の移行性部分」のうち街路条件、交通接近条件、環境条件等の影響は、土地市場における取引価格に対して具体的には表れにくく、後述する宅地見込地と比較すると漠然としており、細かく分析することは困難である。

しかし、地域の全体的な状況を見れば、宅地地域への転換の可能性、期待性等を高める要因が認められる。例えば、比較的近接する地域に都市部又は住宅地が存している、周辺で幹線道路の新設が行われている、周辺地域を含む広域的な地域において公共施設が配置されている等といったように、純農地と比較すれば、かなり多くの「用途の移行性部分」が認められることとなる。

図７では、G^1G^2、F^1F^2、E^1E^2、D^1D^2というように、農地の地価の中で「用途の移行性部分」の占める割合が、農地の地価の上昇に伴い、急速に増加することとなる。

6　宅地見込地の地価形成因子

（1）　宅地見込地の意義

宅地見込地とは、宅地化の影響を強く受けて農地地域から宅地地域に転換しつつある地域内に存する現況農地である。

宅地見込地地域の取引市場では、現況での利用方法である農地としての収益性が若干は影響するが、現況農地の地価形成因子の中では将来における宅地化のための要因である「用途の移行性部分」が大きく占めるため、これらが重視されて地価が決定される。

図５の高知市近郊のＡ地域を南側から撮影している。

図5の例では、A～C地域付近に存する農地であり、地方都市近郊で多く見られる農地であるが、日本の農地の中で面積的には比較的少ない。

価格水準は地域によって異なるが、例では、概ね1㎡当たり5,000～15,000円程度となっている。

（2） 地価形成因子の構造

宅地見込地の地価形成因子は、「用途の移行性部分」が大きく占めるようになり、この他に「地代相当部分」と若干の「用途の選択肢部分」から形成される。

図で表せば、次のとおりである。

図8　図1の現況農地の地価構造図の一部を拡大

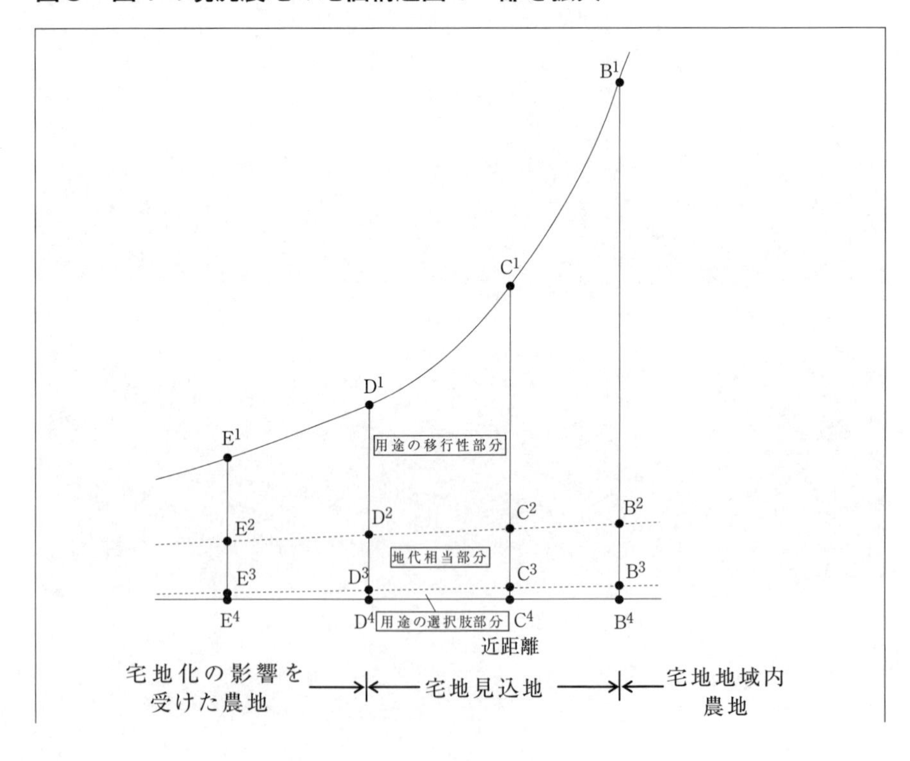

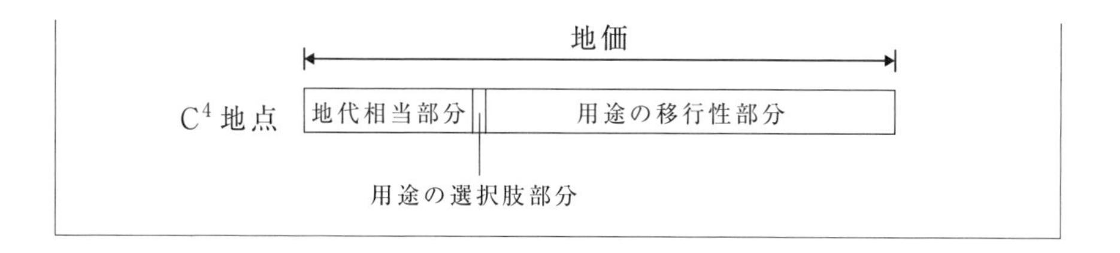

ア　「地代相当部分」

宅地見込地の「地代相当部分」は、宅地化の影響を受けた農地と比較すれば、都市に接近するにしたがって農業コストが低下することから、「地代相当部分」自体は若干であるが大きくなる。この部分は、**図８**において D^2D^3、C^2C^3、B^2B^3と都市に接近するにしたがって少しずつ増加し続けることとなる。

しかし、宅地見込地の地価である D^1D^4、C^1C^4、B^1B^4の中では、「用途の移行性部分」が大きく増加することから、農地の「地代相当部分」の占める割合は、相対的に小さくなる。

このため、宅地見込地の土地市場においては、「地代相当部分」を重視して取引されることが少なくなる。

イ　「用途の選択肢部分」

「用途の選択肢部分」についても、農地の「地代相当部分」の若干の増加及び農作物の栽培に係る用途の多様性の増加に伴って、D^3D^4、C^3C^4、B^3B^4と一定の割合をもって若干逓増することとなるが、宅地見込地の地価の中で占める割合は、「地代相当部分」と同様の理由により、相対的に小さくなる。

ウ　「用途の移行性部分」

宅地見込地が D^4地点、C^4地点、B^4地点と都市に接近するにしたがって、地価の中で「用途の移行性部分」の占める割合は、D^1D^2、C^1C^2、B^1B^2というように大幅に増加していく。

このため、取引市場では、「用途の移行性部分」が転換後・造成後の宅地としての地価形成因子、宅地開発の可能性、造成費等として具体的に表れ、取引されるようになる。

7　宅地地域内農地の地価形成因子

(1)　宅地地域内農地の意義

宅地地域内農地とは、鑑定評価上の宅地地域内に存する現況農地であり、実際に耕作が行われていても、自然的、社会的、経済的及び行政的観点から見て、本来は宅地として利用することが合理的であると判断される農地をいう。

図5の例では、都市の内部に存する農地であり、市場での取引は、造成工事費、有効宅地化率及び宅地として造成した後の地価形成因子を重視して行われる。

価格水準は、周辺の宅地の価格から造成工事費等を除いた程度の水準であるが、高知市では、1㎡当たり概ね20,000～60,000円程度となっている。

市街化区域に指定されていることから、隣接地は分譲住宅地となっており、市街化が進んでいる。

（2）　地価形成因子の構造

宅地地域内に存する現況農地の地価形成因子は、ほぼ「用途の移行性部分」によって形成されることとなる。

図で表せば、次のとおりである。

図９　図１の現況農地の地価構造図の一部を拡大

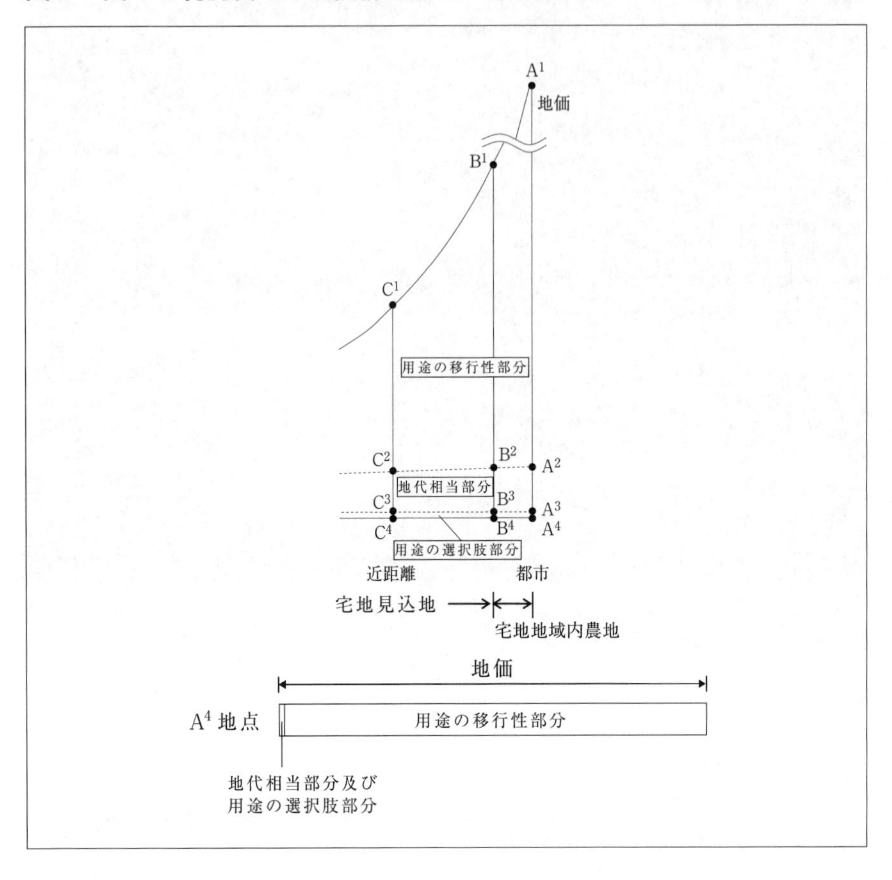

ア　「地代相当部分」

宅地地域内に存する農地であっても通常では耕作が行われるため、「地代相当部分」については、宅地見込地と同様の理由により若干は増加するが、取引市場では、農地の「地代相当部分」が重視されることはほとんどない。

一般的に、農地の地価は都市に接近するにしたがって高くなるため、宅地地域内に存する現況農地の地価の中で「地代相当部分」の占める割合が極めて小さくなり、特に地価水準が高いほど小さくなる。

例を挙げれば、次のとおりである。

表１

	例1	例2	例3
宅地地域内に存する現況農地の地価	60,000円／㎡	100,000円／㎡	150,000円／㎡
「地代相当部分」	2,000円／㎡	2,000円／㎡	2,000円／㎡
地価に占める「地代相当部分」の割合	3.3%	2%	1.3%

以上のように、農地の地価が上昇するほど「地代相当部分」の占める割合が小さくなるため、市場では、現況が農地であっても農作物の生産に係る収益性に着目して取引されることはほとんどなくなる。

イ　「用途の選択肢部分」

「用途の選択肢部分」も理論的には存するが、農地の収益性が重視されることがほとんどないため、農地の取引地価に反映されることはほとんどない。

ウ　「用途の移行性部分」

宅地地域内に存する現況農地は、一般的に見て、造成工事により宅地として利用することが妥当であると判断される土地であるから、宅地の素地的な要素が極めて強くなる。

したがって、宅地地域内に存する現況農地は、いわば造成前宅地という性質の土地であり、その地価形成因子は、宅地としての要因から形成されることとなる。

第３節　農地の地代と地価との関係の分析

農地の地価は、主として「地代相当部分」、「用途の選択肢部分」及び「用途の移行性部分」の地価形成因子の相互作用によって複雑に形成されていることから、従来から考えられている農地の地価形成理論とは必ずしも一致しない。このことは、農地の地代と地価との関係においても同様である。

このため、本節では、まず一般的に述べられている農地の地代と地価との関係を解説する。次に、本書の理論に基づく農地の地代と地価との関係を対比しながら分析するものとし、農地において $P_0 = r / i$ の関係が成立するか否かを述べるものとする。

１　農地における地代と地価

（１）　農地の地代と地価との関係

ア　一般的な理論に基づく農地の地代と地価との関係

地代は、土地が一定期間に提供するサービスの対価として支払われるものであり、農地の地代も、それと同様に耕作を行うための対価として支払われるものである。

このため、農地の地代と地価との関係も、一般的な地代と地価との関係と同様に考えられている。

これらは、第４章第２節１で述べたように、一般的な理論に基づく農地の地代と地価との関係においても $P_0 = r / i$ が成立すると考えられ、利子率が一定とすれば、それぞれの農地の地価は、地代で成立することとなる。

したがって、農地の地代と地価との関係も宅地と同様に成立すると考えられ、農地の地代が上昇すれば地価もそれに伴って上昇し、農地の地代が下落すれば地価もそれに伴って下落すると考えられている。

イ　本書の理論に基づく農地の地代と地価との関係

地代は、地価形成因子の中の「地代相当部分」から形成されるため、一般的な理論に基づく農地の地代と地価との関係は、農業本場純農地のように、地価が「地代相当部分」のみで形成される場合には成立することとなる。

しかし、宅地化の影響を受けた農地のように、地価が「地代相当部分」と「用途の移行性部分」（本項では、解説を容易にするため、「用途の選択肢部分」は「地代相当部分」に含んで表すこととする）とによって形成される農地では、農地の地価が上昇しても、その要因が「用途の移行性部分」の増加によるものであれば、実際には地代がそれに伴って上昇することはほとんど見られない。

この理由は、農地においては実際に支払われる地代が「地代相当部分」についてのみ着目して決定され、「用途の移行性部分」については地代に反映されることがないからである。

一般的に、耕作を目的とする新規の賃貸借契約は、農業本場純農地又は純農地で行われることが多い。この場合、賃貸借契約時における実際の地代は、農地を耕作し農作物を生産することによる「地代相当部分」を反映して決定されるため[1]、農地の地代と地価との間には一定の割合が保たれ、また、各農地間における地代もバランスを保っている。

例えば、ある農地の10アール当たりの米の収穫量を450kgとし、地代はその20％分であったとする。この場合、90kgの収穫量に当たる金額が地代として支払われることが通常である。

1　農業本場純農地の地価は「地代相当部分」のみが反映されているし、純農地の地価はほとんどが「地代相当部分」が反映されて決定されているからである。

しかし、市街化の進行等に伴う「用途の移行性部分」の増加により農地の地価が上昇しても、農地本来の収益力が上昇しない限り、地代が上昇する例はほとんど見られない[2]。

このことは、後掲（2）ア表2で表示している高知市及びその周辺部のA～G地域における地代の「賃借料情報[3]」による標準賃貸料から分析しても明らかである。

ウ　図式による地代と地価の解説

これらの関係を、本章第2節における現況農地の地価構造図に基づいて解説するものとする。

（ア）　一般的な理論に基づく農地の地代と地価との関係

アで述べた関係を図式により解説すれば、次のとおりである。

図1　本章第2節における現況農地の地価構造図の一部を拡大

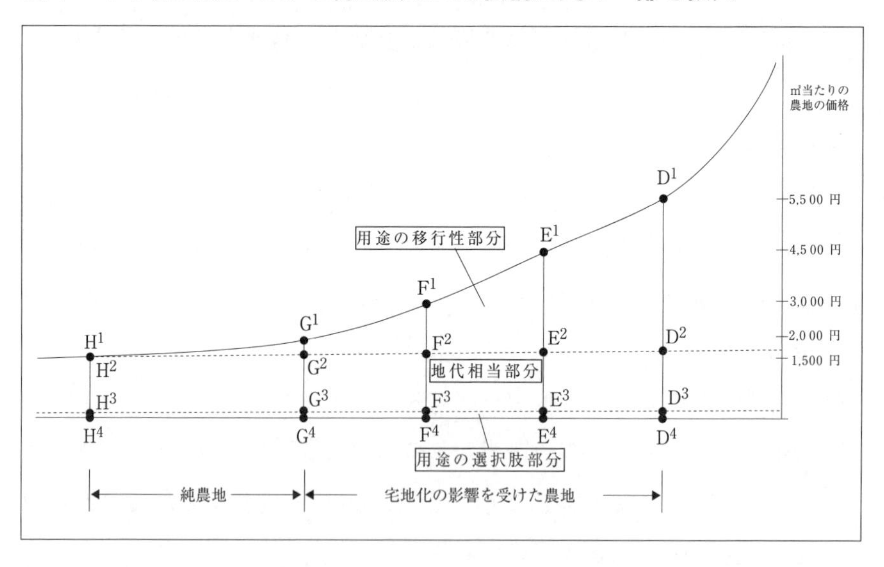

2　ただし、農地から資材置場等に転換され、用途が変化する場合は上昇する。
3 「賃借料情報」に表示された地代は、高知県のみならず全国的に見ても、地価水準の高低による影響を受けることはほとんど見られない。

「(ア) 一般的な理論に基づく農地の地代と地価との関係」から見ると、農地の地価が $H^1 \rightarrow G^1 \rightarrow F^1 \rightarrow E^1 \rightarrow D^1$ と上昇すれば、利回りが一定である限り、地代は、それぞれの農地の地価に対応し一定の割合をもって上昇することとなる。

仮に、各農地の地価を**図１**の１㎡当たりの農地の価格とし、利回りを１％、維持管理費等を地代の20％としたうえで[4]、H^4～D^4地点での「(ア) 一般的な理論に基づく農地の地代と地価との関係」から農地の地代を算定すれば、次のとおりとなる。

H^4地点の地代 H^1　1,500円×0.01÷0.8＝18円

G^4地点の地代 G^1　2,000円×0.01÷0.8＝25円

F^4地点の地代 F^1　3,000円×0.01÷0.8＝37円

E^4地点の地代 E^1　4,500円×0.01÷0.8＝56円

D^4地点の地代 D^1　5,500円×0.01÷0.8＝68円

このように、「(ア) 一般的な理論に基づく農地の地代と地価との関係」から見た地代は、H^1からD^1へと地価が上昇すれば大幅に上昇することとなる。

(イ)　本書の理論に基づく農地の地代と地価との関係

これに対して、「(イ) 本書の理論に基づく農地の地代と地価との関係」で述べた理論によると、農地の地価が $H^1 \rightarrow G^1 \rightarrow F^1 \rightarrow E^1 \rightarrow D^1$ と上昇しても、農地の「地代相当部分」が H^2H^3、G^2G^3、F^2F^3、E^2E^3、D^2D^3のように僅かに増加するにすぎないため、「地代相当部分」にのみ対応して一定割合で定まる実際の地代は、実質的には若干の上昇を示すのみである。

4　地代は、純賃料相当額のほか、固定資産税、管理費、貸倒れ準備費等の諸経費が含まれているため、本例では、地代の20％を管理費等として計上した。

これを、（ア）と同様に算定する。仮に、地価、利回り、管理費等を同額として地代を算定すれば、次のとおりとなる。

H^4地点の地代　H^2H^4　1,500円×0.01÷0.8＝18円

G^4地点の地代　G^2G^4　1,550円×0.01÷0.8＝19円

F^4地点の地代　F^2F^4　1,600円×0.01÷0.8＝20円

E^4地点の地代　E^2E^4　1,650円×0.01÷0.8＝20円

D^4地点の地代　D^2D^4　1,680円×0.01÷0.8＝21円

以上の関係をまとめたものが、**表1**である。

表1

地点	H^4	G^4	F^4	E^4	D^4
「（ア）一般的な理論に基づく農地の地代と地価との関係」による地代（「農地の地価」からの対比）	18円	25円（39%）	37円（106%）	56円（211%）	68円（278%）
「（イ）本書における理論に基づく農地の地代と地価との関係」による地代（「地代相当部分」からの対比）	18円	19円（6%）	20円（11%）	20円（11%）	21円（17%）

・カッコ内は、H^1地点を$\frac{100}{100}$とした場合における地代の上昇率である。

「（ア）一般的な理論に基づく農地の地代と地価との関係」から見た場合の地代は大幅に上昇し、D^4地点では278%上昇の68円となるが、「（イ）本書の理論に基づく農地の地代と地価との関係」から見た地代は、21円と17%上昇するにすぎないこととなる。これは、農作物の生産という観点のみから見ても、前者の上昇率の非合理性が理解できよう。

以上では、農地の地価が上昇した場合を分析したが、この例とは逆に、農地の地価が下落した場合にも、その原因が宅地化の影響等が弱くなったことによる「用途の移行性部分」の減少であるならば、同様の結果となる。

すなわち、「(ア) 一般的な理論に基づく農地の地代と地価との関係」によると、地価の変動に伴い地代は同様に変動するが、「(イ) 本書の理論に基づく農地の地代と地価との関係」によると、地価の変動に伴い地代が同様に変動することはない。

これは、実際の農地市場でも表れており、農地の収益力が低下し、地価の中の「地代相当部分」が変化しない限り、地代の変化はほとんど見られない。

(2)　農地における実際の地代からの検証

農地における地代と地価との関係を、本章第１節２で述べた高知市近郊の現況農地を例に挙げ、実際の地代を調査したうえで分析し、検証するものとする。

ア　実際の農地の地代

既に述べたように、日本では、農地についての賃貸借契約が比較的少ないことから[5]、地代が取引当事者の個別の事情に左右されやすい一面を有している。

このため、農地法第52条では、農地における「農地の保有及び利用の状況、借賃等の動向その他の農地に関する情報の収集、整理、分析及び提供」が規定され、各市町村の農業委員会では、これに基づき農地の「賃借料情報」を提供している。

5　2009年12月の農地法改正により、法人による農地の取得等が緩和され、規模の大きい優良農地では、賃貸借契約が増加傾向にある。

したがって、検証における客観性を高めるため、この「賃借料情報」により表示された賃借料を、各地域の地代水準として採用するものとする。

なお、日常の不動産鑑定業務に伴う現地調査においても、賃貸借当事者が「賃借料情報」を参考として地代を決定していることが多い。

この「賃借料情報」による賃借料は、稲作、施設園芸栽培等に区分されているが、米作について表示すれば、次のとおりである[6]。

表２　高知県内における農地の「賃借料情報」（2014年１～12月）

	本章第１節２で挙げた地域						
	Ａ地域	Ｂ地域	Ｃ地域	Ｄ地域	Ｅ地域	Ｆ地域	Ｇ地域
田の賃借料（10a当たり）	10,400円（平坦上田）	10,400円（平坦上田）	7,400円（上田）	6,600～8,600円（上田）	11,900円（上田）	9,300円（上田）	10,500円（ほ場整備地区）
地価水準（１㎡当たり）	8,000～15,000円	6,000～9,000円	4,000～6,000円	2,000～3,000円	1,000～1,500円	1,000～1,500円	1,000円

- 地価水準については、現地調査による取引事例等の分析により判定した。
- Ｃ及びＤ地域の田の賃貸料は、他の地域と比較すると低めであるが、この理由は、周辺に平坦地が多く、農地の供給量が多いことによるものと考えられる。

表２によると、Ａ地域からＧ地域へというように、地価水準が低下しても、地代は、いずれも10アール当たり10,000円前後と変化しない。

この「賃借料情報」による賃借料から見ても、「（ア）一般的な理論に基づく農地の地代と地価との関係」により算定される地代と実際の地代とは整合せず、「（イ）本書の理論に基づく農地の地代と地価との関係」により算定される地代と実際の地代とが整合することが証明される。

6　ナス、キュウリ、メロン等の施設園芸栽培も表示されているが、主要作物の種類が各地域によって異なることから、Ａ～Ｇ地域において共通する種類の地代は存しない。このため稲作は、施設園芸栽培と比べて収益力及び地代は低いが、各地域共通で栽培されているという点を重視して、田の「賃借料情報」に基づく賃借料を採用するものとした。

また、本例では高知県内における「賃借料情報」を参考に算定したが、他県の「賃借料情報」による賃借料から算定した場合においても、ほぼ同様となっている。

イ　実際の農地の地代と地価との利率の分析

この「賃借料情報」による賃借料を基に、実際の農地の地代と地価との利率を分析すれば、次のとおりである。

Ｂ地域における標準的な農地の地価を10アール当たり750万円と査定し、地代を10,400円、諸経費率を地代の20％とすれば、利回りは、次のとおりとなる。

10,400円 ×（1－0.2）÷ 7,500,000円 ＝ 0.00110933
≒ 0.11％

（2016年４月時点における農地の実際の地価水準である。以下同じ。）

Ｄ地域における標準的な農地の地価を10アール当たり250万円と査定し、地代を7,600円、諸経費率を地代の20％とすれば、利回りは、次のとおりとなる。

7,600円 ×（1－0.2）÷ 2,500,000円 ＝ 0.002432
≒ 0.24％

Ｆ地域における標準的な農地の地価を10アール当たり120万円と査定し、地代を9,300円、諸経費率を地代の20％とすれば、利回りは、次のとおりとなる。

9,300円 ×（１ － 0.2）÷ 1,200,000円 ＝ 0.0062
＝ 0.62％

このように、農地の実際の地代については「用途の移行性部分」が反映されないため、地価の中で「用途の移行性部分」の占める割合が増加し、地価が上昇するにしたがって、地代の利率は極めて低くなることとなる。例では、田の「賃借料情報」から算定を行ったが、施設園芸栽培の「賃借料情報」及び実際の賃貸事例に係る地代水準から分析しても、ほぼ同様の結果となる。

この結果、実際に成立する地代から分析した場合でも、地価に対応した一定の利率をもって地代と地価との関係は成立せず、「(ア）一般的な理論に基づく農地の地代と地価との関係」である $P_0 = r / i$ は成立しないこととなる[7]。

2　地代と地価との変化の態様の分析

農地から宅地に転換する過程における地代と地価との変化の態様を表せば、**図2**のとおりである。

7　第4章第2節で述べたように、地価を形成するものとして容認できる利回りでないと成立しないこととなる。

図２

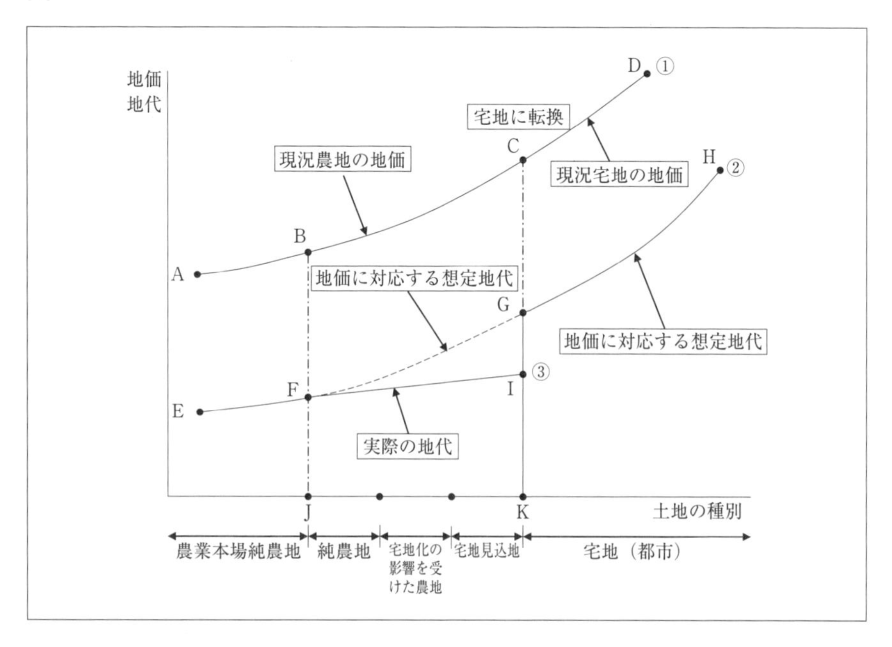

Ａ、Ｂ、Ｃ、Ｄからなる曲線①は、現況農地（ＣＤ間は、現況宅地と仮定する）の地価の推移を表したものであり、地価は、**図２**のように、宅地（都市）に近づくにしたがって上昇するものとする。地域については、Ｋ地点において農地から宅地に用途が転換されるものとするが、解説を容易にするために、Ｋ地点で本来必要とされる造成費等は考慮しないものとする。Ｅ、Ｆ、Ｇ、Ｈからなる曲線②は、「（ア）一般的な理論に基づく農地の地代と地価との関係」で述べた$P_0 = r / i$に対応する地代であり、かつ、曲線①の地価に対して一定の利率[8]を仮定した場合に得られると想定される地代（以下「地価に対応する想定地代」という）とする。

8　$P_0 = r / i$は、iがいくら小さくても計算上は成立するが、通常では、iは市場金利と一定のバランスを有し、他の用途（例えば宅地）を前提とした場合の利率とも一定のバランスを有している。また、同一の用途である各農地間では、大きく異なることはない。

曲線②が示すように、「地価に対応する想定地代」は、宅地（都市）に近づくほど地価の上昇に伴って一定の割合で上昇する。

これに対して、実際の地代は、地価形成因子が「地代相当部分」のみである農業本場純農地では、農地の地価に対応して地代が決定されることから、ＡＢ線及びＥＦ線が示すとおり、一定の割合で僅かに上昇する。

しかし、「用途の移行性部分」が発生する農業本場純農地と純農地との境であるＪ地点からは、地代は地価の上昇にほとんど影響を受けることなく、ＦからＩへと推移することとなる。そして、Ｋ地点において用途が農地から宅地へと転換されることにより、再び地価に対して一定の割合をもって得られるＧへと移転することとなる[9]。

つまり、「地価に対応する想定地代」と実際の地代とが一致するのは、地価形成因子が「地代相当部分」のみである農業本場純農地のＥＦ間及び用途が農地から宅地へと転換されるＫ地点以降のみである。

すなわち、「用途の移行性部分」の発生するＪ地点から宅地に転換されるＫ地点までの間では、現況農地の地代と地価との間に、$P_0 = r / i$の関係は一定の利率では成立しないこととなる。

3　農地に係る地代と地価との関係の結論

１及び２で述べた内容に基づいて、農地に係る地代と地価との関係を分析すれば、次のとおりとなる。

（1）　農地の地価形成因子から見た場合の地代と地価

農地の地価は、地価形成因子から見れば、農業本場純農地と一部の純農地とを除くほとんどの農地で「地代相当部分」、「用途の選択肢部分」及び

9　ここで述べる宅地は、都市部における商業地のように「地価に対応する想定地代」と地価とにおける$P_0 = r / i$の関係が成立するものとする。

「用途の移行性部分」に基づいて形成されているが、一般的な $P_0 = r / i$ の考え方に基づくと、概念的には農地の地代も、これらの地価形成因子の全てに対応して決定されるべきである。

しかし、実際の農地の地代は、農地の地価形成因子の一つである「地代相当部分」のみを反映して決定されている。

したがって、農地の地価形成因子から理論的に見ると、「用途の移行性部分」を有する地域では、農地の地代が地価とは密接な関係を有さず、特に「用途の移行性部分」が大きく占める都市近郊の宅地見込地等では、農地の地代と地価とは、一方の変動に対してもう一方が影響を受けることがほとんどない。

（２）　農地における地代と地価との関係

以上のことから、農地における地代と地価との間には、次のような関係が認められる。

農地の実際の地代は、「地代相当部分」のみが反映されて形成されているが、各農地間の「地代相当部分」には大きな開差が見られないため、各地域における実際の地代に大きな格差は生じない。

これに対して、近年における実際の各農地間の地価には大きな開差が見られるが、この要因は、主として「用途の移行性部分」の強弱により影響を受けているためであり、「用途の移行性部分」の占める割合が大きくなる場合は地価が高くなり、小さくなる場合は低くなる。

これを、本書における各農地区分に当てはめてみると、農業本場純農地及び純農地の一部では、農地の地価形成因子の中で「地代相当部分」の占める割合が全部又はほとんどであることから、地代の地価に対する利率は、$P_0 = r / i$ の関係が成立する。

しかし、宅地化の影響を強く受けた農地、宅地見込地等では、農地の地価形成因子の中に「用途の移行性部分」が存在するため、「地代相当部分」の占める割合が相対的に小さくなり、地代の地価に対する利率は極めて小さくなる。

このため、市場金利と農地の実際の地代の利率とは大幅に乖離し、「用途の移行性部分」を有する農地では、地代と地価とにおける $P_0 = r / i$ の関係が成立しないこととなる[10]。

これは、農地の実際の地代には「用途の移行性部分」が反映されないためであり、逆に言えば、「用途の移行性部分」は、地代とは無関係に形成されることを意味している。

したがって、農地の場合における地価と地代との関係には、次の算式が成立することとなる。

$$P_0 = r / i \quad + \text{「用途の移行性部分」}$$

このように、農地の地代と地価との関係は、「地代相当部分（r / i）」と「用途の移行性部分[11]」とによって説明される。

（3） $P_0 = r / i$ が成立又は不成立の現況農地の区分

これらを実際の地域に当てはめてみると、$P_0 = r / i$ が成立する地域は、地価を構成する地価形成因子のほとんどが「地代相当部分」で占められるアメリカ、オーストラリア、ブラジル等の穀倉地帯、そして日本では、北海道、東北地方等の農業本場純農地が挙げられる。

更に、これらの地域の他にも、地価が「地代相当部分」のみならず、若干の「用途の移行性部分」及び「用途の選択肢部分」が存する農地も、ほ

---

10 「用途の移行性部分」が僅かしか存しない地域では、$P_0 = r / i$ はほぼ成立する。

11 地価形成因子を厳密に区分すると、現在の日本の農地には、「用途の選択肢部分」及び「効用変化予測部分」が含まれている。

ぼ$P_0 = r／i$が成立すると容認できるといえよう。

　しかし、日本で多く見られる地方都市近郊の農地や諸外国でも都市に比較的近接する農地等のように、本書で述べている「用途の移行性部分」を有する農地では、$P_0 = r／i$が成立しないといえる。

あとがき

私のライフワークであった土地価格の経済学について、私なりに結論に達することができた。感無量である。

長年、不動産の鑑定評価の実務に携わる中で、地価がどのように形成されるのか、その地価形成因子はどのようなものであるのか、そして地代と地価との関係がどのようになっているのかが、私の中で大きな疑問となっていた。

これらの疑問点について、約20年にわたって一つ一つ分析し、解明を試みたのであるが、その結果として少しずつ明らかになり、私なりにではあるが、体系的に結論づけることができたと自負している。

これらの分析の内容は、第３章第１節を除き、多くの部分が土地経済学の新説である。特に、地価形成因子の内容や地代と地価との関係は、従来からの考え方と大きく異なるものとなっている。

本書における新説が、土地経済学の分野に受け入れられるとするなら、多くの書物で述べられている従来からの地価の形成理論、地代と地価との関係等に大きな影響を与えることとなる。また、それだけにとどまらず、不動産鑑定評価基準の根幹をなす地価の三面性、鑑定評価方式の適用、鑑定評価額の決定等の大幅な修正の必要性も生まれることとなる。

このため、従来からの学説を肯定する研究者、不動産鑑定士等の中には、批判的な意見が多く見られるだろうし、疑問点も多いと思われる。私の研究が足りない部分、分析されていない部分等に関しては深く陳謝するとともに、今後のこれらに係る研究は、気鋭の不動産鑑定士、経済学者等にお願いする次第である。本書が少しでも参考になれば幸いであると思っている。

本書の出版に当たっては、今回も多くの方々に御協力いただいた。この場を借りてお礼を申し上げたい。

公的土地評価研究会会長である飯田浩二氏は、私の執筆した全ての出版物の校正、検証等にご協力いただいている。特に本書においては、その意義や理論構成に至るまで多くの助言をいただいた。飯田氏の助力がなければ、本書の出版はできなかったと言っても過言ではない。

阿部祐一郎氏は、私の愛弟子の不動産鑑定士であるが、近年では、同じ土地価格の研究を志す者として私の良き相談相手になっていただいている。本書では、特に地価の価格形成因子の理論構成、地代と地価との関係等について助言をいただいた。

澤嶋鉄哉氏は、徳島市在住の不動産鑑定士であり、私の多くの出版物にご協力いただいている。澤嶋氏には、特に不動産鑑定評価理論からの視点による助言をいただいた。

次田昌弘氏は、高知県の職員であり、長年の私の友人でもある。文書学事課、法務課等の経歴を活かして、主に文章及び表現方法についてご指導いただいた。

この方々の他に、当社職員にも協力してもらった。以下にその名前を挙げ、謝辞に代えるものとする。

池田理恵　　当社職員
岩本麻喜　　当社職員
川上奈々　　当社職員
三谷久美　　当社職員

また、既に故人となられたが、私の研究に大きな影響を与えていただいた方々にも感謝し、名前を挙げさせていただく。

濱田重裕　　元高知県庁職員
別役洋子　　元旧土佐山田町役場職員

最後になりましたが、本書の執筆に当たって長期間にわたりご指導をいただいただけでなく、本書の推薦の言葉も賜りました神戸大学名誉教授大野喜久之輔先生に心から深く感謝する次第であります。

2017年３月

山本　一清

索　引

■あ行■

■か行■

■さ行■

■た行■

■な行■

■は行■

■ま行■

■や行■

■ら行■

参考文献

オフィスマーケットレポート／三幸エステート㈱

国土交通省地価公示・都道府県地価調査(平成27年鑑定評価書)／国土交通省

近代農地の価格形成理論と評価／㈱住宅新報社

公共用地の取得に係る土地評価の実務（上下巻）／㈱高知新聞企業出版

固定資産税 違法の可能性を有する土地評価 詳解／㈱ぎょうせい

固定資産税宅地評価の理論と実務（上下巻）／㈲高知不動産鑑定事務所

定期借地権／国土交通省

全国市街地価格指数の推移表（1985年3月～2016年3月）／一般社団法人 日本不動産研究所

賃借料情報／農業委員会

土地評価事務処理要領／国土交通省・土地総合情報ライブラリー

平成27年度 土地問題に関する国民の意識調査（平成28年6月）／国土交通省

不動産学事典／社団法人 日本不動産学会編・㈱住宅新報社

要説不動産鑑定評価基準と価格等調査ガイドライン／㈱住宅新報社

商業施設賃料の理論と実務 転換期の不動産鑑定評価／大野喜久之輔・加藤司編著　2015年 ㈱中央経済社

賃料の研究／大野喜久之輔・谷澤潤一ほか編著　1967年 ㈱税務経理協会

都市経済学／金本良嗣　1997年 ㈱東洋経済新報社

スティグリッツ マクロ経済学 第3版／ジョセフ・E・スティグリッツ／カール・E・ウォルシュ（訳・藪下史郎ほか）2007年 ㈱東洋経済新報社

スティグリッツ ミクロ経済学 第3版／ジョセフ・E・スティグリッツ／カール・E・ウォルシュ（訳・藪下史郎ほか）2006年 ㈱東洋経済新報社

新版 経済学入門／千種義人　1955年 同文舘出版㈱

不動産市場の経済分析 情報・税制都市計画と地価／西村清彦編　2002年 ㈱日本経済新聞社

日本の地価の決まり方／西村清彦　1995年 ちくま新書

土地の経済学／野口悠紀雄　1989年 ㈱日本経済新聞社

土地市場論－土地市場と土地政策の経済分析／前川俊一　1996年 ㈱清文社

不動産の鑑定評価に関する基本的考察／櫛田光男　1966年 ㈱住宅新報社

《著者略歴》

山本　一清（やまもと・かずきよ）

不動産鑑定士

【著書】

- 『固定資産税「違法の可能性を有する土地評価」詳解』（阿部・山本編著　ぎょうせい 2014 年 1 月）
- 『公共用地取得に係る土地評価の実務Q＆A』（阿部・山本編著　ぎょうせい 2012 年 4 月）
- 『ケース別 実務家のための固定資産税宅地評価Q＆A』（阿部・山本編著　ぎょうせい 2010 年 12 月）
- 『近代農地の価格形成理論と評価』（住宅新報社 2008 年 11 月）
- 『公共用地の取得に係る土地評価の実務』（上下巻）（高知新聞企業出版 2007 年 12 月）
- 『固定資産税宅地評価の理論と実務』（上下巻）（㈲高知不動産鑑定事務所 2006 年 5 月）
- 『公的土地評価の理論と実務』（新日本法規出版 2000 年 11 月）

【論文等】

- 「固定資産税評価をめぐる新しい窓口対応～「平成 25 年最高裁判決」の補足意見を踏まえて」（ぎょうせい 月刊『税』2014 年 9 月）
- 「適正な時価を再考する～平成 24 年（行ヒ）第 79 号 固定資産評価審査決定取消等請求事件（平成 25 年 7 月 12 日 第二小法廷判決）を踏まえて～」（阿部・山本共同執筆 ぎょうせい 月刊『税』2013 年 12 月）
- 「固定資産税土地評価における土砂災害関係法令による減価要因とその補正」（阿部・山本等共同執筆 ぎょうせい 月刊『税』2013 年 8 月）
- 「宅地評価における画地認定の意義～平成 24 基準年度固定資産税評価をめぐる窓口対応のために～」（阿部・山本共同執筆 ぎょうせい 月刊『税』2012 年 3 月）
- 「難問 固定資産評価事例徹底解説」（阿部・山本共同執筆 ぎょうせい 月刊『税』2011 年 12 月～ 2013 年 1 月連載）
- 「違法性を有する評価と是正方法～平成 24 年度固定資産評価替えに向けて～」（阿部・山本共同執筆 ぎょうせい 月刊『税』2011 年 11 月）
- 「論点別に見たQ&A 固定資産税宅地評価のポイント」（阿部・山本共同執筆 ぎょうせい　月刊『税』2008 年 3 月～ 2010 年 6 月連載）
- 「近代農地の価格形成理論」（住宅新報社 月刊『不動産鑑定』2007 年 5 月～ 11 月連載）
- 「公共用地の取得に係る土地評価の問題点」（住宅新報社 月刊『不動産鑑定』2007 年 2 月～ 4 月連載）

ほか多数あり

新説　土地価格の経済学

平成29年3月31日　初版発行

著　　者　山　本　一　清
発行者　中　野　孝　仁
発行所　㈱住宅新報社

出版・企画グループ　〒105-0001 東京都港区虎ノ門3-11-15（SVAX TTビル）
（本　社）　(03) 6403-7806
販売促進グループ　〒105-0001 東京都港区虎ノ門3-11-15（SVAX TTビル）
(03) 6403-7805

大阪支社 541-0046 大阪市中央区平野町1-8-13（平野町八千代ビル）電話(06)6202-8541㈹

印刷・製本／東光整版印刷株式会社
落丁本・乱丁本はお取り替えいたします。

Printed in Japan
ISBN978-4-7892-3836-6 C2030